"十三五"国家重点图书出版规划项目

## 新版《列国志》与《国际组织志》联合编辑委员会

列国志

GUIDE TO
THE WORLD
NATIONS

新版

姜　琍
编著

THE CZECH REPUBLIC

# 捷　克

社会科学文献出版社
SOCIAL SCIENCES ACADEMIC PRESS (CHINA)

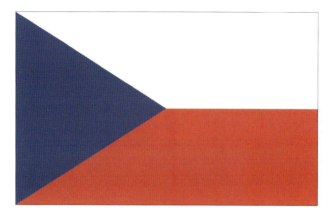

捷克国旗

捷克国徽

总统府卫队交接仪式

议会众议院会议厅

议会参议院

国家博物馆

布拉格新市政厅

圣维特大教堂

布拉格瓦茨拉夫广场

查理大桥

鸟瞰布拉格

位于中捷克州的克诺皮什捷城堡

捷克布杰约维采城市中心广场

捷克克鲁姆洛夫

奥洛莫乌茨中心广场

位于南捷克州的赫鲁博卡城堡

位于中捷克州普日布拉姆的圣山

位于中捷克州的普鲁霍尼采城堡公园

拉贝河与伏尔塔瓦河交汇处姆涅尔尼克

奥洛莫乌茨圣瓦茨拉夫大教堂

捷克克鲁姆洛夫五瓣玫瑰节庆祝活动

# 出版说明

　　《列国志》编撰出版工作自1999年正式启动，截至目前，已出版144卷，涵盖世界五大洲163个国家和国际组织，成为中国出版史上第一套百科全书式的大型国际知识参考书。该套丛书自出版以来，受到社会各界的广泛好评，被誉为"21世纪的《海国图志》"，中国人了解外部世界的全景式"窗口"。

　　这项凝聚着近千学人、出版人心血与期盼的工程，前后历时十多年，作为此项工作的组织实施者，我们为这皇皇144卷《列国志》的出版深感欣慰。与此同时，我们也深刻认识到当今国际形势风云变幻，国家发展日新月异，人们了解世界各国最新动态的需要也更为迫切。鉴于此，为使《列国志》丛书能够不断补充最新资料，更好地服务于社会各界，我们决定启动新版《列国志》编撰出版工作。

　　与已出版的144卷《列国志》相比，新版《列国志》无论是形式还是内容都有新的调整。国际组织卷次将单独作为一个系列编撰出版，原来合并出版的国家将独立成书，而之前尚未出版的国家都将增补齐全。新版《列国志》的封面设计、版面设计更加新颖，力求带给读者更好的阅读享受。内容上的调整主要体现在数据的更新、最新情况的增补以及章节设置的变化等方面，目的在于进一步加强该套丛书将基础研究和应用对策研究相结合，将基础研究成果应用于实践的特色。例如，增加了各国有关资源开发、环境治理的内容；特设"社会"一章，介绍各国的国民生活情况、社会管理经验以及存在的社会问题，等等；增设"大事纪年"，方便读者在短时间内熟悉各国的发展线索；增设"索引"，便于读者根据人名、地名、关键词查找所需相关信息。

顺应时代发展的要求，新版《列国志》将以纸质书为基础，全面整合国别国际问题研究资源，构建列国志数据库。这是《列国志》在新时期发展的一个重大突破，由此形成的国别国际问题研究与知识服务平台，必将更好地服务于中央和地方政府部门应对日益繁杂的国际事务的决策需要，促进国别国际问题研究领域的学术交流，拓宽中国民众的国际视野。

新版《列国志》的编撰出版工作得到了各方的支持：国家主管部门高度重视，将其列入"'十二五'国家重点图书出版规划项目"；中国社会科学院将其列为创新工程学术出版资助项目，王伟光院长亲自担任编辑委员会主任，指导相关工作的开展；国内各高校和研究机构鼎力相助，国别国际问题研究领域的知名学者相继加入编辑委员会，提供优质的学术咨询与指导。相信在各方的通力合作之下，新版《列国志》必将更上一层楼，以崭新的面貌呈现给读者，在中国改革开放的新征程中更好地发挥其作为"知识向导"、"资政参考"和"文化桥梁"的作用！

新版《列国志》编辑委员会

2013 年 9 月

# 前　言

　　自 1840 年前后中国被迫开关、步入世界以来，对外国舆地政情的了解即应时而起。还在第一次鸦片战争期间，受林则徐之托，1842 年魏源编辑刊刻了近代中国首部介绍当时世界主要国家舆地政情的大型志书《海国图志》。林、魏之目的是为长期生活在闭关锁国之中、对外部世界知之甚少的国人"睁眼看世界"，提供一部基本的参考资料，尤其是让当时中国的各级统治者知道"天朝上国"之外的天地，学习西方的科学技术，"师夷之长技以制夷"。这部著作，在当时乃至其后相当长一段时间内，产生过巨大影响，对国人了解外部世界起到了积极的作用。

　　自那时起中国认识世界、融入世界的步伐就再也没有停止过。中华人民共和国成立以后，尤其是 1978 年改革开放以来，中国更以主动的自信自强的积极姿态，加速融入世界的步伐。与之相适应，不同时期先后出版过相当数量的不同层次的有关国际问题、列国政情、异域风俗等方面的著作，数量之多，可谓汗牛充栋。它们对时人了解外部世界起到了积极的作用。

　　当今世界，资本与现代科技正以前所未有的速度与广度在国际间流动和传播，"全球化"浪潮席卷世界各地，极大地影响着世界历史进程，对中国的发展也产生极其深刻的影响。面临不同以往的"大变局"，中国已经并将继续以更开放的姿态、更快的步伐全面步入世界，迎接时代的挑战。不同的是，我们所面临的已不是林则徐、魏源时代要不要"睁眼看世界"、要不要"开放"的问题，而是在新的历史条件下，在新的世界发展大势下，如何更好地步入世界，如何在融入世界的进程中更好地维护民族国家的主权与独立，积极参与国际事务，为维护世界和平，促进世界与人类共同发展做出贡献。这就要求我们对外部世界有比以往更深切、全面的了解，我们只有更全面、更深入地了解世界，才能在更高的层次上融入世界，也才能在融入世界的进程中不迷失方向，保持自我。

与此时代要求相比，已有的种种有关介绍、论述各国史地政情的著述，无论就规模还是内容来看，已远远不能适应我们了解外部世界的要求。人们期盼有更新、更系统、更权威的著作问世。

中国社会科学院作为国家哲学社会科学的最高研究机构和国际问题综合研究中心，有 11 个专门研究国际问题和外国问题的研究所，学科门类齐全，研究力量雄厚，有能力也有责任担当这一重任。早在 20 世纪 90 年代初，中国社会科学院的领导和中国社会科学出版社就提出编撰"简明国际百科全书"的设想。1993 年 3 月 11 日，时任中国社会科学院院长胡绳先生在科研局的一份报告上批示："我想，国际片各所可考虑出一套列国志，体例类似几年前出的《简明中国百科全书》，以一国（美、日、英、法等）或几个国家（北欧各国、印支各国）为一册，请考虑可行否。"

中国社会科学院科研局根据胡绳院长的批示，在调查研究的基础上，于 1994 年 2 月 28 日发出《关于编纂〈简明国际百科全书〉和〈列国志〉立项的通报》。《列国志》和《简明国际百科全书》一起被列为中国社会科学院重点项目。按照当时的计划，首先编写《简明国际百科全书》，待这一项目完成后，再着手编写《列国志》。

1998 年，率先完成《简明国际百科全书》有关卷编写任务的研究所开始了《列国志》的编写工作。随后，其他研究所也陆续启动这一项目。为了保证《列国志》这套大型丛书的高质量，科研局和社会科学文献出版社于 1999 年 1 月 27 日召开国际学科片各研究所及世界历史研究所负责人会议，讨论了这套大型丛书的编写大纲及基本要求。根据会议精神，科研局随后印发了《关于〈列国志〉编写工作有关事项的通知》，陆续为启动项目拨付研究经费。

为了加强对《列国志》项目编撰出版工作的组织协调，根据时任中国社会科学院院长李铁映同志的提议，2002 年 8 月，成立了由分管国际学科片的陈佳贵副院长为主任的《列国志》编辑委员会。编委会成员包括国际片各研究所、科研局、研究生院及社会科学文献出版社等部门的主要领导及有关同志。科研局和社会科学文献出版社组成《列国志》项目工作组，社会科学文献出版社成立了《列国志》工作室。同年，《列国志》项目被批准为中国社会科学院重大课题，新闻出版总署将《列国志》项目列入国家重点图书出版计划。

在《列国志》编辑委员会的领导下，《列国志》各承担单位尤其是各位学者加快了编撰进度。作为一项大型研究项目和大型丛书，编委会对《列国志》提出的基本要求是：资料翔实、准确、最新，文笔流畅，学术性和可读性兼备。《列国志》之所以强调学术性，是因为这套丛书不是一般的"手册""概览"，而是在尽可能吸收前人成果的基础上，体现专家学者们的研究所得和个人见解。正因为如此，《列国志》在强调基本要求的同时，本着文责自负的原则，没有对各卷的具体内容及学术观点强行统一。应当指出，参加这一浩繁工程的，除了中国社会科学院的专业科研人员以外，还有院外的一些在该领域颇有研究的专家学者。

现在凝聚着数百位专家学者心血，共计141卷，涵盖了当今世界151个国家和地区以及数十个主要国际组织的《列国志》丛书，将陆续出版与广大读者见面。我们希望这样一套大型丛书，能为各级干部了解、认识当代世界各国及主要国际组织的情况，了解世界发展趋势，把握时代发展脉络，提供有益的帮助；希望它能成为我国外交外事工作者、国际经贸企业及日渐增多的广大出国公民和旅游者走向世界的忠实"向导"，引领其步入更广阔的世界；希望它在帮助中国人民认识世界的同时，也能够架起世界各国人民认识中国的一座"桥梁"，一座中国走向世界、世界走向中国的"桥梁"。

《列国志》编辑委员会

2003 年 6 月

# 导　言

　　列国志《捷克》第一版出版于 2004 年，至今已有十七年。在这十七年中，无论是捷克的内政外交和经济社会发展，还是国际形势都发生了很大变化。因此，新版列国志《捷克》的内容有了相当大的调整和更新。

　　2004 年，捷克在欧盟第一波东扩中加入欧盟，实现了 1989 年政局剧变后长期坚持的"回归欧洲"的梦想。在随后的十七年中，捷克从欧盟成员国身份中获得诸多好处：享受欧盟框架内的商品、服务、资本、人员自由流动；使用欧盟基金推动经济增长、改善基础设施和缩小地区差异；成为中东欧地区吸引外资最成功的国家之一；经济竞争力提高，失业率降低，与欧盟的经济趋同程度在中东欧国家中最高；与邻国的关系得到加强，与斯洛伐克一直保持高水平的伙伴关系，德国是其最大的贸易伙伴，重视与奥地利的跨边境合作，密切保持与波兰经济和文化的联系；国际地位有所提高。与此同时，捷克也经历了欧盟面临的一系列危机：国际金融危机、欧洲主权债务危机、难民危机、乌克兰危机和英国"脱欧"等。受历史经验、民族性格、政治精英、欧盟的现实发展等因素的影响，捷克是中东欧地区乃至欧盟框架内欧洲怀疑主义最为突出的国家之一，具体表现如下：在欧盟成员国中最后一个批准《里斯本条约》，对欧盟应对欧元区债务危机的举措持观望和犹疑态度，坚决反对欧盟强制分配难民计划，至今没有确定加入欧元区的具体日期。

在过去的十七年中，捷克政府和总统的更迭促使国内政治力量对比发生变化，捷克与美国、俄罗斯和中国等大国的关系也相应变化。在 2012 年中国提出"中国—中东欧国家合作"和 2013 年提出"一带一路"倡议后，捷克积极加入"中国—中东欧国家合作"机制，并且是中东欧地区最早与中国签署共同推进"一带一路"建设谅解备忘录的国家之一。2016 年 3 月，中国国家主席习近平对捷克进行国事访问，并与泽曼总统签署了两国建立战略伙伴关系的联合声明。2014～2019 年，泽曼总统五次访华，在不断深化与中国领导人政治互信的基础上，努力促使捷克成为中国与欧盟联系的纽带。在"中国—中东欧国家合作"和"一带一路"倡议的推动下，中捷两国在贸易、投资、金融、旅游、医疗卫生、基础设施联通和地方合作等领域的务实合作一度成为中国与中东欧国家合作的典范。近年来，在国际国内环境发生深刻变化的背景下，捷克对华关系再现波折。纵观 1949 年中国与捷克斯洛伐克建交以来的双边关系发展历程，尽管在国内政治因素和国际形势变化的影响下不时出现起伏，但友好合作始终是主旋律。

列国志《捷克》第一版由本人和陈广嗣先生共同撰写，陈广嗣先生负责历史、政治和经济三章的写作，我负责国土与人民、军事、教科文卫和外交四章的写作。由于陈广嗣先生已离世多年，本人承担了新版列国志《捷克》全书的写作任务，不仅重新撰写了历史、政治和经济三章，而且对其他章节的内容进行了调整、修改和补充。第一版中的第一章国土与人民改名为概览，内容调整较大，重点介绍了捷克的基本信息，增加了关于特色资源的介绍，包括名胜古迹、著名城市和建筑艺术等。

第六章社会是新增的一章，涉及国民生活、社会保障、医疗卫生和环境保护等内容。第八章外交删减了有关历史发展部分的内容，重点突出了与对该国影响较大的国家的关系。全书对原有数据和资料进行了更新，基本更新到 2020 年，有些还涉及 2021 年的内容。数据和资料几乎全部来自第一手捷克文资料，包括捷克统计局、捷克各大部委和智库的网站，尽可能保证了数据的时效性和内容的准确性。全书突出了 2004 年捷克加入欧盟以来的政治、经济、文化、社会和对外关系的变化。

本人长期从事捷克和斯洛伐克国别问题、中欧次区域合作和中东欧国家在欧盟地位问题的研究，多次对捷克、斯洛伐克和其他中东欧国家进行学术访问，与捷克政治学界、经济学界、社会学界和历史学界有关专家学者长期保持密切的联系。通过持续跟踪了解和学术交流，不断深化对捷克、斯洛伐克、中东欧和欧洲问题的认识。尽管该书体现了本人长期学习和研究的心得体会，但本人时间和精力有限，书中如有不足之处，还请读者不吝指正。

在此感谢"中国社会科学院修订《列国志》国际调研与交流项目"提供的机会和资助，使我有较长的时间在捷克进行调研和收集第一手资料及最新研究成果。同时感谢那些对本人调研和撰写过程中给予各种帮助的中国和捷克朋友！

姜　琍

2021 年 10 月于北京

# CONTENTS

# 目 录

# CONTENTS

# 目 录

# CONTENTS

# 目　录

# CONTENTS

# 目录

# CONTENTS

目 录

# CONTENTS
# 目 录

CONTENTS

目 录

# CONTENTS
# 目 录

# 第一章

# 概　览

## 第一节　国土与人口

### 一　地理位置与国土面积

捷克共和国（以下简称捷克）是一个内陆国家，位于欧洲大陆中心偏东位置，在北纬48°33′~51°03′和东经12°05′~18°51′之间。境内最北端是乌斯季州杰钦县的洛贝达瓦村，最南端是南捷克州捷克克鲁姆洛夫县的上德沃日什捷村，南北两端相距278公里；最西端是卡罗维发利州赫布县的克拉斯纳村，最东端是摩拉维亚－西里西亚州弗里德克－米斯特克县的赫日恰瓦村，东西两端相距493公里。

捷克是欧洲东西、南北交通的重要枢纽，与欧洲文化、政治、宗教和经济生活的中心联系紧密。捷克的边境线相对较长，总长为2290公里，大部分由山脉和河流等天然屏障构成，属于欧洲大陆上历史最久远的边境线之一。捷克北面和东北面与波兰接壤，两国边境线长达762公里；东面与斯洛伐克为邻，边境线长为252公里；南面与奥地利毗连，边境线长为466公里；西北、西南和西部与德国相连，与其边境线最长，为810公里。

捷克由捷克地区（也称波希米亚地区，是捷克的拉丁语名称）、摩拉维亚地区和西尼西亚地区三部分组成，国土面积为78866平方公里，在欧洲居第21位，比奥地利、葡萄牙和匈牙利的面积小，但比比利时、荷兰和卢森堡的面积大，与中美洲国家巴拿马的面积相当。

## 二 地形特点

捷克是一个中等多山的国家，以丘陵和高原为主。捷克全境平均海拔高度为430米。海拔500米以下的地区占国土总面积的67%，海拔500～1000米的地区占32%，海拔为1000米以上的地区仅占1%。全境地势最低处位于拉贝河流出捷克的地方，海拔高度为115米。山脉大多位于西南、西部和北部的边境地区，内陆地区主要为平原和丘陵。平原位于大河周围，主要是拉贝河（拉贝河流域平原）和摩拉瓦河（上摩拉瓦及下摩拉瓦谷地）。

捷克国土由两大形成于不同时期和经历了不同发展阶段的山系构成：西部的捷克山地是远古时期直至古生代时期形成的中欧山脉的组成部分，东部的喀尔巴阡山脉是新生代时期形成的新欧洲山脉的一部分。这两大山系被所谓的外喀尔巴阡低地分隔开来，它从兹诺伊莫经布尔诺到普热罗夫和俄斯特拉发。因此，捷克从西到东分为三大地形区：捷克山地、摩拉维亚低地和西喀尔巴阡山脉。捷克山地呈菱形，中部较低，边缘群山环绕。那里有舒马瓦山（Šumava，最高峰海拔1378米）、捷克林山（Český les，最高峰海拔1042米）、克鲁什内山脉（Krušné hory，最高峰海拔1244米）、克拉科诺谢山脉〔Krkonoše，最高峰——斯涅日卡峰（Snšžka）海拔1603米，为全国最高峰〕、伊泽拉山脉（Jizerské hory，最高峰海拔1124米）、奥尔利采山脉（Orlické hory，最高峰海拔1115米）、克拉利克雪山（Králický Sněžník，最高峰海拔1424米）、耶塞尼克山脉（Jeseníky，最高峰海拔1491米）和捷克－摩拉维亚高原（Českomoravská vrchovina，最高峰海拔837米）等。在西喀尔巴阡山脉地区有摩拉维亚－西里西亚贝斯基迪山脉（Moravskoslezské Beskydy，最高峰海拔1323米）、白喀尔巴阡山脉（Bílé Karpaty，最高峰海拔970米）和亚沃尔尼克山脉（Javorníky，最高峰海拔1071米）。捷克山地面积较大，为66500平方公里，占全国总面积的84.3%。

## 三 河流与湖泊

将北海、波罗的海和黑海水域分隔开来的欧洲主要分水岭穿过捷克境内，捷克水域面积占全国总面积的 2%。

**河流** 捷克河网稠密，水量充足，但流程较短。发源于捷克本土的较大河流有拉贝河、伏尔塔瓦河和摩拉瓦河。其中，拉贝河发源于克尔科诺谢山脉，伏尔塔瓦河发源于舒马瓦山，摩拉瓦河发源于捷克地区和摩拉维亚地区交界处的克拉利基雪山。

拉贝河全长 370 公里，从克尔科诺谢山脉流向捷克北部，并流经德国，最终在汉堡流入北海。它是捷克水量最大的河流，流域总面积为 144055 平方公里，约有 1/3 位于捷克境内（49939 平方公里）。拉贝河又是重要的水上通道，它将捷克和德国连接起来。

伏尔塔瓦河是捷克最长的河流，全长 433 公里，流域面积为 28098 平方公里，与拉贝河在姆涅尔尼克汇合。伏尔塔瓦河的上游一直在山间流淌，中游在中捷克州的丘陵地带形成很深的谷地，适宜建造水库。

摩拉瓦河是多瑙河的支流，全长 246 公里，最终流入黑海，流域面积为 21821 平方公里。

除上述三条河流外，捷克还有奥得河（135 公里）、迪耶河（306 公里）与奥帕瓦河（131 公里）等重要河流。

**湖泊** 捷克的湖泊数量不多，面积也不大。根据湖泊的成因，分为冰川湖、岩溶湖和断陷湖等，最多的是冰川湖。最大的湖泊是形成于冰川时期的黑湖，它位于舒马瓦山，面积为 18.4 公顷，它也是捷克境内最深的湖泊，深度为 39.8 米。

**鱼塘** 在捷克地区和摩拉维亚地区的农村有许多用以养殖鱼类和水禽的池塘，大约有 2.1 万个，占地总面积为 5.2 万公顷。南捷克州的鱼塘最多。

**水库** 捷克共有 150 座水库，它们的作用各不相同：有的用于调节河流的水量；有的用于生产电能；还有的用于休闲娱乐。伏尔塔瓦河上的利普诺水库面积最大，伏尔塔瓦河和奥塔瓦河上的奥尔利采水库的容量最大，它能容纳 7.04 亿立方米的水量。

**矿泉** 捷克矿泉众多，根据水温，分为凉泉（25℃以下）、温泉（25℃~50℃）和热泉（50℃以上）；根据气体的含量，分为碳酸泉和硫化氢泉；根据溶解的固体含量，分为咸泉、苦泉、碱性泉等。矿泉可以帮助治疗各种疾病，在卡罗维发利、特普利采和杨氏矿泉疗养地使用温泉；在玛利亚矿泉市、弗朗齐谢克矿泉市和布杰布拉迪使用凉泉；在亚希莫夫使用具有放射性的矿泉。

四 气候

捷克地处北温带，位于西欧海洋性气候和东欧平原大陆性气候之间的过渡性气候区域，地处欧洲中部，受到来自不同气候区的空气的影响，各种冷、暖气团之间的持续搏斗引起温暖、冷湿和干燥的不规则变化。因此，很少有连续几个星期的稳定天气。海洋极地空气对捷克的影响最多，夏季带来凉爽和多雨的天气，冬季带来雨、雪和雾。从东部和东北部，也就是东欧平原吹来大陆极地空气，冬季造成严寒天气，夏季造成炎热天气，与海洋空气不同的是，它很干燥。有时从北部和东北部进入捷克大陆的北极气团，常常造成气温急剧下降。从地中海地区和亚速尔群岛进入捷克的是海洋热带空气，在夏季造成炎热和暴雨，在冬季带来温和的天气和雨水。在夏季和初秋，来自巴尔干和亚洲的大陆热带空气带来干燥和温暖的天气。

在捷克西部，冬季较为温暖，夏季较为凉爽，一日中和一年中气温变化幅度较小，多云天气较多，雨量也较为充沛。在捷克东部，冬季气温较低，夏季气温较高，一日中和一年中气温变化幅度较大，雨量相对较少，而且主要集中在夏季。

海拔高度和地形对气候的影响比较明显。随着海拔高度的上升，气温下降，雨量减少。山区的气候变化较小，在平原和低地，气温和雨量变化较大。

捷克最暖和的地区是摩拉维亚南部和拉贝河中下游地区，摩拉维亚南部的霍多宁和布拉格的年平均气温最高，分别是 9.5℃ 和 9.4℃；最寒冷的地区是以下山区：克尔科诺谢山脉、舒马瓦山、耶塞尼克山脉和摩拉维亚－西里西亚贝斯基迪山脉，全国最高山峰——斯涅日卡峰的年平均温度最低，为 0.2℃。全国绝对最高气温为 40.2℃，全国绝对最低气温为－42.2℃。

一年中最冷的月份是 1 月，月平均气温为 -7.4℃ 至 -0.5℃，每间隔三四年，2 月份最冷；最热的月份通常是 7 月，平均气温为 15℃ ~ 19℃，有时是 8 月（三四年一次）最热。海拔高度每升高 100 米，1 月气温下降 0.33℃，7 月下降 0.76℃。

降水量受到地理位置、海拔高度、地形、迎风坡与背风坡等因素的影响。降水量从西向东递减。地势越高，降水量就越充沛。总的来说，捷克的降水量比较充沛，年均降水量为 700 毫米左右，但降水量分布很不均衡。边境地区山脉的山脊上最湿润，伊泽拉山脉的北坡降水量最丰富（年降水量最多时超过 1700 毫米）。捷克地区西北部和中部最干燥，降水量最少的地方在扎特茨和克拉德诺，年降水量不到 500 毫米。平原地区的降雪最晚持续到 1 月底，山区则至 2 月底。全年的平均湿度为 60% ~ 80%。

一年中，捷克降水的分布不均衡，夏季的降水量远远超过冬季，四季降水分配如下：夏季 40%，春季 25%，秋季 20%，冬季 15%。6 月和 7 月的降水量最多，2 月（山区为 3 月）的降水量最少。随着海拔高度升高，降水的天数增多。在最干旱的地区，一年中平均降水 80 天。在山区，降水的天数超过 160 天。在平原，全年积雪天数为几天至 40 天左右。在山区，积雪天数可以超过四个月。

根据气温和降水量的不同，捷克分为四大气候区：①摩拉维亚低地、捷克平原属于温暖区，海拔高度为 300 米以下，夏季至少 50 天，日最高气温达 25℃ 及以上；②捷克山地的大部分地区除去边境山脉以外属于较温暖区，海拔高度为 700 米以下，7 月平均气温为 15℃ ~ 25℃；③海拔 800 米以上的山脉都属于凉爽区，7 月平均气温为 15℃；④高大山脉的顶部属于寒冷区。

五　行政区划

从 2000 年 1 月 1 日起，捷克全国划分为 14 个州级单位，其中包括首都布拉格市和 13 个州。首都布拉格不仅是中捷克州的行政机构所在地，还是一个独立的州级行政单位。

捷克最小的行政单位是村（镇），更大一级的地方行政单位是县。2003 年，76 个县级机关被取消，其部分职能转移到州，部分职能则转移到职权范围扩大的村（镇）集合体，这些集合体由邻近的一些村（镇）组成，全国共有 205 个。县作为国家行政管理单位继续存在，也仍然是统计单位。

1. 布拉格

首都布拉格集中了全国最多的人口、工业、商业、金融业、学校和服务业。布拉格是全国政治、经济、科研和文化中心，不仅是总统官邸、政府、议会和外交机构所在地，而且设有大批银行、保险机构、有价证券交易所和贸易公司等。许多高等院校云集于此，著名的有查理大学、捷克技术大学等。

布拉格地理位置优越，被称为欧洲的心脏。它不仅位于捷克地区的中心，而且几乎位于欧洲的中心。它是国际铁路运输及航空运输的中心，工业部门广泛，最重要的是机械工业，集中在城市东部。此外，食品工业和印刷工业全国闻名。

布拉格面积为 496 平方公里，人口数量大约 132 万（2020 年），是全国人口最密的城市。布拉格建城已有千年历史，坐落于 5 个丘陵高岗之上，伏尔塔瓦河流经市区，10 座大桥横跨于河上，是著名的旅游胜地。

2. 中捷克州

该州首府是布拉格，属于全国最早被定居的地区之一，是 9 世纪捷克国家建立之初的核心。它拥有便利的交通和丰富的矿藏。在中世纪的时候，这里就已开采银矿（库特纳霍拉，普日布拉姆）。后来，这里开采煤矿（克拉德诺）和铀矿（普日布拉姆）。

该州属于捷克工业发达地区之一，机械工业占有最重要的地位，有数量众多的机械制造厂，在姆拉达－博莱斯拉夫的斯柯达汽车制造厂属于最大的企业之一。重工业中心是克拉德诺，有煤矿开采、冶金工业和机械制造业等工业部门。化学工业集中在拉贝河流域的科林、伏尔塔瓦河上的克拉卢皮、内拉托维采。食品工业如制糖业、白酒生产、啤酒酿造和罐头生产等比较著名。其他工业还有建筑材料的生产。

农业在全国范围内地位突出，主要种植小麦、大麦、甜菜、土豆、油菜和饲料作物等。这里还种植大量的水果和蔬菜，养殖经济动物。

人口稠密，居住区多但规模不大。与布拉格在交通和休闲娱乐等方面紧密联系，在工业生产和食品供应等方面合作密切。主要城市有克拉德诺、姆拉达－博莱斯拉夫、普日布拉姆、贝龙、贝内绍夫、科林和姆涅尔尼克等。

3. 南捷克州

该州地势较高，不仅因为舒马瓦山耸立于南部和西南部边境地区，而且该州核心地带——捷克布杰约维采盆地和特热博尼盆地的海拔较高，达到 380～500 米。地势高致使气候凉爽和湿润。水域面积大，伏尔塔瓦河及其支流奥塔瓦河、卢日尼采河流经此地，鱼塘密集，还有两座水库（奥尔利采和利普诺）。超过 1/3 的地区覆盖着森林。

人口密度全国最低。只有捷克布杰约维采是个例外，超过 100 人/平方公里。在边境县捷克鲁姆洛夫和普拉哈季采低于 40 人/平方公里。这里城市较少，而且规模不大。该州首府捷克布杰约维采是该州最大、最重要的城市，这里有大学、研究所和文化机构，机械、食品和木材加工等工业部门比较重要。其他著名的城市有历史名城塔波尔（食品工业）、皮塞克（纺织业）、斯特拉科尼采（机械制造业和纺织业）和因德日赫赫拉德茨。

旅游资源丰富。捷克克鲁姆洛夫属于捷克最受欢迎的旅游地之一。其他旅游景点是赫鲁博卡城堡、鲁若姆贝罗克城堡以及皮塞克、捷克布杰约维采和塔波尔的城市古迹保护区、利普诺水库、舒马瓦山。

这里的工业发展落后于捷克其他地区，从事农业生产的人口较多，农作物主要有土豆、谷物，在山麓地带养殖牛。林业和鱼塘养殖业是这里的特色。

4. 比尔森州

该州位于捷克西部,地势最高处是舒马瓦山和捷克林山,核心地区是比尔森盆地。矿产资源有高岭土、陶瓷原料、石灰岩和建筑原料等。重要的国际铁路和公路干线(如布拉格—洛兹瓦多高速公路)穿越该州,将捷克和德国连接起来。

在人口密度和经济发达程度方面,中心和边缘地区之间存在明显差异。边境地区人口稀少,塔霍夫县属于全国人口最稀少的地方之一。多数人居住在小的住宅区,大城市比较少。州府比尔森是难得的大城市,它是捷克地区第二大城市和全国第四大城市,集中了机械工业、机电工业和食品工业。比尔森还是文化中心,这里有西捷克大学和其他学校。比尔森有"啤酒之乡"的美誉,这里有两家著名的大型啤酒酿造厂。其他较大一些的城市有罗克察尼(冶金和机械制造业)、克拉托维(机械制造业、皮革制造业和纺织业)。

该州缺乏良好的农业生产条件,主要种植小麦、大麦、饲料作物、甜菜和土豆。在动物养殖方面,主要养殖牛。

5. 卡罗维发利州

该州是位于捷克西部边境的一个面积不大的州。克鲁什内山脉、斯拉夫科夫林山和捷克林山的北坡位于该州,山脉之间是索科洛夫斯卡盆地和赫布盆地。奥赫热河流域内,森林覆盖了其1/3的面积。

原料开采促进了该州经济发展,历史上在克鲁什内山脉和斯拉夫科夫林山开采过有色金属,后来开采过铀矿,特别是在亚希莫夫。索科洛夫斯卡盆地和赫布盆地蕴藏着褐煤和高品质的高岭土。最宝贵的自然资源是矿泉,它带动了矿泉疗养业和旅游业的发展。著名的疗养胜地是州府卡罗维发利(Karlovy Vary)、玛利亚矿泉市(Mariánské Lázně)、弗朗齐谢克矿泉市(Františkovy Lázně)和亚希莫夫(Jáchymov)。

工业是该州经济的重心,占主导地位的部门是开采业、动力工业、玻璃制造业、陶瓷工业和化学工业,其他还有食品工业、纺织工业、机械制造业和乐器制造业。

农业在该州的作用很小,耕地少,而且养殖经济动物的数量有限。

6. 乌斯季州

该州自北向南是克鲁什内山脉、杰钦山地、莫斯特茨卡盆地和捷克中部山脉、奥赫热下游平原。奥赫热河和比利纳河流经该州，最终都流入拉贝河。拉贝河在该州境内可以通航，它被用作运输煤和连接德国的水上通道。该州气候比较温暖和干燥，但克鲁什内山区的气候比较凉爽和湿润。

在经济中占优势的部门是工业，首先是褐煤的开采。这里有全国最大的褐煤矿床，如今进行露天开采。褐煤的密集型开采严重破坏了自然环境，导致这里生活环境的质量在全国最差。第二大工业部门是火力发电。相当一部分开采的煤在当地的热电厂燃烧，然后远程输送电力至全国其他地区。其他重要的工业部门有化学工业（该州首府拉贝河畔乌斯季、洛沃斯策、利特维诺夫）、冶金和机械工业（霍姆托夫）、食品工业（拉贝河畔乌斯季、利托梅日采）和玻璃工业（特普利策）。

著名的旅游胜地是杰钦，那里有独特的砂岩山崖。

农业基地主要在南部平原地区，主要种植小麦和大麦。在利托梅日采县附近适宜蔬菜和水果的生长，洛乌尼和扎特茨周围种植的啤酒花世界一流。

7. 利贝雷茨州

该州境内多山，卢日支山脉、伊泽拉山脉和克拉科诺谢山脉的西部位于该州。由于地势较高，而且位于捷克的最北部，这里气候比较寒冷而且降雨较多。伊泽拉山脉属于全国降水最多的地区之一。

该州曾长期开采过铀矿，如今主要开采制造玻璃用沙子、建筑用沙子和建筑石料。

工业在经济中占主导地位，在19世纪的时候这里就出现了工业生产。传统工业部门有纺织工业和玻璃制造业，机械制造业也占有一定比例。州府利贝雷茨是最大的工业中心，有纺织工业、机械制造业。另一座重要城市是尼萨河畔亚布洛内茨，该市以玻璃制造业特别是饰品加工业著称，也有汽车工业。捷克利帕属于发展最快的城市之一，有机械工业。

旅游业在该州经济中也占有重要地位。伊泽拉山脉是冬季运动的好去处，夏季游客也不少。克拉科诺谢山是捷克最受欢迎的休闲地之一。其他著名的旅游目的地有马霍夫湖泊附近的多克斯和耶什杰德等。

由于耕地少，农业方面侧重畜牧业的生产。

8. 克拉洛韦 – 赫拉德茨州

克拉洛韦 – 赫拉德茨州位于捷克的东北部，该州的北部和东部是克拉科诺谢山和奥尔利采山。两座山脉之间是布鲁莫夫山地，这里有风景如画的砂岩城市。南部和西部逐渐过渡为拉贝河沿岸平原。拉贝河上游及其支流奥尔利采河位于该州。中小型城市数量众多，住宅区规模不大。

该州无论是工业还是农业，都比较发达。机械制造业、纺织工业最为重要，食品工业、橡胶工业和化学工业也很重要。拉贝河流域土地肥沃，适宜种植小麦和甜菜。在地势较高地区栽培土豆、黑麦、大麦和饲料作物。在畜产方面主要是养殖牛和猪。

旅游业在该州经济中意义重大。无论在夏季还是在冬季，克拉科诺谢山国家公园都能吸引大批游人。奥尔利采山脉是冬季运动的好去处。这里还有许多城市古迹保护区（赫拉德茨 – 克拉洛韦、伊钦）和文化古迹（奥波奇诺、库克斯、麦图耶河畔新城）。

州府赫拉德茨 – 克拉洛韦历史悠久，有高等学校和众多的文化机构。除了机械制造业和食品工业以外，这里还制作钢琴和电影。其他较大一些的城市有特鲁特诺夫（纺织业和皮革制造业）、旅游城市弗尔赫拉比、纳霍德（纺织工业和橡胶工农业）和进入捷克天堂必经地伊钦。

9. 帕尔杜比采州

该州境内多丘陵。东部是拉贝河流域平原，东北部是奥尔利采山脉和克拉利基雪山，东南部是捷克—摩拉维亚山地。这里开采石灰岩和优质的建筑石料。欧洲主要的分水岭（北海和黑海水系）经过该州。

该州属于人口密度较大的地区之一，拥有发展良好的工业和农业。化学工业、纺织工业和机械制造业比较突出。境内有两座热电厂（奥帕托维采、赫瓦雷季采）。农业生产依赖土壤的质量。在土壤肥沃的拉贝河流域主要种植谷物，在海拔较高的地区主要种植饲料作物、块根作物和油菜。

旅游业主要拥有重要的文化历史古迹，特别是一些城市的历史中心部分、城堡和庄园。利托米什尔城堡被载入联合国教科文组织的历史文化遗产名录。帕尔杜比采、维索基米托和斯维塔维等城市的历史中心部分也很有旅游价值。

州府帕尔杜比采是该州最大的城市，除了化学工业、机械制造业、机电工业和食品加工业以外，它还有高等院校和许多文化设施。其他较大一些的城市有赫鲁蒂姆、维索基米托（机械制造业）、斯维塔夫（东南部最大城市）、奥尔利采河畔乌斯季（纺织工业、纺织机械制造业）。捷克特热博瓦是重要的铁路枢纽，位于连接捷克地区与摩拉维亚地区的重要铁路干线上。

10. 维索奇纳州

比较平坦的捷克—摩拉维亚高地占据了该州境内的大部分地区，不仅捷克和摩拉维亚地区的历史边界穿过该州的中心，而且欧洲的分水岭穿过该州。许多河流发源于此，例如萨扎瓦河、伊赫拉瓦河、斯夫拉特卡河。尽管平均海拔比较高，但地势的差距不大。最高处是伊赫拉瓦山丘和日贾尔山丘（海拔超过800米）。这里缺少低地和平原，气温比捷克地区的中部和东部地区更高，降水量更多。

工业原先侧重于农产品的加工和木材、石材的加工，如今主要侧重机械制造，其次是纺织工业和食品工业。农作物主要有土豆、饲料和亚麻，养殖牛也很重要。

该州资源匮乏，土壤不肥沃，人口密度较低，居住区规模小，几乎没有大城市。没有喧嚣的田园风光适合休闲游。泰尔奇城市古迹保护区已被载入世界文化遗产名录。

州府伊赫拉瓦是该州最大的城市，机械制造业、纺织业和木材加工业比较出名，也是该州的文化中心。发电量占全国1/5的杜克瓦尼核电厂的建设，带动了特热比奇城市的发展。萨扎瓦河畔的日贾尔是第三大城市，拥有机械制造业和铸造业。

11. 南摩拉瓦亚州（又译南摩拉维亚州）

该州西部属于捷克丘陵，东部属于西喀尔巴阡山脉的山地和丘陵。摩拉瓦河及其支流迪耶河流经该州，境内有数量众多的鱼塘和水库。这里是全国范围内最温暖、降水量最少的地区。

南摩拉瓦亚地区曾经是大摩拉维亚帝国（捷克历史上第一个较为稳固的国家形态）的中心。在1918年捷克斯洛伐克共和国成立之前，布尔诺及其周边已经成为工业发展最好的地区之一，有利条件是临近奥地利首都维也纳。

该州平均人口密度比较大，但也存在地区差异。州府布尔诺及其周边的中心地区人口密度最大，然后沿着中心至边缘的方向递减。

该州在捷克有着重要的经济地位，工业发达，特别是机械制造业，还拥有密集农业。布尔诺及其周边工业最发达，几乎占全州所有工业生产的一半，主要从事重型机械和武器的生产。其他工业部门有食品工业和纺织工业。在能源领域，位于维索奇纳州和南摩拉瓦亚州交界处的杜克瓦尼核电站最为重要。其他有石油、天然气和黑煤的开采。

该州农业生产条件有利，土壤肥沃，除了种植小麦、甜菜和大麦，还栽培蔬菜、水果和葡萄。南摩拉维亚地区生产高质量的葡萄酒，在全国有名。

旅游的主要目的地是摩拉维亚喀斯特地形区，这是捷克最大、最好的喀斯特地形区。有后娘山洞和一些岩洞值得参观。这里还有大量的考古发现地。

州府布尔诺是该州唯一的大城市，其他较大城市有兹诺伊莫、布热茨拉夫、霍多宁、布兰斯科和维什科夫。

12. 奥洛莫乌茨州

该州东北部是属于捷克高原的耶塞尼克山脉，南部是属于西喀尔巴阡山脉的喀尔巴阡低地、摩拉维亚大门和摩拉瓦河上游谷地平原。在多山的北部地区，人口较少，经济不发达。在地势较低的南部地区，土壤肥沃、人口密度大、经济发达。该州的核心地区哈纳位于摩拉瓦河中游谷地平原，中心是奥洛莫乌茨。

州府奥洛莫乌茨是该州最古老的城市，其他较大城市有普热罗夫（铁路枢纽、化学工业和机械制造业）、普罗斯捷约夫（服装生产、农业机械生产和食品工业）、舒姆贝尔克（纺织业和机械制造业）。

哈纳地区是著名的农业生产区，种植小麦、大麦、甜菜、水果和蔬菜。这里还是继扎特茨之后捷克第二重要的啤酒花种植区。

13. 摩拉维亚－西里西亚州

该州由西里西亚的大部分地区和北摩拉维亚的部分地区构成，西部是耶塞尼克山脉，东部是贝斯基迪山脉，中部是俄斯特拉发盆地。奥得河及其支流（最主要的是奥帕瓦河）流经该州，气候因海拔高度的不同而出现明显差异。山区气温较低，雨水较多。

该州不属于捷克最早被定居的地区，尽管在很早以前连接欧洲南部和北部的重要贸易通道经过该州境内的摩拉维亚大门，但山区晚些时候才有人定居。俄斯特拉发及该州其他地区长期属于捷克的边缘地带，发展很慢。直至19世纪中期铁路开通后，较为广泛地使用煤炭资源才带来转折，这里出现了工业中心。如今，山区人口密度依然较小。

该州属于全国工业最发达地区之一，优质的褐煤储藏是最大的财富。州府俄斯特拉发是著名的工业中心，其他工业城市有博胡明、奥尔洛瓦、卡尔维纳、特日涅茨、捷克捷欣和弗里德克－米斯特克等。西里西亚地区的文化中心是奥帕瓦，它在机械制造、轮胎生产和食品工业等方面也比较出名。

耕地不多，地势低的地方种植谷物和甜菜，在山区主要养殖牛。

14. 兹林州

该州西部是富饶的摩拉瓦河上游和下游谷地，东部和北部地势高，有贝斯基迪山脉、亚沃尔尼克山脉和白喀尔巴阡山脉。摩拉瓦河及其支流贝奇瓦河流经该州。从北到南、从东到西，平均温度呈上升趋势，降水量则呈减少趋势。在地势较低的山谷，土壤肥沃，适宜种植小麦、甜菜和生产啤酒用的大麦。山区土壤贫瘠，主要种植土豆和饲料作物。

工业在经济中地位重要，州府兹林及其周边是工业中心。在20世纪初，杰出的企业家托马什·拔佳在兹林建造了制鞋厂，兹林从一个小市镇发展成为现代化城市，在捷克20世纪20～30年代绝无仅有。拔佳公司直接参与了兹林城市的建设，建造了民居、酒店、医院和休闲公园等。除了制鞋工业，这里还出现了机械制造、橡胶生产和食品加工厂，以及大学、电影制片厂和其他文化设施。1989年政局剧变后，兹林的制鞋业逐渐衰

*13*

落，但它依然保持了在全国工业地图上的地位。其他主要城市有克罗梅日什（曾经是教会和文化中心，如今是哈纳地区最大城市）、乌赫尔赫拉吉什捷、弗塞津、瓦拉什斯凯梅日奇和著名的矿泉城市卢哈乔维采（可治疗呼吸道疾病）。

捷克各州级单位的情况见表1-1。

表1-1　捷克各州级单位面积、人口和人均国内生产总值一览表

| 州　名 | 州　府 | 面积<br>（平方公里） | 人口<br>（2020 年） | （人口密度/<br>平方公里） | 人均 GDP<br>（2019 年，<br>单位：捷克<br>克朗） |
|---|---|---|---|---|---|
| 首都布拉格 | 布拉格 | 496 | 1324277 | 2670 | 1191000 |
| 中捷克州 | 布拉格 | 10929 | 1385141 | 126 | 484475 |
| 南捷克州 | 捷克布杰约维采 | 10058 | 644083 | 64 | 438114 |
| 比尔森州 | 比尔森 | 7649 | 589899 | 77 | 474310 |
| 卡罗维发利州 | 卡罗维发利 | 3310 | 294664 | 89 | 341512 |
| 乌斯季州 | 拉贝河畔乌斯季 | 5339 | 820965 | 154 | 386363 |
| 利贝雷茨州 | 利贝雷茨 | 3163 | 443690 | 140 | 411399 |
| 克拉洛韦州－赫拉德茨 | 赫拉德茨－克拉洛韦 | 4759 | 551647 | 116 | 479318 |
| 帕尔杜比采州 | 帕尔杜比采 | 4519 | 522662 | 116 | 422684 |
| 维索奇纳州 | 伊赫拉瓦 | 6796 | 509813 | 75 | 434018 |
| 南摩拉瓦亚州 | 布尔诺 | 7188 | 1191989 | 166 | 505986 |
| 奥洛莫乌茨州 | 奥洛莫乌茨 | 5272 | 632015 | 120 | 418525 |
| 摩拉维亚－西里西亚州 | 俄斯特拉发 | 5427 | 1200539 | 221 | 430005 |
| 兹林州 | 兹林 | 3963 | 582555 | 147 | 457361 |
| 捷克共和国 | | 78868 | 10693939 | 136 | 538717 |

资料来源：http：//www.wikipedia.cz/，http：//www.czso.cz/。

注：国土面积因四舍五入与我国外交部网站数据略有误差。

## 六　人口、民族、语言

### 1. 人口

在旧石器时代，捷克境内就有人类定居。10 世纪，捷克人建立了民

族国家。从 13 世纪起，大批德意志人迁入捷克，在捷克、摩拉维亚和西里西亚地区出现了双语的定居点，居民根据母语分为说捷克语和说德语的两种。此后，捷克的人口变革经历了五个阶段。第一阶段为 18 世纪前，这一时期由于传染病、战乱和庄稼歉收，尽管出生率很高，但人口的自然增长率很低。第二阶段为 19 世纪，随着农业发展和城市卫生条件的改善，从 18 世纪下半叶起，死亡率下降，出生率保持不变，故 19 世纪时，捷克人口成倍增长。第三阶段从 20 世纪初开始至 70 年代末结束，捷克人口的发展受到两次世界大战和 1948 年 "二月事件" 与 1968 年 "布拉格之春" 两次政治事件的影响，出生率出现波动。第四阶段从 20 世纪 80 年代开始至 2005 年，出生率和死亡率大幅降低，人口自然增长很少甚至出现负增长。1994 年捷克人口出现自 1919 年以来首次负增长现象，出生率低于死亡率。1999 年出生率只有 8.7‰，达到 1900 年以来历史最低点。人口负增长的趋势一直持续至 2005 年。第五阶段从 2006 年至今，尽管死亡率与出生率几乎持平，但由于外来移民特别是来自乌克兰和斯洛伐克的移民增多，人口逐渐增长（只有在 2013 年出现负增长）。

截至 2020 年 12 月 31 日，捷克人口为 1070 万，男女比例为 100:103。人口总数与希腊和葡萄牙差不多，占欧盟 27 个成员国人口总数的 2.4%。

捷克的平均人口密度为 136 人/平方公里，超过欧洲平均水平，居欧洲第 12 位。全国人口分布比较均衡，大约 2/3 生活在城市，1/3 生活在农村，几乎一半的人口生活在 60 座拥有 2 万以上人口的城市里。人口最稠密的地方是大城市（布拉格、布尔诺、俄斯特拉发和比尔森）和工业较为发达的地区（莫斯特、特普利采、拉贝河畔乌斯季、蒂萨河畔亚布洛内茨、克拉德诺和卡尔维纳），这些地区的人口密度超过 200 人/平方公里。人口密度最小的地方是捷克南部和西南部边境地区。

截至 2020 年 12 月 31 日，捷克人口的年龄结构是：0 ~ 14 岁占 16.1%，15 ~ 64 岁占 63.8%，65 岁以上占 20.1%。人口老龄化日益加重，老龄化指数达到 125.5%；根据家庭状况区分，单身者占 43.1%，已婚者占 38.7%，离异者占 11.5%，鳏寡者占 6.7%；捷克全国人口的平均年龄是 42.6 岁（男性 41.1 岁，女性 44.0 岁）。捷克男性平均寿命是 76.3 岁，女性平均寿命是 82.1 岁。

2. 民族

捷克的民族构成随着历史的变迁而发生变化。在 1918 年捷克斯洛伐克共和国成立之初，捷克人（捷克族人和摩拉维亚族人）占捷克境内总人口的 67.3%，德意志族人占 30.6%，波兰族人占 0.8%，西里西亚族人占 0.5%。在 1938 年"慕尼黑阴谋"之后，捷克斯洛伐克共和国失去了 37% 的领土和 36% 的人口。在第二次世界大战期间，7.7 万犹太人丧生，还有一些犹太人移民到国外。1945 年捷克斯洛伐克国家恢复后，采取了清除非斯拉夫少数民族的措施，300 万德意志族人被驱逐出境，导致捷克境内的种族同质性程度大幅提高。1950 年捷克人（捷克族人和摩拉维亚族人）占捷克境内总人口的 93.9%，其他民族所占比例分别是：斯洛伐克族人占 2.9%，德意志族人占 1.8%，波兰族人占 0.8%。在 1989 年后捷克斯洛伐克联邦第一次人口普查（1991 年）中，在捷克共和国，捷克族人占 81.2%，摩拉维亚族人占 13.2%，斯洛伐克族人占 3.1%，波兰族人占 0.6%，德意志族人占 0.5%，西里西亚族人占 0.4%，匈牙利族人占 0.2%。

捷克共和国独立后第一次人口普查（2001 年）结果显示，捷克族人占 90.4%，摩拉维亚族人占 3.7%，斯洛伐克族人占 1.9%，波兰族人占 0.5%，德意志族人占 0.4%，西里西亚族人占 0.1%，匈牙利族人占 0.1%。

在最近一次人口普查（2011 年）中，被调查者可以声称属于一个民族、两个民族或任何一个都不属于。有 25.3% 的人口没有选择任何一种民族，64.3% 的人声称是捷克族，5% 的人声称是摩拉维亚族，其他民族有：斯洛伐克族占 1.4%，乌克兰族占 0.5%，波兰族占 0.4%，越南族占 0.3%，德意志族占 0.2%，匈牙利族占 0.1%，西里西亚族占 0.1%。与欧盟平均水平相比，捷克是一个种族相对同质的国家。

3. 语言

捷克官方语言为捷克语，与波兰语、斯洛伐克语、索布语等同属于斯拉夫语系的西支。规范化的捷克语有 36 个音素：5 个短元音（a，e，i，o，u），5 个长元音（á，é，í，ó，ú），1 个双元音（ou），25 个辅音（b，c，č，d，ď，f，g，h，ch，j，k，l，m，n，ń，p，r，ř，s，š，t，ť，v，z，ž）。捷克语字母共有 42 个，88% 的单词以辅音字母开始，71% 的单词以元音字母结束。捷克语的词汇量估计为 25 万个，其中名词占 40%，动词占 27%，形容词占 21%，然后是副词。名词、代词和形容词有阴性、中性和阳性之分，并有 7 个格的变化；动词有 6 个变位。捷克语单词通常由五六个字母构成，捷克语句子平均由 9.4 个单词组成。捷克语发音平稳，重音在单词的第一个音节上。

古斯拉夫语是在捷克境内最早被使用的规范化语言。13 世纪时，已有赞美诗集被译成捷克文。三种基督教礼拜仪式的用语——古斯拉夫语、拉丁语和后来的德语对早期捷克语的发展产生了影响。13 世纪中叶，大批德意志族人移民到捷克，从此出现了捷克语和德语的双语制，德语逐渐在捷克宫廷和贵族间流行。

14 世纪时，捷克语成为真正的文学语言，它已显示出是一门适用于各种体裁文学作品的成熟语言。这一期间，诗歌、散文得到发展，出现了用捷克文写作的戏剧作品，产生了行政用语和法律用语。拉丁语主要在与教会和公共生活有关的名称方面影响着捷克语，德语主要在与城市环境相关的名称方面影响着捷克语。

在胡斯革命时期，捷克语成为胡斯进行宣传的工具，它被运用于科学领域——自然科学、医学和天文学。行政和法律词汇得到完善。与此同时，捷克语中的军事术语渗透到其他欧洲语言中，波兰语开始使用与捷克语相似的复合字母。行政用语通过波兰传到立陶宛、白俄罗斯和乌克兰。

在人文主义时期，捷克作家继续完善文学语言。拉丁语对捷克语的影响不仅表现在字词里，还表现在句法里。1579～1593 年，兄弟会成员将《圣经》译成捷克语，其语言水平很高。这一时期出现了关于捷克语的理论著作和捷克语字典，字典里标明了捷克语词汇以及它的德语、拉丁语和希腊语的对应词。16 世纪时，捷克语的对外扩张达到顶峰。捷克语成为波兰贵族阶层进行交谈的语言，一些捷克语词汇还渗透到俄语中，捷克语成为斯洛伐克的行政和文化用语，它在词汇和正字法方面影响了最初的卢齐支塞尔维亚文献。在 15～16 世纪，捷克语完成了最后的音变。

在 17 世纪，捷克语的发展受到白山战役后政治局势的影响，大部分知识分子、不信仰天主教的贵族和市民流亡到国外。文学创作主要面向广大的市民阶层，文学语言接近俗语。18 世纪时，捷克语的地位下降，被排挤出科学和行政用语，只是借大众化和半大众化的文学创作而保存下来。在巴洛克极盛时期，捷克语对其他语言没有直接影响，在斯洛伐克和西里西亚继续使用捷克语作为行政用语。

18 世纪下半期，德语成为捷克唯一的官方语言，它的使用得到进一步加强。另一方面捷克开始了民族解放的进程，主要是发展捷克语言和文化。民族复兴运动开始于 18 世纪 70 年代，起初主要目的是恢复民众对捷克语的兴趣，因此出版了捷克古代文学作品、语言入门教材、历史题材作品和报纸，并开始上演捷克戏剧。为了使捷克语与其他欧洲语言相媲美并成为更高层次的文学语言，捷克语开始固定和规范书面语。旧的德国哥特体字母被拉丁字母代替，捷克语的字形逐渐简化为目前的形状。词汇也得到补充，创造了医学、人类学、植物学和动物学的专业术语。新词语主要来自古捷克语以及相近的斯拉夫语言，最多来自波兰语和俄语。当然也有通过派生和组合创造出的新词语。

经过民族复兴运动，捷克语的使用者越来越多，它成为公众交流的语言，并最终导致乡村捷克语的形成。文学创作开始接近欧洲水平，文学的表达方式接近现实生活中的口头语。19 世纪下半期，捷克语的词汇进一步扩大，创造了法庭、法律、经济、音乐和体育术语。

1918 年捷克斯洛伐克国家建立后，捷克语成为国家行政机关的语言，它进入到德语术语控制的最后一些领域：军队、铁路、通信。文学语言得到很大发展，一些优秀的文学创作者在作品中运用各种风格的语言——古词语、俚语、隐语。第二次世界大战的爆发没有影响捷克语的发展，相反，被德军占领的事实提高了文学语言作为处于危险境地的民族象征的地位。在 20 世纪 60 年代，文学语言的创作进入全盛时期。

第二次世界大战后，捷克语从俄语中吸收了大量词汇。1989 年政局剧变后又从美国等西方国家吸收了大量的词汇。与此同时，来自捷克一部戏剧作品中的词语 robot（机器人）也进入世界各种语言之中。在 1918～1992 年捷克斯洛伐克国家存在时期内，它的两种官方语言——捷克语和斯洛伐克语互相影响。

捷克语的方言分为捷克方言、西摩拉维亚方言、摩拉维亚中部的哈纳方言、摩拉维亚 - 斯洛伐克方言和拉赫方言。目前，捷克语的方言只是作为乡村捷克语的地方变种而存在着。捷克语方言互相区别的一个最重要特点是长元音的不同运用。相对于规范化的捷克语，乡村捷克语的语法更简单，更易于掌握。

捷克境内的少数民族在日常生活中使用自己的语言。

目前，成立于 1946 年的捷克科学院的捷克语研究所专门从事系统的捷克语研究，有两种杂志专门介绍捷克语：《我们的语言》（Naše řeč，1917 年开始出版）和《字词与语言文学》（Slovo a slovesnost，1935 年面世）。

## 七　国旗、国徽、国歌

### 1. 国旗

国旗旗面呈长方形，长与宽之比为 3∶2，由蓝、白、红三色组成，左侧为蓝色等腰三角形，右侧是两个相等的梯形，上白下红。蓝、白、红是斯拉夫民族喜爱的传统颜色。捷克历史上的波希米亚王国曾把红、白两色作为国色，白色代表银色的捷克狮子，红色象征勇敢和不畏困难的精神，以及人民为国家的独立解放和繁荣富强而奉献的鲜血与取得的胜利，蓝色原是斯洛伐克的象征，如今是摩拉维亚的象征。

### 2. 国徽

国徽有大小两种。大国徽为方形盾徽，盾面分四部分：左上部和右下部为红底白色的双尾狮图案，狮子头戴金冠，爪为金黄色，前爪腾起，代表捷克（也称波希米亚）；右上部为蓝底红白色相间的鹰图案，代表摩拉维亚；左下部为黄底黑鹰图案，黑鹰头戴金冠，爪为红色，胸前绘有白色月牙，十字形和三叶形饰物分别位于月牙中央和两端，代表西里西亚。捷克全国领土包括捷克、摩拉维亚和西里西亚的部分，大国徽形象地反映了这点。

小国徽为盾形，盾面为红色，上面绘有一头戴金冠、爪为金黄色、前爪腾起的双尾狮。

3. 国歌

国歌是歌曲《我的家乡在哪里》的第一段，来自捷克剧作家约瑟夫·卡耶坦·蒂尔的戏剧《无怒无争》，由弗兰季谢克·斯克鲁普作曲，卡雷尔·斯特拉卡蒂作词。1834 年 12 月 21 日《无怒无争》在布拉格首场演出后，《我的家乡在哪里》很快广为流传，获得捷克民族歌曲的地位。与原创相比，如今的歌词略有改动。

1918 年捷克斯洛伐克共和国成立后，这首歌曲被定为国歌。1990 年 3 月，它被确定为捷克和斯洛伐克联邦共和国框架内捷克共和国的国歌，同时也是捷克斯洛伐克国歌的第一段。1993 年 1 月 1 日捷克共和国独立后，它被定为捷克国歌，通常在捷克国庆节和其他重要场合歌唱。

歌词大意是：我的家乡在哪里？我的家乡在哪里？水流潺潺声遍布牧场，山岩上的松林发出簌簌之声，果园中春之花光彩出众，看见了那人间天堂！那是美丽的国家，捷克之土乃我家！捷克之土乃我家！

# 第二节　宗教与民俗

## 一　宗教

1. 概况

20 世纪 90 年代初，捷克居民对宗教的兴趣较剧变前有所恢复，但随着时间的推移，捷克信仰宗教的人数又开始下降，逐渐变为世界上信仰宗教人口最少的国家之一。1991 年，40% 的捷克居民为无神论者。根据 2001 年的统计数据，捷克社会的无神论者已上升至 58.3%（个别地区除外，兹林州信仰宗教的居民超过半数），10% 的居民未确切表明自己的宗教信仰，31.7% 的居民信仰某一种宗教。

根据 2011 年的人口普查结果，44.7% 的居民没有宣布自己是否信仰宗教，34.5%的居民不信仰宗教，20.8%的居民信仰宗教，其中10.5%的居民信仰罗马天主教，0.5%的居民信仰新教，0.4%的居民信仰胡斯教，其他信仰东正教、捷克斯洛伐克兄弟教和犹太教等。此外，还有6.8%的居民自称是信徒，但不加入任何教会和宗教团体。在摩拉维亚地区的东部和南部，信教的居民较多。在捷克地区的西北部，很多居民不信教。

捷克境内的罗马天主教教会组织有布拉格和奥洛莫乌茨两大主教区，以及利托梅日采、赫拉德茨－克拉洛韦、布尔诺和捷克布杰约维采等四个主教区。

二战前，捷克大约有36万犹太教徒，如今只有约1500名犹太教徒，他们集中在布拉格。国家逐渐归还了犹太教徒的财产、教堂和墓地。

2. 宗教发展历史

**基督教的传入和早期传播**　公元8世纪，基督教传入中欧斯拉夫人的领地，摩拉维亚公国的统治阶层从巴伐利亚的罗马教派那里接受了基督教，承认了东法兰克的宗主权，并在捷克建造了罗马风格的教堂，统一用拉丁语做礼拜式。公元863年，米哈伊三世派遣以传教士康斯坦丁和美多德兄弟俩率领的宗教使团去大摩拉维亚帝国。康斯坦丁创造了古斯拉夫文字——格拉果尔字母，将一些教会的经文译成古斯拉夫语。从此，在捷克，除了拉丁语礼拜仪式外，还长时期保留了古斯拉夫语礼拜仪式。公元869年，美多德被封为巴隆——摩拉维亚大教区大主教，他为捷克历史上第一个著名的公爵博日沃伊及其妻子柳德米拉洗礼。博日沃伊下令建造了捷克第一座教堂——圣克雷门特教堂，柳德米拉是一位热情的基督教传播者，他们的孙子瓦茨拉夫也积极宣传基督教，他统治国家后下令建造了著名的圣维特大教堂。公元973年，布拉格主教区成立，很快又建成一所教会学校。公元992年，博列斯拉夫二世颁布法令，规定布拉格主教沃伊杰赫有权根据教规解除亲戚间缔结的婚姻、建造教堂、征收什一税等。这部法令是第一份证明基督教在捷克具有合法性的文件。公元1063年，在奥洛莫乌茨建立了摩拉维亚主教区。在普热米斯尔家族统治时期，基督教与多神教之间的斗争不断，但基督教逐渐在社会扎下根来，首先被社会高级阶层所接受。

**天主教的兴盛和胡斯宗教改革运动** 至 14 世纪，教会已拥有很高的社会地位，占有最多的社会财富，全国几乎 1/3 的田产掌握在教会手中。1344 年，布拉格大主教区成立，它下辖奥洛莫乌茨和利托米什尔的两个教区，捷克不再受德国美因茨大主教区的管理。1348 年，查理大学成立，并设有神学院。1356 年，教皇授予布拉格大主教对迈森教区（德国）、雷根斯堡教区（德国）和另一个教区的"永久的教皇全权使节的特权"。

由于教会逐渐背离了《圣经》中的准则，改革派传教士开始抨击教会的富有、骄横、奢华和教士的寄生生活，社会上要求"从上到下"整顿教会的呼声愈益强烈。1412 年，罗马教皇派人到捷克出售赎罪券，捷克著名的宗教改革家扬·胡斯在他的著作《论教会》中严厉批评了这种欺骗行为并否认了教皇在教会中的领导地位。于是，教会采取种种措施迫害胡斯，1415 年将其烧死在康斯坦茨的火刑架上。不久掀起了声势浩大的胡斯宗教改革运动，教皇先后五次组织欧洲十字军进行镇压。1434 年，胡斯革命军内部的分裂导致这场运动失败。胡斯运动削弱了天主教会在捷克的势力，也对 16 世纪欧洲宗教运动产生了深远的影响。

**新教的产生与被压制** 1526 年，捷克成为多民族的哈布斯堡王朝的一部分。此时，在捷克的宗教界涌现出不少新教派：胡斯教派、新胡斯教派、兄弟会、路德教派、加尔文教派等。胡斯教派源于胡斯学说，它有各种派别，共同点是接受圣餐的方式，天主教徒只接受圣饼，胡斯派教徒既接受圣饼又接受葡萄酒，以此表明在上帝面前每个信徒都平等。胡斯派教徒拒绝接受教会这一机构，他们认为基督是最高的司法机构，胡斯教派不允许教会拥有任何财产。16 世纪时，一部分胡斯派教徒同情路德派而分离出去，他们被称作新胡斯派。兄弟会于 1457 年产生于捷克东部地区，兄弟会教徒渴望与《新约》一致的生活，他们拒绝经商，尊重体力劳动，非常重视学习《圣经》。1609 年，鲁道夫二世签发了有关宗教信仰自由的诏令，致使天主教徒与非天主教徒获得平等权利，但在国家政治领域、地方机构里坚决要求恢复天主教的势力依然存在。马提亚三世执政时，他派遣耶稣会教士深入捷克，企图恢复天主教。在狂热的天主教徒斐迪南成为捷克国王后，天主教徒与新教教徒之间的紧张关系加剧。1618 年，在禁止新教集会后不久，捷克人举行起义，冲进王宫，把皇家官吏从窗口抛入壕沟，于是引发了席卷欧洲大陆的"三十年战争"。1620 年，捷克军队被天主教同盟军打败，捷克丧失了国家的独立，天主教成为唯一合法的宗教信仰，捷克居民被强迫接受天主教，非天主教教士被驱逐。1654 年，赫拉德茨－克拉洛韦主教区成立。1655 年，利托梅日采主教区成立。

**天主教影响受到削弱，新教逐渐合法化** 特蕾莎女王执政后，进行了一些社会改革。在宗教领域，取缔耶稣会，没收耶稣会的财产，停止天主教会对大学的影响。1777 年，奥洛莫乌茨大主教区和布尔诺主教区成立。1781 年，约瑟夫二世颁布了"宽容赦令"，保留天主教为国教的同时承认路德派、加尔文派和东正教的合法性。大约三分之一的新教徒加入路德派，其余的加入了加尔文派。1785 年，捷克布杰约维采主教区成立。1848 年欧洲革命结束后，新教拥有与天主教会同等权利。1870 年，兄弟会被恢复。1920 年，捷克斯洛伐克胡斯派教会形成，它承袭了胡斯派观点，约 100 万信徒加入。

3. 政教关系的发展变化

1920 年，捷克斯洛伐克教会成立并发布告全民族书，号召放弃罗马天主教会而加入这一民族教会中来。至 1921 年，50 多万天主教徒加入捷克斯洛伐克教会，得到国家的承认。1925 年 7 月 6 日，在扬·胡斯被烧死 510 周年之日，在总统马萨里克和政府的参与下举行了纪念活动，同时宣布这一天为国定节日，结果导致梵蒂冈与捷克斯洛伐克断绝外交关系三年，1928 年，捷克斯洛伐克共和国与梵蒂冈签署了协议，规定捷克斯洛伐克的任何地区不接受境外红衣主教的管理，同时捷克斯洛伐克的任何主教区的权限不能超越国境。

1948 年"二月事件"后，政府与教会的关系趋于紧张，争议很多。1949 年，政府决定与教会进行斗争：号召开展反对主教的"信徒运动"；成立国家宗教事务局；通过法律加强国家对教会和宗教团体的经济保障；加强对教会活动的监督；清除修道院并将修士、修女集中起来，部分修士被发配到工业和农业部门；将希腊礼天主教会并入东正教。1949 年 7 月，教皇签发命令，让所有共产党员退出教会。1950 年 3 月，捷克斯洛伐克外交部照会梵蒂冈，要求梵蒂冈撤回驻捷克斯洛伐克的使节，从此中断了与梵蒂冈的外交关系。1954 年 7 月，政府取消了宗教信仰的登记，"宗教信仰"这一栏从各种表格中消失了，但国家安全部门一直没有停止对所有教会积极分子的监督。政府没收了所有教会的财产，神职人员由国家发放薪水。

1960 年 7 月捷克斯洛伐克通过的新宪法规定：公民有宗教信仰的自由，开展宗教活动以不违反法律为基础。政府有权监督宗教团体及宗教活动，有权干涉教会的人事安排，神职人员凭许可证进行传教。政府为宗教保留了一定的活动空间，教会可以出版自己的报纸和其他读物。

1989 年，天主教会公开支持变革。剧变后，国家取消了对宗教情绪表达的限制，开始承认宗教的社会存在价值，并归还教会被没收的财产。1990 年 4 月，捷克斯洛伐克与梵蒂冈恢复中断了 40 年的外交关系，开始互派大使。罗马教皇扬·帕维尔随后访问捷克斯洛伐克，并举行了三场弥撒。1997 年 4 月，在捷克圣人沃依杰赫逝世千年之际罗马教皇再次访问捷克。

捷克宪法为公民提供了宗教信仰自由的权利，政府既保护公民充分享受宗教信仰自由，又不宽容公民滥用宗教信仰自由。捷克文化部教会司负责全国的宗教事务，2019 年有 41 个教会和宗教组织在该机构注册登记。在申请的基础上满足法律条件后，文化部承认它们享有下列特别权利：根据特别法律获得资助的权利，教会婚礼权，在监狱和武装部队进行神职服务，在公立学校教授宗教，建立教会学校，忏悔保密权等。未注册的宗教团体不能合法地拥有资产，但可以从其他民间社团和活动中获取资金，也可以自由地集会、做礼拜。

为了促进教会与国家之间的关系，1999 年捷克成立了两个政府委员会：一个具有"政治性"，它由议会里所有政党的代表组成；另一个具有"专家性"，它由律师、经济学家和教会的代表组成。两个委员会在与教会有关的财产问题以及宗教立法问题方面向政府提出建议。

政府不强迫公民改变宗教信仰，总体上不限制宗教活动的开展，不存在宗教犯人和因宗教问题被拘留的事例。移民到捷克的人在宗教信仰方面没有任何限制。

二 节 日

捷克共和国的节日分为国定节日、其他节日和重要的日子，国定节日和其他节日都是休息日，但重要的日子照常工作。

1. 国定节日

**1 月 1 日——独立的捷克国家恢复日**

1993 年 1 月 1 日，独立的捷克共和国出现在欧洲版图上。由于捷克在中世纪的时候就已经建立了独立的民族国家，故 1 月 1 日被称为独立的捷克国家恢复日。

**5 月 8 日——胜利日**

1945 年 5 月 8 日，第二次世界大战在欧洲结束。

**7 月 5 日——斯拉夫传教士西里尔和美多德纪念日**

公元 863 年 7 月 5 日，斯拉夫传教士西里尔（原名康斯坦丁）和美多德抵达大摩拉维亚帝国。

**7 月 6 日——扬·胡斯大师殉道纪念日**

1415 年 7 月 6 日，在康斯坦茨宗教会议期间，牧师和宗教改革家扬·胡斯作为异端分子被处以火刑。

**9 月 28 日——捷克国家性纪念日**

公元 935 年 9 月 28 日，圣瓦茨拉夫公爵被暗杀。

**10 月 28 日——独立的捷克斯洛伐克国家成立日**

1918 年 10 月 28 日，在奥匈帝国的废墟上，捷克斯洛伐克共和国成立。

**11 月 17 日——争取自由和民主纪念日**

1939 年 11 月 17 日，纳粹德国占领军袭击了布拉格和布尔诺的大学生宿舍，抓走 1100 名学生，其中 9 名学生干部未经审判被杀害，其余的被关进集中营。希特勒下令关闭了捷克高等院校。1989 年 11 月 17 日，学生举行示威游行，引发"天鹅绒革命"。

2. 其他节日

**1月1日——新年**

全家人欢聚一堂，庆祝新一年的到来。午饭是最重要的，通常先喝扁豆汤，它预示在新的一年会成功；然后吃猪排配土豆，它预示新年有好运。这一天不能吃鱼（意味着好运会游走）和家禽（意味着好运会飞走）。

**复活节**

复活节的日期每年都会变动，复活节礼拜日是春分后第一次月圆之后的第一个星期日。复活节是一个全民庆祝的节日，是一个家人团聚的节日。对非基督教徒来说，复活节是一个庆祝春天来临的节日，人们更多地接近大自然——采集柳树的花和其他早春的花朵。

在绿色的礼拜四，乡村的男孩子拿着一个木制的大拨浪鼓穿行于村庄，使劲弄出声音，这是为了吓跑出卖了耶稣的圣徒犹大。

在大礼拜五，男孩子继续使劲将拨浪鼓弄出大声。这一天要遵守严格的斋戒：一天中只能吃三次，只能吃饱一次，不能吃肉。基督教徒将斋戒持续到星期六晚上。

在白色的礼拜六，早晨男孩子重复拨弄拨浪鼓，在村子里的每家门前停留。他们弄出可怕的声音直到拿到一些钱，最后大家平分收来的钱。复活节的传统象征物是绵羊，这一天，家庭主妇们会在模子上烤制绵羊状的饼干，并用面包、鸡蛋，有时用蘑菇或熏肠烤制点心。

在复活节星期天，妇女们忙于制作彩蛋，用蜡或染料在蛋壳上绘制五彩斑斓的图案，主要用红色；她们还要准备一些彩带；男人们用柳树的嫩枝编成鞭子。这一天的午饭很丰盛，通常会吃烤火腿、熏肉、煮鸡蛋、葱和蒜等，还要吃加了葡萄干和杏仁烤制的面包。

在复活节星期一，男人们一大清早就手拿柳条鞭上门拜访妇女们，用水泼她们（有时也用香水喷她们），并用柳条鞭轻轻地抽打她们，这是为了让她们一年健健康康。妇女们一般也会躲闪，男人们就在后面追，不达目的不罢休。妇女们通常用彩蛋或兔子形状的甜点、巧克力（有时也会用白酒）犒劳他们。如果姑娘喜欢"鞭打"自己的小伙子，她就会把最漂亮的彩带系在小伙子的鞭子上。这样，当男人们挨家挨户"鞭打"和

"泼水"后，就会收到很多礼物，鞭子上也会系上五颜六色的彩带。在摩拉维亚一些地区还有一个传统习俗，就是将妇女扔进水中，再用冷水泼她们，这样就可以赶走妖魔鬼怪和疾病。

**5 月 1 日——国际劳动节**

从 1890 年以来，全世界在 5 月 1 日庆祝劳动者的节日。

**12 月 24 ~ 26 日——圣诞节**

在捷克共和国，圣诞节是一年中最大的节日（放假三天），大部分人会一直休息到新年来临，孩子们会放假两星期。人们提前四个星期就开始圣诞节的准备工作。圣诞节是庆祝耶稣基督诞生的节日，所有的人（包括非基督徒）都会欢庆这一节日。

在 12 月 24 日晚上（慷慨夜）开始主要的庆祝活动，白天许多人都会饿着肚子，直到晚上全家人才聚到餐桌前一起吃团圆饭，餐桌上摆着很多食品，象征明年全家人丰衣足食，不能缺少象征健康的食品——面包、洋葱和蒜；桌上还放有鱼鳞和一些钱，它们象征着大家会富有。晚饭开始前，大家先祈祷，然后祝酒，家长祝愿来年大家还能如此欢聚一堂共度圣诞。接着，每人剥开一个核桃，如果核桃肉是新鲜的，就预示明年会健康。再切开一个苹果，每个家庭成员会得到一瓣，新鲜的苹果肉也象征着健康。每个人还要吃蘸了蜜和蒜的薄饼，它象征来年的生活既甜美又健康。接下来，大家喝汤，通常是鲤鱼汤，过后是土豆沙拉，主菜是红烧或裹面炸的鲤鱼。最后是烤甜点。晚饭后，父亲摇响铃铛，大家就可以去看放在圣诞树下的礼物。孩子们最喜欢礼物，大人们也期盼着礼物。过后，大家在一起聊天、唱歌、看电视。午夜时分，一些人去教堂参加弥撒。过圣诞节时常常下雪，晚上，人们点起蜡烛，气氛很美。

在 12 月 25 日，人们通常去教堂，然后拜访亲戚朋友。每年的这个时候人们会宽恕这一年来与自己发生争执的人。这一天的午饭是主餐，传统的食物是：鹅杂汤面条、烤鹅和碎面包块、泡菜。当然，他们还会喝咖啡，吃点心、水果、坚果。

在 12 月 26 日，人们还会去教堂，教堂里一天中有许多场音乐会，晚上有舞会。

捷克

3. 重要的日子

**3月12日——捷克加入北约纪念日**

1999年3月12日，捷克与波兰和匈牙利成为北约正式成员国，它们是中东欧国家中最早一批加入北约的国家。

**3月28日——扬·阿莫斯·考门斯基诞辰日**

1592年3月28日，伟大的教育家扬·阿莫斯·考门斯基出生于摩拉维亚。

**4月7日——教育日**

1348年4月7日，在布拉格建立了查理大学，它是捷克最著名的大学，也是欧洲最古老的大学之一。

**5月5日——捷克人民五月起义纪念日**

1945年5月5日，在捷克爆发了反对德国占领军的武装起义，大约有13万捷克人参加，还有1.4万名游击队员，另有10万人在布拉格帮助设立路障。

**6月10日——灭绝利迪策村庄纪念日**

在1942年5月27日捷克斯洛伐克伞兵成功暗杀纳粹德国在"捷克和摩拉维亚保护国"的代表海德里希之后，纳粹德国对捷克民族的恐怖活动升级。6月10日，纳粹分子烧毁了位于中捷克州的利迪策村，192名男性村民被杀害，196名妇女和104名儿童被关押到集中营。

**6月18日——抵抗运动英雄纪念日**

1942年6月18日，在布拉格的圣西里尔和美多德教堂，党卫军、盖世太保成员与7名捷克斯洛伐克伞兵进行了战斗，其中包括暗杀海德里希的两名伞兵。整个战斗持续了七个小时，7名伞兵最终全部牺牲。

除了上述国定节日、其他节日和重要的日子以外，捷克还有一些民间传统节日，如谢肉节、万圣节、万灵节、圣尼古拉斯节。

**谢肉节** 这是一个进行化装游行和狂欢的节日，庆祝活动从1月6日的主显节持续到复活节前第七个星期的星期三，主要在农村庆祝，大部分婚礼都在这一期间举行，谢肉节是一年中最多彩多姿、最热情洋溢的节日之一。

青年男子穿戴着滑稽可笑的面具和服装在村子中游行，最受欢迎的面具是魔鬼、打扫烟囱的人、牧羊人、熊、狗、羊、鸡和猪，游行队伍的最后通常是手拿鞭子的牧羊人。游行队伍弹奏着乐器，唱着歌，一家挨一家地停留，人们通常拿食物和钱回报他们。谢肉节期间，人们多次举办舞会来娱乐。一年中最欢乐的时候是在谢肉节接近尾声时，人们从星期一一直狂欢到星期二，有时还会到星期三，歌舞、器乐通宵达旦地进行。食物缺少不了饮料、白酒、葡萄酒、啤酒、烤肉、猪肉冻和油煎面团。化装游行结束后，游行队伍进入酒馆，吃掉得来的食品，用馈赠的钱买酒喝掉，然后，象征性地"埋葬低音提琴"。从此，音乐和娱乐都沉寂了，人们开始进入长达七个星期的封斋期直至复活节。

**万圣节** 每年的 11 月 1 日，是纪念"圣人"的节日。

**万灵节** 每年的 11 月 2 日，是纪念亡灵的节日。这一天或者在此之前的周末，亲戚朋友相约去墓地祭奠亡灵，带着鲜花（鲜花必须是偶数）、花环。先拔掉墓地的草，扫掉落叶，再点上蜡烛，大家一起追悼亡灵并为他们祈祷。不少人在节前去教堂的次数增多，因为他们相信，如果他们多多祈祷，就可帮助亡灵升入天堂。

**圣尼古拉斯节** 每年的 12 月 6 日，也是一个宗教节日。身着红色长袍、头戴宽大的帽子、留着长胡须、手持主教杖的"圣尼古拉斯"由手拿笔、本的"天使"和拴着链子的"魔鬼"伴随着行走在乡村和城市，"圣尼古拉斯"询问村中的孩子这一年来是否表现得很好，"天使"记下孩子的答复，孩子要唱一首歌或朗诵一首诗给"圣尼古拉斯"听。"坏孩子"会被告知，他将被放入"魔鬼"的袋子中并被带到"地狱"去。那天晚上，孩子们从放在窗台上的鞋子里找到"圣尼古拉斯"留给自己的礼物，在这一年中表现好的孩子会得到巧克力、糖果、坚果和一些水果，表现不太好的会得到土豆、石头、棒槌或煤块。传统做法是大部分孩子至少得到一块石头，因为没有一个孩子是十全十美的。

每个捷克人，除了自己的生日以外，还有一个值得庆贺的日子——命名日。在捷克的年历上，每一天都有一个固定的人名，命名日由此而来。每个人都将这一天视作自己的第二个生日。亲戚朋友过来祝贺并赠送礼物，通常是一瓶酒、一盒巧克力或一束花。

## 三　民俗

### 1. 服饰

如今，捷克人的穿着打扮与欧洲其他国家的人相似，认为服饰能显示出尊重自己和周围人的生活态度。

在日常生活中，年轻人喜欢穿休闲服装，女士根据自己的喜好或流行趋势选择裙装或裤装，男士普遍穿西服、夹克和风衣。

捷克人根据社交活动的性质及时间来选择不同的社交礼服。晚上去剧院看戏、去听音乐会或者参加舞会时，女士穿长款的晚礼服，颜色以深色为主，还会化素雅的淡妆和佩戴一些首饰；如果参加白天的社交活动，则通常穿裙子，优雅的衬衣配裙子或裙式、裤式套装，颜色可以明快一些。参加社交活动时，男士一般着西服，系领带或领结，衬衣是单色的。上衣和裤子的颜色、衣料一致。晚间，男士着深色服装。黑色和深蓝色是男女都适合的显示庄重的颜色。

在一些乡村地区，如捷克南部山麓地带的哈蒂人仍保留着穿民族服装的习惯，传统服饰具有浓郁的乡土气息。上衣颜色以白色为主，女子的上衣在领口、袖口和下摆处绣有颜色鲜艳的图案，灯笼袖，袖口收缩，下身穿宽大的裙子，男子的上衣在衣襟处绣花，外穿深色的坎肩，下着灯笼裤。男女都戴着绣花的帽子。当然，最美的传统服饰属流传在比尔森地区的服装。

### 2. 饮食

捷克的饮食受到近邻斯洛伐克、德国和奥地利的影响，吸收了它们的菜肴，如维也纳炸肉排、猪肉－馒头－酸菜、土豆煎饼和苹果卷等。与此同时，捷克的饮食也对近邻产生了影响，它们从捷克的李子酱、蛋糕和奶油配里脊肉等菜肴中获得启发。

传统的捷克菜肴有：烤猪肉配馒头片和酸洋白菜、辣炖肉块（通常是猪肉或牛肉，炖时加辣椒粉和洋葱）、肉排、烤里脊、烤猪肘、烤鸭和其他野味。面包、土豆丸子和洋白菜常作为配菜。喝啤酒时最受欢迎的小菜是土豆煎饼、烤面包片、灌肠、熏肠、火腿和奶酪等。传统的圣诞节食品是鲤鱼（煎烤或炖）。鱼在捷克饮食中很少见，但蘑菇和磨碎的罂粟籽被广泛使用。捷克一些食物的外形如羊角面包在欧洲也比较独特。

捷克人通常是一日三餐：简单的早餐、丰盛的午餐和凉热皆可的晚餐。早餐既简单又清淡，通常是面包加黄油、奶酪、果酱或香肠，大多数人早晨喝茶或咖啡，还有些人习惯喝可可或牛奶、酸奶。一些崇尚健康饮食的人士喜好麦片和水果。午餐是一天中最重要的，一般在 12 点至 14 点之间用餐，有汤、主菜、配菜和甜点。常见的汤是土豆蘑菇汤、豌豆汤和牛肉土豆浓汤。主菜一般是肉菜，鸡肉、猪肉或牛肉，有时也可是面食、米饭、土豆、蔬菜和馒头片。常见的主菜和配菜搭配是：猪排配土豆、牛肉配米饭、小牛排配土豆条、辣炖肉配馒头、炸奶酪配土豆、煎肉饼配沙拉。上班族一般都在单位进午餐，用餐时间只有半小时至一小时。晚上，全家人聚在一起共进晚餐，在 18 点以后才开始。有时是热的主菜加配菜，有时只是一份凉菜，沙拉有土豆沙拉、蔬菜沙拉。此外，一些人在上午 10 点左右和下午 4 点左右还要喝点咖啡，吃些点心。

捷克人的餐桌上还少不了好的啤酒或者葡萄酒，捷克人非常爱喝啤酒，捷克是啤酒生产和消费大国，比尔森啤酒世界闻名。在欧盟内，捷克啤酒是受保护的地理标志。捷克的啤酒酿造具有近千年的历史，人均啤酒消费量位居世界第一。受欢迎的烈性酒主要是李子酒、杏子酒（尤其在摩拉维亚地区），卡罗维发利产的贝赫罗夫卡酒是捷克的特产，是加入多种草药的利口酒。葡萄酒主要产自南摩拉维亚。捷克特色饮料是咖啡因柠檬水，称作科弗拉（Kofola）。

适逢庆祝生日、大学毕业、举行婚礼或与亲朋好友相聚时，捷克人会邀请客人到餐馆就餐。如今，中国的餐馆和茶馆受到捷克人的欢迎。庆祝性的午宴和晚宴比较丰盛。首先，宾主举杯共饮开胃酒，然后是餐前小吃（火腿、奶酪、蔬菜），接着是汤，再接着是主菜和配菜，再下一道菜是甜点（蛋糕、冰激凌或布丁），最后是咖啡。常喝的饮料是啤酒、葡萄酒、矿泉水、可乐和果汁。

当捷克人请客人到家中小坐时，通常用咖啡、茶或者酒（葡萄酒、啤酒、白酒）以及一些甜的或咸的点心招待客人，女主人经常在家中亲自烤制这些点心。偶尔也会请客人到家中吃午饭或晚饭，一般招待客人的食物包括汤、主菜、咖啡和甜点。

近年来，捷克人逐渐改变饮食习惯。捷克人进食的猪肉有所减少，增加了禽肉和蔬菜水果的消费量。特别是捷克年轻一代，更加注重生活质量，讲究科学饮食。他们选择新鲜食物，不吃或少吃肥肉和腌制食物，而老年人则较少改变，固守自己的喜好。

3. 姓名

绝大部分捷克人的姓名由一个名和一个姓组成，名在前，姓在后。未婚女子通常使用父亲的姓，女子出嫁后通常使用丈夫的姓，也有少数女子出嫁后不放弃原来的姓，采用复姓，丈夫的姓在前，父亲的姓在后，中间为连接号。一些捷克人的名和姓有一定的含义，如有些名的意思是"庆祝和平""庆贺春天"，有些姓的意思是"铁匠""奶油""幸福""遗憾"。捷克人在历史上长期与德意志等民族混居，他们吸收了一些外族人的姓，其发音按照外来语的发音规则。

4. 称呼

捷克人通常称呼成年男子为"先生"，称呼年轻女子为"小姐"，称呼年长女子为"女士"。若已知对方的姓，称呼时加上姓；若已知对方的职务、职称或学位时，正式的、表示尊敬的称呼是在"先生""女士""小姐"后面加上他们的头衔。

在捷克共和国，一般工作关系之间或不太熟悉的人之间习惯用"您"相称。在双方互相交往一段时间之后，通常由年长者或女士提议改称"你"，这样就可以直呼对方的名。在亲属、朋友、熟人之间为了表示亲近，通常使用对方名字的昵称。

5. 礼节

捷克人注重礼节，年幼者遇见年长者应礼貌地打招呼，相识的人见面会微笑致意。熟人间久别重逢会互相拥抱，有时还会亲吻对方的脸颊，男士之间会握手问好。若是初次见面，通常是将男士、职务低的人士、年幼者介绍给女士、职务高的人士、年长者，后者主动伸手以要求握手。

除非在关系非常亲近的人之间可以不用事先通告而登门造访，一般拜访需要事先联系，约定好合适的时间。拜会或赴宴要准时到达，如因临时变故不能按时到达或不能前往，应该尽早通知对方，并表示歉意，但晚上九点半以后不适宜打电话给对方。

捷克人一般不随便请人到家里做客，除非是关系好的同事或朋友。客人赴家宴时通常会带去一瓶酒或一束鲜花（鲜花应为奇数）或根据主人的喜好挑选的一些小礼物（可以是巧克力、书或画）。如果客人来自异国他乡，礼物常常是具有当地特色的东西。客人赠送鲜花前应把外面的包装纸去掉（如果是透明的包装纸，则不必去掉），而其他礼物应保持精美的包装，这是为了给对方一个惊喜。主人接受礼物时，先道谢，再当场打开并礼貌地赞美它。平时，捷克人每逢过生日、过命名日、出差远行回来或结婚时也会馈赠礼物，但一般不送重礼。

在家宴的餐桌上，客人应根据自己的需要量将菜取到自己的盘中，进食时不能有大的动静。席间，客人要适当地参与交谈并对食物表示赞赏。如遇到自己不能接受的食物，不可以完全拒绝，而是取一些，留在盘中。用餐后，客人再逗留一小时左右，如果主人盛情挽留，可多逗留一段时间。

如果几个人去餐馆吃饭，那位最重要的人（比如被庆贺的人）坐在最显要的位置上（长桌的顶部），用餐后由邀请人付款。如果仅是一群朋友聚会而没有特殊的理由来庆贺，通常实行 AA 制。

捷克人外出旅游或出差时，通常会购买一些当地的明信片，写上问候语后寄给亲朋好友。

捷克人注重社会公德。在公共场合，他们不大声喧哗，不乱扔果皮纸屑，不吸烟，主动给老幼病残孕让座。他们忌讳与人发生争执和醉酒后失态。

捷克人在日常生活中遵循"女士优先"的行为规范，具体表现为：男士不主动要求与女士握手；与女士握手时，男士需要先取下帽子和手套，女士却不必如此。男女同行时，男士让女士走在比较安全的一侧；若两男一女同行，女士走在中间；若两女一男同行，男士走在中间。男女同上楼梯时，女在前，男在后，下楼梯时则相反。在进入房间、乘车或乘电梯时，女士先进；下车时，男士先下，再帮助女士下车；女士进入房间后欲脱外衣时，男士会主动上前相助，女士离开前欲穿外衣时也是如此。参加舞会时，男士会先微鞠躬再邀请女士跳舞，舞曲结束后会将女士送回座位，并表示感谢。男士一般不向女士询问她的年龄和婚姻状况。男女一起去餐馆、咖啡馆或啤酒馆时，男士先进入，找好空位，帮助女士脱下外套，为女士拉开椅子，让她舒服地坐在视野好的位置上；男士坐在女士的对面或她的左首。当服务员拿来菜单时，女士先得到菜单，男士询问过女士需要点什么菜后再告诉服务员。离开时，女士先出门。女士需要注意的一点是不能在桌旁梳头。如果想修饰一下自己，就得跟同伴打声招呼去洗手间，但不能让同伴等太久。

6. 婚姻

捷克实行一夫一妻制，大部分捷克成年人生活在有婚姻的状况中，但单身者的比例也比较高。自 20 世纪 90 年代以来，捷克结婚人数减少。1990 年，每年举行约 9.1 万场婚礼。在 21 世纪初，婚礼次数停滞在 5.2 万至 5.3 万之间。随后结婚人数继续下降，2013 年降至最低点。这是捷克人婚姻行为发生改变的结果，很多人未婚同居，婚礼延后。近几年来，婚礼再次流行起来，2018 年共举行了 5.45 万场婚礼。在 2020年，捷克大约有 48% 的年龄在 15~40 岁的男性和 45% 的同一年龄段的女性生活在婚姻关系中。在 20 世纪 90 年代，这一比例高达 60%。高离婚率一度是捷克人婚姻的典型反映，1998~2000 年，全国离婚率高达52.3%。近年来，离婚人数下降，一方面是由于结婚人数减少，另一方面是人们不急于用离婚解决婚姻问题，而是尽可能寻找解决伴侣关系问题的方式。婚姻外出生儿童的比例比较高，1998~2000 年为 20.5%，2017 年高达 49%，2018 年为 48.5%，这也是 1988 年以来首次有所下降。

1989 年政局剧变后，捷克人的结婚仪式分为世俗婚礼和宗教婚礼，法律都给予承认。举行世俗婚礼的男女双方事先要带着各自的出生证明和一份有两人签字的结婚申请到国家有关机构办理登记手续。根据申请人的时间要求，有关机构安排场地举行结婚典礼。举行婚礼的当天，男女双方的亲戚朋友都到场祝贺，国家有关机构的工作人员在宣读有关条文后，男女双方在有关文件上签字，两位证婚人也要签字，结婚仪式大约持续半小时。婚礼后一个星期左右，男女双方可领到结婚证明书。如果不信仰宗教的人要举行宗教婚礼，还需经过三个月的宗教知识培训，包括夫妻共处和孩子教育方面的知识。此外，要速成几个重要的宗教礼仪，如洗礼、成年礼等。在教堂举行宗教婚礼，新人从牧师手中得到一份结婚证明书。

举行婚礼前，男女双方向亲戚朋友发送结婚通知，接到通知的人在婚礼举行前一天向新人发送贺电，内容通常很风趣幽默。

通常在举行婚礼的当天晚上举办婚宴，城市的居民一般将婚宴安排在饭店或餐馆，农村人则在家杀猪宰鸡，以丰盛的酒席和自制的各式糕点款待参加婚礼的亲朋好友。至今在捷克还流行一种风俗，即新郎新娘在进入举办婚宴的餐厅（或家门）前，各自喝完一杯白酒，然后将酒杯摔碎在地上，接着一人拿笤帚，一人拿簸箕共同打扫碎片，这寓意着将来夫妻二人一起面对生活中出现的挫折和困难。婚宴上一定要有蛋糕和鸡汤，新人一起给客人分蛋糕，并用一个盘子喝鸡汤，新郎还要用勺喂新娘喝汤。在婚宴上，新人向大家朗读贺电，客人向新人赠送礼物或礼金。随后，大家跳舞、唱歌，客人通常娱乐到午夜12点前分散回家，回去时带着葡萄酒和蛋糕、点心。

在捷克一些农村地区，举行婚礼的前一天晚上即开始编制新娘婚礼时所戴的花冠，会放入一小段苹果树枝，以祈求将来的婚姻生活幸福美满。举行婚礼的当天，新娘家闭门等待新郎和媒人率领的迎亲队伍。新娘在婚礼仪式进行过程中口含一朵红色康乃馨，典礼结束前将花传入新郎的口中，以象征忠诚的爱情。婚礼结束后，前来参加婚礼的人们，用盐和面包祝福一对新人早生贵子。随后是酒席，庆贺活动会持续两三天。

7. 丧葬

在捷克，丧礼分为世俗丧礼和宗教丧礼两种，根据死者及其亲属的意愿来选择举行何种丧礼。人死后可以火葬，也可以土葬，骨灰或遗体安葬在公墓里。通常举行宗教丧礼的要土葬，在墓地由神职人员为死者做祈祷等仪式，在灵柩放入墓穴前要唱挽歌。世俗丧礼在殡仪馆举行，亲友向死者献花圈并向死者的遗体告别。无论参加哪一种葬礼，死者亲友都穿着黑色或其他深色服装。葬礼后，死者家属还要宴请参加葬礼的人。

# 第三节  特色资源

## 一  名胜古迹

捷克名胜古迹很多，从 1992 年至 2020 年已有 14 处人文景观和自然景观被列入联合国教科文组织遴选的世界文化遗产名录。

### 1. 布拉格历史中心

布拉格是欧洲最美丽的城市之一，位于伏尔塔瓦河两岸。城市的历史中心部分代表了中世纪城市主义的最高表现形式，幸免了大规模的城市改造或拆迁，保留了原先的整体格局、形式和空间构成。布拉格的建筑受到中欧乃至整个欧洲建筑发展的影响，汇集了罗马式、哥特式、文艺复兴式、巴洛克式和现代主义风格的建筑，展示了从中世纪起城市持续发展的过程。这座城市拥有丰富的历史遗迹，特别重要的有布拉格城堡、圣维特大教堂、赫拉德恰尼广场、瓦尔什特因宫殿、哥特式的查理大桥，老城广场周围有着罗马式主体的哥特式拱廊房屋、老城区哥特式圣詹姆斯教堂、犹太区的早期哥特式犹太教堂和 19 世纪末的建筑等。布拉格有一系列美称，如"金色的布拉格""百塔城""建筑博物馆之城""欧洲的魔术之都"等。

**布拉格城堡（Pražský hrad）** 捷克最重要的城堡，最初是中世纪早期的一个堡垒，矗立在伏尔塔瓦河上方的岩石上。自 9 世纪以来，它是捷克历代公爵、国王和总统的府邸。它在历史上两次成为神圣罗马帝国皇帝的主要居所。布拉格城堡面积为 7.28 公顷，自 9 世纪以来逐步扩建和改造为目前的样貌，融合了罗马式、哥特式、文艺复兴式和巴洛克式建筑风格。布拉格城堡不仅被视为布拉格城市的象征，还是捷克国家的象征。根据吉尼斯世界纪录，它是世界上最大的古城堡。布拉格城堡也是世界上最大的有人居住的城堡，英国的温莎城堡仅次于它。长期以来，几乎所有的重要国事活动包括与外国元首和政府首脑的会谈、会见，接受外国使者递交国书等，基本都是在布拉格城堡内最富丽堂皇的西班牙大厅举行。

整个城堡分三个庭院，其中位于第三个庭院中的圣维特大教堂是捷克最重要的哥特式教堂。这里是捷克国王加冕的传统场所，也是他们最后的安息之地。除了捷克国家守护神圣瓦茨拉夫的遗骸存放在圣维特大教堂里以外，这里也储存着捷克国王加冕典礼时用的皇冠和珍宝。7名重要人士包括总统、布拉格大主教和总理等必须同时在场，才能开锁进入王冠室。圣维特大教堂南面的高塔高达 96.6 米，是捷克教堂中第三高的塔。圣维特大教堂始建于 14 世纪，直至 1929 年才完工。城堡内的黄金小巷是著名的旅游景点，最初是金匠和手工艺品商人居住的地方，20 世纪初一些艺术家包括著名作家卡夫卡居住在这里。

**老城广场**（*Náměstí starého města*）是布拉格老城区中心广场，也是布拉格城市的历史核心部分，占地面积超过 9000 平方米。这里是布拉格最古老和最有名的广场，曾经是由罗马建筑和哥特建筑包围的最有活力的市场，也是许多历史事件的发生地，如今常常是文化活动的举办地。老城广场周边著名建筑有老市政厅和天文钟、蒂恩教堂、圣母玛利亚教堂、金斯基宫殿和石钟之家。广场的中央屹立着扬·胡斯大师的纪念雕像。最值得一提的是老市政厅钟楼上的天文古钟，15 世纪初由钟匠米古拉什·卡达涅制作。天文古钟每天吸引来自世界各地的众多游客前来观赏。它以金属铸成，在钟盘的右侧是骷髅死神和怀抱古瑟的乐神，在钟盘的左侧是对着铜镜自我欣赏的虚荣神和紧握钱袋不放的吝啬鬼。每到时钟走到正点，死神便转动古代计时用的沙漏并牵动钟绳，接着钟面上的两个小窗便自动打开，每个窗口便出现一个基督圣徒的塑像，先面对广场等待观看的观众，然后转身退去，小窗也随即关闭，窗上方的公鸡开始啼叫，以此告诉观众，1 小时又过去了。古钟上除了有时钟，还有以示日、月、星辰的指针和一年四季的日历图案。

**查理大桥**（*Karlův most*）是在布拉格横跨伏尔塔瓦河最古老的桥，

连接着老城区和小城区。1357 年，查理四世下令修建被水灾冲毁的尤迪庭石桥，1402 年建成。凭借这座石桥，布拉格成为欧洲贸易路线的重要站点。自 17 世纪末起，30 座以巴洛克式为主的雕像和雕塑群被放置在桥上。查理大桥长 515.76 米，宽 9.40～9.50 米，道路高出正常路面 13 米。它由石块砌成，没有一钉一木，由 16 个桥拱组成。桥两侧有 3 座塔楼，在小城区一侧有一大一小两座塔楼，在老城区一侧有一座塔楼。巨大的中世纪建筑与 30 个高大的雕像和精美的雕塑装饰和谐地结合在一起，创造了一个令人印象深刻的整体。查理大桥是布拉格最重要的旅游景点之一，桥上长年游人如织。

**维舍城堡（Vyšehrad）** 是位于伏尔塔瓦河右岸山丘上的一座历史悠久的城堡，在布拉格城堡东南方 3 公里处。维舍城堡与捷克历史上的许多传说有关，据说它由捷克传奇公爵克洛克建造。事实上，作为公爵的城堡它出现于 10 世纪下半叶。11 世纪末，第一位捷克国王弗拉迪斯拉夫二世在这里定居，并建立了牧师会。1420 年，胡斯运动成员烧毁了维舍城堡。在 17 世纪中期，它被重建为一个从南部守卫布拉格的堡垒。1883 年，在这里建立了一个国家公墓，许多捷克名人埋葬在这里。

2. 捷克克鲁姆洛夫（Český Krůmlov）历史中心

捷克克罗姆洛夫位于南捷克州，其历史中心部分被伏尔塔瓦河所环绕，是中欧小型中世纪城镇的杰出典范。它建于中世纪，经历了文艺复兴式和巴洛克式的改造。几个世纪以来的建筑遗产保护完整，保留了街道布局以及许多历史建筑，包括屋顶形状，文艺复兴时期和巴洛克风格的装饰，拱形空间以及其他细节。建于 13 世纪的城堡气势宏伟，是仅次于布拉格城堡的捷克第二大城堡建筑群。河流曲折、城堡雄伟、岩石陡峭、建筑精美以及邻近景观美丽如画，促使历史中心部分给人留下深刻印象。

3. 泰尔奇（Telč）历史中心

泰尔奇位于摩拉维亚与波希米亚之间的西南边界附近，在维索奇纳州。历史悠久的城市中心是摩拉维亚最有价值的城市保护区之一，文艺复兴式的泰尔奇城堡是其最重要的建筑物，是城市街景的一个主要组成部分，保留了哥特式前身的明显痕迹。泰尔奇历史中心有一个三角形状的广场，周围是文艺复兴和巴洛克风格的房屋（但其起源是中世纪的），它们由连续的拱廊连接起来，外墙装饰丰富多样，琳琅满目。

4. 圣扬·内波穆克朝圣教堂（Poutní kostel svatého Jana Nepomuckého）

这座朝圣教堂是为纪念圣扬·内波穆克而建造的，位于绿山，距离摩拉维亚的萨扎瓦河畔日贾尔不远。该教堂是伟大的巴洛克式建筑师扬·布拉日伊·桑提尼－艾赫尔最杰出的作品，建于 18 世纪初，原创风格介于新哥特式和巴洛克式之间。该教堂的结构基于完美中央复合体的美学概念，具有明确的中心垂直主导。代表圣人扬·内波穆克五种美德的数字 5 在布局和比例上占主导地位。教堂的星形平面图有 5 个点，由两组 5 个径向轴线组成，在这些轴线上组织了平面图的基本元素。在教堂中心相交的 10 个放射状物决定了礼拜堂和教堂的门的设置。内饰给人的主要印象是它的高度和空间的向上延伸感。拱顶底部的画廊将整个空间分成两部分，中央空间通向五个壁龛。

5. 库特纳霍拉（Kutná Hora）历史中心，圣巴巴拉教堂和塞德莱茨的圣母大教堂

历史悠久的库特纳霍拉中心，圣巴巴拉教堂和塞德莱茨圣母教堂，是中世纪城镇的杰出典范，其财富和繁荣以其银矿为基础。库特纳霍拉位于中捷克州，是在开采银矿的基础上发展起来的。在 14 世纪，它成为一座皇家城市，拥有象征其繁荣的纪念碑。意大利庭院、石屋、圣雅各布教堂、耶稣会学院和圣沃尔西拉修道院构成库特纳霍拉历史中心。圣巴巴拉教堂和塞德莱茨的圣母大教堂位于历史中心东北约 1.5 公里处，对中欧建筑的影响相当大。圣巴巴拉教堂是哥特晚期的瑰宝，其内部装饰着描绘了中世纪采矿小镇库特纳霍拉世俗生活的壁画。塞德莱茨的圣母大教堂则根据 18 世纪早期的巴洛克风格进行了修复。

6. 莱德尼采－瓦尔季采（Lednice-Valtice）文化景观

在 17～20 世纪，列支敦士登的统治公爵将他们在摩拉维亚南部的领地变成了一个引人注目的景观，面积 200 多平方公里，是欧洲最大的人造景观之一。景观由莱德尼采和瓦尔季采两个乡村的别墅构成。莱德尼采乡

间别墅始建于 1570 年前后，是一座文艺复兴时期的别墅，后来经过逐步改造，结合了巴洛克式、古典式和新哥特式风格。瓦尔季采乡村别墅始建于中世纪，后来成功改造为文艺复兴式和巴洛克式。通过结合巴洛克式、古典式和新哥特建筑风格，并根据英国浪漫主义原则改变景观，莱德尼采—瓦尔季采庄园成为整个多瑙河地区的典范。

7. 克罗梅日什（Kroměříž）城堡和花园

克罗梅日什大主教城堡的建筑风格是早期巴洛克式，城堡的花园和位于城市西南部的花园是克罗梅日什最重要的古迹之一。城堡和花园是保存完好的欧洲巴洛克式王侯府邸及其花园的典范，位于摩拉维亚中部赫日比山脉脚下，在兹林州。城堡位于克罗梅日什市中心北部，是一组由四个侧翼围绕着梯形的中央庭院的建筑群。它拥有华丽的室内装潢以及珍贵的艺术收藏品，通过宽敞的底层客房与石窟相连，其中一个石窟模仿矿井。城堡花园占地 58 公顷，有许多异国情调的树种和一些重要的建筑元素，如古典风格的半圆形柱廊和一些风采各异的桥。这个花园起初采用巴洛克风格，在 18 世纪末和 19 世纪初浪漫主义风格的影响下重新进行了设计。克罗梅日什花园位于城市西南部，是一个意大利风格的花园，占地 14.5 公顷，由一个 244 米长的拱形画廊进入，陈列了一些雕像和半身像。花园最引人注目的建筑是八角圆形的亭子。

8. 霍拉肖维采（Holašovice）古老村落

霍拉肖维采古老村落位于南捷克州区，在捷克布杰约维采以西 17 公里和捷克克鲁姆洛夫以北 24 公里处。它是保存完好的传统中欧村庄的范例，拥有大量精美的 18 世纪和 19 世纪乡村建筑，其风格被称为"南波希米亚民间巴洛克风格"。它还保留了中世纪的地面平面图。在保护区内有 23 个农舍、120 栋建筑、带木制活塞泵的井和自 1530 年就已存在的农民家庭院落。

9. 利托米什尔（Litomyšl）城堡

利托米什尔是波希米亚和摩拉维亚之间主要通道上的重要交通枢纽，在帕尔杜比采地区。利托米什尔城堡是拱廊城堡的一个杰出而完美保存的典范。它最初是一座文艺复兴时期的拱廊城堡，这一建筑风格源自意大利，16世纪在中欧得到大力发展。它的设计和装饰特别精美，包括后来在18世纪增加的巴洛克特色。城堡是四翼、三层结构，具有不对称的特点。西翼最大，南翼是一个两层的拱廊，东翼的东南角包含城堡小教堂。城堡内部最引人注目的就是1796~1797年在西翼建造的精致新古典主义剧院。在城堡的辅助建筑物中，有一处是捷克最伟大作曲家之一贝德里赫·斯美塔那的诞生地。

10. 奥洛莫乌茨（Oloumoc）的三位一体圣柱

这座纪念柱是18世纪在中欧发展起来的摩拉维亚巴洛克风格最杰出的典范，位于摩拉维亚地区奥洛莫乌茨历史中心的核心地带。1716~1754年，为了上帝的荣耀建造了它，主要目的是对天主教会和信仰的庆祝，部分原因是对1714~1716年间袭击摩拉维亚地区的瘟疫结束表达感激之情。所有参与该纪念柱建造的艺术家和工匠都是奥洛莫乌茨市民。这座35米高的柱子是捷克最高的雕塑群，装饰着许多精美的宗教雕塑，圆形，直径17米，还包括一个小礼拜堂。

11. 布尔诺的图根德哈特别墅（Vila Tugendhat）

由德国建筑师路德维希·范德罗设计，是现代20世纪住宅建筑的开创性作品。它体现了当时住房开发的创新空间和美学概念，通过利用现代工业生产提供的机会，满足现代生活方式的新需求。图根德哈特别墅建于1929~1930年，有3层：主楼层有入口、休息室、工作室和餐厅；另一层是地下室，有洗衣房、储藏室、暗房和锅炉；最高层是卧室、儿童房和保姆住房。别墅带有一座花园，是该建筑的一部分。在第二次世界大战期间，别墅被盖世太保据为己有并遭到破坏。如今，它可以参观并正在重建。

12. 特热比奇犹太区、犹太公墓及圣普罗科普教堂

位于维索奇纳州特热比奇镇的犹太区、古老的犹太人墓地和圣普罗科普大教堂，向人们展示了从中世纪到20世纪犹太文化和基督教文化共存的情况。犹太区有市政厅、学校、贫民窟和犹太教堂，涵盖了这个社区生活的各个方面。犹太人墓地建于17世纪，有3000块石墓碑，是最古老的纪念碑。墓地还有一个建于1903年的礼仪大厅。圣普罗科普大教堂是13世纪初本笃会修道院的一部分，是西欧建筑遗产在该地区产生影响的一个

突出例子。

13. 厄尔士/克鲁什内山脉矿区

该矿区位于德国东南部（萨克森）和捷克西北部。厄尔士/克鲁什内山脉又称"金属山脉"，蕴藏着多种金属，当地的采矿活动可追溯至中世纪。在 1460～1560 年间，这里是欧洲最大的银矿开采地，引发了当时的技术革新。该矿区开采和加工的第二种金属是锡。在 19 世纪末，该矿区又成为世界上最重要的铀出产地。从 12 世纪至 20 世纪近八百年的采矿活动在这里留下了矿山、先进的水利管理系统、创新的矿物加工和冶炼场地、矿区市镇等遗产，深刻影响了金属山脉的文化景观。

14. 拉贝河畔克拉德鲁比的仪式马车用马繁育与训练景观

位于拉贝河流域中部地区的一处平坦沙地上，有田野、围栏牧场、森林及建筑物，主要用途是驯养克拉德鲁比马（哈布斯堡王朝的一种仪式马车用马）。1579 年建成王室种马场，沿用至今，是欧洲最重要的马匹繁育场之一。

## 二　著名城市

### 1. 布拉格（Praha）

布拉格是捷克共和国的首都和最大城市。它位于伏尔塔瓦河河畔、捷克地区中心略偏北处，在中捷克州内部，尽管是中捷克州的行政中心，但它是一个直辖市，不是中捷克州的组成部分。布拉格是总统、议会、政府和大部分国家机关的所在地，也是大多数政党、运动、倡议、教会、协会的总部所在地。

布拉格发展到现在的面貌已经经历了十一个世纪。它曾经是捷克公国、捷克王国的首都和神圣罗马帝国皇帝所在的城市。在捷克新教改革、欧洲三十年战争期间和 20 世纪发挥了重要作用。布拉格拥有许多著名的文化景点，主要有布拉格城堡、查理大桥、老城广场、佩特日山、维舍城堡和犹太人聚居区等。1992 年，布拉格的历史中心被载入联合国教科文组织的世界文化遗产名录。

根据传说，布拉格是在 8 世纪的时候由捷克女公爵、女预言家丽布舍和她的丈夫普热米斯尔（普热米斯尔王朝的创始人）创建。丽布舍在伏尔塔瓦河上方的岩石峭壁上预言："我看到这座城市很大，它的荣耀将会触及星辰。"她下令建造了城堡并将这座城市命名为布拉格。

9 世纪末，捷克公爵博日沃伊将府邸从列维赫拉德茨迁移到布拉格城堡。逐渐地，手工业者和商人来到了城堡下面的地方。于是，中世纪城市开始诞生。至 12 世纪初，布拉格发展成为一个繁荣的城市。当时的布拉格仅坐落在如今老城区的位置上。13 世纪末，出现了布拉格小城区。工匠和商人不断涌入老城区和小城区。在查理四世统治时期，他打算将布拉格打造成神圣罗马帝国的首都。1348 年，查理四世下令在维舍城堡和老城区之间广阔的区域上建立布拉格新城。于是，在这片区域逐渐充满了市民的房屋、市场、花园、教堂和修道院。从规模和精美的角度看，布拉格能够与罗马、佛罗伦萨、巴黎、科隆等当时最著名的城市媲美。尽管布拉格属于欧洲最大的城市之一，在面积上是神圣罗马帝国第三大城市，但布拉格的人口比罗马、威尼斯、热那亚、佛罗伦萨、米兰、君士坦丁堡和巴黎要少。

1784 年，哈布斯堡王朝皇帝约瑟夫二世成功将布拉格统一为一个行政单位。布拉格由新城区、老城区、小城区和城堡区组成，后逐渐地并入约瑟弗、维舍城堡区和霍莱绍维采等城区。在 19 世纪末，布拉格已经是一个快速发展的工业化城市，拥有铁路和捷克最大的工厂。

1918 年捷克斯洛伐克建立后，布拉格作为首都继续实现现代化和向外扩展。在布拉格，捷克人、德意志人和犹太人共同生活，布拉格成为一个非凡的文化中心。城市的建筑展现了历史主义、功能主义、立体主义和直线式等风格。在第二次世界大战期间，布拉格受到战争的破坏很小。战后开始兴建住宅区，20 世纪 50 年代这一进程明显加速。在 20 世纪 60 年代和 70 年代，重要的交通基础设施如机场和主要火车站进行了现代化改造，并开始建造地铁。1974 年 5 月 9 日，布拉格的第一条地铁（C 线）开通，1977 年开通第二条线（A 线），1985 年开通第三条线（B 线）。1993 年，布拉格成为独立的捷克共和国的首都。20 世纪 90 年代末，布拉格再次成为欧洲重要的文化中心，受全球化的影响很大。城市交通越来越繁忙，最繁忙的地铁站是 I. P. Pavlova，最繁忙的电车线路是 22 号线。

截至 2020 年 1 月 1 日，布拉格占地面积 496 平方公里，居民 132 万。布拉格也是一个经济高度发达且富裕的地区，生活水平很高，不仅在捷克而且在欧洲范围内脱颖而出。根据 2021 年初欧盟统计局发布的 2019 年统计数据，布拉格人均国内生产总值达到欧盟平均水平的 205%，从而在欧盟地区财富排行榜排名第三，超越德国汉堡和比利时布鲁塞尔。

布拉格被广泛认为是欧洲最美丽的城市之一，每年吸引着来自世界各地的数百万游客。2019 年，680 万外国游客访问了布拉格，是欧洲最受欢迎的旅游城市之一。2020 年受新冠肺炎疫情的影响，只有 218 万游客来到布拉格，为 2019 年游客数量的 27%。

布拉格传统上是捷克最重要的经济中心之一，除了著名的电影业和最突出的旅游业外，还有许多制造业工厂。布拉格是捷克的文化之都，欧洲两千年文化之城。这里有数十个博物馆、画廊、剧院、电影院和各种文化机构。布拉格国家美术馆是捷克最著名的艺术博物馆之一。布拉格有 12 所大学。

由于历史悠久，而且与欧洲其他城市相比在第二次世界大战期间受到相对较小的破坏，布拉格历史中心部分面积达 8.66 平方公里，是世界上同一类别中最大的保护区，有文物古迹 28 处（整个布拉格有 37 处文物古迹）。

2. 布尔诺（Brno）

布尔诺是捷克南摩拉瓦亚州首府，捷克第二大城市，位于斯维塔瓦河与斯夫拉特卡河交汇处。截至 2020 年 1 月 1 日，总面积为 230 平方公里，有 38 万居民，是捷克第二大城市。布尔诺是捷克宪法法院、最高法院、最高行政法院和最高检察院的所在地，还有一些其他国家机构，如监察员办公室、保护竞争办公室、网络和信息安全局等。布尔诺也是一个重要的高等教育中心，有 34 个院系，分属 14 所大学和其他高等院校，约有学生 8.3 万名。马萨里克大学拥有超过 4 万名学生，是布尔诺最大的大学，也是捷克第二大大学。布尔诺理工大学成立于 1899 年，拥有 2 万多名学生，是捷克最大的技术大学之一。

布尔诺展览中心是欧洲最大的展览中心之一，1928 年开业，自那以后形成了大型展览和交易会的传统。布尔诺在 1930 年建成的马萨里克赛道举办摩托车和其他比赛，其中公路赛"世界锦标赛"大奖赛是最负盛名的赛事之一。另一个文化传统是国际烟花比赛，从 1998 年起每年 5 月底 6 月初举行，比赛吸引了成千上万的游客。每年 9 月，布尔诺都会举办葡萄酒节，庆祝周边葡萄产区喜获丰收。

布尔诺最受欢迎的景点是什皮尔贝尔克城堡、圣彼得圣保罗大教堂，这两座中世纪建筑经常被描绘为其传统的象征。另一座保存完好的城堡是维维日城堡。功能主义的建筑图根德哈特别墅被列入联合国教科文组织世界遗产名录。附近的摩拉维亚喀斯特是自然保护区，吸引了众多游客。

布尔诺是功能主义犹太教堂和摩拉维亚最大的犹太人墓地所在地。早在 13 世纪，犹太人就住在布尔诺。捷克唯一的清真寺建于 1998 年，也位于布尔诺。

布尔诺拥有中欧最古老的剧院建筑——雷杜塔剧院，因此，这座城市在戏剧创作方面有着悠久的传统。布尔诺最重要的博物馆是摩拉维亚博物馆，这是捷克第二大博物馆，成立于 1817 年，藏品有 600 多万件。位于布尔诺的摩拉维亚图书馆是捷克第二大图书馆，拥有约 400 万册图书。布尔诺最大的画廊是摩拉维亚画廊，也是捷克第二大画廊。布尔诺还有一个技术博物馆，是捷克最大的博物馆之一。

布尔诺在软件开发方面的重要性不断凸显，有许多国内外企业在布尔诺开展业务，如捷克的 AVG Technologies 公司、IBM、霍尼韦尔、西门子和摩托罗拉等。该市还成为许多研发机构所在地，如中欧技术研究所、布尔诺国际临床研究中心。

1839 年，布尔诺—维也纳铁路线开始运营，这是捷克第一条铁路线。如今，布尔诺成为高速公路的枢纽。城市南部有两条高速公路，D1 是从布拉格经布尔诺通往俄斯特拉发和波兰，D2 是从布拉格经布尔诺通往布拉迪斯拉发。离市区不远的地方还有一条通往维也纳的高速公路 D52。欧洲国际公路 E50、E65、E461 和 E462 也通过布尔诺。布尔诺有两个机场，一个是图拉尼国际机场，另一个是梅德兰基机场，它主要提供娱乐活动，如飞行热气球，滑翔机或飞机 RC 模型表演。

**捷克**

3. 俄斯特拉发（Ostrava）

俄斯特拉发是摩拉维亚－西里西亚州的首府，横跨历史悠久的摩拉维亚地区和西里西亚地区的边界，它距离波兰边境15公里，位于奥得河、奥帕瓦河、俄斯特拉维采河和卢奇纳河等四条河流的交汇处。在人口和面积方面，俄斯特拉发是捷克第三大城市、摩拉维亚第二大城市、西里西亚最大城市。

俄斯特拉发曾经的重要性在于它位于煤田的核心位置，是重要的工业中心。它以前被称为国家的"钢铁心脏"，拥有煤炭开采和冶金中心的地位。自1989年"天鹅绒革命"以来，它的经济基础经历了激进和深远的变化。工业结构已经彻底重组，1994年开采了最后一批煤炭。

俄斯特拉发拥有剧院和画廊等各种文化设施，全年举办各种文化和体育活动，包括"彩色俄斯特拉发"音乐节、"亚纳切克五月"古典音乐节、夏季莎士比亚节和北约日。俄斯特拉发有两所公立大学：矿业和技术大学、俄斯特拉发大学。2014年，俄斯特拉发是欧洲体育城。2004年和2015年，它与布拉格共同主办了冰球世界锦标赛。

4. 比尔森（Plzeň）

比尔森位于捷克西部，在布拉格以西约90公里处，2020年初有人口17.5万。比尔森以机械制造和啤酒酿造著称。比尔森啤酒世界闻名。1842年，巴伐利亚酿酒商约瑟夫·格洛尔在比尔森生产了第一批啤酒，是清澈的金色啤酒，融合了比尔森非常柔软的水、来自附近扎特茨的优质啤酒花和巴伐利亚的啤酒风格。它很快在整个中欧地区受到欢迎。

斯柯达公司于1859年在比尔森成立，是奥匈帝国、捷克斯洛伐克和捷克机电工程领域的重要组成部分，也是欧洲最大的军工厂之一。1989年后，该公司经历了大规模的重组，现在只有两个主要的子公司：斯柯达运输公司（生产机车、地铁和有轨电车）和斯柯达电力公司（生产涡轮机），它们已被外国公司收购。

比尔森是捷克西部的商业中心。自20世纪90年代末以来，该市的外国投资增长迅速。2007年，一家以色列商场开发商在这里建造了一个占地2万平方米的购物中心和娱乐中心。比尔森的啤酒厂之旅是一个受欢迎的旅游项目，游客可以在那里探索啤酒酿造的历史。2015 年，比尔森与比利时的蒙斯市一起成为"欧洲文化之都"。

5. 奥洛莫乌茨（Olomouc）

奥洛莫乌茨是摩拉维亚地区的一个城市，位于摩拉瓦河河畔。在中世纪的时候，它是摩拉维亚最重要的城市，这一地位一直保持到 17 世纪。在三十年战争期间，它遭到瑞典军队的洗劫。如今，它是奥洛莫乌茨州的行政中心，大约有 10 万居民。

奥洛莫乌茨拥有众多历史悠久的宗教建筑，最著名的教堂是圣瓦茨拉夫大教堂，建于 1107 年之前，位于奥洛莫乌茨城堡内。在 19 世纪末，大教堂以新哥特式风格重建，但保留了原始教堂的许多特征：罗马式地穴、哥特式寺院和巴洛克式礼拜堂。三座尖顶中最高的达到328 英尺。教堂毗邻主教宫，它是一座建于 12 世纪的罗马式建筑，也是奥洛莫乌茨最珍贵的古迹之一，如此古老的主教宫殿在中欧地区独一无二。

主要的世俗建筑是建于 15 世纪的市政厅，它的一侧是哥特式礼拜堂，现在改建并作为奥洛莫乌茨艺术博物馆所在地。奥洛莫乌茨以六座巴洛克式喷泉而自豪，它们以古罗马图案为特色。在奥洛莫乌茨最大的广场上，在天文钟的前面，是用铜制作的整个老城区的缩微模型。

奥洛莫乌茨是捷克重要的教会中心，1063 年成立了奥洛莫乌茨主教区，1777 年提升为大主教区。1918 年捷克斯洛伐克共和国成立后，在奥洛莫乌茨成立了捷克斯洛伐克胡斯教会教区。奥洛莫乌茨也是传统的军事城市，捷克陆军司令部、捷克军队联合部队司令部和军事警察总部设立于此。在司法方面，奥洛莫乌茨设有捷克高等法院和高级检察院。

帕拉茨基大学是摩拉维亚最古老的大学，也是捷克第二古老的大学，创建于 1573 年。该大学在奥洛莫乌茨城市生活中扮演着非常重要的角色，拥有超过 2.5 万名学生，城市的许多服务都以学生为主体。奥洛莫乌茨也是摩拉维亚剧院和摩拉维亚爱乐乐团的故乡。

6. 卡罗维发利（Karlovy Vary）

卡罗维发利是位于捷克西部的温泉城市，在布拉格以西约 130 公里处。1370 年，神圣罗马帝国皇帝和捷克国王查理四世建造了这座城市，城市的名称意为"查理的温泉"。这里有数目众多的温泉（13 个主要温泉，约 300 个较小的温泉），温泉富含矿物质和微量元素，可以治疗多种疾病。卡罗维发利是捷克境内游客最多的温泉城市，人口约 29.5 万。

这座城市也以卡罗维发利国际电影节而闻名，该电影节是世界上最古老的电影节之一，也是欧洲主要的电影活动之一。

卡罗维发利有一种著名的利口酒贝赫罗夫卡（Becherovka），特色食品是一种起源于 1867 年的薄饼。捷克著名的玻璃制造商莫塞尔（Moser Glass）也位于卡罗维发利。

## 三 建筑艺术

在捷克境内荟萃了欧洲历史上几乎所有的建筑风格，如罗马式、哥特式、文艺复兴式、巴洛克式、洛可可式、古典主义、拿破仑一世时期的风格、复古式、直线式、捷克立体主义、功能主义、结构主义和现代主义等，建筑风格随着时代的变迁而改变，捷克首都布拉格就素有"建筑博物馆"的美称。

捷克境内得以保留的最古老建筑风格是罗马式，这是捷克 9 世纪后期至 13 世纪中叶的建筑风格，建筑物的主要特征是形状如圆筒或有圆顶。在罗马风格时期，在捷克出现了最早的石头建筑，主要是教堂和修道院。在这一阶段晚期，还出现了最早的城堡、防御工事和房屋。著名的罗马式建筑物是建于 1100 年前后、位于维舍城堡的圣马丁圆顶厅和布拉格老城区的圣十字圆顶厅。最大的罗马式教堂是布拉格城堡内的圣伊日教堂，它始建于 920 年，1142 年建成今日的风貌。在布拉格老城广场周围还保留着罗马式的商用房。

哥特式是捷克 13 世纪中叶至 15 世纪末的建筑风格，它在捷克经历了三个发展时期：早期（13 世纪下半期）、鼎盛时期（14 世纪）和晚期（15 世纪）。

最著名的早期哥特式建筑物是建于 1233 年的圣阿格尼斯修道院，它如今被用作国家美术馆的画廊。13 世纪末建造的布拉格犹太教堂也是早期哥特式的经典之作，它是欧洲保存至今最古老的犹太教堂。还有一些世俗的建筑物，如克日沃克拉特和兹维科夫城堡也属于这一时期的作品。

哥特式的鼎盛时期与两个杰出建筑师的名字联系在一起：法国人马迪阿什·阿拉苏（Matyáš z Arrasu）和彼得·巴尔雷什（Petr Parleř）。1344年，阿拉苏将布拉格城堡内的圣维特大教堂（Katedrala sv. Vita）从罗马式改建成哥特式。巴尔雷什在阿拉苏死后继续圣维特大教堂的建造（圣维特大教堂由于种种原因直至1929年才最后竣工），此外，他还建造了其他一些教堂和一些世俗建筑物，如查理大桥和查理堡等。其他著名的哥特式鼎盛时期的作品是伯利恒教堂、欧洲保存至今最古老的大学本部——卡罗利努姆宫和布拉格老市政厅等。

晚期哥特式代表作是火药门、石屋和布拉格城堡内的弗拉迪斯拉夫厅。在捷克的教会建筑物中，晚期哥特式在15世纪末和16世纪还占据着重要地位，如在摩斯特市的圣母玛利亚升天教堂和在布尔诺的圣亚古贝教堂。此外，晚期哥特式风格还体现在城堡、议政厅和市民建筑中。

16世纪捷克的世俗建筑物多为文艺复兴式。布拉格城堡内的贝尔韦德尔宫被认为是阿尔卑斯山以北地区最美丽的文艺复兴式建筑，它建于1538～1563年，曾是王后的夏宫。捷克许多城堡兴建成或改建成文艺复兴式，如南捷克地区的捷克克鲁姆洛夫、特热博尼、红村，东捷克地区的利托米什尔，摩拉维亚地区的泰尔奇和摩拉维亚克鲁姆洛夫等。在布拉格，著名的文艺复兴式贵族宫殿有斯瓦岑贝克宫和马丁宫，新市政厅也改建成文艺复兴式。

17世纪初至18世纪中叶是巴洛克式在捷克鼎盛时期，也是捷克建筑发展最繁荣的时期。18世纪时，巴洛克式演变成捷克民间建筑的独特风格。如今，在捷克的城市和乡村最常见到的正是巴洛克式建筑，巴洛克风格注重周围环境的选择和大量的雕塑装饰。

巴洛克建筑风格主要体现在捷克的教会建筑物上，最大的巴洛克式教会建筑物是耶稣会的克莱门特大楼。最美丽的巴洛克式教堂坐落于天主教朝圣地，如奥洛乌莫茨附近的圣丘和普热布拉姆周围的圣山等。布拉格圣米古拉什教堂、切尔尼斯基宫殿（今日捷克外交部办公楼）、拉贝河畔劳德尼采城堡、位于萨扎尔河畔日贾尔的圣扬·内波穆茨基教堂、卡罗维发利的圣马希·马格达雷娜教堂等也是巴洛克式建筑的代表作。还有一些教会领导人的住所也是巴洛克式，如布拉格的大主教宫殿和克罗梅日什的主教宫殿。贵族也修建了造价昂贵的巴洛克式宫殿和城堡。

洛可可式在捷克发展于18世纪30~90年代，它主要反映在建筑物的内部装饰上，如布拉格的大主教宫殿是用洛可可式完成的。

古典主义在捷克开始于18世纪70年代，兴盛于19世纪初，一些矿泉城镇，如特普利采、玛利亚矿泉市和弗朗齐谢克矿泉市的建筑风格是古典主义。古典主义不用于建造教堂，而用于建造住宅、学校、医院和军事堡垒等。

拿破仑一世时期的风格始于19世纪初，持续到19世纪40年代，是市民的建筑风格，体现在市民住宅、疗养院、剧院、最初的火车站和工厂。

19世纪的建筑风格又回复到历史时期的风格。新哥特式受到国外建筑风格的影响，具有异域特征，首先表现在公园的建造上，如土耳其清真寺的尖塔、罗马的凯旋门和中国的亭子等。新罗马式主要用于教会建筑，最著名的建筑是位于布拉格查理广场西侧的圣西里尔和美多德教堂。新文艺复兴式的知名建筑物是民族剧院、民族博物馆和鲁道夫努姆宫（现为艺术家之家）等文化设施。新巴洛克式在20世纪初只存在了二十年，有一些宫殿和别墅运用了这一风格。

直线式存在于19世纪末至第一次世界大战结束这一期间，它强调丰富的装饰，植物、动物和人物是装饰图案的内容。直线式建筑使用了新的建筑材料，如铁、玻璃、陶瓷等。最具代表性的直线式建筑物是建于1902~1908年的布拉格市民会馆。

捷克立体主义风格起源于捷克本土，它的建筑特征是建筑物形状呈立方体状，表面是倾斜的。捷克立体主义在20世纪20年代达到顶峰，一些房屋和别墅属于这类风格。

20世纪30年代，捷克的建筑倾向于功能主义和结构主义。功能主义运用于住宅、展览馆和办公楼等建筑物，代表性建筑有布拉格的贸易博览会宫、布拉格的伊日·波捷布拉德广场上的耶稣圣心教堂、兹林市的拔佳摩天大楼和布尔诺的图根德哈特别墅。结构主义代表作是查理大学的法学院，二战后，捷克的建筑模仿苏联的式样，并开始用预制板工艺大规模建造住宅区，20 世纪 80 年代达到顶峰。在 1958 年举行的布鲁塞尔世界建筑展览上，捷克斯洛伐克的展厅从二战后普遍单调的建筑风格中脱颖而出。在 20 世纪 60 年代末，捷克式的野蛮主义风格出现在一些建筑上，如布拉格的住房文化之家、卡罗维发利的温泉酒店、布拉格的科特瓦百货商店、捷克斯洛伐克社会主义共和国驻柏林大使馆、布拉格的国际酒店、布拉格的日什科夫电视塔、原捷克斯洛伐克联邦议会办公楼等。

1989 年政局剧变后，布拉格的跳舞楼成为后现代建筑的代表。与此同时，捷克的不少城市兴起了大规模修复古建筑物之风。目前，在捷克有 40 个城市属于文物保护区。

# 第二章

# 历 史

## 第一节 远古简史

### 一 石器时代（公元前 2000 年以前）

考古发现证明，在旧石器时代捷克境内就已有人类居住。在贝龙附近发现了人类活动的最早痕迹，直立人手工制作的物品估计在 160 万 ~ 170 万年以前，来自第四纪早期。

在旧石器时代中期（公元前 10 万年 ~ 公元前 4 万年），捷克有所谓的尼安德特人生活，他们能自由地利用双手制造和使用工具，能够彼此交流和用火。他们按小部落在深山洞穴里群居，互相帮助，猎取体型较大的野兽并用打制的石器将野兽杀死。在位于摩拉维亚喀斯特地形区的什特兰贝尔科附近的希普卡（Šipka u Štramberka）岩洞和库尔纳（Kůlna）岩洞，考古学家发现了尼安德特人的骸骨。

在旧石器时代晚期（公元前 4 万年 ~ 公元前 8000 年），捷克境内已有智人（Homo sapiens）居住。智人的头部形状、脑容量和全部骨骼，都与现在的人类相似，他们具有生产石制和骨制工具及武器的能力。最著名的智人考古发掘地是在布热茨拉夫附近的下维斯托尼策（Dolní Věstonice），在那里考古学家发现了用烧制的陶土制作的妇女塑像，被称为"维斯托尼策的维纳斯"。造型艺术品的考古发现表明智人的精神生活得到提升。

在中石器时代（公元前8000年～公元前5800年），狩猎和采集果实依然是人们生存的主要方式，但人们开始改变猎取食物的方式，形成了产生原始农业的前提。在普蒂姆和贝龙附近的岩洞中，考古学家发现了中石器时代人类生活遗迹。捷克保存下来的最古老的乐器就来自中石器时代。

在新石器时代（公元前5800年～公元前3500年），农业逐渐扎根于人们的生活中，他们已经知道如何种植小麦、大麦、黍子和一些豆类作物。此外，他们还懂得饲养牛、羊、猪，进一步完善了石制工具和武器的生产，掌握了原始纺织技术。根据当时人们生产的陶器外形及其装饰的差异，捷克境内交替出现了三种不同的古老文化。

在铜石并用时代（公元前3500年～公元前2000年），捷克又出现了三种根据陶器的差异而区分的文化。其中一种文化称为系着线绳的陶器文化，其代表者是印欧人种。在乌斯季州霍姆托夫附近的维克雷迪采（Vikletice u Chomutova），考古学家发现了欧洲最大的系着线绳的陶器文化代表者的墓葬地之一。

## 二 青铜时代和铁器时代（公元前2000年～公元初年）

在青铜时代（公元前2000年～公元前700年），捷克的主要文化是乌涅迪策文化，这一名称来自最初的发掘地——布拉格附近的乌涅齐采（Unětice）。乌涅迪策文化在整个中欧地区都占有主导地位，在捷克境内各个地区都发现了它的痕迹。随着铜、锡和铜锡合金产品的广泛使用，手工业生产从农业中分离出来，产品交换具有了前所未有的规模。母权氏族制逐渐演变成父权制。在乌涅迪策文化区，一些男人的墓穴用珠宝和其他奢侈品殉葬。

在青铜时代中期，具有代表性的文化是陵墓文化。拥有陵墓文化的人类通常被认为是凯尔特人的先驱，原因是在后来发现凯尔特人遗迹的地方均发现了他们的骸骨。他们是具有发达父权制度的畜牧业者，氏族首领有着非常讲究的陵墓。

青铜时代最后一种文化是"灰罐田人"文化。这一文化的代表者因把尸体烧成灰，然后装入置于田地中的瓮罐而得名。他们把畜牧业和手工业作为农业的补充，建立了一定规模的经济和社会组织。

在铁器时代早期（公元前 700 年～公元前 400 年），捷克受到哈尔施塔特文化的影响。在铁器时代晚期（公元前 400 年～公元初年），凯尔特人控制了中欧。凯尔特人是在捷克史前时期定居并拥有确切称呼的最早一批人种。从居住在捷克境内的凯尔特人部落名称"波伊"（Bójů）衍生出捷克的拉丁文名称"波希米亚"（Bohemia）。凯尔特人从莱茵河和多瑙河上游地区进入捷克，他们不仅是技艺高超的农耕者和畜牧业者，而且在采矿业、冶金业和手工业方面技术精湛。他们开采铁矿和贵重金属，生产出各种工具和首饰，并且铸造了捷克最早的银币和金币。他们在生产陶器时使用特殊的工具，掌握玻璃生产技术，建造了最早的桥梁和公路。在公元前 2 世纪末，凯尔特人开始在捷克境内建造有防御工事的经济和政治中心——城镇的雏形（oppidium），其中最著名的有贝龙附近的斯特拉多尼采（Stradonice u Berouna）和兹布拉斯拉夫附近的扎维斯特（Závist u Zbraslavi）。至今，捷克的一些地名仍来源于凯尔特人，如拉贝河（Labe）、奥赫热河（Ohře）和伊泽拉河（Jizera）。

## 三　日耳曼人和罗马帝国时代（公元初年～5 世纪）

由于凯尔特人没有形成国家，他们无力应对来自北部日耳曼人和来自南部罗马帝国的威胁。在公元初年，日耳曼部落——马科曼尼人和夸德人把凯尔特人从捷克境内赶走。罗马帝国在多瑙河沿岸加强边境的守卫，设有长期驻扎的军团营地，一些边防站甚至设立在边境线以外很远的地方。公元 114 年，在摩拉维亚地区米库洛夫附近的姆绍夫（Mušov u Mikulova）设立了罗马帝国的边防营地。根据罗马帝国的书面记载，曾在罗马皇帝奥古斯特宫廷中受训的马罗布德将马科曼尼部落带到捷克，并成功地建立起强大的部落联盟，甚至开始威胁到罗马帝国。在文明发达程度方面，日耳曼人低于凯尔特人，他们有着相对简单的农业，男人主要从事狩猎活动。手工业以冶金和打铁而闻名。马罗布德试图把波希米亚周边的日耳曼部落联合起来形成帝国，但这一计划没有成功。

由于波希米亚和摩拉维亚处于古老的罗马帝国框架之外，罗马帝国设有防御工事的边境只是稍微触及这个区域。因此，捷克与古老的罗马帝国之间没有发生持续不断的联系，这一点反映到它后来的文明发展中。

在公元 4 世纪中叶，匈奴人开始从里海地区向西流动，开启了民族迁徙进程。由于匈奴人的进犯，在 5 世纪中叶，马科曼尼人撤离了捷克。一段时间之后，另一个日耳曼部落——伦巴第人出现在捷克境内，他们大约在此停留了三代人，而后迁移到意大利北部。大约在公元 530 年后，在捷克出现了新的殖民者——斯拉夫人。他们最初从东部进入捷克，后来分批逐渐进入。

## 第二节　中古简史

### 一　从斯拉夫人定居到大摩拉维亚帝国崩溃（6 世纪~10 世纪初）

民族迁徙持续了几个世纪，它从根本上改变了波希米亚和摩拉维亚地区人口的种族构成。在一段时间里，斯拉夫人与日耳曼人在捷克的一些地区共处。随着来自亚洲的另一个游牧部落——阿瓦尔人的进犯，在 6 世纪末，生活在波希米亚和摩拉维亚地区的日耳曼种族群体趋于消亡，一些日耳曼人离开了，另一些与斯拉夫人融合了。

斯拉夫人属于欧洲最古老的居民，有着发达的农业和畜牧业，还掌握了一些手工业生产的技能。斯拉夫人主要居住在村落里，而阿瓦尔人时常流动、较为好战，征服了相当一部分斯拉夫人。不同的生活方式导致斯拉夫人和阿瓦尔人之间冲突不断。在公元 620 年前后，爆发了斯拉夫部落反抗阿瓦尔人统治的起义。奋起反抗的斯拉夫人推举法兰克商人萨莫为他们的首领。在萨莫的率领下，斯拉夫人不仅多次打败了阿瓦尔人，而且成功击退了西部毗邻的法兰克人的进攻。后来，萨莫建立了强大的斯拉夫部落联盟，这也是中欧第一个斯拉夫帝国。萨莫帝国的疆域包括波希米亚、摩拉维亚、斯洛伐克的一部分和巴伐利亚的一部分（那里有斯拉夫人定居），中心在南摩拉维亚平原摩拉瓦河附近，在那里出现了有防御工事的居民区和市镇。萨莫帝国延续了大约二十五年，在萨莫死后解体，分裂为各个公国。

在随后大约一百五十年间，几乎没有关于捷克的书面记载，直至 9 世纪 30 年代初期建立了大摩拉维亚帝国。经过长期的部落间争斗，在摩拉维亚和西斯洛伐克形成了超部落联盟——大摩拉维亚帝国。融合进程的一个重要动因是外部的安全威胁，即来自法兰克帝国的进攻。尽管摩拉维亚和波希米亚的达官贵人倾向法兰克人的生活方式和宗教，但法兰克帝国和教会的双重扩张依然在国家建立方面带来威胁。9 世纪 20～30 年代，法兰克帝国因内部纷争而有所削弱，这有利于摩拉维亚权力的增强。

大摩拉维亚帝国第一位著名的统治者是莫伊米尔一世，他在公元 833年后把斯洛伐克南部的尼特拉公国并入自己的领地。这个时期在大摩拉维亚帝国已有来自巴伐利亚和萨尔茨堡的基督教使团在活动，活动的成果主要是国王、王室成员、军人接受了新的宗教，多数普通民众依然信仰多神教。

为了在中欧地区制衡东法兰克帝国的影响，莫伊米尔一世的继承者罗斯蒂斯拉夫采取亲拜占庭的政策倾向，他还请求拜占庭皇帝派遣基督教使团。公元 863 年，以康斯坦丁（其在修道院的名字为西里尔）和美多德兄弟俩为首的基督教使团前往大摩拉维亚帝国传教，他们倡导用斯拉夫人能够理解的礼拜仪式。为此，康斯坦丁在南斯拉夫方言的基础上编制出教会用的古斯拉夫语，并创造出特别的字母——格拉果尔字母。兄弟俩把做礼拜用的文本、《新约》和《圣经》翻译成古斯拉夫语。后来，美多德被任命为摩拉维亚－潘诺尼亚大主教区的大主教。西里尔和美多德宗教使团的活动以及建立摩拉维亚－潘诺尼亚大主教区，在当时是头等重要的政治事件，促使大摩拉维亚帝国的统治者巩固了地位，法兰克政治扩张势头被削弱。然而，在美多德逝世后，罗斯蒂斯拉夫的继承者斯瓦托布鲁克赶走了他的学生，开始重新倾向于拉丁语礼拜仪式。

在斯瓦托普卢克统治时期，大摩拉维亚帝国达到空前的强盛，成了除基辅罗斯和保加利亚外第三大斯拉夫帝国。其疆域扩展至波希米亚、潘诺尼亚和维斯瓦河周围（今波兰境内）的斯拉夫部落所在地区。南摩拉维亚地区筑有堡垒的市镇米库尔奇采（Mikulčice）和老城（Staré Město）是大摩拉维亚帝国的政治、文化和宗教中心。

斯瓦托布鲁克逝世后，他的儿子莫伊米尔二世继位，大摩拉维亚帝国逐渐衰弱。在9、10世纪之交，游牧的匈牙利人入侵中欧。经过多年的争斗，公元907年前后，大摩拉维亚帝国被匈牙利人打败，帝国随之崩溃。匈牙利人没有占领大摩拉维亚帝国的核心地区，而是重新撤回到蒂萨河和多瑙河附近的广阔平原。民族迁徙的时期至此结束。

二　普热米斯尔王朝统治下的捷克国家（10世纪初～14世纪初）

大摩拉维亚帝国崩溃后，在中欧塑造国家和民族的进程中，波希米亚地区发挥了首创作用。位于波希米亚中西部的普热米斯尔公国拥有完整的堡垒和居民点体系，为捷克国家的建立奠定了基础。新建立的捷克国家继承了大摩拉维亚帝国的许多文化遗产。历史上记载的第一个著名捷克公爵是博日沃伊，他和妻子柳德米拉在大摩拉维亚帝国皈依了基督教。公元885年前后，博日沃伊将府邸从列维赫拉德茨迁移到伏尔塔瓦河畔的布拉格。于是，在9世纪末，布拉格成为正在兴起的捷克国家的政治和文化中心。博日沃伊是大摩拉维亚帝国忠诚的盟友，但他的儿子斯皮蒂赫涅夫一世努力摆脱大摩拉维亚帝国的影响，主张和巴伐利亚结盟，导致捷克向西方的拉丁文化倾斜。当然，这一步骤的结果没有马上显现出来，事实上在10～11世纪，捷克境内有两种文化并存，即拉丁文化和逐渐衰退的古斯拉夫文化。

博日沃伊公爵的孙子瓦茨拉夫博学多才，他在执政期间继续推行普热米斯尔家族的扩张政策。瓦茨拉夫致力于加强捷克国家的地位，他决定依靠教会的力量，要求国家彻底基督教化。为了获得教会的支持，他下令在布拉格城堡建造圣维特大教堂，从而为后来哥特式大教堂奠定了基础。公元935年，瓦茨拉夫被弟弟博列斯拉夫一世的侍从杀害。瓦茨拉夫逝世不久被宣布为圣人，被视为捷克国家的象征、捷克国家理想和永恒的君主、捷克国家的守护神。对圣瓦茨拉夫的崇拜在近现代和当代国家建构过程中都发挥了作用。

在 935~972 年博列斯拉夫一世执政期间，捷克开始铸造最早的硬币。博列斯拉夫一世还开始对国家进行行政管理。955 年，他与德意志国王奥托一世联手打败了马扎尔人，中止了马扎尔人对中欧的进犯。此后，他逐渐向东扩张，占领了摩拉维亚、西里西亚和西斯洛伐克。阿拉伯国家的犹太商人伊布拉辛·伊本·亚库布把这一时期的布拉格描述为"中欧最大的贸易城市，用石头和石灰建筑而成"。

在博列斯拉夫二世统治时期（972~999 年），捷克的疆域继续扩大，延伸至布格河和斯特日伊河（Stryj）。博列斯拉夫二世继承了瓦茨拉夫亲教会的政策。973 年，在布拉格设立了主教区，捷克在教会管理方面摆脱了对累根斯堡教区的依赖。第二任布拉格主教沃伊捷赫（Vojtěch）致力于加强教会的声誉和更深入了解基督教生活的原则，他促成 993 年在布拉格附近建造波希米亚第一座男修道院。沃伊捷赫来自斯拉夫尼克家族，而这个家族控制了布拉格以南和以东地区。995 年，博列斯拉夫二世的亲兵消灭了斯拉夫尼克家族。普热米斯尔家族从此完全统治了波希米亚地区。997 年，沃伊捷赫客死异乡。他与瓦茨拉夫、柳德米拉以及萨扎瓦修道院①的创始人普洛科普（Prokop）一起成为捷克四大守护神。

11 世纪初，因捷克王室成员争斗不休和博列斯拉夫二世的继承者无能，新崛起的波兰王国的统治者鲍莱斯瓦夫一世暂时统治了波希米亚（1003~1004 年）。捷克公爵弗拉基沃伊为了保住王位，请求罗马帝国皇帝亨利二世的庇护。亨利二世把波希米亚作为罗马帝国的封地授予弗拉基沃伊。从此，这一传统延续了几个世纪。尽管罗马帝国包括如今奥地利、瑞士、比利时、荷兰、卢森堡、捷克、德国、法国的一部分和意大利北部等广大地区，但罗马帝国皇帝的政治权威仅是形式上的，各个君主在自己的领地上保留了主权。捷克君主与罗马帝国皇帝之间不时发生摩擦，罗马帝国皇帝通常致力于干预捷克政治，而虚弱的罗马皇帝则给捷克君主留下了自由统治的空间。当然，捷克君主保持独立自主的能力也很重要。

---

① 捷克唯一用斯拉夫礼拜式的女修道院，于 1033 年建成，是捷克古斯拉夫语教育和文献中心，存在至 1097 年。

尽管在亨利二世的帮助下，普热米斯尔家族成功地将波兰人赶出波希米亚，但波兰人占领摩拉维亚地区直至 11 世纪 20 年代。在奥尔德日赫公爵统治时期（1012~1033 年），摩拉维亚最终被并入捷克国家。

1039 年，布日蒂斯拉夫一世利用波兰内部危机对其进行讨伐，旨在占领西里西亚并将圣沃伊捷赫的遗骸带回布拉格。此举遭到罗马皇帝亨利三世的反对，组织了针对布日蒂斯拉夫一世的远征，布日蒂斯拉夫一世最终表示臣服。1054 年，布日蒂斯拉夫一世首次提出长子继承制。他的年幼一些的儿子们获得在摩拉维亚的封地，这些王公的府邸在布尔诺、奥洛莫乌茨和兹诺伊莫，促使这些地方至今都是摩拉维亚地区著名城市。

布日蒂斯拉夫一世最出名的儿子是弗茹迪斯拉夫二世（Vratislav II，1061~1092 年），他为了削弱布拉格主教区的权力，于 1063 年在奥洛莫乌茨创建了另一个主教区。由于他在罗马皇帝与教皇的纷争中支持了前者，他在 1085 年获得国王的称号，是捷克君主中的第一人。这表明，捷克国家在罗马帝国框架内的地位有所提升，而且捷克国家的君主在这个超国家结构的封建主中间处于领先地位。

12 世纪初，捷克国家内部纷争不断，普热米斯尔家族的各个成员彼此争夺国家的统治权，一些王室成员在德意志皇帝那里寻求保护和支持，这不仅削弱了捷克国家的地位，而且增强了捷克国家对德意志皇帝的依赖。在索贝斯拉夫一世执政时期（1125~1140 年），捷克的危机状况有所改善。他不仅通过一场胜战改善了与德意志皇帝的关系，而且平定了国内的反抗。他还下令将布拉格城堡建造成石制的罗马式堡垒。

弗拉迪斯拉夫二世（Vlatislav II，1140~1172 年）继续改建布拉格城堡，还在城堡下建造了商人和手工业者的居住区，建造了将伏尔塔瓦河两岸连接起来的尤迪庭石桥——这是中欧第二古老的桥梁。这时期许多宗教建筑物都采用罗马式建筑风格。与其他捷克君主相比，弗拉迪斯拉夫二世在欧洲较为出名，原因是他作为罗马帝国皇帝的盟友参加了到意大利的军事远征，并于 1158 年获得国王的封号。在他统治时期，捷克国家明显加快了在文化上接近西欧的进程。

罗马帝国的皇帝一直试图使捷克处于隶属地位，而普热米斯尔家族的内讧给他们插手捷克内部事务提供了机会。12世纪80年代，罗马皇帝腓特烈·巴巴罗萨试图把捷克国家分裂为三个直接隶属于罗马帝国的部分。他在1182年、1187年分别将摩拉维亚和布拉格主教区变成独立于捷克君主的罗马帝国的公国。由于不久后巴巴罗萨辞世，他的继承者缺乏权威，分裂捷克的活动难以为继，只是在摩拉维亚保留了腓特烈一世授予的罗马帝国边境地区（markrabstvi）的称呼，这一独特地位持续到近代，但波希米亚与摩拉维亚之间保持了紧密联系，从一开始摩拉维亚地区长官的职位一直由统治波希米亚的王室的成员担任，1411年起几乎都由波希米亚的君主亲自担任。

12世纪末，捷克国家处于稳定时期，其原因主要有三点。第一，贵族的权利得到确认，他们成为自由和世袭的土地所有者；第二，经济趋于繁荣；第三，罗马皇帝的地位有所削弱，他们需要通过捷克君主的帮助来实现对外侵略扩张。捷克大公普热米斯尔·奥塔卡尔一世（1197~1230年）借助有利的国际形势，努力提高捷克的地位。1198年，他获得国王称号。1212年，罗马皇帝兼西西里国王腓特烈二世颁布了所谓的《金色西西里诏书》，调整了捷克国家与神圣罗马帝国的关系：捷克国家拥有主权；捷克封建主有权利自行选举国家的统治者；捷克从公国成为世袭的王国；捷克成为罗马帝国内最领先的部分。从13世纪中叶起，捷克国王成为罗马帝国皇帝七大候选人之一。捷克从此踏上了通向中欧强国的道路。

捷克政治地位的提升与经济繁荣密不可分。12世纪，在君主、贵族和修道院的倡导和推动下，捷克居民开始系统地向无人居住区移民，面积广大的森林和沼泽逐渐变为农业用地。这一进程在13世纪得到大力发展，原因是许多德意志移民进入波希米亚和摩拉维亚地区，他们主要定居在边境地区。至13世纪末，除了边境地区的高大山脉以外，捷克国家全境都被居民点覆盖。根据人口和城市密度，捷克已被列入欧洲最发达国家行列。尽管生产还没有达到较高的专业化和集中化程度，但捷克已向国外出口商品，主要是谷物和金属制品。

德意志移民不仅带来了较为完善的农业技术，还带来了较为先进的法律制度，明确规定了依附农民与封建主之间的关系。此外，移民运动深刻改变了民族构成，捷克和德意志两个民族共处的局面一直持续到 1946 年，在长达七百年的时间内，捷德两个民族的关系不断摇摆于和平共处和相互敌对之间，有时双方出现民族主义、沙文主义和排外主义的言行。

移民运动促进了相对稠密的城市网的形成。至 1300 年，波希米亚地区约有王城 32 个，摩拉维亚地区有 18 个。王城从国王那里获得各种特权，如城墙建筑权、啤酒酿造权和集市权等。王城中的矿业城市拥有尤为特殊的地位，它们从事贵重金属的开采和加工。1300 年捷克开始铸造有价硬币，称为"捷克或布拉格的格罗什"，它因品质优良而在整个中欧地区大受欢迎。

13 世纪，捷克吸收了西欧比较发达的文化，以哥特式为代表。君主和贵族学会了宫廷骑士的生活方式，并且开始建造石制城堡，如贝兹杰兹（Bezděz）、捷克克鲁姆洛夫（Český Krumlov）和兹维科夫（Zvíkov）等。同时也出现了一些引人注目的教会建筑物，如维希布罗德（Vyšší Brod）、塞德雷茨（Sedlec）和兹布茹斯拉夫（Zbraslav）等。

国内政局稳定、经济发展良好促使捷克国王踏上了扩张领土的征程。通过联姻和军事压力相结合的方式，普热米斯尔·奥塔卡尔二世（1253 ~ 1278 年）成为奥地利施蒂里亚的君主，中欧的权力重心第一次向罗马帝国的东部边缘和非德意志王朝手中倾斜。1254 年，他向信仰多神教的普鲁士发起了十字军远征，建造了城市格拉洛维茨（今加里宁格勒），确保了在波兰和西里西亚的影响。因财富丰厚和军事力量强大，奥塔卡尔二世被称为"金铁大王"，他的势力范围向南一直延伸至亚得里亚海，得到意大利北部一些城市的承认。

奥塔卡尔二世的儿子瓦茨拉夫二世执掌政权后，继续父亲的扩张政策，但把扩展权力的方向从向南改为向东和向北，而且扩张活动更多地依靠外交活动和经济实力，而不是武器。瓦茨拉夫二世成功地把捷克、波兰和匈牙利三个王国合并到普热米斯尔王朝手中，引起教皇和德意志国王的反对。1304 年，德意志国王的军队与捷克军队交战。1305 年，瓦茨拉夫二世在两军和谈过程中驾崩。1306 年，瓦茨拉夫二世唯一的儿子瓦茨拉夫三世遇害，统治捷克国家四百多年的普热米斯尔王朝从此绝嗣。

## 三 卢森堡王朝统治时期（14 世纪初～15 世纪初）

1310 年，神圣罗马帝国皇帝亨利七世的儿子扬·卢森堡通过迎娶瓦茨拉夫二世的女儿爱莉什卡为妻而登上捷克的王位（1310～1346 年）。在扬·卢森堡统治捷克之初，他的利益就与捷克贵族的利益发生冲突，最终向贵族做出让步。从 1318 年起，在捷克王国存在二元统治概念：不是君主单独统治国家，贵族也参与国家政策的制定。与贵族以及与王后不和致使扬·卢森堡对捷克国内政治不感兴趣，他主要致力于外交领域。通过积极和灵活的外交政策，他成功地将赫布、上卢日支、上西里西亚和下西里西亚的大部分地区并入捷克。在 14 世纪 30 年代，他将领地扩展至意大利北部地区，控制了意大利一些重要城市。1346 年，扬·卢森堡在与法国国王并肩反英的战役中阵亡。

扬·卢森堡与爱莉什卡·普热米斯尔的长子查理四世（1346～1378年）在继位前就致力于捷克国内的政治事务。在他的努力下，1344 年布拉格主教区提升为大主教区，布拉格城堡内的圣维特大教堂开始被改建为哥特式大教堂，在波希米亚东部的利托米什尔设立了新的主教区。1346年，查理四世获得罗马国王的封号。1355 年，他又被加冕为神圣罗马帝国皇帝。

查理四世把捷克王国视为自己权力的中心，努力提高它的声誉。1348年，他颁布宪法文书，在法律上确定捷克王国由波希米亚王国、摩拉维亚地区、西里西亚王国、上卢日支、下卢日支（从 1368 年起）构成。这一国家整体存在至 1635 年。1356 年，他通过罗马帝国基本法，即所谓的《黄金诏书》，确认罗马皇帝从 7 个选帝侯中选举产生，并强调了捷克国王的特殊地位，他在帝国议会和其他重要会议上优先于任何在场的选帝侯。

由于查理四世的府邸设在布拉格，它发展成为罗马帝国最重要的城市，约有 4 万人生活在布拉格，是欧洲人口密度最大的城市之一。1348 年，查理四世下令建造布拉格新城，还创办了中欧第一所大学——布拉格大学（后改名为查理大学），设有哲学系、法学系、医学系和神学系四个系。9 年后，他为横跨伏尔塔瓦河的石桥奠基，如今称为查理大桥。在距离布拉格大约30公里的地方，查理四世建造了卡雷尔什特因城堡（Karelštejn），作为保护罗马帝国加冕典礼用珠宝器物的堡垒。

14世纪上半叶，国内移民运动结束，农业和手工业生产取得进一步发展。农村有谷物、葡萄、啤酒花、水果等多种种植业和鱼塘养鱼业等。手工业生产集中在城市，由行会来监督和管理。实行货币地租促进了商业活动的发展。从14世纪中期起，在捷克周边的欧洲国家出现明显的经济停滞甚至衰退，但捷克进入了经济繁荣期，促进因素有四个：第一，捷克有着丰富的银矿资源；第二，1347~1350年在欧洲大部分国家暴发的霍乱瘟疫没有扩散到捷克；第三，城市和乡村之间持续保持经济平衡；第四，查理四世采取了积极的、以法律措施为保障的投资政策。至1378年查理四世逝世时，捷克已成为欧洲最强大的国家之一，完全赶上了原先领先于它的西欧和南欧国家。

14世纪末，霍乱瘟疫扩散到捷克，导致捷克人口急剧减少、土地荒芜，加之贵族贫穷化和查理四世的儿子瓦茨拉夫四世对政治不感兴趣，捷克的国际地位下降，国内的政治形势趋于紧张。1400年，瓦茨拉夫四世被罢免了罗马国王的职位。随着国王与教会、贵族之间的矛盾，以及社会各阶层的矛盾日益尖锐，捷克国家陷入危机，最终引发了胡斯革命。

## 四　胡斯革命运动和雅盖隆王朝统治时期（15世纪初~1526年）

### 1. 胡斯革命运动

在查理四世统治时期，捷克的基督教化进程进入最后阶段。越来越多的人开始思考基督教的意义，社会各阶层把宗教视为生活的组成部分。在14世纪，教会滥用了人们对基督教的信仰和虔诚，不断增强权力。在15世纪初，罗马天主教会的权力在捷克达到顶峰：完全控制社会的精神生活，影响社会的法律秩序和道德标准，拥有巨大的物质财富（几乎掌握全国三分之一的田产）。教会完全背离了《圣经》中的基督教原则，不再关心如何拯救信徒的灵魂，转为追逐权力和财富，大肆出售教衔和赎罪券。在查理四世统治时期，就已经出现了一些批评教会腐败堕落的声音，呼吁教会回归基督教清贫和朴素的思想。随着捷克政治、经济和社会危机不断加深，改革派思想家们开始更加强烈地抨击教会的奢华、骄横和教士的寄生生活，认为只要教会回归原来的使命并按照《圣经》的训谕生活，整个社会的状况就会好转。他们中公认的领袖人物是布拉格大学哲学系大师扬·胡斯（1370~1415 年）。

胡斯的观点受到英国牛津大学神学系教授约翰·威克里夫的影响，认为教会不会自愿放弃田产和政治影响，应该由君主和贵族代表的国家迫使教会改正。从 1402 年起，胡斯在布拉格老城区的伯利恒教堂传教，受到许多贵族、市民和普通民众的欢迎。以胡斯为首的宗教改革派对教会的批评甚至得到王室成员包括瓦茨拉夫四世的支持。随着全欧洲流传着这样的消息，即捷克国王迎合异教徒，瓦茨拉夫四世与胡斯的联系减少。

1413 年，罗马教会对布拉格发布禁令，迫使胡斯离开布拉格。胡斯转移到捷克南部的农村。他一边在农民中间传教，一边勤奋地写作。捷克语成为胡斯进行宣传的工具。他用捷克文撰写了《关于教会》《论买卖神职》《布道录》《信仰上帝、十戒和主祈祷文的解释》等神学著作，促进了捷克民族文化的发展。

1414 年，胡斯应邀前往康斯坦茨参加教皇约翰二十三世和罗马国王日格蒙德召集的宗教会议，以解释自己的观点。结果，宗教会议的领导人根本不允许他捍卫自己的观点，以异端名义将其投入监狱。1415 年 7 月 6 日，胡斯作为异端被绑在火刑柱上烧死。一年后，胡斯的朋友耶洛尼姆·普拉日斯基也遇害身亡。

胡斯和普拉日斯基被其追随者尊为殉道者，他们的遇难激化了胡斯信徒和天主教会之间的矛盾。1419 年 7 月 30 日，革命终于爆发了。布拉格新城区激进的胡斯信徒攻进市政厅，将反对改革的市参议员抛出窗外。几天后，瓦茨拉夫四世逝世，革命形势更加势不可挡，很快席卷了全国。

所有的胡斯信徒承认 1420 年春制定的共同纲领，即"布拉格四条款"：第一，教士和信徒在领圣餐时享有平等的权利，饼酒同领（饼意味着耶稣的躯体，酒意味着耶稣的血）；第二，自由宣讲上帝的圣言；第三，没收教会的地产并消除教会对世俗政治的影响；第四，惩罚那些阻止基督徒得到救赎的罪恶。胡斯信徒把圣杯作为胡斯运动的象征，在十字军远征开始后，他们也采取共同步骤反对外国干预。

事实上，胡斯革命运动分为三个派别：温和派，主要由布拉格大学哲学系的师生、部分小贵族和布拉格老城区的参议员组成，革命目标是没收教会财产、在教会获得自治、争取国王对纲领的支持；中间派，由布拉格市民组成，在宗教改革运动初期发挥了关键作用；激进派，主要由乡村居民组成，受小贵族和民间传教士领导，希望尽快、彻底地把《圣经》作为人际关系的基本准则。激进派又以塔波尔派为主要力量，他们建立了自己的城市——塔波尔城，这里一切财产共有，居民只遵循《圣经》的训谕。

基督教的欧洲视胡斯运动成员为异教徒，试图用军事力量制服他们。德意志和匈牙利国王、捷克王位的继承人日格蒙德与教皇是军事打击胡斯运动的领头人，他们在 1420～1431 年间发动了 5 次针对胡斯运动的进攻，均遭失败。于是，日格蒙德和巴塞尔宗教会议开始主动与胡斯教派进行谈判。1434 年 5 月，努力与巴塞尔宗教会议达成协议的温和派与天主教徒联合起来在里旁附近的战役中打败了顽强抗争的激进派。

1436 年 7 月 5 日，胡斯教派与巴塞尔宗教会议达成协议，实质上意味着胡斯革命纲领在一定意义上取得胜利。协议允许胡斯信徒领圣餐时饼酒同领，捷克民众可以自由决定信仰胡斯教还是天主教。不久，齐格蒙德登上了捷克王位。胡斯信徒承认他于 1420 年举行的加冕礼，但他必须同意胡斯信徒提出的一些条件：没收教会财产、城市和小贵族取代高级教士进入地方议会。这样，胡斯革命运动在 1436 年结束。

胡斯革命运动虽然没有完全实现它最初的革命目标，但它对 16 世纪欧洲宗教改革产生了深远的影响，保证了捷克国家在一定时期内的政治独立和宗教信仰自由，促进了捷克民族意识的觉醒，成为捷克民族革命传统的源泉。

胡斯革命运动后，捷克大约有 70% 的居民信仰胡斯教，而国王信仰天主教，他们之间难以实现和平共处。1458 年，捷克地区议会选举胡斯教派的贵族伊日·波杰布拉德为国王（1458~1471年），这在捷克历史上具有特殊意义，因为捷克王国第一次由一位出身于非王室且几乎被整个欧洲视为异教徒的人统治。波杰布拉德努力成为胡斯信徒和天主教徒的好国王，并努力改善自己在国外的声誉，但还是遭到罗马教皇与国内天主教徒的反对。1462年，教皇取消了胡斯教派与巴塞尔宗教会议达成的协议。1469年，捷克境内的天主教徒选举匈牙利国王马加什一世为捷克国王。在1471年伊日·波杰布拉德逝世后，其追随者遵从他的遗愿，选举波兰王子弗拉迪斯拉夫·雅盖隆为捷克国王。

2. 雅盖隆王朝统治时期（1471~1526年）

由于捷克王国境内除波希米亚以外的其他地区和多数天主教徒继续把马加什一世视为捷克国王，在将近二十年的时间里，捷克王国出现了两个政权并存的局面。1485年，捷克天主教和胡斯教领导人在库特纳霍拉进行谈判。天主教徒承认1436年胡斯教派与巴塞尔宗教会议达成的协议为地区基本法和解决宗教问题的基础。所谓的"库特纳霍拉和解"保障了胡斯教徒与天主教徒的平等地位。经过长期、激烈的宗教斗争，捷克成为欧洲第一个通过法律保障宗教宽容的国家。

在1490年马加什一世逝世且没有男性继承人的情况下，弗拉迪斯拉夫·雅盖隆把捷克王国境内各个地区合成一体置于自己的统治之下，而且成为匈牙利国王。他从此移居到布达佩斯，很少回捷克。

在宗教领域的矛盾有所缓和后，王城与贵族之间的关系趋于恶化，不时发生冲突。1517年，王城与贵族达成了所谓的"圣瓦茨拉夫协议"，王城放弃了一些中世纪时期的经济特权，如市场和烧制啤酒的权利，而贵族最终同意王城的代表参与到议会中来。这样，捷克实施了国家的等级模式，君主必须与贵族和王城分享政治权力。

## 五　捷克的等级君主制与哈布斯堡王朝（1526~1620年）

1526年，匈牙利和捷克的国王路德维克·雅盖隆在抵抗土耳其人入侵的莫哈奇战役中阵亡。不久后，捷克的贵族和王城选举路德维克的妹夫、来自哈布斯堡王朝的奥地利大公斐迪南为捷克国王，他很快也获得匈牙利王位。

在登上捷克王位前，斐迪南向捷克社会各等级承诺，他将居住在布拉格，将不破坏各等级的权利，将承认宗教自由。担任捷克国王后，斐迪南抛弃了自己的诺言，致力于加强中央王权和削弱等级的影响力。他的目标是建立中央集权国家，由完全隶属于君主专制权力的专业官僚进行管理。于是，斐迪南与捷克的贵族和市民阶层围绕着两种政治理念（专制主义与等级社会）和两种意识形态（天主教主义与宗教改革）产生了矛盾和冲突。

1564 年，斐迪南的儿子马克西米利安担任捷克国王，并成为德国皇帝。在 16 世纪下半叶，捷克的宗教形势非常复杂，有三个非天主教派别：圣杯派（胡斯教派）、路德教派和捷克兄弟会教派。尽管三种教派彼此之间存在一定的分歧，但他们联合起来制定了所谓的《捷克信仰》（Česká Konfese）草案。1575 年，马克西米利安口头上同意了这一文件。1609 年，马克西米利安的儿子鲁道夫二世发布了《宗教自由诏书》，承认了《捷克信仰》，保障了新教徒的宗教信仰自由权。

鲁道夫二世是捷克最著名的君主之一，统治捷克期间他从维也纳迁居到布拉格。在十六、十七世纪之交，他的王宫成为欧洲著名的政治、文化和科研中心，不仅有许多来自世界各地的艺术家、手工艺师在这里活动，鲁道夫二世还支持数学、天文学、物理、医学、化学和炼金术等领域的科学研究活动。

1611 年，鲁道夫二世的兄弟马加什接任捷克国王。为了避免与捷克贵族和市民发生冲突，他将自己的府邸迁移到维也纳。他的最高级别官员——总督在布拉格进行国家管理。

捷克的天主教派视《宗教自由诏书》为宗教斗争中的失败标志，与信仰新教的贵族和市民之间的权力争夺一直没有停止。1617 年，在天主教徒和新教徒之间发生了多次冲突。1618 年初，马加什下令禁止新教徒集会。5 月 23 日，新教代表团冲进布拉格城堡内的总督办公室，指责两名亲哈布斯堡王朝的总督破坏宗教自由，并把他们从窗户抛入壕沟。在布拉格发生的"抛出窗外事件"表明了非天主教派的贵族与市民和哈布斯堡王朝的决裂。该事件成为席卷全欧的"三十年战争"的导火索。

"抛出窗外事件"后不久,信仰新教的贵族和市民选举出由30名代表组成的临时政府。1619年7月,捷克王国等级议会在布拉格召开,通过了新的宪法。捷克王国成为拥有平等地位的各个地区的邦联,经选举产生的国王的权限大受限制。等级议会选出一位新国王,他是德意志新教联盟的首领、加尔文教的帕拉丁选帝侯、英国国王詹姆斯一世的女婿腓特烈五世,期望在欧洲新教力量的财政、军事和政治帮助下取得胜利。然而,这一愿望没能实现。德意志新教联盟与天主教同盟签订了停战协定,英国仅向捷克派遣了几百名军人,荷兰提供了很少的财政援助。

## 六 "白山战役"后的反宗教改革运动(1620~1740年)

1620年11月8日,捷克军队在布拉格近郊展开的"白山战役"中彻底被哈布斯堡帝国军队打败,腓特烈五世及布拉格起义的将领和著名领导人逃亡到荷兰。哈布斯堡帝国的军队占领了布拉格。

"白山战役"失败后,哈布斯堡王朝开始惩罚起义者,实施建立专制王朝的纲领,捷克等级议会君主制最终失败。1621年6月21日,27名未逃亡到国外的起义领导人在布拉格老城广场被处死。其他参与起义的人士被没收财产,虔诚的天主教贵族和国外的军官获得那些被没收的领地。在白山战役后,几乎有3/4的田产改变了持有人。

与此同时,捷克开始了系统的重新天主教化进程。白山战役前,捷克大约有85%~90%的居民信仰天主教以外的宗教。1622年,耶稣会接管了布拉格大学。1624年,非天主教堂关闭,非天主教牧师被驱逐出境。1627年,哈布斯堡王朝颁布了新的法令:哈布斯堡王朝对捷克王位有世袭权;天主教是唯一合法宗教;德语与捷克语拥有同等地位。一旦贵族或市民信仰新教,就必须离开捷克。神职人员进入地区议会,相反,市民代表只有一席。于是,在捷克掀起了移民浪潮,大约20万贵族和市民移居国外,他们中有许多知识分子,如著名的教育家扬·阿莫斯·考门斯基。农奴则被禁止移民,他们必须自动改信天主教。捷克重新成为天主教国家。

**捷克**

　　"三十年战争"造成严重的经济后果：土地荒芜、人口下降、国内市场受到破坏、对外贸易中断、货币贬值。经济衰退是长期和痛苦的过程。被奴役的农民必须支付高额税赋，而且没有领主的同意不允许迁移、嫁女和让儿子从事手工业劳动和学习，必须在封建主的田地上付出无偿劳动。不断加剧的压迫引起农民多次发动反对封建主的起义，规模最大的一次起义爆发于 1680 年。直至 18 世纪初，捷克乡村和城市的经济才有所复苏。

　　伴随着反宗教改革运动，捷克语在文学创作中的地位逐渐被拉丁语取代。文化生活受到天主教会的监督，学校教育也主要掌握在天主教士手中，耶稣会垄断了高等教育。巴洛克文化进入捷克，许多市民的房屋和乡村的农庄建造成巴洛克风格。当然，最具特色的巴洛克建筑物还是教会建筑和贵族府邸。最大的巴洛克式教会建筑物是耶稣会的克雷门蒂。

## 七　从开明专制制度到民族复兴运动（1740～1815 年）

　　哈布斯堡王朝的中央集权政策阻碍了捷克王国各地区的自治发展，而且导致各个地区之间的联系减弱。捷克的国家性受到破坏，王国成为哈布斯堡王朝的省份。经过 1741～1748 年的奥地利王位继承战争和 1756～1763 年的七年战争，奥地利失去了西里西亚的大部分地区和克沃兹科，捷克国家的疆域进一步缩减。这一切导致多数捷克人对哈布斯堡王朝的命运持冷淡态度。

　　在与普鲁士为争夺中欧霸权而进行的斗争中失利，表明奥地利中央集权专制主义制度的陈腐。因此，玛利亚·特蕾莎女王决定本着开明的精神重建哈布斯堡君主国，以赶上英国和法国等欧洲发达国家。特蕾莎的改革涉及国家管理、财政、宪法、经济、教育和宗教生活等诸多方面。国家管理朝着削弱地方自治和加强中央集权的方向发展，取消了捷克宫廷办公室，建立了面向捷克和奥地利各地区的共同机构；重组了行政区划，出现了 16 个波希米亚州，6 个摩拉维亚州，2 个西里西亚州。在经济方面，强调发展农业和工业生产。在失去西里西亚的大部分地区后，捷克成为哈布斯堡王朝的工业基地，匈牙利则专门从事农业生产。在教育方面，对 6～12 岁的儿童实行义务教育制。在所有教区建立学校，教授读写和计算。在宗教领域，取消耶稣会并将其财产收归国有，消除教会对大学的影响力。

在特蕾莎的儿子约瑟夫二世执政时期（1780～1790年），改革进入了第二阶段，其顶点是1781年发布了关于废除农奴制的法令和关于承认路德教、加尔文教和东正教合法地位的宽容法令。

由于特蕾莎女皇和约瑟夫二世实行的开明君主改革，很少考虑到多民族国家各个地区的特点，加之德语是学校的教授语言，捷克语的地位不断下降，捷克的独特性受到限制。于是，捷克低级教士、知识分子和城市小资产阶级强调语言和文化的重要性，捷克民族意识重新得到增强。捷克现代民族的形成进程始于18世纪末，持续到19世纪60年代，传统上称之为民族复兴运动。

民族复兴运动最初旨在提升捷克语言水平、发展优秀的捷克民族文化，几乎没有任何政治动机，因而没有遭到奥地利政府的阻挠。一些重要的文化与学术机构相继成立：1784年，捷克皇家科学学会成立；1800年，布拉格美术学院创建；1808年，布拉格音乐学院诞生。

## 第三节　近代简史

### 一　形成现代捷克民族（1815～1847年）

在新的自由主义思想的影响下，捷克社会开始从旧的封建等级结构向现代公民社会方向转变，开始形成新的现代民族。

在民族复兴运动的第一阶段，主要成就体现在语言文化领域，不仅捷克语在小学得到普及，用捷克语表演的话剧有所发展，而且涌现出一批优秀的语言文学作品。语言学家约瑟夫·多布罗夫斯基奠定了现代捷克语法的基础，以他为首的一代文人努力夺回"白山战役"后捷克民族失去的语言与文化地位，他们积极争取贵族的支持。

以翻译家、语言学家约瑟夫·容格曼为首的第二代民族复兴者则采取了远离贵族的策略，他们拒绝贵族的地方爱国主义思想（即祖国是人们可以安全、美好生活的地方），倾向于语言爱国主义思想（即语言是民的象征）。民族复兴运动成为有组织的力量，不再是一些热情的爱国者的事情，运动的基础存在于中间阶层（市民、手工业者、小业主和企业家）。逐渐地，形成了爱国知识分子阶层（牧师、医生、职员和教师）。从 19 世纪 30 年代起，捷克民族复兴运动影响了越来越多的城乡居民，建立了新的组织形式，如业余小团体、座谈会和大型舞会等。

由于在拿破仑战争期间俄国军队一度在捷克境内活动，捷克民族复兴者产生了关于斯拉夫民族建立相互友好关系的思想。他们意识到，捷克人在欧洲不是孤立的，而是属于斯拉夫民族大家庭。鉴于俄罗斯是最强大的斯拉夫民族，同时也是唯一独立的斯拉夫国家，俄国自然成为他们关注的焦点。1830 年 11 月波兰起义被沙皇俄国镇压后，捷克的斯拉夫主义陷入危机。年轻一代的民族复兴者意识到，俄国沙皇制度的压迫性与斯拉夫民族追求自由和解放这一需求之间存在深刻矛盾，从而导致 19 世纪 40 年代出现了新的斯拉夫主义的政治理念——奥地利斯拉夫主义，即哈布斯堡王朝统治下的斯拉夫民族进行合作，以反对具有攻击性的德意志民族主义。

1848 年革命爆发前，民族复兴运动的性质已有所改变，从挽救捷克语言转为关注社会问题。出现了最初的政治团体"布拉格市民座谈会"，成为自由主义政客的中心，"废除联盟"则是激进民主主义政客的中心。

19 世纪初，捷克开始了工业革命的进程。它最先发生于德意志人定居的边境地区，那里是纺织工业区。在捷克人占多数的内陆地区，农业发达，主要种植谷物、甜菜、啤酒花、葡萄和蔬菜等作物。于是，在那里发展起食品工业，特别是制糖业和啤酒生产。捷克还拥有玻璃生产、机械制造、钢铁和陶瓷生产等工业部门。1833 年，成立了工业促进协会。涌现出一批划时代的新技术产品，如蒸汽机、蒸汽车和蒸汽船。在 1824 ~ 1832 年，安东尼·盖尔斯特内尔在捷克布杰约维采至林茨之间建造了欧洲大陆上最早的、距离较远的马拉轻便铁路。

二 通向独立国家的道路（1848 ~ 1918 年）

在 1848 年法国二月革命的影响下，"废除联盟"召集布拉格市民举行集会，制定了给奥地利皇帝的请愿书，它是现代捷克民族的第一个政治纲领。请愿书主要包括三个要求：第一，捷克语和德语地位平等；第二，捷克王国各地区构成国家法律整体；第三，城市在议会获得更多席位并获得自治。奥地利政府对捷克民族的要求持回避态度。不久，捷克民众又准备了第二份请愿书，要求通过自由选举产生议会，以及设立专门负责捷克事务的部委。在革命浪潮的压力下，奥地利皇帝满足了捷克人的大部分要求。

4月，全德意志议会邀请弗兰季谢克·帕拉茨基到法兰克福参加会议，以便磋商将捷克地区和奥地利的阿尔卑斯地区并入未来德国的事宜。帕拉茨基以公开信的方式予以拒绝，他认为，进行宪政改革的奥地利对捷克人最为有利，如此国家可以平衡德国和俄国的势力，并保障中欧各个小民族的平等地位。

6月初，在布拉格召开了斯拉夫大会，与会代表没能就共同的政治立场达成一致，只要求奥地利成为民族平等的联邦制国家。随着捷克民族复兴运动政治性的加强，奥地利政府军着手对捷克的革命运动发起进攻。6月12日，布拉格市民与政府军发生冲突，成为布拉格起义的导火索。激进的民主主义者领导学生在布拉格筑起了街垒，与战术和兵力都占优势的政府军战斗了6天，最终起义被镇压下去。

布拉格起义失败后，举行了奥地利帝国议会大选，捷克的自由主义政治家获胜，他们在议会主张取消劳役、公民自由合法化、在民族基础上实行联邦制，而且他们第一次提出捷克人和斯洛伐克人联合的要求。激进民主主义者准备再次起义，但在1849年5月，起义计划泄露，激进主义者领导人被逮捕，导致捷克激进主义完全受到压制。随着奥地利政府开始加强自己的地位，捷克自由主义者远离了政治。唯一坚持反对奥地利政府的人士是新闻记者卡雷尔·哈夫利切克·波洛夫斯基，1851年他被流放。

1848～1849年革命失败后，哈布斯堡王朝努力重建君主专制，地方自治受到严格限制。在巴赫专制制度时期（1851～1859年），捷克的民族复兴运动完全被限制于文化领域，而且学校的捷克语课程减少，民众的公共生活受到压制，民族博物馆和捷克民族出版社等文化机构的活动处于警察的监督之下。

沉闷的政治气氛没能压制捷克经济活动的开展。经过大约半个世纪的工业化建设，捷克发展成为中欧工业最发达的地区之一。维特科维策钢铁厂、斯柯达汽车制造厂、比尔森啤酒厂已经家喻户晓。稠密的铁路网不仅将捷克与欧洲联系在一起，还将各个工业中心连接起来。除了布拉格，工业生产还集中于俄斯特拉发、克拉德诺（钢铁冶炼和煤矿开采）、布尔诺（机械制造）、波希米亚北部地区（玻璃制造）和波希米亚东北部地区（纺织业）等。

1859年，奥地利军队被法国军队打败，加之国内财政状况恶化，奥地利皇帝约瑟夫一世放弃专制政体，着手建立公民社会。捷克的政治生活随之复苏。在19世纪60年代，捷克的政治代表分裂为两个阵营：老年捷克派，以历史学家弗兰季谢克·帕拉茨基和其女婿拉蒂斯拉夫·列盖尔为首，他们是捷克民族党领导人，主张与贵族合作，希望实现历史的国家法律地位；青年捷克派，以斯拉德科夫斯基和格雷格罗维等为代表，持激进的民主立场。两派的共同点是努力恢复捷克国家权利，将哈布斯堡帝国改变为联邦制国家。

1867年，与普鲁士战争大败后，奥地利政府向匈牙利人做出让步，同意将中央集权国家改变为二元制的奥地利—匈牙利国家。捷克政治代表积极促使二元制国家改变为奥地利—匈牙利—捷克三元制国家，但他们在哈布斯堡王朝框架下保持捷克政治独特性的愿望遭到匈牙利人和德意志人的反对。

为了改变政治地位与快速的经济和文化发展之间不对称的状况，直至第一次世界大战爆发，捷克的政治代表不断改变策略，有时采取实用主义态度对哈布斯堡王朝表示忠诚，有时采取消极抵抗态度，有时采取激进的民族主义立场。

在19世纪90年代，捷克社会几乎具备了现代发达社会的所有特点。捷克人的识字率高达97%，属于欧洲教育最发达的地区。社团活动和文化生活也取得前所未有的发展。1862年，成立了索科尔（雄鹰）体育协会。1883年，民族剧院对外开放。1890年，捷克科学、文学和艺术学院建立。艺术逐渐从民族复兴运动初期具有浪漫主义色彩的民族倾向朝着现代方向发展。与此同时，捷克的文化愈益向世界开放，并取得巨大成功，特别是在音乐（安东·德沃夏克的作曲和莱奥什·亚纳切克的歌剧）和美术（阿尔冯斯·穆哈）方面。政党结构符合复杂的社会分层。1874 年，青年捷克派成立了自己的政党——自由思想民族党。1878 年成立了捷克斯拉夫社会民主党。1890 年以后又涌现了基督教社会党、民族社会党、农民党和现实主义政党。1907 年，奥地利首次根据普遍选举权举行了议会选举，农民党和社会民主党获得最多选票。

　　从 1867 年奥匈帝国成立至第一次世界大战爆发，捷克经济增长成为一大亮点。它发展成为奥匈帝国内工业最发达的地区，大约 60%～70% 的工业生产集中在这里。消费工业（纺织工业、玻璃制造业、制糖业和啤酒酿造业）发展最快，重工业中以机械制造业和煤矿开采占优势。随着工业发展，捷克取得很大的技术进步，这与高质量的技术教育分不开。1891 年举行的全捷克地区展览充分展示了捷克工业和技术的发达，参展商将近 4000 个。在 1888～1909 年出版的大型百科全书《奥塔百科辞典》表明捷克科学的发达水平。

　　1914 年 6 月 28 日，奥匈帝国皇位继承人斐迪南大公夫妇被塞尔维亚民族主义者刺杀，这一事件成为第一次世界大战的导火索。在战争中，德国、奥匈帝国、土耳其和保加利亚属同盟国阵营，英国、法国、俄罗斯、意大利和美国属协约国阵营。捷克军人被动员加入奥地利军队，他们主要在反对塞尔维亚、意大利和俄罗斯的三个战场作战。奥地利在战时限制了所有民主权利，议会被关闭，捷克的政治代表失去了自己的政治平台。

　　在第一次世界大战爆发前，捷克民族领导人没有致力于政治独立。他们认为，尽管奥匈帝国对斯拉夫人不太友善，但在德国和俄罗斯利益冲突的区域形成了保护区。随着哈布斯堡王朝在战时愈益衰落和加大了对德国的依赖，它不再能满足捷克人的期望。战争中人员伤亡、经济困难、德意志人和匈牙利人在社会中的优势地位加强、警察对捷克人的迫害加重等社会现实，促使捷克民族与哈布斯堡王朝的关系急剧恶化。

　　1915 年，奥匈帝国议会议员马萨里克前往意大利和瑞士，决定在国外组织反对奥匈帝国的抵抗运动，并在盟国那里获得对独立的捷克国家或者说是捷克斯洛伐克国家的支持。他确信，已没有可能在哈布斯堡王朝框架下解决捷克问题。马萨里克关于独立国家的构想得到捷克和斯洛伐克侨民的支持。1915年底，捷克和斯洛伐克旅居美国的侨民团体签署了《克利夫兰协议》，首次要求捷克和斯洛伐克民族联合建立独立国家。在国内，在爱德华·贝奈斯的领导下，成立了秘密反对奥地利政府的团体"黑手党"，其任务是为西方列强搜集情报、反对国内支持奥匈帝国的政治家。

1916年，马萨里克、贝奈斯和斯洛伐克天文学家、法国空军军官米兰·什杰凡尼克在巴黎共同成立了"捷克斯洛伐克民族委员会"。该机构在西方盟国那里获得较大影响力，除了依靠侨民团体以外，还主要依靠军团。军团是由捷克和斯洛伐克在俄国、塞尔维亚和意大利的俘虏以及生活在俄国和法国的侨民自愿组成的军队，与协约国的军队一起反对奥匈帝国和德国。1917年6月，捷克斯洛伐克军团与俄国军队在兹波罗夫战役中并肩作战，表现出色，受到盟国的高度评价。

1918年初，美国总统威尔逊提出关于战后世界秩序安排的"十四点原则"，其中第十点要求奥匈帝国的民族享有自决权。1918年5月30日，捷克和斯洛伐克旅居美国的侨民团体又签署了一份关于共同国家的协议——《匹茨堡协定》，表示赞同捷克人和斯洛伐克人组成共同国家，赞同实行民主和共和制度，斯洛伐克应该拥有自己的行政机构、议会和司法体系。1918年6月，法国宣布捷克斯洛伐克民族有权利独立，承认捷克斯洛伐克民族委员会是两个民族的合法代表机构。美国和英国随后加入支持阵营。

在国内，争取独立的斗争也在1918年达到顶点。1918年1月6日，捷克议员在布拉格发表所谓《三王宣言》，要求按照民族自决原则实现捷克人和斯洛伐克人的国家独立。1月底爆发了捷克地区总罢工。2月，捷克和斯洛伐克民族的士兵，参加了40艘奥地利战舰的海军起义。5月1日，布拉格民众举行了大规模示威游行。各个政党之间的差异逐渐开始消失，加强了民族团结，民众被动员起来，导致奥地利政府失去威信。1918年7月，捷克斯洛伐克民族委员会成立，卡雷尔·克拉玛日担任主席。委员会与境外的抵抗运动建立了联系，组织了地方政治机构，准备接管政权。

10月27日，奥匈帝国外长向美国递交照会，其中承认捷克斯洛伐克人和南斯拉夫人的民族自决权利。10月28日，捷克斯洛伐克民族委员会从奥地利政府手中接管了权力，并在布拉格的瓦茨拉夫广场正式宣告捷克斯洛伐克共和国建立。

## 第四节　现代简史

### 一　第一捷克斯洛伐克共和国时期（1918～1938年）

建立捷克斯洛伐克国家不仅意味着捷克民族争取自由的努力达到顶点，而且带来了深刻的结构性社会变化。捷克斯洛伐克国家是民主议会制共和国，在宪政方面受到一些欧洲国家和美国宪法的影响。作为新国家的缔造者和第一任总统的马萨里克意识到，多民族共和国的未来与人道主义思想、各民族的团结合作和公民的个人自由紧密相连。然而，第一共和国存在的二十年时间在捷克民族历史上太短暂，不能完全实现建国之初国家领导人和多数民众的所有期冀。

在新国家成立之初即经受了一系列挑战。首先，原先处于统治地位和政治上占优势的德意志人不愿意接受少数民族的身份。他们生活在波希米亚、摩拉维亚和西里西亚的边境地区，成立了4个独立的省，宣称是奥地利国家的组成部分。1918年11月和12月，捷克斯洛伐克民族委员会下令军事占领了这些省份。1919年3月，在边境地区发生了当地居民与军队之间的冲突，有50多人丧生，从而给复杂的捷德关系增添了新的创伤。其次，捷克斯洛伐克国家还没有国际承认的边界。在与波兰交界的杰欣（Těšínsko），边界的划分不清晰，捷波之间也发生了军事冲突。后来在大国的干预下，捷波两国划分了有争议的地区，捷克斯洛伐克获得较大的一部分。最后，斯洛伐克形势不稳定。捷克的政治家认为与斯洛伐克组成共同国家是必须采取的步骤，只有这样才能保障国家的斯拉夫特色。斯洛伐克的政治家也认为这是在当时形势下最好的解决方式，因为生活在匈牙利国家北部地区的斯洛伐克面临明显的匈牙利化威胁。1918 年 5 月 30 日，捷克和斯洛伐克侨民在匹茨堡签署了关于建立共同国家的协议，但国内的斯洛伐克民族领导人直至 1918 年 10 月 30 日才在《马丁宣言》中表示，赞同与捷克人共同建立国家。1918 年 11 月 4 日，捷克斯洛伐克民族委员会任命了临时性的斯洛伐克政府，斯洛伐克政治家瓦夫洛·什若巴尔担任总理。起初，什若巴尔没能解决好部分斯洛伐克民众拥护旧体制和匈牙利军队破坏新政权的问题。在捷克斯洛伐克军队的支持下，他才稳定住局面。1918 年和 1919 年之交，捷克斯洛伐克军队占领了斯洛伐克。另外，根据罗塞尼亚民族的意愿和大国的同意，外喀尔巴阡罗斯并入捷克斯洛伐克。在 1918 年以前，外喀尔巴阡罗斯是匈牙利国家的组成部分。

1919 年 6 月 28 日签署的《凡尔赛条约》、1919 年 9 月 10 日签署的《圣日耳曼条约》和 1920 年 6 月 4 日签署的《特里亚农条约》等一系列和平条约确定了捷克斯洛伐克的边界。贝奈斯率领捷克斯洛伐克代表团参加了 1919 年召开的巴黎和会，战胜国满足了捷克斯洛伐克方面的多数要求。捷克斯洛伐克是第一次世界大战结束后建立起来的国际政治新秩序——"凡尔赛体系"的捍卫者。捷克斯洛伐克国家的安全与存在很大程度上依赖国际环境的发展和欧洲大国之间的关系。然而，通过"凡尔赛体系"保护捷克斯洛伐克国家安全和存在的基础很快就开始崩塌。捷克斯洛伐克不仅受到有扩张倾向的德国的威胁，而且受到匈牙利领土修复主义的威胁。在法国的影响和支持下，由捷克斯洛伐克、罗马尼亚和南斯拉夫组成了政治联盟"小协约国"，但未能成功抵挡战后中欧政治版图的变化。

1920 年 2 月 29 日通过的宪法确定了捷克斯洛伐克的法律和管理体系。《语言法》保障了少数民族使用自己语言的权利，同时规定捷克斯洛伐克语为国家的官方语言。这反映出捷克斯洛伐克国家特别的意识形态——捷克斯洛伐克主义，将捷克民族和斯洛伐克民族理解为一个整体。捷克斯洛伐克国家是作为统一的捷克斯洛伐克民族的国家而建立的，正是这一思想给捷克斯洛伐克共和国带来了很大的问题。一方面，斯洛伐克民族的大多数从未接受马萨里克总统倡导的统一的捷克斯洛伐克民族的观点，要求斯洛

伐克民族被理解为一个独立的民族。另一方面，少数民族特别是德意志族
人不能接受这一思想。根据 1921 年的统计数据，在捷克斯洛伐克境内，
人口共计 1300 万，捷克人占 51%，斯洛伐克人占 14.5%，德意志人占
23.4%，匈牙利人占 5.6%，罗塞尼亚人占 3.5%，犹太人占 1.2%，其他
少数民族有波兰人和罗姆人等。这一有目的的政治设计有存在的合理性，
但忽略了捷克民族和斯洛伐克民族在 1918 年以前不同的历史发展进程，
其不同主要体现在三个方面。第一，不同的经济水平；第二，不同的政
治、文化和教育发展；第三，宗教信仰程度不同。随着斯洛伐克政治代表
要求斯洛伐克自治的声音愈益强烈，对国家的政治稳定和总体发展造成消
极影响。

　　对捷克斯洛伐克国内政治形势的变化造成影响的还有少数民族，特别
是德意志族。尽管捷克斯洛伐克政府努力满足那些旨在维护少数民族权益
的国际条约的条款，但少数民族融入国家整体结构的进程很缓慢。少数民
族可以自由组建政党、经济组织和文化组织，但由于担心内部分裂导致国
家力量削弱，中央政府拒绝了少数民族的自治要求。德意志族人在经历了
短暂的极端消极反抗后，开始积极争取民族权益，最后发展为极端分裂主
义，导致"慕尼黑阴谋"的发生。

　　捷克斯洛伐克的民族分裂致使出现了数目众多的政党，数量保持在
20～30 个。意识形态和阶级差异也促使政党数量增多。国民议会包括众
议院和参议院，议会拥有立法权，政府拥有行政权，总统由议会每七年选
举一次，他任命政府总理和各部门负责人。由多个政党组成执政联盟，在
第一共和国时期，前后共存在了 18 届政府，每届政府的执政时间大约为
14 个月。

　　在捷克政党中，最强大的政党是农民党。它不仅联合了大部分农村居
民，而且在国家公职人员中间也获得很大的影响力。它主要的合作伙伴是
捷克斯洛伐克人民党，该党获得摩拉维亚地区信仰天主教的民众的支持。
获得工业和金融领域人士支持的民族民主党也成为执政党。社会民主党也
积极参与执政，它主要依赖捷克斯洛伐克工会联盟的支持。长期处于反对
党位置的是捷克斯洛伐克共产党和最强大的斯洛伐克政党——赫林卡斯洛

伐克人民党。该党不仅具有强烈的天主教倾向，而且向中央政府提出斯洛伐克自治的要求。德意志民族党和德意志民族社会工人党一直对捷克斯洛伐克国家的存在不满，而其他德意志党改变了最初对新国家的反对态度。德意志民族党、基督教社会党和德意志社会民主党都参与了执政联盟。随着左翼力量逐渐削弱，右翼力量不断增强。与此同时，总统府也试图增强影响力。

捷克斯洛伐克国家成立之初，继承了奥匈帝国 21% 的面积和 26% 的人口，集中了 60%～70% 的工业产量。但它的经济政策面临四个方面的问题。第一，从哈布斯堡王朝的组成部分转型为独立的经济体；第二，需要克服捷克斯洛伐克共和国相对于最发达国家的较为落后状态；第三，斯洛伐克需要实现工业化；第四，需要防止世界经济陷入困境对捷克斯洛伐克经济产生消极影响。从 20 世纪 20 年代中期起，经济发展势头良好，在生产和生活水平等多数指标方面，捷克斯洛伐克在世界上处于第 10～15 位之间。如同在所有工业发达国家那样，捷克斯洛伐克开始实行电气化、使用传送带的流水作业和劳动合理化。这些步骤在具有"欧洲福特"之称的托马斯·拔佳创办的制鞋工厂得到充分体现，它位于兹林。斯柯达工厂在捷克斯洛伐克经济中也保持着重要地位，它属于欧洲最大的军工厂行列。机械制造、煤炭开采、玻璃和瓷器生产、纺织业和制鞋业是捷克斯洛伐克最重要的生产部门。工业布局不均衡是一大突出问题，斯洛伐克和外喀尔巴阡罗斯以农业生产为主，基础设施比较落后。从 30 年代起，深刻的经济危机取代了 20 年代后半期的经济繁荣。

在多元化的氛围下，捷克斯洛伐克的文化有了很大发展，这得益于教育体系质量的优化。教育体系逐渐覆盖了整个国家，在斯洛伐克和外喀尔巴阡罗斯建造的学校为斯洛伐克民族和罗塞尼亚民族提供了全面发展的机遇。新的技术电影和广播也推动了文化的传播。在艺术创造方面，既保留了第一次世界大战之前的创作风格，也不断涌现出新的风格。建筑艺术有直线式、立体主义、装饰主义、结构主义和功能主义。在美术方面经历了直线式、未来主义和表现主义。在文学艺术中出现了各种流派，如现实主义、自然主义、颓废主义、现代主义、诗歌主义、先锋主义等。捷克斯洛伐克的文学创作者在动员反法西斯力量方面也发挥了重要作用。在 20 世纪 20 年代，捷克文学开始在世界范围内得到承认。捷克音乐在世界上知名度也比较高，著名的作曲家有莱奥什·亚纳切克、博胡斯拉夫·马尔迪努和约瑟夫·苏克。

1930 年，捷克斯洛伐克陷入经济危机，在 1932 年达到顶峰。工业生产能力下降了 40%，其他经济部门也受到重创。经济危机最沉重的后果是失业率提高，有 100 万人口失业。在德意志族人生活的边境地区，轻工业较为发达，受经济危机的影响也最明显。而农产品价格的下降使斯洛伐克居民的生活受到冲击，这为民族主义情绪高涨提供了土壤。尽管执政当局努力应对危机，但难以控制社会和政治紧张局势以及政治力量激进化。所有各方都相信，这场危机宣告自由经济模式的终结，目前这种形式的民主是过时的、虚弱的和无效的，加强国家对社会生活所有领域的干预是医治民主痼疾的良药。然而，中央政府努力影响经济形势的举措没有取得明显成功。在捷克，法西斯主义政党被边缘化。在斯洛伐克，赫林卡斯洛伐克人民党愈益取得成功，它公开表示对捷克斯洛伐克国家的反对态度。在德意志族人生活的环境中，形势的发展最为严重。在 1933 年，德意志民族党和德意志民族社会工人党因与德国法西斯组织联系和颠覆捷克斯洛伐克共和国被取缔。这两党的支持者后来在康拉德·亨莱因的带领下组建了"苏台德德意志人爱国阵线"（从 1935 年起改名为"苏台德德意志党"）。起初，这个政党没有对国家表示出敌意，后来纳粹分子进入领导层，使该党成为希特勒的"第五纵队"。逐渐地，它兼并了其他德意志族人的政党，并吸引了许多德意志社会民主党和共产党人的选民。

在 20 世纪 20 年代，捷克斯洛伐克受到匈牙利要求修改凡尔赛体系的威胁。为此，捷克斯洛伐克与南斯拉夫和罗马尼亚成立了"小协约国"，但由于不同的经济利益导致三国不能团结一致。1924 年 1 月 25 日，捷克斯洛伐克与当时最强大的欧洲国家——法国签署了同盟条约。在 1933 年 1 月纳粹分子在德国接管政权后，捷克斯洛伐克外交政策的主要设计师贝奈斯意识到国家面临的危险。一旦捷克斯洛伐克被具有侵略野心的德国攻击，只有法国军队可以保护它，但法国在第一次世界大战结束后力量有所削弱，也无意抵抗德国。于是，贝奈斯加强了在国际联盟的活动，并且支持苏联提出的集体安全构想。1935 年 5 月 16 日，捷克斯洛伐克与苏联签署了条约。根据条约，在法国帮助捷克斯洛伐克的情况下，苏联也应该给予帮助。

随着安全威胁凸显，民众反法西斯的情绪高涨，国家增加了军费开支，在边境地区建设防御工事。1935 年，马萨里克离任后贝奈斯成为总统，国家的政策保持了连续性。在捷克斯洛伐克接收了所有反法西斯移民后，德国对捷克斯洛伐克的敌意增强。德国文化界许多杰出的领导人在捷克斯洛伐克获得公民身份证。在 1937 年，捷克斯洛伐克越来越处于国际孤立状态。西方大国对德国的挑衅行为没有采取相应的措施，至多在口头上表示抗议，实行的是退让和妥协的"绥靖政策"。随着 1938 年 3 月德国吞并了奥地利，捷克斯洛伐克与德国的边界线延长，在新出现的边界上没有防御工事保护。"苏台德德意志党"首先成为希特勒消灭捷克斯洛伐克的工具。起初，贝奈斯和以米兰·霍贾为首的政府努力用和解的方式解决所有问题。然而，希特勒指示亨莱因不断升级要求，绝不妥协，促使瓦解捷克斯洛伐克成为唯一解决苏台德问题的方式。

由于法国和英国没有对战争做好准备，它们努力避免战争，因而对捷克斯洛伐克施加了很大压力。它们希望，通过损害捷克斯洛伐克的利益来解决危机，以使希特勒满足。1938 年 8 月底 9 月初，英国首相张伯伦访问捷克斯洛伐克。在苏台德德意志党向他提供信息后，他认为捷克人和德意志人不能生活在一个国家。这一论断成为后来西方大国战略的基础，为了保持和平，它们向希特勒提出割让捷克斯洛伐克的边境地区并将其并入德国。

1938 年 9 月 30 日，意大利首相贝尼托·墨索里尼、德国元首阿道夫·希特勒、法国总理爱德华·达拉第和英国首相亚瑟·内维尔·张伯伦签署了出卖捷克斯洛伐克利益的《慕尼黑协定》。直到最后时刻，捷克斯洛伐克都希望抵抗德国法西斯的侵略，在 1938 年 5 月 20 日和 9 月 23 日发布了两个动员令，得到民众的支持。但被盟友抛弃的捷克斯洛伐克难以直接与德国对抗，于是贝奈斯总统在时间紧急和巨大的外部压力下决定超越自己的权限，在没有议会同意的情况下接受了强制性条件。1938 年 10 月 5

日，贝奈斯总统辞职。10 月 22 日，他飞往英国长期居留。《慕尼黑协定》给捷克民族带来沉重的打击，不仅对西方盟国充满了深刻的不信任，而且很长时间难以从感觉自身虚弱的消沉状态中恢复过来。不战而败的创伤对整个社会及其政治代表带来沉重的负担和巨大的痛苦。

## 二 第二捷克斯洛伐克共和国时期（1938～1939 年）

接受《慕尼黑协定》后，捷克斯洛伐克必须向德国割让苏台德德意志族人居住的地区。在后来的几个月里，捷克斯洛伐克必须满足波兰的领土要求（在杰欣地区和斯皮什地区）和匈牙利的领土要求（斯洛伐克南部地区和外喀尔巴阡罗斯）。这样，捷克斯洛伐克失去了边境地区的防御工事、重要的煤矿、一些轻工业中心和一些铁路枢纽。国土面积缩小了大约三分之一。在这种背景下，捷克斯洛伐克自然不能奢望独立的外交政策，只能努力捍卫国内的事务，但这也很难做到。向希特勒投降激起了极端主义浪潮，相当一部分民众开始怀疑社会的民主制度。

在捷克斯洛伐克国家削弱之际，斯洛伐克和外喀尔巴阡罗斯获得自治。10 月 6 日，赫林卡斯洛伐克人民党和其他一些斯洛伐克政党提出斯洛伐克自治的要求。次日，建立起以约瑟夫·蒂索为首的斯洛伐克自治政府。随后不久，外喀尔巴阡罗斯也成立了自治政府。1938 年 11 月 19 日通过了关于斯洛伐克和外喀尔巴阡罗斯自治的法律。国家的官方名称改为捷克—斯洛伐克。11 月 30 日，最高管理法院院长埃米尔·哈查当选总统。

新的政治现实既引起民众的失望之情，也致使人们期待广泛的社会变化。鉴于严峻的经济形势，民众支持加强国家权威、限制个人特权和自由。从右翼和中间派政党中产生了民族团结党，它的领导人鲁道夫·贝朗成为总理。政府的权力显著加强，它可以用自己的指令代替法律，而且可以修改宪法。

捷克—斯洛伐克致力于与德国建立良好的关系，这一外交政策由外交部部长弗兰蒂谢克·赫瓦尔科夫斯基倡导，但没有获得德国方面的响应。希特勒希望统治捷克斯洛伐克，而不是与其改善关系。他通过威胁和承诺迫使赫林卡斯洛伐克人民党宣布斯洛伐克自治，旨在最终消灭捷克斯洛伐克。1939 年 3 月 14 日，斯洛伐克自治议会宣布斯洛伐克国家独立。3 月 15 日，德国军队占领了捷克。次日，德国占领者宣布成立"捷克和摩拉维亚保护国"。

### 三　纳粹德国统治下的"捷克和摩拉维亚保护国"（1939～1945 年）

"捷克和摩拉维亚保护国"拥有自治地位，虽然有自己的行政管理机构，但任何决定都不能威胁到第三德意志帝国的利益。"捷克和摩拉维亚保护国"没有自己的外交代表机构，它的军队只能执行援助任务。由于只存在一个政党——民族共同保障党，不存在议会。有政府和总统（依然由哈查担任）。真正的权力掌握在纳粹德国派遣的总督康斯坦丁·冯·纽拉特及其总督府手中，而苏台德德意志族人卡雷尔·赫尔曼·弗兰克在总督府占据了重要地位。德国人监督保护国的行政管理机构，而且德国的安全部门和警察部门的人员活动在保护国境内，他们主要关注"新秩序"的反对者。

在战争时期，纳粹德国把保护国视为安全的后方，为其提供工业产品和军工生产。德国人把保护国的经济置于自己的监控之下，使其服务于战争需要。

被纳粹德国占领对捷克民众来说意味着又一次震惊和屈辱，激起他们更大的愤慨和不屈服压力的决心，他们从诗歌、散文、戏剧表演和捷克古典音乐中找到力量。文学作品愈益关注民族存亡，对家乡、祖国和历史的兴趣增强。

捷克民众也通过参加各种形式的民族庆祝活动来表明对纳粹德国占领的不满。1939 年 10 月 28 日举行的庆祝捷克斯洛伐克共和国成立 21 周年的示威游行活动，有着明显的政治色彩，查理大学医学院的学生扬·奥普雷塔被德国警察开枪打死。在奥普雷塔葬礼期间又举行了示威活动，导致德国占领者进行了粗暴的干预。11 月 17 日，捷克所有的高等院校被关闭，许多学生被遣送到集中营，9 名学生运动领袖被杀害。纳粹德国占领者希望通过镇压削弱捷克知识分子的力量。他们的暴行引起全世界的关注，后来，11 月 17 日成为国际学生日。

在 1939 年春天开始形成最早的抵抗组织，带头人有政府官员、军人和文艺界人士。1940 年春天，各个团体联合成立了国内抵抗运动的中央领导机关。捷克国内抵抗运动主要在新闻宣传方面取得成功。与此同时，国外抵抗组织也在开展活动。共产党的活动中心在莫斯科，移居国外的其他政党领导人开始集中移居至伦敦的贝奈斯周围。在纳粹德国占领捷克斯洛伐克后，贝奈斯重新回归政治活动。起初，英国和法国政府对贝奈斯致力于恢复捷克斯洛伐克共和国的活动不感兴趣，它们依然坚持《慕尼黑协定》。在法国被德国打败后，捷克斯洛伐克民族委员会于 1940 年 7 月 9 日在伦敦成立了"临时国家机构"，贝奈斯担任总统，扬·什拉梅克担任总理。

在 1939 年 9 月 1 日第二次世界大战爆发后，抵抗运动在军事方面的表现突出。流亡到国外的捷克斯洛伐克军人在波兰经历了第一场战斗，在那里组建了捷克人和斯洛伐克人的军团。在法国，组建了两个捷克斯洛伐克步兵团，在 1940 年 6 月参与了战斗。原捷克斯洛伐克共和国的公民还加入了法国在国外的军团。捷克斯洛伐克的飞行员从波兰和法国转战到英国，捷克斯洛伐克的步兵团和防空团参加了英国在中东的军队。由于捷克斯洛伐克抵抗运动参与了反法西斯的军事行动，捷克斯洛伐克流亡组织的地位增强。1941 年 7 月 18 日，英国和苏联承认了捷克斯洛伐克在国外的政府。7 月 30 日，美国也予以承认。

1941 年，国内的抵抗运动明显活跃起来。国内抵抗运动的中央领导机关与捷克斯洛伐克共产党领导机关达成协议，建立了共同机构——捷克斯洛伐克中央民族革命委员会。其他类似的组织有知识分子民主革命委员会。随着罢工和有组织破坏活动增多，1941 年 9 月 27 日，德国方面任命镇压抵抗运动的专家——国家安全总局局长莱因哈德·海德里希为新的"捷克和摩拉维亚保护国"总督。海德里希到任后很快发布戒严令，并开始对所有非法组织进行大规模攻击。他甚至下令逮捕了与伦敦流亡组织有联系的保护国政府总理阿洛伊斯·埃利阿什。海德里希还巧妙地运用"糖果与鞭子"的方式将保护国逐渐德意志化，他在任期间杀人无数，被人们称作"布拉格屠夫"。为此，伦敦流亡政府组织了针对海德里希的刺杀活动。1942年5月27日，两名捷克空降兵在布拉格郊外袭击了海德里希，身负重伤的他不久后不治而亡。为了报复海德里希遇刺，德国纳粹对捷克的一些地区展开了毁灭性的破坏与杀戮，如1942年6月10日把利迪策村所有16岁以上的成年男性全部枪决，把妇女和儿童送进集中营。国内抵抗运动的力量受到很大损失。

1943年下半年，纳粹德国即将被打败的形势逐渐明朗，大国开始考虑欧洲和各个国家未来的安排。1943年12月12日捷克斯洛伐克与苏联签署的条约深刻影响了第二次世界大战结束后捷克斯洛伐克国家的形态。该条约将战后捷克斯洛伐克的命运与苏联联系在一起，苏联成为捷克斯洛伐克独立的最重要保障者。

1944年8月29日，斯洛伐克爆发了反法西斯武装起义。10月，苏军挺进到捷克斯洛伐克边境。1945年3月22~29日，伦敦流亡政府领导人与捷克斯洛伐克共产党领导人在莫斯科进行谈判，其结果是4月4日在科希策成立了第一届民族阵线政府。该政府有25名成员，由捷克政党（捷克斯洛伐克共产党、社会民主党、民族社会党、人民党）和斯洛伐克政党（斯洛伐克共产党、民主党）的领导人构成，社会民主党左派领袖兹德涅克·费林格出任政府总理，捷克斯洛伐克共产党主席克雷门特·哥特瓦尔德出任政府副总理。次日，新政府通过了在莫斯科已达成协议的《科希策政府纲领》，宣称将进行广泛的社会变革。1945年5月5日，布拉格爆发起义，由捷克国民议会领导。5月9日，苏联红军赶到布拉格，捷克斯洛伐克随即宣告全国解放。

## 第五节　当代简史

### 一　从捷克斯洛伐克解放至1948年"二月事件"（1945~1948年）

在布拉格解放后的第二天，新的捷克斯洛伐克政府成员飞抵布拉格。通过逐步实施《科希策政府纲领》的内容形成了人民民主制度，它明显区别于 1938 年《慕尼黑协定》签署前的议会民主制度。人民民主制度的基础是建立民族阵线，即参与国外抵抗运动的政党的联盟。第二次世界大战爆发前最大政党农民党、赫林卡斯洛伐克人民党和其他一些政党被禁止开展活动。民族阵线拥有政治决策的广泛权力，它通过的决议对政党的所有组成部分有效，包括党的刊物和议会代表。

　　贝奈斯总统也很快从伦敦返回到布拉格。在国家解放后最初的几个月中，总统命令代替了立法权。这些总统令显著改变了国家的形态。首先表现在对少数民族的关系上。1945 年 5 月 19 日，贝奈斯总统签署了关于国家管理德意志族人、匈牙利族人、叛徒和通敌分子财产的法令。所有政治代表同意驱逐境内的非斯拉夫少数民族，以保障战后捷克斯洛伐克国家的稳定。1945 年 5~6 月开始驱逐德意志族人，同时没收他们的财产。在盟国的干预下，后改为有组织遣返德意志族人。前后共有 270 万德意志族人被驱逐出境。由于 1945 年 8 月召开的波茨坦会议没有同意驱逐匈牙利族人，于是捷克斯洛伐克政府与匈牙利政府通过协议互换人口，即生活在匈牙利的斯洛伐克人回到斯洛伐克，生活在斯洛伐克的匈牙利人回到匈牙利，只是互换的数量有限。其次表现在矿业、工业和金融业的国有化上。将矿井、重要的工业部门、股份制银行和私人保险公司实行国有化。最后表现在进行土地改革上。根据 1945 年 6 月 21 日的总统法令，农业部把那些从德意志族人、匈牙利族人和通敌分子手中没收的土地进行重新分配，加强土地的小产权。

　　战后恢复的捷克斯洛伐克共和国的另一个变化是边界的改变。根据 1945 年 6 月 29 日捷克斯洛伐克与苏联签署的条约，外喀尔巴阡罗斯并入苏联。

　　在对外政策方面，贝奈斯总统是主要设计师，他设想捷克斯洛伐克是东西方之间的桥梁，在坚持倾向于西方大国传统的同时，与苏联建立联盟关系。随着苏联在世界上特别是中欧地区影响力的增强，捷克斯洛伐克在外交上愈益倾向于苏联。

　　在 1945 年秋组建了临时的国民议会，由民族阵线的议员构成。1946 年 5 月 26 日举行了议会选举，产生了新的国民议会。在捷克地区，捷克斯洛伐克共产党获得 40.17% 的选票；民族社会党获得 23.66% 的选票，之后是人民党（20.23%）和社会民主党（15.59%）。在斯洛伐克地区，民主党得票率为 61.46%，斯洛伐克共产党获得 30.48% 的选票率。在全国范围内，共产党获得胜利，支持率为 37.94%，党主席克雷门特·哥特瓦尔德担任政府总理，共产党人获得 7 个部长席位。

从 1947 年秋季起，人民民主制度陷入危机，共产党与民族阵线内其他政党之间的关系趋于紧张。1948 年 2 月 20 日，因在安全部门领导人任免问题上发生分歧，来自民族社会党、人民党和斯洛伐克民主党的 12 名部长递交了辞呈。他们希望共产党做出让步，因为失去信任的政府将会垮台并导致举行新一轮议会大选。但他们没有考虑到多少部长辞职才能迫使政府下台，来自社会民主党的部长们没有递交辞呈。哥特瓦尔德总理请求贝奈斯总统接受辞呈，并按照他的提议任命新的部长。2 月 21 日，在布拉格老城广场举行了 10 万人的集会，支持哥特瓦尔德的立场。面对声势浩大的群众示威，原本与辞职的部长们站在一边的贝奈斯总统只得于 2 月 25 日接受了 12 位部长的辞呈，并且同意了哥特瓦尔德组建新的民族阵线政府。

## 二　建设社会主义国家的探索（1948～1968 年）

1948 年 5 月 9 日，国民议会通过了新的宪法——《捷克斯洛伐克共和国宪法》，通常被称为《五九宪法》。从 1945 年 5 月起所有根本性的革命成果都在宪法中得到表达，同时为进一步建设社会主义社会奠定了法律基础。

5 月 30 日，举行了国民议会选举，民族阵线统一候选人获得 89.3% 的支持率。6 月 2 日，贝奈斯总统辞职。6 月 14 日，国民议会一致选举哥特瓦尔德为总统。安东宁·萨波托茨基出任新政府总理。6 月 27 日，社会民主党与捷克斯洛伐克共产党进行了合并。9 月 27～29 日，斯洛伐克共产党和捷克斯洛伐克共产党也合并为一个政党，哥特瓦尔德任总统，斯兰斯基任总书记。

从 1949 年 1 月 1 日起，开始执行第一个五年经济计划，主要任务有五个：将经济改建为国家调控的计划体制、将中小企业进行国有化、发展冶金工业特别是重型机械工业、斯洛伐克地区工业化、农业合作化。在1950年的时候，工业生产部门95%的企业已经实现了国有化。在第一个五年经济计划期间，工业生产规模几乎增长了一倍，全部农业土地的一半实行了合作化，成立了数量众多的农业合作社。

根据苏联的意愿，捷克斯洛伐克朝着机械制造大国方向发展，重点发展重型机械和军工生产。捷克斯洛伐克工业部门大约三分之一的从业人员从事军工生产。其他工业部门特别是消费工业，则存在资金不足的状况。在对外贸易方面，贸易伙伴不再是发达的西方国家，而是苏联和其他社会主义国家。在1949年1月加入经济互助委员会和1955年5月加入华沙条约后，捷克斯洛伐克与苏联以及其他社会主义国家在政治和经济方面的联系不断加强。

1953年，哥特瓦尔德逝世，安东宁·萨波托茨基担任总统，安东宁·诺沃提尼担任捷克斯洛伐克共产党主席。在斯大林去世后，苏联开始了新的发展阶段。受苏联的影响，捷克斯洛伐克国家领导人更加关注民众的需求，强制推行的集体化暂时停止，重工业的投资有所限制，轻工业得到发展。

1957年，安东宁·萨波托茨基逝世后，安东宁·诺沃提尼担任总统。20世纪50年代末工业和农业部门取得良好的经济成效，致使诺沃提尼相信，捷克斯洛伐克已经进入社会主义社会。因此，1960年7月11日，国民议会通过了新宪法。该宪法确定了捷共在国家的领导地位，提出捷克斯洛伐克已经完成了社会主义基础建设，改国名为捷克斯洛伐克社会主义共和国，加强了中央集权制，取消了斯洛伐克自治政府。

实际上，由于高度集中的中央计划经济体制的确立以及在经济和政治上对苏联的依赖，在1961~1962年又出现经济滑坡现象，第三个五年经济计划以失败告终。以奥塔·希克为首的一批经济学家提出计划与市场相结合的思想。1965年，政府通过了经济改革计划，部分限制了指令性计划，同时采用了市场机制成分。由于改革没有带来政府预期的快速成效，从1967年起又开始回归经济的行政管理模式。

在 20 世纪 60 年代初，政治气候明显改善。在 1963 年又出现新一波对个人崇拜的批评。捷共中央为 50 年代被判刑的捷共领导人进行平反，释放了许多政治犯。

　　在政治宽松的气氛下，文化生活活跃起来。20 世纪 60 年代成为捷克文化的黄金期。米兰·昆德拉、瓦茨拉夫·哈韦尔、博胡米尔·赫拉巴尔和约瑟夫·史克沃雷茨基的作品深受读者的喜爱。全国涌现出许多剧院，以米洛什·福尔曼、伊万·帕塞尔、扬·涅美茨、维拉·赫蒂洛娃和伊日·门泽尔为代表的"新浪潮"电影被载入世界电影艺术的史册。

　　1967 年 6 月 27 ~ 29 日，在布拉格召开了第四届捷克斯洛伐克全国作家大会，一些作家公开发出了对现行体制的批评之声，要求彻底与过去进行清算。他们还批评国家的官僚腐败。随后，一些对学校宿舍居住条件表示不满的学生也发出批评政府的声音。

　　在社会紧张气氛加剧的同时，在捷共党内也出现了越来越多对第一书记诺沃提尼不满的人，特别是来自斯洛伐克共产党。由于诺沃提尼也没有获得苏共总书记勃列日涅夫的支持，1968 年 1 月亚历山大·杜布切克取代他担任党的第一书记职务，诺沃提尼只保留了总统职务。

## 三　布拉格之春（1968 年）

　　杜布切克担任党的第一书记后就发起了"布拉格之春"改革。捷克斯洛伐克社会的多数人要求建立多元化的民主制度，关注民族需求，特别是在经济方面，批评对苏联的绝对依赖。

　　1968 年 3 月，诺沃提尼辞去总统职务，国民议会根据杜布切克的提议选举路德维克·斯沃博达将军为总统。政府、议会和捷共的领导层也发生了变化。4 月初，捷共中央委员会会议通过了捷共的"行动纲领"，努力保持捷共在社会中领导地位的同时，最大限度进行政治体制的民主化变革。"行动纲领"提出，捷共将不会通过行政和强权的方式贯彻自己的决策，而是尽力让全国人民相信决策的正确性；社会组织将发挥更大的作用；国家要实行联邦制；促使选举制度民主化；优化干部政策；在服务业领域可以存在零售经营、扩大企业在解决经济问题时的权限。"行动纲领"的实质是将社会主义与民主原则联系起来，实现"具有人道主义面孔的社会主义"。"行动纲领"遭到苏联领导人的尖锐批评，他们不希望发生任何变化。

从5月起，捷克斯洛伐克民众开始加入社会的复兴进程中来，不再认为改革的努力仅是捷共内部的权力斗争。在企业里出现了劳动者理事会，一些文化体育组织恢复了活动，教会和宗教团体也活跃起来。此外，还出现了各种公民倡议组织，如"无党派人士俱乐部"、K–231等，它们呼吁国家的政治生活完全民主化。

6月，作家路德维克·瓦楚利克发表了"两千字宣言"，要求继续将改革进行到底，不要考虑到捷共，如果需要也可以违背捷共的利益。这一宣言得到很大一部分民众的支持，但遭到捷共的反对。

1968年夏季，华约组织成员国对捷共施加的压力不断升级。7月初，捷共领导人被邀请到华沙，与华约组织其他成员国的共产党商讨捷克斯洛伐克国内政局，捷共被要求用强权方式捍卫社会主义。7月底，捷共与苏共领导人进行会谈，捷共领导人同意苏联对捷克斯洛伐克国内形势的一些评价，但拒绝放弃改革的总路线。8月初，苏联、民主德国、波兰、匈牙利和保加利亚五个国家的共产党领导人与捷共领导人在布拉迪斯拉发会晤，发表宣言称，社会主义阵营要保持观点一致，不允许任何人破坏社会主义国家的团结，将通过相互帮助和支持解决问题。

苏联领导人对与捷共领导人的会谈结果感到不满意，最后决定通过军事占领捷克斯洛伐克解决整个问题。当他们了解到，西方国家不愿意干预捷克斯洛伐克问题，8月21日，苏联、民主德国、波兰、匈牙利和保加利亚五国的军队越过捷克斯洛伐克的边界，占领了捷克斯洛伐克，镇压"布拉格之春"改革运动。共有7.5万军人参加了此次军事行动，虽然军事占领没有遭遇武装反抗，但仍有几十名平民牺牲。

杜布切克和其他捷共领导人被逮捕并被押送到莫斯科，随后斯沃博达总统自愿飞往莫斯科，以便与苏共领导人进行新的谈判。8月23～26日，谈判在强大的压力下进行，其结果是签订了《莫斯科备忘录》，从而使军事占领捷克斯洛伐克合法化。捷克斯洛伐克领导人希望，在做出如此巨大让步后可以继续进行改革，至少是在经济领域。

### 四 "正常化"时期（1968～1989年）

事实上，苏联领导人只允许捷克斯洛伐克保留了一项改革内容。1968年10月27日，国民议会通过了关于捷克斯洛伐克联邦的宪法性法律。从1969年1月1日起，捷克斯洛伐克成为两个平等民族——捷克民族和斯洛伐克民族的联邦制国家。

捷共内部的改革派逐渐失去了影响力，在苏联领导人的支持下捷共内部开始形成保守集团，呼吁国家发展状况的正常化。至1968年11月底，捷共内部已经形成了亲苏的派别，并开始掌权。

1968年10月，国民议会通过了关于苏军暂时停留在捷克斯洛伐克境内的条约。加之政治和经济领域的几乎所有改革终止，捷克斯洛伐克民众感到厌倦和幻想破灭，出现了巨大的移民浪潮。1969年1月16日，查理大学哲学院学生扬·巴拉赫自焚。2月25日，另一名学生扬·扎耶茨自焚。他们希望用这种行为唤醒民众进行反抗。

1969年3月21日，在世界冰球锦标赛上捷克斯洛伐克冰球队以2∶0战胜苏联冰球队。兴奋的球迷在瓦茨拉夫广场举行了示威活动，发出了反对苏联占领的声音。一周后，捷克斯洛伐克冰球队又取得戏剧性的胜利，全国69座城市举行了庆祝活动，在一些地方发生了直接袭击苏联驻防军的事件，俄罗斯航空公司驻布拉格办事处被捣毁。苏联领导人随即完全废除了捷共领导层、政府、议会和其他部门的改革政策。

1969年4月，在捷共中央委员会会议上，古斯塔夫·胡萨克代替杜布切克担任了捷共中央第一书记（1971年5月正式就任捷克总书记，一直到1987年12月）。在杜布切克之后，其他改革派领导人也开始离开领导岗位。在整个捷克斯洛伐克社会出现了几波政治清洗，旨在彻底消除对苏联占领的反抗。大约有50万人被开除出党。由于在科学院、高等院校、文化机构和新闻媒体的清洗，捷克斯洛伐克的科学与文化生活陷入停滞。有四分之一的教师被迫离开了中学和小学。

在 1969 年 8 月苏军占领捷克斯洛伐克一周年之际，举行了反对苏军占领的示威游行，后来被军队和警察镇压。捷克斯洛伐克民众逐渐放弃了反抗。

1970 年 12 月，捷共中央委员会通过了《捷共第十三届全国代表大会后党内和社会上危机发展的教训》，它成为"正常化"纲领的基础。从此，开始了整个社会生活完全"正常化"的进程，即回归到"布拉格之春"改革前的社会状况。

在随后的几年中，捷克斯洛伐克社会出现了明显的去政治化趋势。曾经热情支持"布拉格之春"改革的多数民众意志消沉、态度消极。在他们眼中，捷共的权威和社会主义的声誉下降。国家安全机构严密监视公民的活动，以免出现反抗行为。民众的出行也受到限制，以防止更多的人移民到西方国家。

只有一些持不同政见者对"正常化"体制表现出反抗的态度，他们属于"七七宪章"公民运动。1977 年 1 月 1 日，"七七宪章"运动的追随者发布了宣言，他们呼吁执政当局不要破坏人权，要遵守国际准则。共有 242 人在"七七宪章"的宣言上签名。宪章最初的发言人是哲学家扬·帕托奇卡、戏剧家瓦茨拉夫·哈韦尔和外交部前部长伊日·哈耶克，该公民运动的成员多数是来自艺术界和科学界的知识分子。在 1989 年以前，"七七宪章"运动已经获得很高的国际声誉，许多到布拉格访问的国外官方代表团都与其领导人会面。

从 70 年代下半期起，捷克斯洛伐克的经济出现不景气现象，与世界经济水平的差距拉大。经济的不景气影响到社会生活的各个领域。与此同时，对苏联的依赖性增强。1968 年，捷苏贸易额占捷克斯洛伐克外贸总额的 32.4%，1985 年这一比例已上升至 43.5%。

1985 年戈尔巴乔夫在苏联上台执政后，提出了一系列改革思想，苏联对东欧的控制有所放松，捷克斯洛伐克民众开始重新公开表达对执政当局的不满。在 1988 年 8 月 21 日（1968 年华约军队入侵捷克斯洛伐克 20 周年纪念日）、1988 年 10 月 28 日（捷克斯洛伐克共和国成立纪念日）和 1989 年 1 月 16 日（扬·巴拉赫自焚 20 周年），都举行了示威游行，且与警察发生了冲突。反对派团体及倡议的活动愈益增多，支持他们的民众数量也在不断增多。

五 "天鹅绒革命"至捷克斯洛伐克联邦解体（1989～1992年）

1989年11月17日，为反抗纳粹占领而殉难的大学生扬·奥普雷达举行葬礼50周年之际，布拉格的大学生组织了示威游行，提出公共生活民主化的要求，并且呼吁执政当局与民众进行对话。警察在布拉格民族大街驱散了示威的学生，导致一些学生受伤。全国的学生闻讯后进行罢课，剧院的演员、文艺工作者进行罢工。在许多城市的广场上开始了定期集会，在布拉格出现了运动协调机构——"公民论坛"，在布拉迪斯拉发出现了另一个运动协调机构——"公众反对暴力"。11月27日，全国举行了总罢工，执政当局被迫与民众进行对话。29日，联邦国民议会宣布取消1960年宪法中关于共产党在国家和社会中领导地位的条款。12月10日，在马里安·恰尔法领导下组建了"民族谅解政府"，共产党人在联邦政府中已占少数。12月28日，杜布切克被选为联邦议会议长。次日，"公民论坛"领导人瓦茨拉夫·哈韦尔被选为总统。在三个月内完成了权力的更迭，没有出现流血牺牲的局面，故称"天鹅绒革命"。

1990年1月，联邦议会通过《政党法》，它赋予公民自由组建和联合政治团体的权利。1990年4月，改国名为捷克和斯洛伐克联邦共和国。1990年6月，举行了自1946年以来的首次自由选举，为多元化的政党制度和议会民主制奠定了基础。在捷克，共有13个联盟、政党和运动参加了选举，"公民论坛"取得绝对胜利，它获得49.5%的选票与63.5%的议席，捷共等另外3个政治团体进入联邦议会和民族议会。"公众反对暴力"在斯洛伐克获得29.3%的选票，成为第一大政治团体。联邦政府由"公民论坛"与"公众反对暴力"联合组成，总理仍然为恰尔法。哈韦尔再次当选联邦共和国总统，杜布切克连任联邦议会议长。

议会选举后，社会变革的进程加速。在政治领域，"公民论坛"和"公众反对暴力"内部出现分化。1991年初，从"公民论坛"中分裂出3个性质不同的政治团体：克劳斯领导的右翼保守主义政党公民民主党，其首要任务是建立自由化的资本主义市场经济；联邦政府副总理兼外长丁斯特比尔领导的"公民论坛"的后继者"公民运动"，主张以超党派方式解决问题；中右翼的公民民主联盟，政治上主张保守主义，经济上认同自由主义。在斯洛伐克，以总理梅恰尔为首的一些议员退出"公众反对暴力"，成立了"争取民主斯洛伐克运动"。无论是"公民论坛"与"公众反对暴力"，还是从它们中分裂出来的在捷克和斯洛伐克政坛上占主导地位的公民民主党和"争取民主斯洛伐克运动"都不是全国性政治团体，而"天鹅绒革命"后唯一的全国性政党捷共也在 1990 年 11 月解体，变身为"捷克和摩拉维亚共产党"与"斯洛伐克民主左派党"这两个独立政党的联盟。

在经济领域，从 1991 年 1 月起，开始实行价格自由化，从而取消了中央调控价格机制。为了建立市场经济，在建设保险公司、银行和证券交易所等机构的同时，废除国家对外贸的垄断，变革税收体制和整个经营环境，最重要的改革是恢复私有制。首先是归还 1948 年 2 月后被没收和收归国有的个人财产，房屋、企业、店铺、田地、森林被归还给原主或其继承人（条件是捷克斯洛伐克公民）。对于无法归还的财产则实行私有化。在1991～1992 年的小私有化风潮中，大部分零售业通过拍卖转移到私人的手中。

在对外关系方面的变化也很显著。1991 年 6 月，最后一批苏联部队撤离捷克斯洛伐克。同月，经互会解散。7 月，华约解体。捷克斯洛伐克政府把加入欧盟和北约作为其对外政策优先目标，同时重视维谢格拉德集团——波兰、捷克斯洛伐克和匈牙利三国的合作团体。

1992 年 6 月，捷克和斯洛伐克联邦举行的第二次议会选举中，公民民主党与"争取民主斯洛伐克运动"分别在捷克和斯洛伐克获胜。大选后，两党就联邦政府的组成、联邦机构领导人的更替、经济问题和斯洛伐克在联邦内的地位问题进行谈判，但双方的优先目标相差甚远。经过数轮谈判，双方仍难以弥合分歧，最后放弃了保留共同国家的努力，快速达成联邦解体的协议。10 月 29 日，捷克总理克劳斯和斯洛伐克总理梅恰尔签署了《捷克共和国与斯洛伐克共和国未来关系的协议》，且协商好分割财产的方式。11 月 25 日，联邦议会以微弱多数通过《捷克和斯洛伐克联邦

共和国解体法》，从而为两个独立共和国的平稳诞生创造了条件。1992 年
12 月 31 日，捷克和斯洛伐克联邦共和国结束了它的存在，捷克共和国和
斯洛伐克共和国成为它的法定继承国。

## 六　独立的捷克共和国（从 1993 年起）

1993 年 1 月 1 日，在欧洲的地图上出现了一个新的国家——捷克共
和国，面积为 78866 平方公里，人口为 1030.2 万。1992 年 12 月通过的宪
法确认了人民主权、民主、权力分配、保护少数民族权益、尊重人权和依
法治国的原则。宪法规定，政权结构为三权分立，政府向议会负责，总统
拥有相对广泛的权限，但只有人民选举产生的议会才是唯一具有直接民主
合法性的中央权力机构。议会为两院制。1993 年 1 月 16 日，议会众议院
选举哈韦尔为捷克共和国第一任总统。

1993～1997 年，克劳斯领导的公民民主党成为捷克两届中右翼执政
联盟的主体。这期间，捷克继续坚持联邦时期开始实施的新自由主义转型
战略，放开价格，积极推进私有化进程，大力限制国家在经济生活中的地
位，大量削减政府开支，实行货币紧缩政策，迅速取消贸易壁垒。

1993～1995 年，捷克共和国被认为是中东欧国家中经济转型最为成
功的典范。仅用了几年的时间就实现了宏观经济稳定，私营部门的产值在
国内生产总值中占有相当高的比例，投资券私有化这一革新方式似乎已将
许多国有资产转移到私营部门，实现了价格和外贸自由化。失业率很低、
通货膨胀率不高的经济转型成效被称誉为"捷克奇迹"。1995 年，捷克在
中东欧国家中第一个加入了经济合作与发展组织。

由于捷克的宏观经济稳定没有伴随有效的制度化建设，配套的结构性
改革未能及时跟上，投资券私有化没有产生清晰的产权关系，私有化明显
向国内企业家倾斜，许多企业因资金匮乏和国家支持乏力而难以为继，
1996 年下半年就显现出经济滑坡的迹象。

1997 年 5 月发生的货币危机迫使捷克中央银行放弃了自 1991 年开始
实施的固定汇率机制。经济衰退产生了政治影响，1997 年底，克劳斯政
府垮台。在 1998 年议会选举中，中左翼的捷克社会民主党成为第一大党，

在众议院 200 个席位中占有 74 席，单独组建了少数派政府，得到最大反对党公民民主党的支持。两大党达成谅解，限制了其他反对党对政府的监督，一方面为经济改革的开展提供了相对稳定的政治和社会环境，另一方面导致腐败问题突出，遭到其他政党的批评。

以米洛什·泽曼为首的政府把恢复经济增长作为优先考虑的目标，同时强调加快结构性改革步伐，采取了一系列复兴经济的措施，如放宽了此前执行的紧缩性货币政策；改变私有化战略，将大银行出售给国外战略投资者；实行一揽子鼓励外国直接投资的措施；出台"工业复兴计划"，向那些因私有化后无效重组而财政困难的工业企业提供经济援助，以帮助它们重新进行改造；加强对经济的宏观调控。1999 年第二季度，捷克经济开始止跌回升，2000 年出现了实质性增长。经济复苏由私人投资，特别是外国直接投资拉动。

1999 年 3 月 12 日，捷克与匈牙利和波兰一起成为中东欧地区首批加入北约的国家。捷克在加入欧盟方面也取得进展。1997 年 12 月，捷克接到入盟的正式邀请。1998 年 3 月，入盟谈判进程正式启动。

2002 年议会大选后，捷克社会民主党与两个中右翼小党联合组成执政联盟，在众议院拥有微弱多数，200 个席位中占据了 101 席。执政联盟内部不团结导致没能很好地制定和实施推进经济和社会改革的构想。2003 年 2 月，哈韦尔在担任了两届总统后离任，克劳斯成为新一届总统。2004 年 5 月 1 日，捷克成为欧盟正式成员国，实现了"回归欧洲"的梦想。

在 2006 年的议会大选中，公民民主党获胜，组建了中右翼执政联盟。这届政府致力于新自由主义改革，限制提高最低生活标准和社会补贴，改变税制，改革医疗卫生体系。左翼政党批评改革忽视了社会弱势群体的利益，引发了示威游行活动。在 2009 年上半年捷克担任欧盟轮值主席国期间，议会通过对政府的不信任动议，导致政府垮台。

在 2010 年的议会大选中，捷克政坛出现了大党影响力锐减、中小党势力增强、一些传统议会党被淘汰出局、新党成功进入议会的政党政治变化。尽管捷克社会民主党获得第一，但由于没有合适的联盟伙伴，由第二大党公民民主党的主席内恰斯负责组阁。内恰斯政府致力于改革公共财政和退休金制度改革、实现法治国家和开展反腐败斗争。

2013 年 1 月，米洛什·泽曼通过全民直选担任新一届总统，捷克政坛的左翼力量得到加强。而在此之前，左翼政党已经在议会参议院占有多数。2013 年 6 月中旬，捷克警方发起了一场史无前例的反腐行动，结果引发捷克政坛地震：总理辞职、政府垮台、各派政治力量争斗博弈。不久，泽曼总统任命伊日·鲁斯诺克组建由各界专家组成的看守政府。

在 2013 年秋议会大选中，捷克社会民主党获胜，它与商业公司型政党"不满意公民行动 2011"（也称 ANO2011 运动）和保守主义政党"基督教民主联盟——捷克斯洛伐克人民党"组成执政联盟。捷克在对外政策方面愈益表现出一定的自主倾向，比如在乌克兰危机和欧洲难民危机问题上发出与欧盟的主流不一致的声音，而且"经济外交"逐渐超越了"人权外交"，重视与俄罗斯和中国发展经贸合作。

2017 年议会大选给捷克政党政治生态带来新的冲击：缺乏意识形态基础的政党"不满意公民行动 2011"成为捷克政坛唯一大党、政党体系碎片化、抗议性政党在议会占有多数、左翼力量削弱，捷克社会民主党沦为议会第六大党。

2018 年 1 月，泽曼总统获得连任。他连续两次授权"不满意公民行动 2011"的主席巴比什负责组阁。2018 年 7 月 12 日，由"不满意公民行动 2011"与捷克社会民主党联合组成的少数派政府，在捷克和摩拉维亚共产党的支持下通过议会信任投票，从而结束了捷克政坛八个多月的不稳定时期。捷克和摩拉维亚共产党也因此结束了长达二十八年的反对党身份，获得自 1989 年政局剧变后最大程度参政的历史机遇。

自 2004 年加入欧盟后，捷克进入了经济快速增长期。然而，受国际金融危机和欧元区债务危机的影响，捷克经济陷入衰退。从 2014 年起，捷克经济开始复苏，逐渐发展为在中东欧地区最接近西欧发达国家的经济水平、在欧盟内失业率最低和贫困人口比例最小的国家。按购买力平价计算人均国内生产总值，2018 年捷克达到 35440 美元，在世界上居第 39位。由于捷克经济发展高度依赖工业生产及工业品出口、服务业和外资，

2020 年的新冠肺炎疫情对其经济造成严重打击。即便如此，捷克与西欧发达国家之间的经济差距仍在缩小，2020 年捷克经济水平相当于欧盟平均水平的 92%。

# 第六节 著名历史人物

## 一 民族英雄和政治家

**圣瓦茨拉夫（Svatý Václav，约 907 ~ 935）**：捷克国家君主和圣人，波希米亚和摩拉维亚的守护神，捷克国家的象征。作为君主，在被撒克逊国王打败后，他设法保留了捷克国家的主权并下令建造了罗马式的圣维特大教堂。在被自己亲兄弟谋杀并接管政权后，他被尊称为圣人。在神话传说中，他为了接受圣餐亲自种植葡萄和谷物，照顾穷人、病人、奴隶和囚犯，建造教堂，砍倒绞刑架，破坏异教圣地等。

**查理四世（Karel IV.，1316 ~ 1378）**：普热米斯尔王朝女继承人爱莉什卡与捷克国王、神圣罗马帝国皇帝亨利七世之子扬·卢森堡的儿子，是第一位成为神圣罗马帝国皇帝的捷克国王。他利用自己的权力巩固了捷克国家，并确认了捷克王国在神圣罗马帝国特殊和独立的地位。作为捷克国王，他的功绩主要有：下令在布拉格创建了大学，如今以他的名字命名；建设了布拉格新城；在布拉格修建了横跨伏尔塔瓦河的石桥（查理大桥）；兴建了卡雷尔什特因城堡；下令改建圣维特大教堂。在他统治时期，他通过联姻政策实现了捷克王国领土扩张，尤其是朝着东北方向扩张。

**伊日·波杰布拉德（Jiří z Poděbrad，1420 ~ 1471）**：捷克国王。1458 年，作为胡斯教派贵族的他被捷克议会选举为国王。他是捷克历史上唯一一位不是来自统治王朝而是来自国内贵族阶层的君主。自他 1471 年去世后，捷克国家开始由来自外国王朝的国王统治。在担任国王期间，他认真遵循胡斯教派与巴塞尔宗教会议达成的协议，努力寻求胡斯信徒与天主教徒的和平共处。

**捷克**

**弗兰季谢克·帕拉茨基**（František Palacký，1798～1896）：捷克历史学家、政治家和作家，布拉格近代公共文化和科学生活的组织者。他被认为是现代捷克史学的创始人。1848 年，他出版了巅峰之作《在波希米亚和摩拉维亚的捷克民族的历史》的第一部分，并组织了斯拉夫大会。作为捷克民族运动的政治领袖，他主张在哈布斯堡王朝框架下争取斯拉夫民族的平等和自治。在 1868 年民族剧院举行奠基仪式时，他被授权轻拍基石。加上举行各种民族庆祝活动时他是主要发言人之一，因而获得"民族之父"的称号。

**托马斯·加里格·马萨里克**（Tomás Garrigue Masaryk，1850～1937）：捷克斯洛伐克共和国政治家、哲学家、社会学家和教育家。马萨里克曾任奥匈帝国议会议员，主张捷克在帝国范围内自治。第一次世界大战爆发后，他前往国外组织反对奥匈帝国的抵抗运动，并努力推动捷克和斯洛伐克民族联合建立独立国家。1916 年他成为在巴黎组建的捷克斯洛伐克民族委员会主席，并在俄、法、意等国组建捷克斯洛伐克军团。1918 年捷克斯洛伐克共和国成立后，他被选为总统，担任这一职务直至 1935 年。

**爱德华·贝奈斯**（Edvard Beneš，1884～1948）：捷克斯洛伐克政治家。贝奈斯是马萨里克的追随者，一起组织了反对奥匈帝国的境外抵抗运动。1918 年捷克斯洛伐克共和国建立后，他担任外交部部长，率领捷克斯洛伐克代表团出席了巴黎和会。1935 年他担任捷克斯洛伐克总统，在 1938 年《慕尼黑协定》签署后辞职。在第二次世界大战期间，他在伦敦组建捷克斯洛伐克流亡政府，积极推动捷克斯洛伐克国家的恢复。1945～1948 年再次担任捷克斯洛伐克共和国总统。

**克雷门特·哥特瓦尔德**（Klement Gottwald，1896～1953）：捷克斯洛伐克共产党政治家。1943 年，在苏联开展反法西斯活动的他与流亡英国的贝奈斯商定统一国内和国外的抵抗运动。在第二次世界大战结束后，他促使共产党在战后捷克斯洛伐克政局中发挥主导作用。1946 年他出任政府总理，对 1948 年"二月事件"的胜利发挥了关键作用。1948 年 6 月，当选为捷克斯洛伐克共和国总统，直到 1953 年去世。

**瓦茨拉夫·哈韦尔**（Václav Havel，1936～2011）：捷克剧作家、散

文家、持不同政见者和政治家。他是捷克斯洛伐克国家最后一任总统，也是捷克共和国的第一任总统。20 世纪 60 年代，他以《花园派对》和《备忘录》等剧作而闻名。在华约军队军事入侵捷克斯洛伐克并镇压"布拉格之春"改革后，他成了持不同政见者，是"七七宪章"运动的奠基人之一，几次被监禁。1989 年政局剧变前夕，他又成了"公民论坛"创始人之一。1989 年 12 月 29 日当选总统。1993 年捷克独立后，他担任两届总统。积极促使捷克加入欧盟和北约。

**瓦茨拉夫·克劳斯（Václav Klaus, 1941 ~ ）**：捷克经济学家和政治家。1989 年 12 月至 1992 年 6 月，担任捷克斯洛伐克联邦共和国财政部部长，倡导激进的自由主义经济转型。是公民民主党的创始人之一，在 1991 ~ 2002 年长期担任该党主席。1992 ~ 1998 年，他担任捷克第一届和第二届政府的总理。1998 ~ 2002 年，他担任议会众议院主席。2003 ~ 2013 年，他担任总统。2013 年离开总统职位后，他继续对国家的内政外交问题表达自己的观点，对欧盟持批评态度。

**米洛什·泽曼（Miloš Zeman, 1944 ~ ）**：捷克政治家和经济学家。1993 年 2 月当选社会民主党主席。在他的带领下，捷克社会民主党在 1996 年的议会大选中赢得了全国第二大党的地位，他出任众议院主席。1998 ~ 2002 年担任政府总理，2001 年辞去社会民主党主席职务。2003 年竞选总统未果后，他离开政坛直至 2010 年建立新的政党——泽曼公民权利党。2013 年他当选捷克第三任总统，也是历史上第一位经过全民直选产生的捷克总统。2018 年 1 月，他获得连任。泽曼主张，捷克作为欧盟和北约成员国，不仅要与上述两个国际组织的成员国保持友好关系，还应该与世界各国特别是大国开展经贸合作。

## 二 思想家和哲学家

**扬·胡斯（Jan Hus, 1369 ~ 1415）**：捷克中世纪宗教思想家和改革家，大学教育家和传教士。作为罗马天主教牧师，他在宗教作品中批评了天主教会的道德沦丧，呼吁教会回归原来的使命并按照《圣经》的训谕生活。1415 年 7 月 6 日，罗马国王和教皇下令将胡斯作为异端绑在火刑柱上烧死。1419 年，捷克爆发胡斯革命运动。捷克王国的多数民众都是胡斯教派，他们组建了军事力量，多次打败十字军东征。如今，胡斯被烧死之日成为捷克的国定节日。

**扬·阿莫斯·考门斯基（Jan Amos Komenský，1592～1670）**：捷克最伟大的思想家、哲学家和作家之一，兄弟团结会的主教，世界著名的教育家和教育理论家。他从事教育的一般理论和教学法研究，创造了一种特殊的语言教学方法，并自己编写了原始教科书。他被认为是现代教育学的创始人，拥有"民族教师"的称号。1628 年，他作为非天主教徒被迫流亡国外，创作了许多文学和神学著作。他是 17 世纪最著名捷克语著作《世界迷宫与心灵乐园》的作者。

## 三　文学家和艺术家

**雅罗斯拉夫·哈谢克（Jaroslav Hašek，1883～1923）**：捷克作家，评论家和新闻记者。他创作的长篇小说《好兵帅克》闻名世界，以辛辣讽刺的笔调描述了第一次世界大战的战场。至 2013 年，该小说已被翻译成 58 种语言。

**弗兰兹·卡夫卡（Franz Kafka，1883～1924）**：出生于布拉格、有着犹太血统、用德语创作的作家。他被认为是 20 世纪文学方面最具影响力的作家之一，他创作的长篇小说主要有《美国》、《判决》和《城堡》。几乎他的一生都与布拉格紧密相连。

**米兰·昆德拉（Milan Kundera，1929～ ）**：捷克裔的法国作家和翻译家。自 1975 年起一直生活在法国，他原先用捷克语现在用法语创作。1979 年，他被剥夺了捷克斯洛伐克国籍。直到 1989 年"天鹅绒革命"前，他的作品在捷克斯洛伐克被禁止。除了小说以外，他还创作了诗歌、戏剧和散文。他的作品属于世界上最常被翻译的捷克文作品之一，主要有《玩笑》、《生活在别处》、《告别圆舞曲》、《笑忘录》、《生命中不能承受之轻》、《不朽》和《可笑的爱情》。

**雅罗斯拉夫·塞弗尔特（Jaroslav Seifert，1901～1986）**：捷克诗人、作家、记者和翻译。1984 年，他获得诺贝尔文学奖，是唯一获得此奖项的捷克人。他获得了国家艺术家的称号，也是"七七宪章"的第一批签名者。他一生中总共出版了 39 部诗集，主要有《泪城》、《信鸽》、《裙兜里的苹果》、《维纳斯之手》、《春天再见》、《母亲》、《铸钟》、《皮卡迪利的伞》、《避瘟柱》和《身为诗人》等。

**卡雷尔·恰佩克（Karel Čapek，1890～1938）**：捷克作家、记者、戏剧家和翻译家。全世界通用的"机器人"这个词来自他的戏剧作品《罗索姆万能机器人》。从 1932 年到 1938 年，他 7 次获得诺贝尔文学奖提名。他的作品分为两部分：一部分是关于作为个体的人的内在生活，另一部分与乌托邦有关。他批评整个现代社会的问题，常常表达对滥用技术和法西斯主义上升的担忧。

**博胡米尔·赫拉巴尔（Bohumil Hrabal，1914～1997）**：20 世纪下半叶捷克最著名和最具特色的作家之一。他的作品成为 20 世纪被翻译最多的捷克作品。主要作品包括《过于喧嚣的孤独》、《我曾侍候过英国国王》、《底层的珍珠》、《严密监视的列车》等，1994 年获诺贝尔文学奖提名。

**贝德里赫·斯美塔那（Bedřich Smetana，1824～1884）**：捷克浪漫主义时期著名的作曲家，捷克现代民族音乐的创始人，捷克音乐和文化的主要代表。在捷克民族复兴运动的晚期，他致力于创作独特的捷克音乐风格。他创作了 8 部不同类型的歌剧，为捷克保留剧目奠定了基础。他的歌剧《被出卖的新嫁娘》在国内外最受欢迎，被认为是捷克民族歌剧的经典。如今，每年 5 月 12 日，也就是斯美塔那逝世纪念日，国际音乐节"布拉格之春"开幕，而且以他的交响诗《我的祖国》开场。

**安东·利奥波德·德沃夏克（Antonín Leopold Dvořák，1841～1904）**：捷克最著名的作曲家之一，也是作品在世界上演奏最多的捷克作曲家。他首先以交响乐、器乐音乐会和大型声乐套曲而闻名，其次是室内乐和歌剧。他的交响乐和协奏曲是世界各大乐团的传统曲目。他的旋律创造力至今都令人着迷。他的代表作主要有：《第九"自新世界"交响曲》，歌剧《水仙女》，和《b 小调大提琴协奏曲》《狂欢节序曲》《F 大调弦乐四重奏》等。

**莱奥什·亚纳切克**（Leoš Janáček，1854~1928）：世界著名的捷克古典音乐作曲家。他的作品非常独特，旋律非同一般，有摩拉维亚地区民间音乐的风格。在世界上，他以歌剧而闻名，《养女》最受欢迎。交响诗《卖艺人的孩子》也很有名，管弦乐、声乐、室内乐，尤其是弦乐四重奏，都获得了极大的成功。

# 第三章

# 政　治

## 第一节　国体与政体的演变

捷克民族命运坎坷，其国体和政体的演变充满了曲折。在公元 6 世纪 ~ 8 世纪，捷克地区的人们以部落为单位生活。逐渐地从部落中形成了较小的公国，氏族制度解体，社会和财产差异扩大。在 9 世纪上半期开始形成大摩拉维亚帝国，捷克地区是其组成部分。大摩拉维亚帝国的社会由隶属于大公的自由民构成，他们是有产阶层、农民、手工业者和军队。在居民中间也出现了非自由的农奴。在 10 世纪初大摩拉维亚帝国崩溃后，政治生活的中心转移到捷克，在捷克中部地区普热米斯尔家族的统治下建立了捷克国家。捷克大公几乎拥有所有的土地，他让自己的军事侍从使用土地，这些军事侍从就是后来的贵族。暂时占有的土地也演变为各个高级贵族及其家族对土地拥有世袭所有权，普通的农民失去了自由，承担实物税（后来变为缴纳款项）和土地劳役的重负。教会也拥有土地所有权和经营权。1085 年，弗茹迪斯拉夫二世被罗马皇帝授予国王的称号，但不是世袭的。1198 年，捷克大公普热米斯尔·奥塔卡尔一世也获得国王的称号。1212 年，罗马皇帝兼西西里国王腓特烈二世颁布了所谓的《金色西西里诏书》，授予奥塔卡尔一世世袭国王封号。于是，捷克从公国变为世袭的王国。从 13 世纪上半期起，在捷克开始了快速兴建城市的进程，城市有着特殊的地位、特权和法律秩序。普热米斯尔·奥塔卡尔一世建造了一系列王城，而贵族和教会也参与到兴建城市的过程中来，他们建造的城市处于从属地位。在 13 世纪和 14 世纪初期，捷克社会出现了明显的社会分层。国王对捷克国家及其子民拥有最高权限，得到一些大贵族的拥戴，他们努力获得较多的田产并参与到国家的统治中来。教会也在社会中获得特权地位。

1306 年，统治捷克国家 400 多年的普热米斯尔王朝绝嗣。1310 年，卢森堡家族开始了对捷克国家长达 100 多年的统治。由于捷克国王扬·卢森堡长期居住在国外、崇尚骑士文化、喜爱征战，势力强大的贵族参与国家的统治，并不断削弱国王的地位。1346 年，查理四世继位，获得罗马国王的封号。1355 年，他又被加冕为神圣罗马帝国皇帝。查理四世致力于恢复和加强王权。1356 年，查理四世颁布《黄金诏书》，在法律上调整了捷克国家对神圣罗马帝国的关系：捷克国王在罗马皇帝的候选人中居首位。14 世纪末期，捷克国王瓦茨拉夫四世与布拉格大主教和一些贵族发生矛盾，导致国王两次被监禁，捷克国家在神圣罗马帝国的地位严重受损。

随着社会政治矛盾加剧和教会道德衰退，捷克社会的不满之声加强，15 世纪 20 年代发展为胡斯革命运动，也称为捷克宗教改革运动。胡斯革命运动的追随者起初致力于消除社会差异和实现公正，这一目的没有达到，但导致教会财产世俗化，首先是大贵族获得教会的多数财产，其次是市民。1436 年胡斯教派与巴塞尔宗教会议达成协议，承认圣杯派，沉重打击了捷克的天主教会。1458 年，尽管有多个欧洲统治家族对捷克王位感兴趣，但胡斯教派贵族伊日·波杰布拉德被捷克地区议会选举为国王。伊日·波杰布拉德努力恢复王权，他依靠小贵族和王城，与天主教和大贵族对抗。

自雅盖隆王朝登上捷克王位后，王权逐渐衰退。捷克成为等级制国家，贵族（领主和骑士）和王城参与国家的统治。1471 年，伊日·波杰布拉德逝世，胡斯教派贵族推举弗拉迪斯拉夫·雅盖隆为捷克国王。1490 年，弗拉迪斯拉夫·雅盖隆又成为匈牙利国王，他随后移居到布达佩斯，把捷克国家的统治权交给了贵族。贵族利用国王不在国内的机会削弱他的权威，同时加强自身的影响力。由于贵族还致力于削弱王城的地位，贵族和王城之间爆发了冲突。1517 年，贵族和王城双方达成协议，贵族承认王城在地区议会的投票权，王城被迫放弃自己的经济特权。

1526 年对于捷克国家来说意味着重要的历史转折点。随着奥地利大公斐迪南一世登上捷克王位，捷克国家成为正在形成中的多民族哈布斯堡王朝的组成部分，持续了几乎 400 年。从一开始，斐迪南一世就致力于实行专制政体和国家权力在王朝的中央集权制。他的计划与捷克贵族和王城的设想发生了尖锐冲突，导致 1546 年和 1547 年爆发了起义。斐迪南一世用军事手段镇压了起义，没收了王城的地产，并用其他惩罚性措施消除了王城的政治意义。在斐迪南一世提出重新天主教化的纲领后，国王与贵族和王城之间的冲突开始转移到宗教问题方面。在随后的几十年间，非天主教人士要求宗教自由影响到捷克国家的政治进程。

1618 年 5 月 23 日，在布拉格爆发了"抛出窗外事件"，该事件成为席卷全欧的"三十年战争"的导火索。信仰新教的捷克贵族和市民选举了自己的临时政府，将斐迪南二世推下王位，议会选举德意志新教联盟的首领腓特烈五世为捷克国王。1620 年 11 月 8 日，捷克军队在"白山战役"中失败，意味着哈布斯堡王朝恢复了对捷克国家的统治，贵族和市民独立的政治活动被终止。斐迪南二世严酷地惩罚起义者，以暴力方式重新天主教化，在捷克和摩拉维亚恢复地区建制，捷克政治、文化和科学领域许多知名人士和普通民众被迫流亡到国外，这一切导致捷克的国家性被毁灭。在 18 世纪，捷克国家在哈布斯堡王朝框架内的意义下降到省的水平，受维也纳中央政权的领导，自己的政治史停止存在。

在第一次世界大战期间，逐渐产生了独立的捷克斯洛伐克国家的政治构想，其前提条件是协约国取得战争胜利、奥匈帝国瓦解、捷克人和斯洛伐克人联合起来和得到国外捷克和斯洛伐克侨民联合会的支持。1916 年在巴黎成立的"捷克斯洛伐克民族委员会"成为组织中心。

1918 年 10 月 28 日，在历史权利原则和民族原则相结合的基础上，捷克斯洛伐克共和国宣布诞生。宪法的准备持续了一年多时间。国内的政治家主张政府是议会的组成部分，在议会产生政府而且议会监督政府。在领导境外抵抗运动的马萨里克回国后，他主张实行美国的总统制。最后，双方达成妥协，实行议会民主制，一方面突出总统的权限，另一方面政党在政治和经济方面拥有较大的权力。1920 年 2 月 29 日议会通过了宪法，形成了三权分立的议会制，明确规定了立法权、行政权和司法权之间的界线。在宪法法律方面，议会拥有主导地位，它实行参众两院制，相对于参议院，众议院占有优势地位。众议院每 6 年举行一次选举，参议院每 8 年举行一次选举。事实上，1918～1938 年间所有的议会选举都是提前举行的，而且参众两院的选举总是同时举行。议会选出总统，任期 7 年。宪法赋予了政府较大的权限，特别是在地方问题上。根据宪法以及相继颁布的其他所有法律，确立了捷克斯洛伐克共和国的资本主义性质和以资产阶级为基本权力基础的资本主义政治体制。宪法固定了广泛的公民权利和自由。公民一律平等，无论其出身、国籍、种族和宗教如何。宪法不承认性别、家族和职业的特权，生活在捷克斯洛伐克共和国境内的所有居民享受同样的权利，贵族的头衔和等级被取消，只允许授予学位和区分职位和职业的称号。宪法同时规定了广泛的宗教和政治自由。

1938 年 9 月，英法德意四国签署出卖捷克斯洛伐克利益的《慕尼黑协定》后，斯洛伐克和外喀尔巴阡罗斯先后宣布自治。在新的政治形势下，国家治理的独裁倾向得到加强，政府的权限明显扩大，可以在没有议会的情况下管理国家。1939 年 3 月，斯洛伐克在纳粹德国的压力下宣布独立，纳粹德国随即占领捷克，成立"捷克和摩拉维亚保护国"。1940年，"慕尼黑阴谋"后流亡至英国的捷克斯洛伐克共和国总统爱德华·贝奈斯在伦敦成立了流亡政府，称为"临时国家机构"。另一个反法西斯中心在莫斯科，由共产党人哥特瓦尔德和斯兰斯基领导。1945 年 4 月，在伦敦和在莫斯科的两个抵抗运动中心的领导人在斯洛伐克的科希策达成了关于战后建立捷克人和斯洛伐克人的民族阵线政府的协议，即《科希策政府纲领》，从而为人民民主政治体制的形成和确立奠定了政治基础。

1945 年 5 月，捷克斯洛伐克复国，使用捷克斯洛伐克共和国这一国名至 1960 年。根据《科希策政府纲领》的规定，以社会民主党左派领袖费林格为总理的民族阵线政府，由反法西斯政治派别的代表组成。1948年 5 月 9 日，捷克斯洛伐克共和国立宪国民议会通过《捷克斯洛伐克共和国宪法》。该宪法在"声明"部分指出:"该法的通过和颁布,为国家的人民民主制度奠定了牢固的法律基础,使捷克斯洛伐克国家成了一个真正的人民民主共和国。"根据这部宪法,捷克斯洛伐克共和国是两个平等民族——捷克族和斯洛伐克族的统一国家,捷克斯洛伐克的经济建立在矿产、工业、商业和金融业国有化基础之上,土地属于劳动者。宪法还规定,国民议会是一院制,有议员 300 人,任期 6 年;总统是国家元首,任期 7 年,由国民议会的有效多数选出;政府是最高行政机构,由总统任命,对议会负责。

1960 年 7 月,捷克斯洛伐克国民议会通过了《捷克斯洛伐克社会主义共和国宪法》。这部宪法实现了从议会制向国家权力统一的转变,它宣称:"我们工人和其他劳动人民为之而奋斗的并在伟大的十月社会主义革命胜利后作为榜样的社会制度,在捷克斯洛伐克共产党的领导下,已在我国成为现实,社会主义在我们祖国胜利了!我们已进入建设发达社会主义社会的历史新时期……"该宪法包括以下原则:捷克斯洛伐克劳动人民的主权原则、以捷克斯洛伐克共产党为首的工人阶级的领导地位原则、建立在生产资料社会主义所有制、社会主义计划和报酬基础之上的社会主义经济体系原则、社会主义宪法性原则、社会主义国际主义原则、捷克和斯洛伐克兄弟民族平等性原则。

1968 年 10 月 27 日,捷克斯洛伐克社会主义共和国国民议会通过《关于捷克斯洛伐克联邦的宪法法律》。该法令规定:从 1969 年 1 月 1 日起,捷克斯洛伐克社会主义共和国正式成为联邦制国家,它由捷克社会主义共和国和斯洛伐克社会主义共和国组成。法令对联邦和两个成员共和国之间管辖权的划分做出了规定。它还规定,联邦议会是联邦的立法机构,由人民院和民族院组成,人民院有议员 200 名,任期 5 年,民族院有议员 150 名,在捷克和斯洛伐克各选出 75 名。为确保捷克斯洛伐克社会主义共和国宪法的贯彻执行,增设了宪法法院。国家的社会主义制度没有发生变化,一直运转到1989 年政局剧变。

1989 年 11 月,捷克斯洛伐克发生政局剧变,《捷克斯洛伐克社会主义共和国宪法》被部分修改,捷克斯洛伐克共产党在国家和社会中的领导地位被取消，运转了近 30 年的社会主义制度被彻底否定，取代它的是多党议会民主制。

根据 1992 年 11 月 25 日捷克斯洛伐克联邦议会通过的《捷克和斯洛伐克联邦共和国解体法》，捷克和斯洛伐克联邦共和国于 12 月 31 日午夜后终止存在，它的继承国是捷克共和国和斯洛伐克共和国。

1992 年 12 月 16 日，捷克国民议会通过《捷克共和国宪法》，从 1993 年 1 月 1 日起开始生效。1991 年 1 月由捷克斯洛伐克联邦议会通过的《基本权利和自由宪章》与《捷克共和国宪法》构成独立的捷克共和国宪法秩序的核心。捷克共和国基本的宪法原则是：人民主权、民主、多数原则及其限制、法治国家、人权、权力分配和议会制政体。捷克共和国国家建构有四大支柱。第一，共和国。自由和非独裁的国家形式；实行区域自治；公民选举立法机构；总统在议会通过选举产生。第二，民主。人民是国家所有权力的唯一来源，他们通过立法、行政和司法的权力机构行使自己的权利；政党在自由和自愿的基础上建立并且自由竞争；实行普遍、直接、秘密、平等的选举；根据以自由投票方式表达的大多数人的意愿做出政治决定，同时大多数人的意愿也关注少数人的利益；公民具有联合和罢工的权利。第三，法治国家。国家权力服务于全体公民，只在法律规定的条件下和范围内有效；每一个公民都可以在法律许可的范围内行事，任何人不得被强迫做出违反法律规定的事情；公民的基本权利和自由受到司法权力的保护；公民权的获得和丧失由法律来规定。第四，社会国家。保护父母的身份、家庭和儿童；公民有受教育的权利、保护健康的权利和获得公正劳动报酬的权利；男女平等。捷克共和国政治制度的特点是政治权力的分立及其制度锚定，它是一个单一制国家，代议制民主和多党议会制共和国。总统和由总理领导的政府代表行政权，立法权由两院制议会组成，四级司法系统和宪法法院实行司法制度。

## 第二节　宪法

捷克共和国宪法是捷克共和国的基本法，于 1992 年 12 月 16 日作为宪法法律被捷克国民议会通过。根据 1968 年通过的《关于捷克斯洛伐克联邦的宪法法律》，不仅 1969 年 1 月 1 日成立了捷克社会主义共和国，而且还设想通过捷克社会主义共和国和斯洛伐克社会主义共和国的宪法。然而直至 1989 年政局剧变也没有通过这两部宪法。1989 年之后开始筹备制定两个共和国的宪法，但联邦国家未来的不确定性导致在捷克共和国的宪法准备工作停滞不前。最后，在捷克斯洛伐克联邦国家即将解体前有限的时间内才开始准备了第一部捷克宪法。

在捷克，通过宪法法律需要得到所有众议员五分之三多数同意和到场参议员五分之三多数的同意。因此，修改宪法需要比较复杂的程序。从宪法分类角度看，捷克的宪法是刚性宪法，具有显著的稳定性和真正的不变性。自宪法生效以来，只有一些小的变化，它们未对捷克的宪法体系形态产生重大影响。捷克宪法还是一种规范性宪法，即政治过程遵循宪法规则。

捷克宪法建立在权力分立、相互监督和制衡体系的原则基础上，除了传统的立法权、行政权和司法权三权分立以外，刹车和制衡体系因基本权力内部的二元性得到加强。立法权在议会的参众两院内行使，而且参众两院经不同的选举方式产生。行政权在政府和总统之间横向分配，同时在政府和地方自治机构之间纵向分配。司法体系的最顶层是捷克共和国宪法法院，它是捷克宪法秩序和民主法律秩序的保障。捷克宪法由前言和八个章节构成，包括基本规定、立法权、行政权、司法权、最高检察院、捷克国家银行、地方自治、临时和最终规定。捷克宪法先后被修订了 8 次，22 个条款有所变化，9 个条款被补充，两个条款被插入新的内容，1 个条款被取消。

1997 年，捷克通过了关于建立 14 个州级行政区作为更高区域自治单位的宪法法律。随着捷克 1999 年加入北约，2000 年通过了一条宪法法律，修改了有关派遣捷克武装力量至国外、北约军事力量在捷克停留以及政府和议会相关权限划分等问题的规定。2001 年对有关捷克国家银行的条款进行了修订，用价格稳定性取代货币稳定性。同年，通过了关于欧盟宪法的修正案。2003 年通过了关于捷克加入欧盟全民公投的宪法法律。

2009 年通过了关于自动解散众议院的宪法修正案。2012 年通过了关于总统直接选举的宪法法律。2013 年通过了关于限制众议员、参议员和法官豁免权的宪法法律。

捷克继承了第一捷克斯洛伐克共和国（1918～1938）的宪法传统，实行议会制政体，突出议会的中心权力地位。在 1993～2012 年，议会是唯一的拥有直接民主合法性的机构，所有其他中央机构都是从议会派生出来的，因此它们的合法性低于议会。只有在议会众议院获得多数支持才能组建政府，议会多数与政府紧密合作。

参议院根据多数原则选举议员，参议员的任期比众议员的时间长。两院共同制定和修订法律。参议院的职责是制衡众议院可能出现的激进政治动荡，促使立法进程的连续性和保障利益及观点的多元化。议会两院的监督职能有所不同，只有众议院才能监督政府，参议院对总统和宪法法院有一定的监督权。

捷克宪法赋予总统相对广泛的权限，2012 年修订宪法将总统选举方式改为全民直选后，总统的政治合法性提高。根据捷克的宪法传统，总统有高度权威，在最高宪法机构之间发生冲突时扮演仲裁者的角色。总统还拥有其他重要的自治权限：总统对议会拥有否决权，有权拒绝签署已经通过的法律，并将它退还给议会（除了国家预算和宪法法律以外）；总统可以在危机形势下解散议会，在议会众议院选举后任命新的总理，但总统不能在违背议会多数意愿的情况下任命总理，因为政府必须在众议院进行信任表决；总统不为自己的政治活动对议会负责，议会不能解除总统的职务。稳定的地位对总统主要的代表性职能必不可少，他在国内外体现国家统一和作为国家连续性的象征。然而，总统对政府人员构成和政府活动产生的影响有限。决定性的行政权掌握在政府手中，特别是总理手中。总统最重要的决策需要总理的协同配合。总理有权提名政府成员和确定政府政策的主要方向。

宪法赋予了宪法法院广泛的权力，其中包括在权力分配框架下解决国家机构之间、国家与自治机构之间以及各自治机构之间的权限冲突。

## 第三节　选举制度

根据捷克共和国宪法，通过选举法需要获得议会参议院和众议院的批准。1995 年 9 月通过的议会选举法，参众两院的选举基于普遍、平等和直接的选举权进行不记名投票。参议院选举根据多数制原则进行，众议院选举根据比例选举制原则进行。凡是年满 18 岁且未被剥夺行为能力的捷克公民都有权参加议会两院选举。选民通常在捷克共和国境内选举，但在参加众议院选举投票时，可以在捷克共和国驻外国的大使馆投票。不存在选举义务之说。每个年满 21 岁的公民都可以当选众议员，每个年满 40 岁的公民都可以当选参议员。

总统在法定日期内宣布参议院选举消息。共有 81 个选区，每个选区选出一位候选人，每两年在三分之一选区选出三分之一参议员。如果在第一轮选举中，有候选人赢得至少 50% 的选票，那就意味着当选。如果没有候选人获得至少 50% 的选票，则在第一轮获得最多选票的两名候选人进入第二轮投票，得票多者获胜。自 1996 年第一次参议院选举以来，参选率在 15.38% ~ 44.59% 之间浮动。参议院选举在偶数年份的秋季举行，它的第一轮选举与州地方选举同时进行。

众议院选举每四年举行一次，如今在 14 个选区进行，选区复制了州级行政区的结构。比例选举制源于第一捷克斯洛伐克共和国的政治传统。在 1989 年政局剧变后，"公民论坛"内支持比例选举制的人士援引的论据是，比例选举制有利于形成多元化的政治制度。在各个选区（州）的席位数目预先不知道，只有在选举后根据选票的数量确定。政党在各个选区递交候选人名单。在统计选票后，那些在全国范围内获得的选票没有超过规定门槛的政治实体被淘汰出局：单独参选的政党是 5%，两党联盟是 7%，三党联盟是 9%，四个或四个以上政党联盟是 11%。共计 200 个议席按照每个选区投票的有效选票数量进行划分。选民可以通过优先选票在特定政党内表明自己优先支持的候选者，他们可以在政党的候选者名单上标注 4 个候选人。如果在一个选区有至少 10% 的选民使用了优先选票，那些获得指定的优先选票数量的候选者将优先获得众议院席位。

2000 年夏天，议会通过了选举法修正案，它根本改变了为众议院选举确定的选举制度的内容。第一，选区的数量从原先的 8 个增加到 35 个。第二，在一个选区分配的议席的平均数量从 20 个减少至 6 个以下。第三，采用新的数学公式换算选票，从而与增加选区数量一起加强了大党的地位。第四，提高国家对政党拥有众议院或参议院席位的资助数额，从原先的每年 50 万捷克克朗提高到 90 万捷克克朗。第五，修改进入众议院的选票门槛，两个政党的选举联盟进入众议院的选票门槛从 7% 提高到 10%，三个政党的选举联盟则提高至 15%，四个或四个以上政党的选举联盟提高到 20%。由于哈韦尔总统认为选举法修正案对大党有利，违反了宪法规定的比例代表制，他否决了该修正案，但众议院又一次以多数票通过。于是，哈韦尔总统上诉至宪法法院，2001 年年初宪法法院裁决选举法修正案的主要规定违反宪法。

2000 年通过的关于州议会选举的法律规定：每个州设定一个选区，选出 45~65 个议员；州议会的任期 4 年；总统最迟在选举前 90 天宣布选举时间；每个年满 18 岁并在该州进行过永久居留登记的捷克公民都可以当选州议员；议员席位分配给那些在候选人名单上位居前列的候选人或者根据获得至少 5% 选票的政党、运动和选举联盟的优先选票来确定；在分配议席时使用比例选举制。

2001 年通过的关于乡镇议会选举的法律规定：乡镇议会的任期为 4 年；在议会任期届满前 30 天和最后一天之间举行选举；实行比例选举制；总统最迟在选举前 90 天宣布选举时间；选举时间为两天；在每个乡镇和直辖市的区举行选举。

2003 年通过的关于欧洲议会选举的法律规定：欧洲议会任期 5 年；每个年满 18 岁的捷克公民或者在捷克居留了至少 45 天的欧盟其他成员国的公民都有权参与选举并可以当选欧洲议会议员；选举采用比例选举制，政党必须跨越 5% 的门槛。欧洲议会议员人数根据成员国的人口比例确定，自 2004 年捷克加入欧盟后，共举行过四次欧洲议会选举，捷克在欧洲议会获得的议员席位随着欧洲议会议员总数的变化而有所不同。2004

年捷克获得 24 个议席，2009 年获得 22 个议席，2014 年获得 21 个议席，2019 年获得 21 个议席。

2021 年 2 月，捷克宪法法院决定满足一些反对党参议员的申诉而废除了选举法的一部分，涉及选举联盟进入众议院的门槛、计票制度和各党派间分配议席等内容，认为违反了选举权平等和破坏了竞选政党机会。根据宪法法院的裁决，2021 年 4 月 7 日，议会众议院通过了新的选举法：议员席位应自动分配，选举后政党不能加以干预；选民像以前一样在 14 个选区（与州对应）选举议员；议席将按照两轮计算选票方式分配，用因佩里亚利数额取代洪德法；一个政党进入众议院的门槛是 5%，由两党组成的选举联盟进入众议院至少需要 8% 的选票，由多个政党组成的选举联盟则需要 11% 的选票。4 月 29 日，参议院通过了新选举法。该法律从 2021 年 7 月 1 日生效，适用于 2021 年 10 月举行的新一届议会众议院选举。

在 1993～2012 年期间，总统在议会两院的联席会议上由参议员和众议员共同选举产生，从 2013 年起由捷克公民直接选举产生。有投票权并年满 40 岁的捷克公民可以当选总统，但犯有叛国罪或严重违反宪法或宪法秩序其他组成部分的公民不能当选。总统任期 5 年，可连任一届。提出总统候选人的条件是：至少有 20 名众议员或 10 名参议员，或 5 万名年满 18 岁公民签字的请愿书。参议院议长宣布总统选举时间，选举通过无记名投票产生，每个年满 18 岁的捷克公民都有投票权。在第一轮选举中，可以选出获得所有有效选票绝对多数的候选人。如果没有人获得绝对多数，第二轮选举将在 14 天内举行，在第一轮选举中得票率最多的前两名候选人参选。在第二轮中，获得更多选票的候选人当选。

## 第四节　行政

### 一　总统

总统是捷克共和国的元首，是行政权力支柱的一个组成部分。虽然总统在决策进程中权力有限，多数权力归总理和政府，但是在局势紧张和发生危机时他可以发挥重要作用。他对外和在国内关系中代表国家。除叛国罪和严重违反宪法或宪法秩序的其他组成部分外，他对自己履行的职责不负有责任。总统通过向参议院议长宣誓就职，他的誓言是："我保证忠诚于捷克共和国。我保证遵守它的宪法和法律。我保证，为了全体人民的利益和基于我的知识和良心担任总统之职。"总统的任期为五年，他也可以向议会参议院议长表示放弃总统职位。捷克共和国总统办公室确保权限的行使、礼仪职责和与总统个人有关的其他职能。

总统有权出席议会参议院和众议院及其委员会的会议。一旦他提出要求，他就应该获得发言权。总统有权出席政府会议，要求政府及其成员提交报告，并与政府或政府成员讨论属于其职权范围内的问题。他也是武装部队的总司令，应该收到情报机关的报告，并在政府知晓的情况下赋予情报机关任务。总统还开展许多其他活动，其中一些在宪法中有所规定，另一些在普通法律中有所规定。他拥有圣维特教堂内圣瓦茨拉夫礼拜堂的七把钥匙之一，这些钥匙共同打开皇冠室的门，那里存放了捷克历史上国王加冕典礼用的珠宝器物。总统传统上住在布拉格城堡，也可以使用拉尼城堡。

总统不得因过错或其他行政非法行为在其任职期间被拘留和被起诉。因此，总统在其任期内犯下刑事罪，可以直到任期届满之后受到起诉。如果罪行涉及总统滥用权力，他不承担刑事责任。叛国罪是一种宪法罪行，总统可以因此被定罪。此外，他还可能因严重违反宪法或宪法秩序其他部分而被判刑。叛国罪是指总统针对共和国的主权和完整以及反对其民主秩序的行为。只有参议院可以提起诉讼，但必须征得众议院的同意。诉讼程序在宪法法院进行，唯一的惩罚是总统丧失职位和不再获得总统职位。

总统的权限分为两部分，一部分是绝对权力，即由总统独立行使的权力；另一部分权力是相对权力，需要总理或其授权的政府成员的共同签名才有效。总统的绝对权力包括：

（1）任免政府总理及其他成员并批准他们的辞职，解散政府并接受它的辞呈。

（2）召开众议院会议。

（3）解散众议院。

（4）授权已提出辞职或者已解散的政府履行职能直至任命新政府。

（5）任命宪法法院法官、院长和副院长。

（6）从最高法院众多法官中任命院长和副院长。

（7）赦免和减轻法院判处的刑罚并取消定罪。

（8）除宪法法律外，有权将通过的法律退回至议会。

（9）签署法律。

（10）任命最高监察院主席和副主席。

（11）任命捷克国家银行理事会成员。

总统任命宪法法院法官需要参议院批准。赦免是一种特别的权限，它允许总统在个别情况下赦免和减轻法院判处的刑罚，取消定罪，并且通过共同签名下令不启动刑事诉讼，如果已启动，则不再继续刑事诉讼。总统行使赦免权，主要是在他认为法院犯了错误的情况下，或在人道主义案件中，比如旨在阻止家庭分离或考虑到囚犯或其家庭成员的严重健康问题。在实践中，一些赦免受到公众的批评。

根据宪法，总统的相对权力主要包括下列 11 项：

（1）对外代表国家。

（2）缔结和批准国际条约，缔结国际条约可以交给政府或经政府同意交给其成员。

（3）是武装部队的最高指挥官。

（4）接见外国使团团长。

（5）委派和罢免驻外使团团长。

（6）宣布参议院和众议院选举。

（7）任命和晋升将军。

（8）授予国家勋章和荣誉称号。

（9）任命法官。

（10）下达命令不启动刑事诉讼，如果已启动则不应继续进行。

（11）宣布大赦。

根据一般法律，总统的权力还有：

（1）保存国家印章。

（2）宣布欧洲议会选举、地方选举。

（3）从最高行政法院的法官中任命院长和副院长。

（4）从法官中任命高级法院和地区法院院长。

（5）任免保护竞争办公室主任、个人数据保护办公室主任和捷克统计局局长。

（6）任免公立大学校长和任命教授。

（7）任免科学院院长。

自1993年独立以来，捷克共和国共产生了三位总统，他们是瓦茨拉夫·哈韦尔（1993～2003）、瓦茨拉夫·克劳斯（2003～2013）和米洛什·泽曼（从2013年起），他们均获得连任。在2013年的直接选举中，米洛什·泽曼当选为捷克共和国的第三任总统，同时也是第一位通过直接选举产生的捷克总统。泽曼在2018年1月27日赢得连任。

二　政　府

政府是国家权力的最高执行机关，由总理、若干副总理和部长组成。政府对众议院负责，众议院对它表示信任。政府可以在法律框架内发布规则并对其进行扩展，还制定国家预算和决算。捷克政府办公室位于布拉格小城区的斯特拉科夫学院大楼内，总理传统上居住在克拉马日别墅。

政府在上一届政府辞职或罢免后被任命。首先，总统任命总理，并根据他的提议任命政府其他成员。然后，政府必须在被任命后30天内向众议院提交施政纲领并取得它的信任。如果众议院没有对新任命的政府表示信任，总统将任命新总理，并根据他的提议任命政府新成员。如果这个新政府也没有得到众议院的信任，总统将根据众议院议长的提议任命另一位总理。如果这一被任命的总理领导的政府没有获得众议院的信任，总统可以解散众议院。在政府任期内，总统总是根据总理的提议任命政府新成员。此外，总统根据总理的提议，委托政府成员管理各部或其他机构。

一旦政府提出要求，众议院就要对政府进行信任投票。如果政府是新任命的，就必须向众议院提出信任表决要求。如果在场的大多数议员投票支持新政府，就意味着众议院表示了信任。对政府的信任投票可以与是否通过政府的法律草案而进行的投票相结合。如果众议院对政府进行不信任投票，就需要至少50个众议员的提议。如果多数众议员投票赞同，就表示众议院对政府表示了不信任。如果政府被众议院表示了不信任或没有被众议院表示信任，就必须辞职。

政府可以随时辞职，任何政府成员都可以通过总理向总统递交辞呈。如果总理向总统提议，总统就有义务任命和罢免政府成员。虽然宪法没有明确规定总统采取这一行为的最后期限，但既定的法律解释是总统有义务毫不拖延地依照总理的提议行事。如果在众议院对政府表示不信任之后，又或者众议院没有对政府表示信任之后，政府没有提交辞呈，总统有义务罢免它。

政府有立法倡议的权限，即可以递交法律草案并有权对所有的法律草案发表评论。为了执行法律，政府可以颁布规定。政府还有很多未在宪法中直接提及的权限。政府在委员会中做出决定，政府通过决议需要半数以上政府委员的同意。

虽然政府由共和国总统任命，但它对众议院负责。在被任命之后，政府必须赢得众议院的信任。政府可能在议会任期内随时失去众议院的信任。一旦议员质询政府成员，政府成员必须在30天内予以回复。政府的每个成员都可以参加众议院、参议院及其委员会的会议。一旦他提出要求，就应该给予他发言的机会。根据众议院的决议，政府成员有义务参加其会议，这也适用于众议院委员会和调查委员会的会议，但可以让其他人代表政府成员参会。

捷克共和国独立后政府部门包括财政部、外交部、内务部、国防部、劳动和社会事务部、地方发展部、交通部、文化部、工业和贸易部、司法部、教育部、卫生部、农业部和生活环境部。1993～1996年存在国家财产和私有化部，2003～2007年存在信息科学部。内务部领导捷克警察部门和消防救援服务部门，交通部负责公路和高速公路管理处以及国家交通基础设施基金，文化部管理国家遗产研究所，财政部管理海关，国防部领导军队和军事新闻署，劳动和社会事务部管理捷克社会保障事务局和劳动办公室，工贸部管理捷克贸易检查局，司法部管理监狱服务局，教育部领导捷克教育监察局，外交部管理捷克驻外使馆和捷克中心，农业部领导国家兽医管理局、国家农业和食品检疫局、国家土地局、捷克测绘地图办公室和国家农业干预基金，生活环境部管理自然和景观保护局、捷克生活环境监察局和捷克水文气象研究所，地方发展部管理国家住房发展基金，卫生部直接管理一些医疗设施、捷克温泉和泉水检查局、麻醉药品与精神药物检查局。

在一定程度上拥有独立地位的中央国家行政机构是国家安全局、捷克电信局、工业产权局、捷克统计局、捷克矿业局、能源监管办公室、竞争保护办公室（反垄断办公室）、国家材料储备管理局、国家核能办公室、儿童国际法律保护办公室、对外关系和信息办公室、广播和电视理事会、个人数据保护和安全信息服务办公室。

政府与最大的工会总部捷克-摩拉维亚工会联合会以及由捷克商会、工业和交通联合会代表的雇主之间的定期三方谈判确保了国家的社会和解。

自捷克共和国独立以来，进入政府的政党有：自由保守主义的右翼政党公民民主党，基督教民主和保守主义的中间派政党基督教民主联盟—捷克斯洛伐克人民党，右翼保守主义政党基督教民主党，右翼保守主义政党公民民主联盟，左翼社会民主政党捷克社会民主党，右翼自由保守主义政党"自由联盟—民主联盟"，倡导环境主义和社会自由主义的绿党，自由保守主义的中右翼政党"传统、责任和繁荣 09"（TOP 09 党），自由主义的中间派政党公共事务党，右翼的自由保守主义政党 LIDEM－自由民主党和合作主义、自由主义政党"不满意公民行动 2011"。

总理组织政府的活动并代表政府行事。根据宪法第 63 条款，没有总理的共同签名，总统做出的一些决定无效。该条款还规定，如果没有总统或总统不能行使权限，总统的大部分权力就会转交给总理。副总理或被授权的其他政府成员可以代表总理。

自 1993 年以来，担任捷克共和国总理的有：瓦茨拉夫·克劳斯

（1993～1997），约瑟夫·托肖夫斯基（1998年1月～1998年7月），米洛什·泽曼（1998～2002），弗拉基米尔·什皮德拉（2002～2004），斯坦尼斯拉夫·格罗斯（2004～2005），伊日·帕洛贝克（2005～2006），米雷克·托波拉内克（2006～2009），扬·费舍尔（2009～2010），彼得·内恰斯（2010～2013），伊日·鲁斯诺克（2013～2014），博胡斯拉夫·索博特卡（2014～2017）和安德烈·巴比什（2017年起）。

2017年10月，捷克举行议会众议院选举，安德烈·巴比什领导的"不满意公民行动2011"在选举中获胜。同年12月13日，巴比什组建少数派政府。2018年1月，巴比什政府未能通过众议院的信任案表决，向泽曼总统递交辞呈。不久后，泽曼总统再次授权巴比什组阁。2018年6月6日，巴比什再次被任命为总理。6月27日，政府其他成员宣誓就职。这届政府是捷克共和国独立以来第15届政府。7月12日，议会众议院表示了对政府的信任。来自"不满意公民行动2011"、捷克社会民主党与捷克和摩拉维亚共产党的共计105名议员投票表示赞成，新政府正式履行职能。11月，反对党发起对政府不信任案投票，最终未能通过，新政府继续执政至今。巴比什政府由总理、第一副总理（兼任内务部部长）、两位副总理（一位兼任财政部部长，另一位兼任工业和贸易部部长、交通部部长）、外交部部长、国防部部长、司法部部长、生活环境部部长、劳动和社会事务部部长、农业部部长、卫生部部长、教育青年体育部部长、地方发展部部长和文化部部长组成。

## 第五节 立法

捷克共和国议会是两院制立法机构，它由众议院（下院）和参议院（上院）组成。议会共有281名议员，其中81名参议员，200名众议员。1993年1月1日，捷克共和国独立后，捷克和斯洛伐克联邦共和国框架内的捷克国民议会改名为众议院。宪法规定，在参议院选举之前，由临时参议院履行参议院的职能，但临时参议院从未成立，众议院一直履行参议院的职能直至1996年秋天举行参议院选举。在参议院的第一次选举中，同时选出所有 81 位参议员，但其中只有三分之一参议员是六年任期，另外三分之二参议员的任期缩短至 4 年或 2 年。一项专门的法律确定议会参众两院办公地在布拉格小城区，该法律也宣布它们为国家文化古迹。

议会的权限主要有：

（1）行使立法权。

（2）有权改变捷克共和国的宪法秩序。

（3）同意批准国际条约。

（4）对政府表示信任或不信任（只有众议院）。

（5）批准下一年的国家预算并讨论上一年的决算（只有众议院）。

（6）调查公共利益事务，可以设立一个调查委员会（只有众议院）。

（7）在发生攻击或履行国际义务时决定宣布战争状态，并决定捷克共和国参与北约防务系统。

（8）表示同意在国外部署军队以及外国军队驻扎在捷克共和国（如果政府不决定）。

（9）批准任命宪法法院法官（只有参议院）。

一　参　议　院

参议院的权限主要有：

（1）讨论众议院提交的法律草案。参议院可以批准后将法案提交给总统，也可以将法案退还给众议院。参议院将附上修改意见的法案退回众议院后，众议院需要就参议院提议的修改内容投票，如果未以简单多数通过，参议院就需要再次对众议院原先的提案内容进行表决。如果参议院对众议院表示不会处理法案，法案就获得通过。如果参议院在 30 天内没有对法案发表意见，法案也算通过。

（2）拥有立法倡议的权利，可以向众议院提交自己的法律草案。

（3）在众议院解散的情况下，在紧急事务问题上通过法律性措施。在宪法、国家预算、国家决算、选举法和一些国际条约问题上，参议院不能通过法律性措施。

（4）可以向宪法法院起诉总统犯有叛国罪。

（5）同意总统提议任命的宪法法院法官。

（6）与众议院一起签发关于总统重要原因不能行使其职能的决议。

（7）提议总统任命个人数据保护办公室主任和检查员。

（8）向众议院提议两名公共权利保护者候选人。

参议院议长对外代表参议院，在参议院三分之一议员换届选举后，他由参议院选举产生。他的权力包括：召集、开始、中断和结束参议院的会议；签署参议院决议；如果众议院解散，就签署参议院的法律性措施；宣布总统的选举日期；在总统职位空缺和众议院同时解散的情况下，行使众议院议长委托给他的部分总统权限；拥有圣维特教堂圣瓦茨拉夫礼拜堂内皇冠室的七把门钥匙之一。现任参议院议长是米洛什·维斯特奇尔，来自公民民主党，2020 年 2 月就任。

参议院所在地是瓦尔什特因宫、瓦尔什特因花园、瓦尔什特因练马场、科洛弗拉特宫和小弗斯腾贝格宫。在周末 10 点至 16 点，瓦尔什特因宫的内部设施免费向公众开放。在夏季，开放时间会延长 1 小时。瓦尔什特因花园从 4 月至 10 月的 10 点至 18 点免费向公众开放，在国定节日期间会有灯光装饰，开放至 22 点。夏季，在花园大厅举办面向公众的音乐会、戏剧表演和其他文化活动。

## 二　众议院

众议院的决议以简单多数即到会议员的多数通过。对于推翻总统的否决或者对政府表示不信任，需要半数以上全体众议员（即 101 名议员）的同意。对于通过宪法法律、批准一些国际条约、对共和国总统提出宪法起诉，就需要获得 120 票（占所有议员的五分之三）的合格多数。众议院不能在关于参议院议事规则的法律草案、选举法、关于议会两院之间谈判和联系的原则法律草案问题上推翻参议院的决定。

众议院解散后不再举行会议，议员的席位消失，新的选举在 60 天内举行。但是，在众议院 4 年任期结束前 3 个月不能解散。总统可以通过自己的决定解散众议院，但只能基于以下宪法规定的理由：①没有对新任命的政府表示信任，而该政府的总理由共和国总统根据众议院议长的提议任命。只有众议院对总统任命的总理所组建的政府两次表示不信任之后，总统才根据众议院议长的提议任命新总理。②在三个月内没有就政府的法律草案做出决议，政府将法律草案的磋商与信任表决联系在一起。③中断会议的时间超过 120 天。④虽然会议没有中断或已经多次召开会议，但是在超过 3 个月的时间内没有达到做出决议的法定人数。

在 2009 年，众议院通过了关于众议院自行解散的宪法修正案，总统对此无权干预。其内容是，如果众议院以决议的方式向总统提议解散众议院，而决议获得至少所有众议员五分之三多数的同意，总统就必须解散众议院。

2013 年 8 月，泽曼总统做出了解散众议院的决定，这是捷克历史上第一个关于解散众议院的决定。当时 140 名议员同意解散议会，7 名表示反对。

2017 年，议会大选后建立的众议院是捷克独立以来第 8 个任期，议长是拉德克·翁德拉切克，来自"不满意公民行动 2011"，2017 年 11 月 22 日上任。第一副议长是捷克和摩拉维亚共产党主席沃伊杰赫·菲利普，另外还有 4 个副议长。

众议院有下列委员会：经济委员会，监督委员会，议席和豁免委员会，组织委员会，请愿委员会，预算委员会，法律和宪法事务委员会，选举委员会，安全委员会，欧洲事务委员会，国防委员会，社会政策委员会，科学、教育、文化、青年和体育委员会，公共行政和区域发展委员会，环境委员会，卫生委员会，外交委员会，农业委员会。

众议院议员团有"不满意公民行动 2011"（78 席）、公民民主党（23 席）、海盗党（22 席）、自由与直接民主党（19 席）、捷克和摩拉维亚共产党（15 席）、捷克社会民主党（14 席）、基督教民主联盟—捷克斯洛伐克人民党（10 席）、TOP09 党（7 席）、"市长和独立人士"（6 席）、独立议员（6 席）。

众议院的所在地位于小城区广场和瓦尔什特因广场之间。这里有几处宫殿与历史事件相连：1918 年捷克斯洛伐克共和国在图诺夫宫宣布成立，1920 年在这里通过宪法；斯密日宫与 17 世纪初"三十年战争"爆发前布拉格新教贵族的暴动有关；斯腾伯格宫是 19 世纪初民族复兴运动时期捷克文化和科学生活中心。

# 第六节　司法

1989 年政局剧变后，捷克司法机构独立于其他国家权力机构，总统开始任命职业法官，只是任职时间不确定。1993 年捷克共和国独立后不久，在布拉格建立高等法院作为司法系统的一个环节，它是从原先的联邦国家框架下的捷克共和国最高法院转变而来的。1996 年在奥洛莫乌茨建立了另一个高等法院。原先的捷克斯洛伐克联邦最高法院转变为捷克共和国最高法院，并将办公地转移到布尔诺。从 1994 年起，军事法院不复存在。1992 ~ 2000 年，有三个独立的州商业法院运作，分别设立在布拉格、布尔诺和俄斯特拉发，后来它们合并到州法院。这样，捷克司法机构得到统一。直到 2003 年，捷克司法体系才按照宪法规定建成，那年建立了捷克共和国最高行政法院。

随着捷克共和国于 2004 年加入欧洲联盟，其法律开始融入欧洲法律体系。因此，设在卢森堡的欧洲联盟法院及其立法开始对捷克司法形态产生影响。而总部设在斯特拉斯堡的欧洲人权法院是欧洲理事会的一个机构，可以推翻捷克宪法法院的裁决。

## 一　宪法法院

成立于 1993 年 1 月 1 日的宪法法院处于一般法院体系之外，是维护宪法的司法机构，其基本使命是保证法律秩序的合宪性，并根据捷克共和国的宪法秩序，反对一般法院不符合宪法秩序的裁决，保护自然人和法人的基本人权。宪法法院所在地是布尔诺，位于原摩拉维亚地区议会大楼内。禁止公民在距离宪法法院大楼或宪法法院议事的地方 100 米以内集会。

宪法法院 15 名法官中有 3 名由总统直接任命，他们是一名院长和两名副院长。其他 12 名法官长期分配至四个由三名成员组成的合议庭。合议庭庭长通常由宪法法院院长任命，任期一年，任何法官不得连续两年担任合议庭庭长。法院院长和副院长不能成为任何合议庭的长期成员。起初，合议庭的人员配备是稳定的，只是由于法官任期届满而做改变。自2016年1月起，4个合议庭的庭长每两年就开始轮换。在重要或有争议的案件中，宪法法院在全体会议上做出裁决，所有宪法法官都投票表决。对于一般议程，各个合议庭独立做出决定。

宪法法院的15名法官由共和国总统在征得参议院同意后任命，宪法法官的任期为10年。年满40岁、拥有法律学位并从事法律专业至少10年的正派公民均可以被任命为宪法法院法官。宪法法院法官担任职务时应向共和国总统宣誓。未经参议院批准，不得对宪法法院法官进行刑事追究。

宪法法院对下列事项做出决定：

（1）如果违反宪法秩序，废除法律或其个别条款。

（2）关于地方自治机构反对国家非法干涉的宪法申诉。

（3）关于公共权力机构干预宪法保障的基本权利和自由的宪法申诉。

（4）利用合法手段反对审核众议员和参议员就选举问题做出的决定。

（5）对参议员和众议员丧失被选举权和他们职务的不相容性提出质疑。

（6）参议院对共和国总统的宪法起诉。

（7）总统根据宪法提议取消众议院和参议院的决议。

（8）对执行国际法庭的决定所必需的措施，而国际法庭的决定对捷克共和国具有约束力。

（9）是否解散政党的决定或其他有关政党活动是否符合宪法或其他法律的决定。

（10）关于国家机构和地方自治机构的权限范围的争议。

（11）国际条约是否符合捷克宪法秩序。

宪法法院的判决，一经公布立即付诸实施。所有机构和个人都有义务遵守宪法法院的判决。

二　法院

捷克法院体系由最高法院、高等法院、州法院和县法院组成。这是四个环节，而不是四个级别，因为法院不仅独立于其他国家权力机构，而且相互之间也保持独立。在司法系统中，法院之间不存在领导和从属关系，就像检察院一样。如果较高一级的法院取消一审法院的决定并以具有约束力的法律意见退回重审，较高一级的法院只是依据法定权力来决定补救措施，而不是依据自己的"上级"地位。然而，这种独立性不适用于法院的国家管理，这由司法部和较高一级法院的院长来行使。法院的国家管理不是司法权力的执行，而是行政权力的实施。

最高法院与最高行政法院一起成为捷克共和国法院系统的最高环节。最高法院是最高审判机关，主要任务是确保法院在刑事诉讼和民事诉讼程序中决策的统一性和合法性。最高法院的基本活动是针对州法院或高等法院的判决做出特别补救措施的决定。此外，它承认外国法院的判决，允许根据欧盟逮捕令在欧盟境内过境和引渡人员，审查窃听和录音等。除非出于重要原因，法院诉讼程序通常向公众开放。

最高法院的院长和副院长由总统从法官中任命，任期 10 年。法官必须满足至少 10 年的专业经验，由最高法院院长任命。院长还应根据每位法官的提议为他们任命至少一名助理。院长拥有一个咨询机构——由五名最高法院法官组成的司法理事会。最高法院有两个委员会：刑事委员会，由大约三分之一法官组成；民法和商业委员会，大约由三分之二法官组成。最高法院院长任命两个委员会主席和合议庭庭长。

在捷克建立了两个高等法院：布拉格高等法院管辖捷克地区州法院和布拉格市法院，奥洛莫乌茨高等法院管辖摩拉维亚和西里西亚地区州法院。高等法院审理的案件主要是较为严重的罪行，议程涉及破产程序和商业公司的争议、经济竞争、知识产权、票据和支票等。

县法院是司法体系的基本要素。自 2005 年以来，捷克共有 86 个县法院，其中包括布拉格 10 个城区法院和布尔诺市法院。此外，存在三个县法院的分支机构，分别位于哈维肖瓦（在卡尔维内县）、克尔诺瓦（在普鲁达尔县）、瓦拉什梅兹日奇（在弗瑟亭县）。

**捷克**

# 第七节　主要政党

1. "不满意公民行动 2011"（ANO2011 运动）

由安德烈·巴比什于 2012 年创立的政治运动，是 2011 年秋建立的公民联盟"不满意公民行动"的延续。从一开始巴比什就是该运动的主席，他多次发表公开演讲对社会状况表示不满，强烈批评腐败。该运动主要面向对现有政党不满的选民，其目标是参加各级选举，为企业家和小业主创造更有利的环境，消除腐败和政治化，促进就业增长。2014 年 11 月 14日，"不满意公民行动 2011"被欧盟内部的政治实体——欧洲自由党和民主党联盟正式接纳为成员。在左右翼政治光谱中，很难界定它所处的位置。2019 年 2 月 17 日，巴比什主席将"不满意公民行动 2011"定义为全民党，即面向所有人的政党。

该运动成立后不久就成功地在 2013 年的众议院选举中获得了18.65% 的选票和 47 个议席，排名仅次于捷克社会民主党。这两个政党与"基督教民主运动—捷克斯洛伐克人民党"一起组成了政府联盟。在 17个部长职位中，"不满意公民行动 2011"获得 6 个。在 2017 年 10 月议会众议院选举中，"不满意公民行动 2011"获胜，赢得 29.64% 的选票和200 个议席中的 78 席。12 月，巴比什组建由"不满意公民行动 2011"单独构成的少数派政府。在 2018 年 1 月，这届政府因未获得众议院的信任率表决而辞职。6 月，第二届巴比什政府建立，这是由"不满意公民行动2011"和社会民主党联合组建的两党少数派政府，得到捷克和摩拉维亚共产党的支持。7 月，该政府通过众议院信任率表决。

在 2014 年欧洲议会选举中，"不满意公民行动 2011"获得 16.13% 的选票和 4 个议员席位；在 2019 年欧洲议会选举中，它获得 21.18% 的选票和 6 个议员席位。经过 2020 年 10 月的参议院 1/3 议员换届选举和州议会选举，"不满意公民行动 2011"在参议院 81 个议席中占有 6 个席位，在全国共计 675 个州议会议席中占有 178 个。至 2019 年 2 月，"不满意公民行动 2011"有党员 3300 人。

2. 公民民主党（Občanská demokratická strana）

1991 年 4 月，成立于 1989 年 11 月的政治运动"公民论坛"分裂为中左翼的公民运动和右翼的公民民主党。1991～2002 年，公民民主党主要创始人瓦茨拉夫·克劳斯一直担任党主席。在 1991～1992 年，公民民主党参与了捷克斯洛伐克联邦和捷克共和国层面的联合政府。1992 年 2月，公民民主党在斯洛伐克注册。在这年 6 月举行的议会大选中，公民民主党与小党基督教民主党组成的选举联盟在捷克共和国获胜，赢得 29.7% 的得票率。在斯洛伐克，公民民主党与民主党组成的选举联盟没能进入斯洛伐克国民议会。大选后，公民民主党主席克劳斯成为捷克共和国总理，而该党副主席扬·斯特兰斯基成为联邦政府总理。公民民主党在捷克斯洛伐克联邦和平解体进程中发挥了重要作用。在 1996 年议会大选中，公民民主党再次获胜，赢得 29.6% 的选票。克劳斯连任总理，只是以公民民主党为主体的中右翼政府在议会不占有多数，需要依赖最大反对党捷克社会民主党的谅解。从 1996 年起，公民民主党与联盟伙伴的矛盾加剧，捷克经济和社会问题有所加深，加之公民民主党爆出了经费丑闻，导致公民民主党分裂和克劳斯政府垮台。部分党内领导人、议员和成员脱离公民民主党，成立了新的政党——自由联盟。从 1998 年起直至 2006 年，公民民主党处于反对派阵营，保持第二大党的地位。在 1998～2002 年捷克社会民主党单独执政期间，公民民主党通过与捷克社会民主党签署所谓的"反对派协议"，在很大程度上参与了政权。不仅与执政党共同决定最敏感的政治问题，而且获得一系列领导职位，如多数议会委员会的主席职位，克劳斯担任众议院议长，副主席丽布舍·贝内肖娃担任参议院议长。在 2000 年州议会选举中，公民民主党取得胜利，在共计 13 个州中占据了 8 个州长的职位，而且占据了布拉格市长的职位。由于在 2002 年议会大选中，公民民主党依然没能获胜，在年底举行的特别大会上来自俄斯特拉发的参议员米雷克·托波拉内克取代克劳斯成为新一任党主席。在 2006年议会大选中，公民民主党获胜，取得 35.4% 的选票，从而成为中右翼执政联盟主体。2010 年，彼得·内恰斯当选为党主席，他领导政府直到2013 年因丑闻辞职。在 2013 年提前举行的议会大选中，公民民主党取得自1992年以来最糟糕的选举成绩，仅获得7.7%的选票，在众议院200个议席中占有16席。在2017年议会大选中，公民民主党的支持率有所上升，赢得11.3%的选票，成为议会第二大党和最大反对党，在众议院占有23个席位。现任主席是彼得·菲亚拉。

公民民主党是右翼政党，坚持社会价值观的保守主义，倡导自由主义和欧洲怀疑主义。其政策支柱是：私生活不可侵犯、国家的意义和价值不高、不负债的未来、负责任公民的团结。公民民主党主张统一的国家，认为国家在经济领域作用小，仅为发展私人倡议创造稳定环境，但在安全、权利保护和执行法律方面的作用不可替代。在外交政策方面，它主张彻底维护民族利益和加强跨大西洋合作。因此，它推动捷克加入北约，在欧洲一体化问题上主张捍卫民族国家利益，反对欧盟实行联邦制和失去民族认同。

公民民主党是欧洲议会内"欧洲保守派及改革派党团"的成员，在欧洲议会占有4个议席。经过2020年10月的参议院1/3议员换届选举和州议会选举，公民民主党在参议院81个议席中占有19个席位，在全国共计675个州议会议席中占有99个。截至2018年5月，公民民主党有党员14095人。

3. 捷克社会民主党（Česká strana sociálně demokratická）

捷克社会民主党是捷克最大的左翼社会民主政党，是社会党国际、进步联盟和欧洲社会党的成员。在捷克社会民主党内，存在两个基本派别：保守派，更多地捍卫传统的社会民主价值观、左翼民族主义，对欧洲一体化持轻微的怀疑主义态度；自由主义派，更接近进步或社会自由主义，更加亲欧洲。该党致力于实施自由、民主、社会公正、团结和责任等原则，主张维护工人和其他劳动者的利益，倡导实行生态和社会市场经济，提倡国家对医疗卫生、教育和社会服务负有责任，认为国家应该支持科研，主张退休保险与国家预算分离、实行财产申报、保护就业者、国家在经济中发挥积极作用并保障交通网络。

捷克社会民主党也是捷克历史传统悠久的政党之一，1878年作为奥地利社会民主党的一个组成部分成立。在第一捷克斯洛伐克共和国时期，捷克斯洛伐克社会民主党属于最强大的政党之一，参与执政联盟。第二次世界大战结束后，捷克斯洛伐克社会民主党成为民族阵线政党之一。1948

年，它与捷克斯洛伐克共产党合并。1989 年政局剧变后，捷克斯洛伐克社会民主党成为中东欧地区少有的不是后共产主义政党的社会民主党之一。1990～1993 年，流亡政治家伊日·霍拉克担任政局剧变后该党第一任主席，实行明显的反共产主义政策。在 1990 年 6 月举行的首次自由议会大选中，捷克斯洛伐克社会民主党获得 4.17% 的选票，没能进入议会。随着"公民论坛"分化，部分议员成立了社会民主倾向的议员团，后来加入了捷克斯洛伐克社会民主党。在 1992 年的议会大选中，捷克斯洛伐克社会民主党进入捷克斯洛伐克联邦议会和捷克国民议会。它不仅反对捷克斯洛伐克联邦解体，还批评政府的经济转型纲领。

1993 年 2 月，米洛什·泽曼当选新一任主席，政党名称改为捷克社会民主党。在泽曼领导下，捷克社会民主党成为最强大的反对党，逐渐占领了政治光谱上中间至左翼的空间。在 1996 年众议院选举中，该党获得 26.44% 的选票，成为第二大党，党主席泽曼成为众议院议长。1996～1998 年，捷克社会民主党的民众支持率不断上升。在 1998 年提前举行的众议院选举中，捷克社会民主党获得 32.31% 的选票，名列第一。大选后它成立了单一少数派政府，并与最大反对党公民民主党达成谅解，签署了关于在捷克建立稳定政治环境的协议。2001 年春，副主席弗拉基米尔·什皮德拉取代泽曼成为主席。在 2002 年众议院选举中，捷克社会民主党再次获胜，赢得 30.2% 的选票。它随后与"基督教民主联盟—捷克斯洛伐克人民党"和"自由联盟—民主联盟"组成联合政府，在议会占有微弱多数（101 席）。不仅在执政联盟和捷克社会民主党内部都存在不团结，而且反对党公民民主党批评其过于"左倾"，捷克和摩拉维亚共产党则批评它放弃了左翼价值观。

在 2004 年欧洲议会选举中，捷克社会民主党仅获得 8.78% 的选票，什皮德拉辞去党主席和总理职务。新任主席斯坦尼斯拉夫·格罗斯由于住房丑闻在任职一年后辞职。2005 年伊日·帕洛贝克成为党主席，他成功将党团结起来并改善了党的政治地位。在 2006 年议会大选中，它取得历史最好成绩，获得 32.32% 的选票，却依然名列第二成为反对党。在 2010 年众议院选举中，它获得 22.08% 的选票，名列第一，但由于没有联盟伙伴无力组建政府而成为反对派。2011年，博胡斯拉夫·索博特卡成为该党新主席。在2013年提前举行的众议院选举中，捷克社会民主党获胜，赢得20.45%的选票，随即与"不满意公民行动2011"、"基督教民主联盟—捷克斯洛伐克人民党"组成联合政府。党内分裂为支持和反对泽曼总统的两派。由于民众支持率持续下降，2017年6月，索博特卡辞去党主席职务，但保留了总理职务。原第一副主席米兰·霍万涅茨担任临时党主席，外长卢博米尔·扎奥拉莱克成为选举领导人。尽管为挽救颓势做出了各种努力，但在2017年9月众议院选举中取得1992年以来最糟糕的选举成绩，仅获得7.27%的选票，成为议会第六大党。在2018年2月举行的第40届特别党代会上，扬·哈马切克当选党主席。6月，捷克社会民主党与"不满意公民行动2011"组建联合政府，拥有第一副总理和5个部长职位。

在2019年欧洲议会选举中，该党仅获得3.95%的选票，没能进入欧洲议会。经过2020年10月的参议院1/3议员换届选举和州议会选举，捷克社会民主党的支持率进一步下降，在参议院81个议席中占有3个席位，在全国共计675个州议会议席中占有37个。

截至2019年10月，捷克社会民主党有成员13845人。它的组织结构分为四级：地方组织、县组织、州组织和中央组织。最高机构是全国代表大会，通常每两年举行一次。代表大会确定党的政治纲领，通过党章，选举和撤销党主席、副主席和其他领导干部。

4. 捷克和摩拉维亚共产党（Komunistická strana Čech a Moravy）

从1989年政局剧变至今，捷克和摩拉维亚共产党作为捷克斯洛伐克共产党的直接继承党，是中东欧国家中唯一不改名换姓和保留马克思列宁主义特点的政党。近30年来，它不仅没有在捷克的政治舞台上衰落，而且长期进入议会众议院，是捷克两个稳定的左翼政党之一。

1989年政局剧变后不久，捷克斯洛伐克共产党决定在捷克和斯洛伐克建立地区组织。1990年3月，召开了捷克和摩拉维亚共产党成立大会。同年11月，捷克斯洛伐克共产党转型为捷克和摩拉维亚共产党（以下简称捷摩共）与斯洛伐克共产党的联盟。捷摩共在捷克地区开展活动，斯洛伐克共产党在斯洛伐克地区开展活动。随着斯洛伐克共产党很快改名为民主左派党并朝着社会民主方向改革，两党联盟解体。捷摩共内部也出现了多种观点平台，要求进行类似改革。1991年底，捷摩共就是否改变党的名称举行了党内全民公决，结果76%的党员赞同保留现有名称。在1992年12月召开的第二届全国代表大会上，确定了新形势下的共产主义倾向。由于党主席伊日·斯沃博达持赞同改革的态度，引起越来越多党员的反对，党内斗争和分化依然持续。

1993年6月，第三届全国代表大会召开，大会决定保留党的名称，坚持共产主义方向，选举保守主义的共产党人米罗斯拉夫·格雷贝尼切克为党主席。于是，一部分支持改革的党员退党，成立了民主左派党和"左翼联盟党"。捷摩共逐渐趋于稳定，发展成为与共产主义意识形态紧密相连、明确反对资本主义和要求通过非暴力的民主方式进行社会主义变革的政党。

1995年12月，捷摩共举行了第四届全国代表大会。会议指出，已经克服了党内分歧并实现了稳定化。经历了分化的捷摩共，党员数量急剧减少，从1993年的31.7万人减少到1997年的15.5万人。与此同时，捷摩共更加团结和统一。

进入21世纪后，捷摩共一直保持传统共产主义政党的特色，拥护马克思和恩格斯的社会主义理论基础，坚定地维护社会弱势群体的利益，在传统左翼的原则基础上致力于最大限度地再分配。捷摩共的纲领性目标是建设现代的社会主义社会、自由和平等公民的社会、民主和自治的社会、政治和经济多元化的社会、繁荣和公正的社会。在社会政策方面，它强调保持社会和解、保护劳动者权益、保障就业和居住权利以及医疗服务。在经济政策方面，它主张有计划的市场经济，倡导通过系统的现代化投资、增加国内需求和扩大对外出口来复兴民族经济，重视农业生产，要求纠正私有化的弊端，反对将土地出售给外国资本。在民主和政治方面，它倡导建立公民社会，维护法治国家，要求提高公民直接参与决策的可能性，呼吁广泛实施全民公决、教会与国家彻底分离、取消议会参议院等。

在2003年举行入盟全民公投时，捷摩共建议它的支持者投否定票。

**捷克**

后来它对欧盟的立场趋于温和，支持捷克的欧盟成员国身份，但推动欧盟进行机构改革，以使成员国获得更多的平等待遇，并增强民族国家议会和欧洲议会的作用。它反对捷克的北约成员国身份，要求退出北约。它希望联合国和欧洲安全与合作组织能够发挥更强大的影响力，反对捷克过于倾向欧盟和美国，表示捷克应该与其他国家加强经济合作和文化交流，主张与邻国特别是斯洛伐克发展关系，反对愈益依赖德国，对中国、俄罗斯和古巴等国家持友好态度。

1990~2013 年，捷摩共在历届议会大选中的支持率保持在 10.3%~18.5%之间，在众议院的席位保持在 22~41 席之间。在 2017 年议会大选中，该党取得有史以来最糟糕的选举成绩，得票率首次跌至 10%以下，为 7.8%，在众议院占有 15 个席位。2018 年 7 月，该党通过对"不满意公民行动 2011"和捷克社会民主党共同组成的少数派政府的支持，结束了长达 28 年的反对党身份，获得自东欧剧变后最大程度参政的历史机遇。2021 年 4 月，捷摩共终止了对少数派政府的支持，原因是对执政党"不满意公民行动 2011"失去了信任。

在 2019 年欧洲议会选举中，捷摩共获得 1 个议席。经过 2020 年 10 月的参议院 1/3 议员换届选举和州议会选举，该党的支持率进一步下降，在参议院 81 个议席中不占有任何席位，在全国共计 675 个州议会议席中占有 13 个。

在 1990 年成立之初有党员 75.6 万，截至 2020 年 1 月有党员 31456 人。组织结构分三层：基层组织、县组织和中央机构，有自己的报纸《你好报》。现任主席是沃侬杰赫·菲利普（自 2005 年起），同时担任捷克议会众议院副主席。

5. 基督教民主联盟－捷克斯洛伐克人民党（Křestanská a demokratická unie-Československá strana lidová）

捷克斯洛伐克人民党是一个基督教民主政党，成立于 1919 年 1 月，是捷克最古老的政党之一。1992 年 9 月，捷克斯洛伐克人民党与基督教民主联盟合并，改党名为"基督教民主联盟－捷克斯洛伐克人民党"。党名的更改也遭到部分党员的拒绝，他们退党并成立基督教社会联盟。在

1992 年议会大选中，"基督教民主联盟 – 捷克斯洛伐克人民党"在捷克国民议会和联邦议会的人民院与民族院均获得代表资格。选举后，该党进入以克劳斯为首的中右翼政府和临时性的联邦政府。那一时期，该党倾向于中右翼和欧洲基督教民主价值观。后来，它愈益向中间派转变并开始致力于成为政坛"天平上的砝码"。在政治舞台上处于中间派地位及其内部观点的多元化赋予其广泛的联盟潜力，无论是中左翼政府还是中右翼政府都需要它的参与，否则就有可能组阁不成功。只有在 2010 年议会众议院选举中，它被淘汰出局，其他历次大选都保持 5% 以上的支持率。在 2019 年欧洲议会选举中获得 2 个席位。经过 2020 年 10 月的参议院 1/3 议员换届选举和州议会选举，该党在参议院 81 个议席中占有 12 个席位，在全国共计 675 个州议会议席中占有 53 个。1996～1998 年和 2000～2004 年，代表该党的参议员彼得·皮特哈特担任参议院议长。

该党拥有相对广泛的成员基础，主要集中在摩拉维亚。它在农村地区的地位通常强于在城市。该党的主要议题是支持传统家庭、优质教育、农村发展、小型家庭企业和令人满意的生活条件。2019 年有党员 2.2 万人，2020 年马里安·余雷奇卡担任新一届党主席。

6. TOP 09 党

它是中右翼的自由保守主义政党，2009 年由脱离"基督教民主联盟 – 捷克斯洛伐克人民党"的米罗斯拉夫·卡洛塞克创建，2007～2009 年担任外长的卡雷尔·斯瓦臣贝格当选为它的第一任主席，米洛斯拉夫·卡洛塞克当选为第一副主席。在成立之初，该党有 1900 名成员，很快发展成为一个重要的政治实体。在 2010 年议会大选中，它获得 16.7% 的支持率，在议会众议院占有 41 个议席，参与了 2010～2013 年的执政联盟。在 2013 年和 2017 年议会大选中，它的支持率有所下降，分别获得 11.99% 和 5.31% 的选票，均成为反对党。党的名称体现了它的基本原则——传统、责任和繁荣（捷克语中每个单词的第一个字母组成 TOP）。TOP 09 党是一个基于欧洲基督教 – 犹太文化传统的政党。它采取明显的亲欧洲立场，反对民粹主义。该党的任务之一是维持公共预算的稳定性和不增加国家债务。

截至 2020 年 10 月，TOP 09 党在议会众议院有 7 个议席，在参议院有 5 个议席，在欧洲议会有 2 个议席。2019 年有党员 2761 人。从 2019 年起，玛尔克达·贝卡洛娃·阿达莫娃担任 TOP 09 党主席。

7. 海盗党（Česká pirátská strana）

捷克海盗党成立于 2009 年，在 2010 年和 2013 年议会大选中，它的得票率很低，未能进入议会。在 2017 年的议会选举中，它获得 10.79% 的支持率，首次进入众议院，200 个席位中拥有 22 个，成为第三大党。

该党的纲领侧重于政治透明度，政治家的个人责任，反腐败斗争，电子政务，支持中小企业，防止逃税和捷克资本通过外资企业外流，为地方发展提供资金，公众参与民主决策和强调法治。该党还倡导改革金融市场和银行业，积极推动捷克参与欧洲决策，寻求解决欧盟的民主赤字问题，主张改革跨国公司的税收和加强环境保护。

在现任主席伊万·巴尔托什的领导下，该党反对以巴比什为首的少数派政府。在 2018 年举行的地方选举中，海盗党在一些城市取得了成功。在布拉格，海盗党牵头组建了执政联盟，该党选举领导人兹德涅克·赫日布当选市长。2019 年 5 月，该党在欧洲议会选举中获得 3 个议席，党员马塞尔·科拉贾当选为欧洲议会副主席。经过 2020 年 10 月的参议院 1/3 议员换届选举和州议会选举，该党在参议院 81 个议席中占有 2 个席位，在全国共计 675 个州议会议席中占有 99 个。

8. 市长和独立人士（Starostové a nezávislí）

"市长和独立人士"是自由主义中间派至中右翼政治运动，2004 年作为抗议性政治运动成立，反对捷克当时的政治形势。它吸引了其他政党如公民民主党内部分不满意的成员和一些已解散政党的原成员加入进来，2009 年参加了欧洲议会选举，2010 年参加了众议院选举。它在利贝雷茨州和中捷克州逐渐建立了选民基础，主要是来自较小的城市和乡村的选民，争取到许多原先支持公民民主党、TOP 09 党、捷克社会民主党和"不满意公民行动 2011"的选民，在参议院选举中长期取得好成绩。最初它主要在市镇和州层面关注地方政治，后来开始也重视全国政治，自2017 年起对全国政治的影响力开始增强。

在 2010～2016 年，"市长和独立人士"与 TOP 09 党保持合作。在 2017 年的众议院选举中，它首次单独参选，最终跨越 5% 的门槛进入众议院。在 2018 年地方选举和参议院选举中，它取得显著成功，在地方选举中获得所有政党中最多的代表资格，在参议院选举中名列第二。随着更多参议员加入"市长和独立人士"，它在 2018 年 10 月成为参议院中最强大的议员团。在 2020 年州选举中，"市长和独立人士"也取得成功，它在中捷克州和利贝雷茨州获胜，并在选举后的谈判中赢得 4 个州长的职位。在同年参议院选举后成为参议院第二大议员团。2021 年 1 月，"市长和独立人士"与海盗党达成关于在 2021 年 10 月众议院选举中组成选举联盟的协议，选举联盟的领导人和总理候选人是海盗党主席伊万·巴尔托什，"市长和独立人士"的主席维特·拉库桑是副总理候选人。

"市长和独立人士"的基本优先事项包括负责任的管理、优质的教育体系、对环境和文化遗产的保护，认为对教育的投资是未来繁荣的保证，但必须基于审慎的原则。党的纲领主要包括下列内容：地方自治、中央权力下放、限制官僚主义、打击腐败和滥用权力、支持欧洲一体化、提高教育质量、加大对科学的投资、主张市场经济原则并强调必要的社会关怀和私有财产的不可侵犯性。

9. 自由与直接民主运动（Svoboda a přímá demokracie）

自由与直接民主运动是 2015 年 6 月由议员托米奥·奥卡姆拉和拉迪姆·菲亚拉创立的政治运动，他们脱离了原先的政治运动——直接民主的黎明。自由与直接民主运动的纲领侧重爱国主义（民族主义），主要表现在对非法移民和伊斯兰教的抵制，它还要求直接民主，即政治家和法官的职务可撤销以及在重要问题上举行全民公决。该运动反对《里斯本条约》，抵制欧洲一体化进程，主张捷克退出欧盟和北约，反对捷克加入欧元区，反对接收难民，被视为"极右翼政党"。它通常被认为具有民粹主义、激进主义、民族主义或专制主义的特点。该运动共有成员约 1200 人。

在 2017 年议会大选中，它获得 10.64% 的选票，在众议院占有 19 个议席，成为第四大党。在 2019 年 5 月欧洲议会选举中，它的得票率为

9.14%，在欧洲议会占有 2 个议席。该党在参议院没有席位，在全国 675 个州议会议席中占有 35 个。

该党主席托米奥·奥卡姆拉是一位企业家、政治家，拥有摩拉维亚和日本混合血统。自 2015 年 8 月起，他一直担任自由与直接民主运动的主席。2017 年 11 月，他当选为众议院副主席。

# 第四章

# 经　济

## 第一节　经济发展简史

### 一　捷克共和国独立前经济发展概况

在 19 世纪，在奥匈帝国经济框架内捷克地区在工业和贸易领域拥有强大的地位。在 19 世纪末，捷克地区的工业生产占奥匈帝国整个工业生产的大约 70%，其中一些工业生产几乎占有垄断地位，如陶瓷生产、煤炭开采和纺织品生产等。随着工业化的发展，农业生产不断扩大，捷克成为奥地利谷物生产的主要地区。

1918 年捷克斯洛伐克共和国建立后，它继承了奥匈帝国 21% 的领土、26% 的人口和三分之二的工业。在第一共和国时期（1918 ~ 1938 年），捷克斯洛伐克属于世界上第十大工业发达国家，仅次于美国、加拿大、澳大利亚、瑞士、阿根廷、英国、法国、瑞典和比利时。许多工业生产部门，从建筑业到机械制造业均得到发展。捷克斯洛伐克出口的主要领域是鞋类、军工产品、玻璃、珠宝首饰、啤酒花等。

1929 年爆发的世界经济危机直到 4 年后才对捷克斯洛伐克经济造成冲击，1933 年工业生产指数下降 40%。政府通过捷克克朗贬值、粮食垄断、支持出口和扩大公共工程等措施应对危机。

1938 年《慕尼黑协定》签署后，捷克斯洛伐克失去了 30% 的领土、三分之一的人口和可耕地以及三分之二的工业产能。1939 年 3 月，纳粹德国占领捷克并建立"捷克和摩拉维亚保护国"后，捷克经济被强制性服从德国经济利益。第二次世界大战前存在的经济强国捷克斯洛伐克实际上被消灭了。

1945 年 4 月 5 日制定的《科希策政府纲领》在经济方面强调了几项主要任务：迅速恢复战争期间遭到破坏的国民经济，从劳动人民各阶层利益出发为新的社会政策奠定基础，将叛徒的资产划归国家管理。在两年计划（1947～1948 年）期间，工业生产水平已超过 1937 年水平的 10%。农业的恢复比较慢，1953 年的生产水平相当于 1937 年的 88%。

1948 年 2 月，捷克斯洛伐克共产党全面执掌政权，国民经济开始由中央管理，所有工业企业都被国有化。1948～1989 年，捷克斯洛伐克政府提出了若干五年计划，没有考虑市场经济的基本经济现象，如供给、需求、通货膨胀和商业周期等。1949～1953 年，第一个五年计划的重点是工业化、村庄集体化、建立合作社、建设重工业和货币改革（1953 年）。

1949 年，捷克斯洛伐克加入经济互助委员会（简称经互会）对其经济结构的形成造成重要影响，大约 60% 的经济生产总量由工业创造，而重工业、机械制造和军工生产是工业的主要部门。在经互会框架内，捷克斯洛伐克属于经济最强大的国家之一，主要得益于工业比例高、农业机械化程度高和密集的交通网络。侧重重工业意味着经济对出口的高度依赖、生产对能源的高度需求以及对环境的不利影响。

1968 年开启"布拉格之春"改革后，捷克斯洛伐克试图从中央指令性计划经济向市场经济转变。在"布拉格之春"改革运动被终止后的"正常化"时期，捷克斯洛伐克社会在很大程度上回归到改革前的状态。在 20 世纪 80 年代末，捷克斯洛伐克开始重建经济机制，重点是增加企业的自主权，重组生产，将科技研究成果付诸实践。捷克斯洛伐克还开始与西方国家合作，建立了合资企业。1988 年 7 月，在捷克斯洛伐克出现了第一家合资企业 AVEX，与荷兰一家企业合作生产录像机。

在 1989 年政局剧变前，捷克斯洛伐克与民主德国是苏联东欧阵营中经济最发达的两个国家，但是经济增长势头较弱，在 1969～1989 年间国内生产总值年平均增长率为 1.66%。农业在捷克斯洛伐克国民经济中的份额很小，而且总体上采取限制性经济政策，这些对于剧变后的经济转型产生了影响。

从1991年1月1日起，捷克斯洛伐克开始实行"休克疗法"，旨在通过快速实行价格自由化、对外贸易自由化和私有化等方式，建立完全的市场经济，使国家对经济活动的干预最小化。通过实行紧缩性货币和财政政策，对本国货币进行贬值、调整汇率、大幅度削减补贴和控制通货膨胀，捷克斯洛伐克较快实现了宏观经济平衡，具体表现为：货币稳定、国家预算收支平衡、外汇收支良好、通货膨胀率和失业率较低。1991~1992年，捷克斯洛伐克实施了财产退赔、小私有化和大私有化（第一波）等改变所有权关系的措施。大私有化为私有化进程的核心，其特色是采用投资券私有化方式，旨在尽快将国有资产转移到国内私营企业家手中。在对外经济关系方面，1991年捷克斯洛伐克取消了国家对外贸的垄断，允许企业和个人自由从事对外贸易，实现了货币的国内可兑换。随着经互会的解体，捷克斯洛伐克对外贸易方向发生深刻变化，转为主要面向西方发达国家。1991年12月，捷克斯洛伐克与欧洲经济共同体签订《联系国协定》，促进了双方贸易往来。

## 二 捷克共和国独立后经济发展变化

1993年独立后，捷克继续执行联邦时期的激进转型战略。它积极推进私有化进程，取消国家补贴，大幅削减政府开支，采取货币紧缩政策，实行价格和对外贸易自由化，建立资本和金融市场，进行税收、医疗保险和社会保险等领域的改革。始于1992年下半年的经济增长因联邦国家解体而中断。随着出口扩大、外资涌入和私人消费需求增长，从1994年起开始恢复经济增长，1995年达到顶峰，增长率为5.9%。失业率低和通货膨胀率不高被称为"捷克奇迹"，捷克也因此成为从中央计划经济向市场经济转型的典范。从1997年第三季度起，捷克经济开始衰退，政府采取的从紧的货币和财政政策没能促使经济走出衰退。1998年捷克社会民主党上台执政后，把恢复经济增长确定为优先目标。它转而实行宽松的货币政策，制定了赤字预算，花费巨资用于工业企业和银行的改造，通过减免税和提供低价建设用地吸引外资，出售大银行给国外战略投资者，同时加强了对经济的宏观调控。另外，为了努力消除公众对社会发展形势的悲观情绪，它增加了用于基础设施、教育和社会保障方面的开支，居民的实际工资也不断增长。在这些措施的推动下，1999年第二季度经济开始止跌回升，2000年出现了实质性增长，但公共财政赤字、外贸逆差和经常账户赤字逐渐扩大。

为了使经济健康、稳定和快速发展，2002～2006年，以社会民主党为主体的联合政府继续将必要的经济改革确定为优先任务，如税收制度、社会保险支付体系、破产、商业注册、商业司法、退休金制度和医疗卫生部门的财务管理等，但执政联盟内部的纷争导致经济改革的推进受到影响。

2004年，捷克加入欧盟，贸易、投资和就业状况得到改善，经济增长势头迅猛。2004～2008年，捷克经济年均增速达到5.3%，从而缩短了捷克与欧盟发达国家经济水平的差距。2008年，按购买力平价计算人均国内生产总值，捷克经济达到欧盟平均水平的80%，超过维谢格拉德集团其他成员国。

2008年9月，国际金融危机爆发后，捷克经济凭借自身的优势，如国际收支相对平衡、通货膨胀率低、经济增长率高、外币债务比重小、家庭负债率较低、劳动生产率提高较快等，避免了深陷危机。然而，受全球经济下滑的影响，捷克经济逐渐走弱，2009年上半年陷入独立后最严重的衰退。只是捷克较快地走出危机的谷底，从2009年第三季度起实现了经济的正增长，经济复苏期持续到2012年初。随着欧元区经济停滞不前，捷克经济的外部需求减弱，加之捷克政府采取严格的财政紧缩政策，企业投资减少，从2012年3月起，捷克经济再次进入长达一年多的衰退期。

从2013年下半年起，捷克经济开始走出衰退并迈向持续复苏，其原因主要是：主要贸易伙伴国德国、斯洛伐克和其他欧盟成员国的经济形势明显好转；2014年1月上台的以捷克社会民主党为主体的联合政府积极推动经济增长；2013年11月捷克国家银行对外汇市场进行干预导致捷克克朗贬值，将欧元兑捷克克朗的汇率控制在1∶27左右，以刺激出口增长、吸引外国直接投资和推动国内生产。

2014～2019 年，捷克成为欧盟成员国中经济发展最快的国家之一，这主要得益于有利的国际环境。由于捷克经济发展高度依赖工业生产及工业品出口、服务业和外资，2020 年的新冠肺炎疫情对其经济造成严重打击，国内生产总值下降 5.6%，是其独立以来经济下滑最严重的一年。财政赤字达到 3674 亿捷克克朗，也是捷克独立以来最大的赤字。疫情前，捷克是宏观经济失衡很小、金融稳定度很高的经济体，在中东欧地区最接近西欧发达国家的经济水平，在欧盟内失业率最低、贫困人口比例最小。在疫情的影响下，捷克的投资活动和家庭消费急剧下降，工业生产、旅游业、运输业和建筑业均受到明显冲击。尽管如此，捷克经济下滑低于预期，比欧盟平均水平高 0.5 个百分点。

捷克 1993～2020 年经济发展情况见表 4 - 1。

表 4 -1　捷克 1993～2020 年宏观经济发展情况

| 年份 | GDP 增长率（%，按不变价格计算） | 人均 GDP（美元） | 对欧盟的趋同程度（%） | 平均通货膨胀率（%） | 失业率（%） | 经常账户占 GDP 比例（%） | 政府债务占 GDP 比例（%） |
|---|---|---|---|---|---|---|---|
| 1993 | 0.6 | 4002 | | 20.8 | 4.3 | 1.1 | 13.2 |
| 1994 | 2.2 | 4625 | | 10.0 | 4.3 | - 1.6 | 11.4 |
| 1995 | 6.4 | 5821 | 77 | 9.1 | 4.0 | - 2.3 | 9.7 |
| 1996 | 4.3 | 6534 | 79 | 8.8 | 3.9 | - 6.1 | 8.5 |
| 1997 | - 0.5 | 6032 | 76 | 8.5 | 4.8 | - 5.7 | 8.8 |
| 1998 | - 0.4 | 6491 | 73 | 10.7 | 6.5 | - 1.9 | 9.0 |
| 1999 | 1.4 | 6332 | 73 | 2.1 | 8.7 | - 2.2 | 10.1 |
| 2000 | 4.0 | 6020 | 72 | 3.9 | 8.8 | - 4.4 | 12.1 |
| 2001 | 3.0 | 6632 | 74 | 4.7 | 8.1 | - 4.8 | 13.4 |
| 2002 | 1.6 | 8058 | 74 | 1.8 | 7.3 | - 5.1 | 14.7 |
| 2003 | 3.6 | 9805 | 77 | 0.1 | 7.8 | - 5.7 | 17.5 |
| 2004 | 4.8 | 11738 | 79 | 2.8 | 8.3 | - 3.7 | 19.3 |
| 2005 | 6.6 | 13406 | 80 | 1.9 | 7.9 | - 2.1 | 21.0 |
| 2006 | 6.8 | 15212 | 81 | 2.5 | 7.1 | - 2.5 | 22.7 |
| 2007 | 5.6 | 18411 | 84 | 2.8 | 5.3 | - 4.6 | 23.1 |

续表

| 年份 | GDP 增长率<br>（%，按不变<br>价格计算） | 人均 GDP<br>（美元） | 对欧盟的<br>趋同程度<br>（%） | 平均通货<br>膨胀率<br>（%） | 失业率<br>（%） | 经常账户<br>占 GDP<br>比例（%） | 政府债务占<br>GDP 比例<br>（%） |
|---|---|---|---|---|---|---|---|
| 2008 | 2.7 | 22755 | 85 | 6.3 | 4.4 | -1.9 | 24.7 |
| 2009 | -4.7 | 19778 | 86 | 1.0 | 6.7 | -2.3 | 29.8 |
| 2010 | 2.4 | 19866 | 84 | 1.5 | 7.3 | -3.6 | 33.7 |
| 2011 | 1.8 | 21880 | 84 | 1.9 | 6.3 | -2.1 | 36.9 |
| 2012 | -0.8 | 19868 | 83 | 3.3 | 7.0 | -1.5 | 40.8 |
| 2013 | 0.0 | 20146 | 85 | 1.4 | 8.0 | -0.5 | 40.6 |
| 2014 | 2.3 | 19903 | 87 | 0.4 | 6.1 | 0.2 | 38.3 |
| 2015 | 5.4 | 17834 | 87 | 0.3 | 5.1 | 0.4 | 36.2 |
| 2016 | 2.5 | 18583 | 88 | 0.7 | 4.0 | 1.8 | 33.6 |
| 2017 | 5.2 | 20641 | 90 | 2.5 | 2.9 | 1.5 | 31.8 |
| 2018 | 3.2 | 23422 | 91 | 2.1 | 2.2 | 0.4 | 30.0 |
| 2019 | 2.3 | 23494 | 92 | 2.8 | 2.0 | -0.3 | 28.5 |
| 2020 | -5.6 | 22774 | 94 | 3.2 | 2.6 | 3.5 | 38.1 |

资料来源：捷克统计局网站，https：//www.czso.cz；欧盟统计局网站，https：//ec.europa.eu/eurostat。

## 第二节　基本经济特点

### 一　小型开放市场经济体

捷克国内市场不大，但它是欧盟成员国，是拥有近 5 亿消费者的欧盟统一大市场的一部分，市场可延伸到欧盟全境。捷克是申根国家，基础设施良好，铁路、公路、航空和水运交通便利，与周边国家和欧盟其他国家的经贸和人员往来密切。捷克主张自由贸易政策，对外资持欢迎态度。对外贸易在捷克经济发展中起着关键作用，商品和服务出口占国内生产总值的 70%，而且这一比例长期处于上升状态（2020 年除外）。捷克产品主要出口到欧盟国家，德国是其最大的贸易伙伴，其他贸易伙伴主要有斯洛伐克、波兰和法国。捷克已稳固地融入德国—中欧供应链。近些年来，捷克积极寻求对外贸易多元化。捷克还是中东欧地区吸引外资最成功的国家之一。

二　宏观经济形势总体稳定

　　尽管自 1993 年独立以来，捷克经济先后三次陷入衰退，但持续的时间相对较短或衰退的程度相对较小，宏观经济形势总体稳定。捷克失业率一直很低，低于西欧发达国家的平均水平。与欧盟其他国家相比，捷克只有很小一部分人口生活在贫困线以下，而且最富裕和最贫困人口之间的不平等程度相对较低，居民财富分配相对平衡。捷克是欧盟内面临收入贫困风险的人口比例最低的国家。从 2012 年起，政府债务占国内生产总值的比例不断下降，在欧盟属于较低的国家之一。在新冠肺炎疫情前，政府预算出现盈余，经济不受过度的内部、外部和财政不平衡的困扰。根据国际货币基金组织的统计，按购买力平价计算人均国内生产总值，2018 年捷克为 37546 美元，2019 年为 39477 美元，接近以色列或意大利的水平。2019 年，与欧盟经济的趋同程度为 92%，2020 年，与欧盟经济的趋同程度达到 94%，在中东欧国家中名列第一。

　　捷克是世界上最发达的经济体之一，1995 年在中东欧转型国家中第一个加入经合组织，在 2004 年欧盟东扩第一波加入欧盟，2005 年被世界银行列为高收入国家。在人类发展指数方面，2019 年捷克排名世界第 13 位。在世界银行的人力资本指数方面，它排名第 14 位。在经济自由指数方面，排名世界第 24 位（德国之前）。在全球创新指数方面，全球竞争力排名第 29 位。

　　捷克稳定的宏观经济形势和相对较低的政府债务水平促使国际著名评级机构对捷克做出有利的评级。2020 年秋，标准普尔、日本信用评级机构（JCR）和惠普的最新评级证实了捷克的高信用度，尽管新冠肺炎疫情导致经济发展形势恶化，但仍将有利于捷克国内外市场的融资。日本信用评级机构（JCR）高度评价捷克政府长期审慎的财政政策和政府部门的低债务水平，前景展望为稳定。标准普尔确定了捷克的长期外币信用评级为

AA－，长期本币信用评级为 AA，前景展望为稳定。惠誉评级为 AA－，穆迪评级为 Aa3。

### 三 工业在国民经济中占据重要地位

捷克是传统工业国家。在 19 世纪末，捷克就集中了奥匈帝国大约 70% 的工业生产能力。如今，工业是捷克国民经济中重要的部门，工业产值占国内生产总值的 1/3 强，工业人口占全国劳动人口的 38%，这一比例在欧盟名列第一。工业也是捷克经济增长的引擎之一。捷克的主要产业是汽车制造、电子、工程、高科技、钢铁生产、运输设备、化学制造和制药。制造业尤其发达，在航空航天设备、医疗卫生器械、采矿设备、电力设备、环保设备、纳米纤维技术和生物技术设备的制造方面具有独特的优势。捷克工业产品以出口为主，主要市场在欧盟。

### 四 强调创新发展

捷克技术水平较高，曾经取得不少科技成果，如隐形眼镜、水轮机和气流纺纱机等。2015 年捷克政府提出了"捷克工业 4.0"计划，旨在通过加强创新技术应用，更多地创造高附加值产品。创新发展是巴比什政府的执政重点之一，2019 年初，该政府正式发布《未来之国：捷克共和国创新战略 2019~2030》文件，规划了未来 12 年研发创新发展路径，旨在使捷克发展成为欧洲创新领导者，确定了战略发展方向是创业孵化、数字化与智慧基础设施建设。同年 5 月，捷克政府通过了《国家人工智能战略》，其优先领域是安全和国防、工业和制造业。在学术研究机构联盟的基础上建立所谓的欧洲人工智能卓越中心，是在 2021 年以前实施的人工智能战略的短期目标之一。

## 第三节 农业

在 1989 年政局剧变前，捷克斯洛伐克几乎不存在私营部门，三分之二的农业用地由统一的农业合作社管理，三分之一的农业土地属于国营农场。

随着 1989 年捷克向市场经济过渡，农业生产开始适应新的经济条件和市场需求，农业经营结构发生了很大变化。农业合作社的意义不断下降，独立经营的农民和农业企业家的数量明显增加。从 1989 年至 2019 年，农业用地减少了 9.4 万公顷，耕地面积减少了 29.1 万公顷，而永久性草地（即草场和牧场）面积增加了 18.9 万公顷，森林面积增加了 4.7 万公顷。2020 年，捷克有农业用地 420 万公顷，占国土总面积的 53.3%；耕地面积 293.2 万公顷，占国土总面积的 37.2%。捷克人均农业用地 0.39 公顷，人均耕地面积为 0.27 公顷，符合欧洲平均水平。

捷克农业有三个典型特征。首先，法人拥有的农业企业占很大比例，达到 13.5%，在欧盟排名第二，仅次于法国。其次，租赁土地比例高，大约为 90%。最后，大型农业企业比例高。在捷克，超过 50 公顷的农业用地面积通常属于大型企业，它们掌握的农业用地面积占捷克共和国农业用地总面积的 92.2%，原因之一是有着农业合作社的传统。

农业对整个捷克经济总附加值的贡献率是 2.4%。捷克农业的劳动生产率高于欧盟的平均水平，而农业劳动生产率的提高导致这一部门的就业人数大幅减少。2005 年，农业就业人数约为 14 万，2019 年减少到 9.5 万，占捷克总就业人数的 2.3%，低于欧盟的平均水平（5%）。

一　种植业

捷克的种植业侧重为食品工业、制药业和其他轻工业部门生产食品、饲料和原材料。捷克可以生产温带的植物产品，但不能完全满足国内需求，自给自足率大约为 90% 左右。最重要的农作物是谷物，占播种面积的一半以上，主要有小麦、黑麦、燕麦、大麦和玉米等。其他农作物有块根作物（土豆、甜菜）、油籽作物（油菜、罂粟、向日葵）、水果（苹果、梨、樱桃、李子、草莓、葡萄等）、蔬菜（黄瓜、洋葱、西红柿、生菜、芹菜等）、豆类作物（豌豆、扁豆）、纤维植物（亚麻、大麻）和啤酒花。

自 1993 年独立以来，捷克多数农作物的播种面积在减少，如谷物、土豆、甜菜和饲料作物等，只有油菜的播种面积在明显扩大。根据捷克统计局数据，2020 年谷物播种面积为 133.6 万公顷，而 1993 年为 160.7 万公顷；2020 年土豆播种面积为 2.4 万公顷，而 1993 年为 10.5 万公顷；2020 年甜菜播种面积为 6 万公顷，而 1993 年为 10.7 万公顷；2020 年饲料作物播种面积为 51.5 万公顷，而 1993 年为 96.2 万公顷；2020 年油菜播种面积为 36.8 万公顷，而 1993 年为 16.7 万公顷。

捷克从亚热带国家进口水果、蔬菜、棉花，出口的农业产品主要有啤酒花、酿造啤酒的大麦。根据捷克统计局数据，2020 年，捷克有果园 4.4 万公顷，啤酒花种植面积为 9548 公顷，葡萄园面积为 2 万公顷。啤酒花主要种植在扎特茨（Žatec）和洛乌尼（Louny），葡萄主要种植在兹诺伊莫地区（Znojmosko）和布热茨拉夫地区（Břeclavsko）。

2015～2019 年，捷克平均每年收获谷物 777 万吨，其中小麦 493.5 万吨，黑麦 12 万吨，大麦 177.4 万吨，燕麦 14.3 万吨，小黑麦 18.8 万吨，玉米粒 59.7 万吨，其他谷物 1.23 万吨；平均每年收获豆类作物 8.7 万吨；平均每年收获块根作物 450 万吨，其中土豆 62 万吨，甜菜 386.5 万吨；平均每年收获经济作物 138.4 万吨，其中油菜 114.6 万吨，葵花籽 4.1 万吨，大豆 2.8 万吨，罂粟籽 2.2 万吨，芥末籽 1.2 万吨。

自 2004 年捷克加入欧盟以来，农作物市场的调控通过共同的市场组织来得到保障。在品种、种子和种苗领域，除多年生作物外，农作物种植部门需要与中央农业监管和试验研究所协同开展育种活动、品种试验、种子和种苗试验。

二 畜牧业

畜牧业生产也是捷克农业生产的一个非常重要的组成部分，不仅是由于它能够有效利用种植业部门提供的所有类型的饲料，而且它在景观维护中占有很大份额，主要是在山麓和山区养殖牛羊。捷克畜牧业生产的主要目标既是提供国内市场所需的肉、蛋和奶制品，也是为了有效的出口。

畜牧业主要包括养殖牛、猪、羊、家禽（鸡、鸭、鹅、火鸡）和蜜蜂。在生产结构上，捷克的动物养殖超过植物栽培。捷克有足够多的肉、牛奶、鸡蛋和奶制品，也出口一定数量的肉和奶制品。牛的养殖遍布全国，在捷克东部地区和哈纳地区养殖密度最大。

1993～2019 年，一头奶牛的年均产奶量从 3824 升上升到 8471 升，而养殖牛的数量从 251.2 万头减少到 141.8 万头。猪的养殖数量也呈下降趋势：从 1993 年的 459.9 万头减少到 2019 年的 154.4 万头。2019 年，捷克养殖羊 21.3 万只，养殖马 3.7 万匹。养殖马主要是用于体育方面。2010～2019 年，捷克牛肉和猪肉的产量在不断减少，而禽肉、牛奶和鱼的产量却有所增加。2019 年，捷克牛肉产量为 16.8 万吨，猪肉产量为 28.7 万吨，禽肉产量为 26.3 万吨，鱼肉产量为 2.1 万吨，牛奶产量为 30.73 亿升，鸡蛋产量为 16.1 亿个，蜂蜜产量为 8260 吨。

在捷克狩猎的动物主要有野兔、野鸡、鹿、狍子和野猪等。2019 年狩猎狍子 10.3 万头，狩猎野鸡 45.6 万只，狩猎野猪 23.9 万头。

## 三 林业

2019 年，捷克有 267.6 万公顷森林，占国土总面积的 33.9%。超过一半面积的森林归国家所有。1989～2019 年，捷克森林面积增加了 4.7 万公顷。捷克森林的树种主要有云杉、山毛榉、橡树、松树、冷杉和椴树等。

2019 年，捷克总植树造林面积为 28670 公顷，其中针叶林造林面积 13950 公顷，阔叶林造林面积 14720 公顷。捷克采伐木材以针叶木为主，约占采伐总量的 90%。2019 年，采伐木材 3258.6 万立方米，其中针叶林木材 3131.3 万立方米，阔叶林木材 127.3 万立方米。

在捷克，依然存在木材原料直接出口而没有进一步加工的情况。如今捷克是欧盟内原木出口最多的国家。2019 年，捷克出口了 1440 万立方米的原木，相当于欧盟国家原木出口总量的 25% 以上。而 2010 年捷克的原木出口仅占欧盟出口总量的 4.7%。

近年来，在捷克市场上运营的大型跨国木材加工公司的经济状况明显好转，它们已经建立了商业网络和渠道以保障木材产品出口到国外。林业和伐木业部门有 40 多家年营业额超过 1 亿捷克克朗的公司，它们中绝大多数涉及全面的林业活动，即伐木、木材运输、木材贸易和种植活动。

农业对整个捷克经济总附加值的贡献率是 2.4%。捷克农业的劳动生产率高于欧盟的平均水平，而农业劳动生产率的提高导致这一部门的就业人数大幅减少。2005 年，农业就业人数约为 14 万，2019 年减少到 9.5 万，占捷克总就业人数的 2.3%，低于欧盟的平均水平（5%）。

# 第四节　工业

## 一　工业简史

工业在捷克经济中发挥着重要且不可替代的作用，长期占国民经济的三分之一强。主要工业中心有布拉格、布尔诺、俄斯特拉发、比尔森和姆拉达－博莱斯拉夫等。2019 年在工业部门就业的人数为 125.6 万，占捷克总就业人口的 30.7%。工业产品在捷克对外贸易总值中也占有最大的份额。捷克的主要工业部门包括化学、机械制造、食品和冶金工业。其他重要部门是能源、建筑和消费品工业。军火工业和玻璃工业也有一定的重要性。

工业生产在捷克有着长达两百年的历史，重要的历史性转折点是 19 世纪中期的工业革命。蒸汽机的发明促进了冶金、机械制造和铁路交通的发展。在 20 世纪初，捷克的工业化水平（工业就业人口占社会总就业人口比例达到 40%）超过大多数欧洲国家。工业在捷克北部地区发展最快，那里有良好的能源基地（煤炭）。在奥匈帝国框架下，捷克的工业以纺织业、食品加工、机械制造和军事装备的生产为主。在对外贸易领域，玻璃和陶瓷生产、制鞋业的地位重要。

1918 年，捷克斯洛伐克共和国建立后，捷克地区的工业很发达，保障了国内生产总值的最大一部分。在工业结构中，轻工业的比重超过重工业。尽管捷克斯洛伐克仅占奥匈帝国面积的五分之一和人口的四分之一，却继承了奥匈帝国 70% 的工业：大约 80% 的纺织业和制鞋业，超过 90% 的制糖业，98% 的陶瓷生产，49% 的生铁冶炼，43% 的化学纸浆生产，21% 的原油加工。消费品占出口值的一半，机械制造仅占 5%。外国资本（来自德国、法国、英国、美国和瑞士等国）在捷克斯洛伐克的国民经济中发挥了重要作用，超过 1/5 的工业资本属于外国垄断企业。捷克斯洛伐克资本也渗透到东南欧国家和更遥远的国家，如伊朗、阿富汗等。在 1929 年的时候，捷克斯洛伐克的工业生产达到第一次世界大战爆发前水平的 120% 多。在 20 世纪 30 年代，以轻工业为主的捷克斯洛伐克受到世界性经济危机的严重冲击。1933 年，工业产量仅达到 1929 年实际产量的 60% 左右。许多纺织品生产和玻璃制造的工厂被关闭，糖、麦芽和啤酒的出口显著下降。在第二次世界大战爆发前，由于扩充军备，重工业在捷克斯洛伐克工业生产中的比重上升，达到一半左右。在两次世界大战期间，捷克斯洛伐克保持了世界工业强国的地位。在工业的地区分布方面发生了较大的变化，关键部分集中在阿什—比尔森—布拉格—奥洛莫乌茨—俄斯特拉发一线以北地区。在这一线以南地区，只有布尔诺及其周边是主要工业区。

第二次世界大战结束和捷克斯洛伐克共产党全面执掌政权后，工业成为经济中的首要部门，其所有权、结构和地区分布均发生了变化。大型和关键的工业企业、银行和运输业被国有化。工业倾向于发展重工业（冶金、机械制造和化学工业）和军事生产，对能源的需求加大，导致煤炭的开采和电力生产急剧增加，对铁矿和其他原材料的进口扩大。捷克传统行业如纺织业和玻璃制造业发展缓慢，而且由于缺乏现代化改造，它们在工业中的地位下降。为了缩小地区差异，开始在工业不太发达的地区建造工厂。1949 年，捷克斯洛伐克成为经济互助委员会的创始成员国，并启动了 1949～1953 年的第一个五年计划。在此期间完成了工业和建筑业国有化，在 1953 年，捷克斯洛伐克工业生产产值达到 1948 年的两倍。1956 年开始实施第二个五年计划，旨在将工业生产增加一半左右。1960 年，工业生产产值达到 1948 年的 371.9%。1970 年，工业生产产值达到 1948 年的 665.5%。在第六个五年计划（1976～1980 年）期间，机械制造和化学工业的地位得到加强。与此同时，能源和外贸领域的压力加大，工业增长的速度放慢。1980 年，工业生产产值达到 1948 年的 1156.7%，1985 年达到 1948 年的 1332%。最重要的工业部门包括电机工业、机械制造、金属加工、化学药品、石棉、橡胶和冶金。最重要的工业产品是车辆、铁路运输工具、飞机、家用电器、重型机械和精密机械产品。捷克斯洛伐克成为经济互助委员会成员国中工业化程度最高的国家之一。在20世纪80年代，捷克斯洛伐克是苏联东欧阵营中唯一生产重型核能设备并出口到经济互助委员会其他成员国的国家。尽管如此，在20世纪80年代中期捷克斯洛伐克工业出现了一些严重的不足，比如工业生产所需的能源和原料需求过大、技术更新缓慢、投资不足和机器陈旧等。

1989年政局剧变后，捷克斯洛伐克包括工业在内的整个国民经济必须适应新的市场条件。它失去了东方市场，开始面临西方发达国家市场的竞争。在转型过程中，捷克工业发生了显著变化：工业的所有权关系改变，私营所有者代替国家经营企业；取消了许多没有发展前景的生产项目，一些生产部门如皮革、纺织、制鞋、木材加工、采煤和冶金在激烈的市场竞争中呈衰退之势；工业就业人数逐渐减少；工业在国内生产总值中的比重大幅下降，开始接近发达经济体的水平；大型企业渐渐消失，取而代之的是中小型企业；在私有化过程中，外国资本进入捷克企业。随着工业就业率的急剧下降，捷克对专家和技术工人的需求不断扩大，这一现象持续到现在。捷克通过吸收来自乌克兰、斯洛伐克、塞尔维亚和保加利亚等国的外籍工人来解决劳动力短缺问题。

经济转型30年来，捷克工业的技术水平逐渐适应了现代要求，但与发达国家相比，还需要更多的能源、原料和人力来生产同样数量的产品。工业现代化需要大量资金，外国资本的涌入帮助捷克解决了资金不足的问题。在一些城市，如比尔森、帕尔杜比采、赫拉尼策和布拉格的边缘地带出现了工业区。在这里，外国企业通过绿地投资的方式建造了现代化工厂，旨在生产发展前景良好的工业品。汽车工业和电机工业在工业中的比重不断上升。目前，捷克工业依赖出口。机器和运输设备占出口的比重大约为50%，其次是工业和消费品。

最重要的工业部门是加工工业，它长期占经济总量的四分之一左右。加工工业在工业产值中的比重高达80%，2019年该部门就业人数达到114.6万，占全国总就业人口的28%。加工工业的三个关键部门是汽车、拖车和半挂车的制造，金属结构和金属制品的生产，以及机械和设备的制造。从附加值的占比和就业角度看，这三个部门占捷克工业的三分之一。

一个规模较小但在过去十几年中产量显著增加的工业部门是其他运输设备的制造。它主要是轨道车辆（机车、车厢和有轨电车）的生产。运输工具发展尤其受益于电动机、发电机、变压器、汽车电池、聚光灯和其他类似产品等的制造。开采业正在经历完全相反的趋势，即长期下降。它在工业中的比重远远低于制造业，仅为 5% 左右。2005～2019 年煤炭年开采量减少了近 2000 万吨。

## 二　工业部门

### 1. 汽车工业

汽车工业在捷克已有 100 多年历史，是捷克工业的支柱产业，是吸引外资最多的部门。捷克汽车工业占工业生产产值的 26%、出口的 23% 和研发投资的三分之一。汽车工业的就业人数超过 15 万，还有大约 40 万人工作在与汽车生产相关的行业中。2019 年，捷克生产了 146 万辆汽车，其中轿车 142.7 万辆。捷克生产的汽车 85% 用于出口，主要出口到欧盟国家。

一些知名汽车厂家将其设计、创新和技术研发中心设在捷克，从而形成密集完整的汽车产业链。因此，捷克成为世界上汽车设计、制造和研发集中程度最高的国家之一。目前，捷克拥有三家小汽车整车生产企业，它们是位于姆拉达－博莱斯拉夫的斯柯达汽车公司、位于科林市的丰田标致雪铁龙汽车厂、位于诺绍维采的韩国现代和起亚汽车制造厂。斯柯达汽车公司是捷克的工业龙头，也是捷克最大的出口企业。它成立于 1895 年，于 1991 年加入德国大众集团，现有员工 2.8 万人，2019 年生产的斯柯达汽车占全国汽车生产总量的 63.6%。该公司在捷克有三个生产厂，其技术开发部是大众集团第三大研发中心，可独立开发全新车型。中国是斯柯达公司最重要的海外市场，2018 年在中国市场的销售量达到 34.1 万辆。丰田标致雪铁龙汽车厂建立于 2002 年，现有员工 3000 人左右，2019 年生产的汽车占全国汽车生产总量的 14.7%。现代汽车厂建立于 2006 年，有员工 3400 人，2019 年生产的汽车占全国汽车生产总量的 21.7%。

成立于 1850 年的太脱拉（Tatra）公司，在科普日夫尼采生产太脱拉（又译塔特拉）卡车，是捷克生产越野重型卡车、军用卡车和特种汽车的老牌企业。生产客车的企业也主要有三家，它们是位于维索凯米托的依维柯捷克公司、距离奥尔利采河畔乌斯季不远的索尔－利布哈维（SOR Libchavy）公司和位于特热比奇的特多姆（TEDOM）公司。

　　汽车工业的重要组成部分是汽车零部件的生产，捷克有数百家汽车零部件供应商，世界汽车零部件供应商 100 强中有一半以上在捷克投资建厂。它们中最重要的供应商是位于捷克布杰约维采和伊赫拉瓦的博世（Bosch），位于奥特洛科维采的巴鲁姆（Barum）和布拉诺集团（Brano）。

　　2. 机械制造业

　　捷克的机械制造业有着悠久的传统，曾经享誉世界市场。在 20 世纪 30 年代，捷克斯洛伐克属于世界上十大机械制造国之一。在社会主义时期，捷克斯洛伐克的机械制造业推动了经互会框架内欠发达国家的工业化进程。新的机械制造厂主要建造在工业不发达地区，如南捷克州、捷克－摩拉维亚山地和南摩拉瓦亚州，优先发展重型机械制造业和军工生产。也正是在机械制造业方面表现出捷克斯洛伐克工业总体上落后于发达国家，原因之一是产品的种类过于广泛，从而很难保持高质量。相当一部分产品用于出口，主要出口到苏联和东欧国家。在 20 世纪 90 年代初经互会解体后，捷克斯洛伐克的机械产品在世界市场上的竞争力较弱。在新的条件下，鉴于悠久传统、优质劳动力和外资进入等因素，捷克斯洛伐克的机械制造业进行了现代化改造，其产品的技术水平和质量明显提高。

　　捷克生产的机床、电力能源设备、锅炉、矿山机械、食品机械、环保设备、纺织机械及军工产品等在国际市场上逐渐拥有较强的竞争力。捷克机床生产已有 150 年历史，创造了一些知名品牌，如道斯（TOS）、马斯（MAS）、斯柯达（ŠKODA）、兹普斯（ZPS）和日贾斯（ŽĎAS）等。在中东欧各国中，捷克是唯一加入欧盟机床工具产业协会的国家。捷克也是欧洲第七、世界第十四大机床生产国。捷克有 120 多家生产电力能源设备的企业，技术水平高，主要产品包括发电机、变压器、输变电设备、热压交换器、电力控制设备、汽轮机、涡轮机、水轮机、电气设备、原子能反应堆等。捷克是欧盟第四大硬煤生产国,它在煤矿开采、处理矿物、矿震预测等方面使用的设备和技术先进。捷克在环保技术和设备方面具有较高水平,尤其是污水及工业和城市垃圾处理设备、污水生物处理技术方面有独到之处。捷克纺织机械业有悠久历史,发明了气流纺纱机,并成功开发世界第一台纳米纤维工业生产设备。

捷克全境都分布着机械制造厂,但有几个重要的生产区域和中心。最重要的区域是中捷克州,由布拉格及其周边地区构成。第二大生产中心是布尔诺及其周边地区。其他生产中心有比尔森、利贝雷茨、赫拉德茨 – 克拉洛韦、帕尔杜比采、俄斯特拉发、奥洛莫乌茨、兹林和萨扎瓦河畔日贾尔等。

机械制造业 80% ~ 90% 的产品销往国外,从业人数占全国制造业总就业人数的 12% 左右。

3. 电气工程和电子工业

捷克电气工程和电子工业历史悠久,近年来鉴于数字化和小型化的发展趋势,它成为一个快速发展的领域。该行业在捷克制造业产出中占有14% 的份额,超过 1.7 万家公司雇用了大约 18 万名具有各种技能的员工。营业额仅次于交通运输制造业和冶金业,居第三位。电气工程和电子工业主要包括强电流电气技术,计算机,无线电、电视和通信设备、仪器和自动化设备这四大行业,其中强电流电气技术行业产值占捷克整个电气电子工业产值的将近一半。强电流电气技术行业主要产品有电动机、发电机和变压器、配电设备、开关和控制系统、绝缘电缆和导线、蓄电池和原电池、电源灯和照明类器具等。

电气工程和电子工业不仅是捷克制造业第一大出口行业,而且是吸引外资仅次于汽车工业的一个行业。出口产品主要有强电流设备、计算机设备和电子配件等,出口地主要是欧盟国家。2009 ~ 2019 年,该行业吸引的投资占捷克吸引外资总量的 30%。

捷克消费电子部门由最大的平板电视制造商松下公司代表,该公司生产先进的电视接收器,不仅提供传统的媒体消费方式,还可以提供点播服务。音频系统设计和制造的全球领导者迪芬尼在俄斯特拉发从事研发活动。其他公司，如 ABB 集团和安森美半导体公司在捷克开展研发和制造活动。

在汽车电子部门，西门子、博世、大金、大陆集团、泰科电子和科士达等世界知名公司利用捷克汽车制造业的优势以及高素质、低成本的技术人员，在捷克建立工厂。而总部位于布尔诺的赛默飞世尔科技公司、泰思肯公司和英国德隆公司均为尖端电子显微镜领域的顶级公司。目前，世界上每三个电子显微镜就有一个是捷克生产的。

4. 冶金业

捷克的冶金工业主要是铁和钢的冶炼，有着悠久的传统。由于捷克铁矿贫瘠，它主要从乌克兰和俄罗斯进口铁矿。

在社会主义时期，捷克斯洛伐克的冶金工业得到大力发展，政府投入很多资金。冶金工业的产量不断提高，特别是优质钢和轧制材料。冶金工业主要集中在俄斯特拉发和克拉德诺地区。在俄斯特拉发有三个冶金联合企业，主要依赖当地的炼焦煤矿床和不远处的石灰岩资源。克拉德诺和贝龙附近的克拉洛维德沃日是中捷克地区的冶金工业历史中心，它们依赖的是中捷克地区机械制造厂的废铁和附近的石灰岩资源。在经互会解散并向世界市场开放后，由于冶金工厂在技术和工艺上落后于世界发达国家，它们的现代化改造遇到资金困境。这也是 1989 年后捷克冶金生产和就业人数明显下降的一大原因。克拉德诺冶炼厂的私有化进程不顺利，导致曾经世界著名的生产优质钢材的中心消亡，在克拉德诺县出现了非常高的失业率。在克拉洛维德沃日的冶金生产也显著下降。

近年来，捷克共和国只有两家公司拥有完整的冶金产业链，即从生铁的生产到粗钢的生产再到半成品钢材主要是轧制产品的生产。这两家公司是位于俄斯特拉发的安赛尔米塔尔俄斯特拉发（Arcelor Mittal Ostrava）和特热内茨钢铁厂。

5. 化学工业

捷克的化学工业历史悠久，但它的急剧发展是在第二次世界大战之后。化学工业的发展建立在石油和天然气的进口增加基础之上，其他原料如硫、吡啶和各种盐也需要进口，国内的原料主要是煤。捷克化学工业的重要组成部分是石化、制药、橡胶生产、塑料工业以及纸张生产。

捷克的化工企业集中在能源基地附近、有足够水源和交通便利的地方。在捷克有两个化工生产集中的区域，最大的位于拉贝河畔，延伸至克鲁什内山麓地区和伏尔塔瓦河下游地区。这里最大的工厂是位于利特维诺夫－扎卢日的联合企业，主要是将原油加工为石油制品，特别是汽油、柴油、航空煤油和沥青等。传统的化学工业中心是拉贝河畔乌斯季，这里有化学和冶金生产协会，从事合成树脂和无机化合物的生产，如钠、钾、氯、氢氟酸、氟化钠等。其他中心有洛沃西采、内拉托维采、科林和帕尔杜比采等。现代的化学工业中心在伏尔塔瓦河畔克拉卢皮，这里建造了唯一的生产人工橡胶和精炼的工厂。布拉格及其周边集中了生产药物的工厂。位于这一区域西部边缘的索科尔以生产工业肥料而著称，拉科夫尼克则生产洗衣粉。东部的帕尔杜比采和纳霍德以橡胶工业而闻名。

第二大化学工业区域在摩拉维亚北部和东部。由于对水源的高度依赖和生态环境方面的原因，不少化工厂从俄斯特拉发撤离。在瓦拉赫梅兹日奇加工焦油和苯酚产品，在普热洛夫生产工业肥料、钛白、铁颜料和硫酸等。在摩拉维亚的中部和南部有些化学工业中心，生产塑料和橡胶，如奥德拉、兹林、布热茨拉夫等。

6. 食品工业

捷克的食品工厂往往靠近生产所需的原材料来源和消费者。食品工业集中在肥沃的平原地带，特别是在拉贝河畔、南摩拉瓦亚和哈纳地区，以及在大城市如布拉格、布尔诺、比尔森、俄斯特拉发、捷克布杰约维采和奥帕瓦等。在许多地方，也会生产传统食品，如奥洛莫乌茨干酪、斯特拉贝尔克耳朵等。

啤酒酿造在捷克的历史可追溯到 993 年。如今，捷克在啤酒生产方面位居世界第 15 名，在人均啤酒消费量方面居世界首位。2018 年，捷克生产了近 21.3 亿升啤酒，国内啤酒消费量为 16.5 亿升，人均消费啤酒量 141 升。捷克啤酒厂遍布全国，近年来，啤酒厂的数量大增，每年增加大约 50 个。2018 年初捷克有 45 家大型啤酒厂和 390 家小型啤酒厂。重要的啤酒厂位于布拉格、比尔森、捷克布杰约维采、布尔诺和诺肖维策。最大的啤酒生产商包括比尔森源头（Plzeňský Prazdroj）、老泉（Staropramen）、喜力（Heineken）和捷克布杰约维采布德瓦（Budějovický Budvar）等。

捷克用甜菜生产糖，重要的炼糖厂位于拉贝河畔、奥赫日河畔、哈纳和南摩拉维亚地区。重要的制糖企业是 Tereos TTD 公司，它联合了多布若维策的糖厂和捷克梅兹日奇糖厂。另一个重要的糖生产商是弗拉巴特基糖厂。捷克每年生产 40 万 ~ 50 万吨糖。

捷克的乳制品厂遍布全国各地，乳制品包括牛奶、黄油、奶酪、奶油、酸奶、凝乳和冰激凌。最著名的乳制品生产商是古林乳制品厂（Kunín）、奥尔马乳制品厂（Olma）、克拉托维乳制品厂（Klatovy）、赫林乳制品厂（Hlinsko）和奥雷什尼策乳制品厂（Olešnice）。

# 第五节　交通与通信

## 一　交通

捷克交通系统由铁路、公路、水路、航空和城市公共交通等多个领域构成，交通网络四通八达，而且其密度在欧洲名列前茅。然而，捷克交通基础设施的质量明显落后于邻国德国和奥地利。在奥匈帝国时期，捷克就发展了铁路和公路。20 世纪 60 年代开始出现高速公路网，但一直处于规划和建设中。它不仅需要建设新的道路，而且需要改善现有的交通基础设施，以提高速度、安全性和运力。

虽然捷克位于欧洲中部，但它的过境潜力受到自然条件的限制。捷克境内地势起伏，多丘陵和山地。从西欧通往俄罗斯的重要交通线通常穿过波兰平原，那里的地形更有利。连接西欧与巴尔干的交通线通常沿着多瑙河，那里地形更为简单。只有两条过境交通线通过捷克，它们是从德累斯顿到维也纳及布拉迪斯拉发和从维也纳到波兰的卡托维兹。捷克政府意识到，如果不发展高速公路和快速铁路交通，捷克就可能成为欧洲中部的边缘地带，对捷克经济的竞争力造成消极影响。

2013 年 6 月，捷克政府通过了《2014 ~ 2020 年捷克共和国交通政策和至 2050 年的远景规划》，其主要议题包括：协调运输市场的条件，铁路和水运的现代化、发展和振兴，提高公路运输质量，减少交通对环境和公共健康的影响，欧洲铁路系统在运营和技术上的融通，发展泛欧交通网络，改善交通安全性，支持多式联运系统，强化运输服务使用者的权利和义务，在综合交通系统框架内发展城市、郊区和地区的公共交通，重点研究安全、运行可靠和环保的交通，使用最现代的技术和全球导航卫星系统，降低运输部门对能源的需求特别是对碳氢化合物燃料的依赖等。

2005～2018 年，捷克从事运输和仓储的企业从 3.85 万增加到 4.09 万家，从业人员数量从 30.39 万减少到 29.35 万，从业人员平均月工资从 18202 捷克克朗提高到 28882 捷克克朗，行业收入从 5515.09 亿捷克克朗提高到 7287.38 亿捷克克朗，创造的附加价值从 1109.86 亿捷克克朗提高到 1750.18 捷克克朗。

1. 铁路交通

捷克交通系统的基础是铁路交通，既用于运输乘客和货物，特别是建筑材料、固体和液体燃料，也用于运输新生产出来的汽车。

捷克铁路已有一百多年的历史。在 1827 年和 1830 年，捷克境内出现了两条马拉铁路。1841 年开始建设铁路。第二次世界大战后，捷克斯洛伐克完成了铁路的全面国有化。1993 年初，捷克斯洛伐克铁路总局和运输网络分为捷克和斯洛伐克两部分。1994 年，捷克通过了新的"铁路法"，废除了单一铁路的原则，将铁路运营商的职能与铁路交通运营商的职能区分开来，为创造竞争环境创造了基本条件。1996 年，地方铁路被排除在全国铁路系统之外，从而为改变所有权做准备，但最终只有一小部分铁路线被出售。货运和客运逐渐出现竞争。2003 年初，国家机构捷克铁路局分为铁路交通道路管理局（国家铁路管理机构）和捷克铁路股份公司（国家铁路运输企业和经营机构）。2007 年，捷克铁路股份公司将货运分配给子公司捷克铁路货运公司。铁路货运市场已经实现自由化，客运市场的自由化还在进行中。多数客运交通得到公共预算的支持，而公共预算是通过与承运人的长期协议获得的。

捷克的铁路网络是世界上最密集的铁路网络之一，只是铁路运输在客运和货运业绩中所占份额低于平均水平。近年来，捷克铁路的长度几乎没有变化，唯一的变化是取消了一些铁路线，但这种现象很少；几乎没有建设新铁路，重点对现有铁路实行现代化改造。2019年捷克共有9500多公里的铁路线，其中大约3100公里（即33%）是电气化铁路。有1400多公里的铁路线属于欧洲铁路系统，称为走廊。这些线路逐渐为提速进行改建。大约有700公里铁路线的最高时速为160公里/小时（布拉格—俄斯特拉发和布拉格—拉贝河畔乌斯季走廊），305公里铁路线的最高时速在120公里/小时~159公里/小时。有9400公里的铁路线为国有，有100多公里的铁路线为地方铁路，所有者是其他类型的。2019年捷克有1.82亿人次乘坐火车，2010年有1.64亿人次，表明乘坐铁路的人数在增长。主要铁路枢纽是布拉格中央火车站，其古老的大楼是直线式建筑风格，属于受保护的文物古迹之一。

2. 公路交通

虽然捷克公路网的密度在欧洲处于领先地位，但高速公路的密度远远落后于西欧国家，甚至低于中东欧地区的斯洛文尼亚和克罗地亚。截至2019年1月1日，捷克公路运输网络的长度为5.45万公里，其中运营中的高速公路长1252公里，高速公路在市镇外部分最高限速为130公里/小时，在市镇部分是80公里/小时。

捷克高速公路网一直处于建设中，由19条高速公路线组成。迄今为止，已建成的高速公路线有：D2（布尔诺—布热茨拉夫—斯洛伐克）、D5（布拉格—贝龙—罗基察尼—比尔森—罗斯瓦多夫—德国）、D8（布拉格—洛沃西采—拉贝河畔乌斯季—克拉斯尼雷斯—德国）、D10（布拉格—姆拉达-博莱斯拉夫—图尔诺夫）和D46（维什科夫—普罗斯捷约夫—奥洛莫乌茨）。D1高速公路（布拉格—伊赫拉瓦—布尔诺—维什科夫—胡林—普热罗夫—贝奇瓦河畔利普尼克—贝洛丁—俄斯特拉发—波兰的卡托维兹）的现代化改造尚未全部完成，它是捷克高速公路网的支柱，也是捷克最老、最长和最繁忙的高速公路，其历史起源于20世纪30年代，全长376公里，在波兰边境与波兰的A1高速公路连接。

截至2020年初，已有17条高速公路线处于全部运行或部分运行中，处于不同施工阶段的高速公路线有：D0（布拉格环线）、D3（布拉格—塔波尔—捷克布杰约维采—下德沃日什捷—奥地利）、D4（布拉格—普日布拉姆—哈耶；米罗维采—特日布科夫）、D7（布拉格—楼尼—霍姆托夫）、D11（布拉格—波捷布拉迪—赫拉德茨 - 克拉洛韦—雅罗姆涅日—特鲁特诺夫—克拉洛维茨—波兰）、D35（乌利比策—赫拉德茨 - 克拉洛韦—斯维塔维—莫赫尔尼策—奥洛莫乌茨—贝奇瓦河畔利普尼克）、D43（布尔诺—古日姆—大奥帕托维策—摩拉维亚特热博瓦）、D48（贝洛丁—新伊钦—弗里德克米斯特克—捷克杰欣）、D49（胡林—兹林—维佐维采—斯特日尔那—斯洛伐克）、D52（布尔诺—波霍热利策—米古洛夫—奥地利）、D55（奥洛莫乌茨—普热洛夫—胡林—奥特洛科维策—霍多宁—布热茨拉夫）、D56（俄斯特拉发—弗里德克米斯特克）。

1995~2018 年，捷克公路上行驶的摩托车从 91.52 万辆增加到 113.2 万辆；巴士从 1.97 万辆增加到 2.13 万辆；小轿车增加了近一倍，从 304.3 万辆增加到 574.8 万辆；货车增加最为迅猛，从 20.29 万辆增加到 70.63 万辆。捷克大多数货物通过公路运输。2018 年，卡车运输了 4.79 亿吨货物，比 2008 年增加约 5000 万吨。

3. 航空运输

航空运输蓬勃发展，1995~2018 年，飞机从 753 架增加到 1174 架，直升机从 29 架增加到 179 架；乘客数量增加了 3.5 倍多，从 390 万增加到 1780 万。捷克有 91 个民用机场，分为三个级别：全国性机场（布拉格的瓦茨拉夫·哈韦尔机场）、较为重要的地方性机场（布尔诺机场、俄斯特拉发机场、帕尔杜比采机场、卡罗维发利机场）和不太重要的地方性机场，即所谓的航空俱乐部机场和运动机场。共有 24 个国际机场，但只有 7 个是公共国际机场，其中 5 个有定期航班服务，分别位于布拉格、布尔诺、俄斯特拉发、卡罗维发利和帕尔杜比采。帕尔杜比采机场是军用和民用混合机场。2018 年，布拉格的瓦茨拉夫·哈韦尔机场的客运量占 5 个有定期航班服务的国际机场的航空客运总量的 94%。该机场是中东欧新成员国中最大的机场之一，距离布拉格市中心 17 公里，1937 年开始运营，约有 50 家航空公司在此运营。2006 年新的航站楼投入运营后，每年接待乘客 1000 多万，比 1990 年增加了 10 倍。在货运方面，它的航空货运量也占全国航空货运总量的 90% 以上。

捷克航空公司继承了捷克斯洛伐克国家航空公司的传统和商标。2018 年，捷克航空公司定期航班飞往欧洲和亚洲 25 个国家的 50 个目的地，运送了 270 万名乘客，同时也为货运提供服务。2019 年 4 月，该公司的机队有 13 架飞机。捷克航空公司是世界上运营中的第五古老的航空公司，自 2001 年 3 月以来，它一直是航空公司联盟天合联盟的成员。

4. 水路交通

捷克是中欧内陆国家，没有出海口，但它在德国汉堡的海港区有自己的港口区。根据《凡尔赛条约》，两个港区 Moldauhafen（面积为 3000 平方米）和 Saalehafen（面积为 21000 平方米）于 1929 年租给捷克斯洛伐克 99 年（2028 年期满）。在 1929 年，捷克斯洛伐克还购买了 Peutehafen 港区（面积为 8000 平方米）。从 1993 年起，捷克管理这些港区。①

捷克的水运主要在拉贝河和伏尔塔瓦河上运行，最大的运营商是捷克斯洛伐克拉贝河航运公司。拉贝河主要用于货运，在一些地段和夏季，偶尔也有客运，主要用于旅游和娱乐目的。在伏尔塔瓦河的多数航段和水库，休闲客轮运输正在蓬勃发展。伏尔塔瓦河的上游是休闲划独木舟的热门场所。捷克最大的水坝有奥尔利克、利普诺、什维霍夫、内赫拉尼策、西雷西安哈尔塔、弗拉诺夫、达雷西策、罗斯科什以及水库系统新姆利尼。

捷克的水运主要受到可通航河段总长度的限制，只有 355 公里。这与公路网的长度和铁路网的长度相比可谓微乎其微，这就是水路在捷克交通系统中处于边缘位置的原因。

1995～2018 年，捷克汽运货船从 80 条减少到 39 条，牵引拖船从 341 条减少到 73 条，客船从 74 条增加到 89 条。水运货物量从 2008 年的 190.5 万吨减少到 2018 年的 137.4 万吨。

---

① Přístavní území ČR ve Svobodném a hansovním městě Hamburk，http：//www.rvccr.cz/pristavy－a－sluzby/pristavni－uzemi－cr－v－hamburku.

捷克积极参与有关多瑙河—奥得河—拉贝河（在德国境内称易北河）跨国运河项目的磋商。这一准备中的国际水路项目，将三河的水路运输与其他相关效应联系起来，如水利、防洪、能源和休闲娱乐等。

5. 公共城市交通

捷克的公共交通主要由布拉格地铁和 7 个有轨电车、14 个无轨电车和许多公共汽车的运营组成。它还包括迷你巴士和滑雪巴士的运营、索道运营（在卡罗维发利、玛利亚温泉市和布拉格）、一些城市和郊区的铁路线（如布拉格 Esko/S 线）和城市水运（如布拉格的六条渡轮和布尔诺水库的运输）。

捷克最大的公共交通系统位于首都布拉格，其他任何一个城市的公共交通系统网络达不到布拉格的一半。布拉格拥有全国最大的有轨电车运营、最大的公共汽车网络和唯一的地铁交通。1875 年布拉格出现了第一条马拉轨道车运营线路，而在 1869 年布尔诺就引入了马拉轨道车。1891 年布拉格开始了第一条电力驱动的有轨电车。2018 年布拉格有 142.7 公里的有轨电车线路投入运营，每天有 25 个白天运营的线路和 9 个夜间运营的线路，总长达 557 公里。2019 年，布拉格运营中的有轨电车达 805 辆，数量仅次于莫斯科和布达佩斯，平均行进速度为 18.58 公里/小时。2018 年布拉格有轨电车共运载旅客 3.75 亿人次，在世界上仅次于布达佩斯。

布拉格地铁的运营始于 1974 年，当时地铁总长 6.6 公里，有 9 个车站，是目前地铁 C 线的一部分。布拉格地铁现有三条线，用字母和颜色区分开：A 线（绿线）、B 线（黄线）、C 线（红线）。计划今后将建造 D 线（蓝线）。A 线全长 17 公里，有 17 个车站，全程运行 30 分钟。B 线全长 25.7 公里，有 24 个车站，全程运行 42 分钟；C 线全长 22.4 公里，有 20 个车站，全程运行 36 分钟。布拉格每年约有 5 亿人次使用地铁，每天平均运送乘客达 160 万。

除了布拉格以外，布尔诺、俄斯特拉发、利贝雷茨、比尔森、奥洛乌莫茨、莫斯特和利特维诺夫都有有轨电车运营系统。在捷克北部城市莫斯特和利特维诺夫，使用共同的有轨电车网。

## 二 邮政和电信

捷克邮政局为国有企业，从事邮政服务和互联网服务。捷克数届政府都探讨过将捷克邮政局转型为股份制公司，但最终都没有付诸实施。从2005年起，捷克电信局监督捷克邮政局的运营。2019年在全国共有服务网点约4700家，拥有2.9万名员工（是捷克第二大企业），营业额达168亿捷克克朗，营业利润为－3.66亿捷克克朗。

在2013年1月1日前，捷克邮政局在邮政领域拥有特权。邮政专营权涉及重量少于50克、价值低于18捷克克朗的国内邮件。从2013年1月1日起，捷克邮政局不再拥有专营权，任何持有邮政许可证的公司都可以提供全方位的服务。但除非是大批量寄送的邮件或者是在大城市，捷克居民倾向于选择捷克邮政局寄送邮件。

捷克电信局成立于2000年，履行国家行政管理职能，包括市场监管和制定电子通信和邮政服务领域开展业务的条件。捷克有四个主要的电信运营商，它们是O2、T-Mobile、沃达丰（Vodafone）、捷克电信基础设施股份公司（CETIN）。根据捷克电信局2017年发布的电信市场发展报告，电信公司销售额达到1200亿捷克克朗，上述四家公司占77%，其中O2占25%，T-Mobile占23%，捷克电信基础设施股份公司占18%，沃达丰占11%。

捷克的移动网络质量较高，在4G信号覆盖质量方面，捷克在欧洲位居第8，全国覆盖率几乎达到100%。2020年秋，捷克进行了5G移动网络的频率拍卖准备活动，开始着手5G网络建设。

# 第六节　财政与金融

## 一 财政

### 1. 1989年后捷克财政政策的调整

在1989年政局剧变前，捷克斯洛伐克实行谨慎的经济政策，宏观经济比较稳定，没有高通货膨胀，也没有货币高度过剩和商品严重不足的现象。公共财政保持大致平衡，公共债务和外债水平低。相对平衡的预算和国际收支，对捷克斯洛伐克政局剧变后的经济转型进程产生了积极影响。

从1990年起，捷克斯洛伐克政府采取限制性财政政策，大幅减少公共支出，避免高预算赤字，以维持国家宏观经济稳定。因此，政府取消对企业的补贴和价格补贴，限制工资增长，推行价格自由化，对企业实行严格的预算限制。

1993~1996年，克劳斯政府努力减少公共财政支出在国内生产总值中的占比，政府支出大幅减少，同时减轻了税负。财政分权和政府支出减少，促使国家预算支出占国内生产总值的比例减少。1996年中期实行的限制性货币政策、欧盟和德国经济增长速度下降以及建筑业产量减少，导致捷克经济在1997年初开始放缓。其后续结果是国家预算收入下降，出现周期性赤字。

为了恢复预算平衡，1997年4月，政府采取了第一套限制性措施，包括减少预算支出、减少工资增长、减少进口外国商品和完成私有化。5月，政府宣布了第二套措施。在预算政策方面，削减预算支出和冻结国有部门的工资。

1998年上台的中左翼政府采取了相对宽松的财政政策，取消了最高一级的个人所得税，批准了对一些重要企业和银行进行总计70亿捷克克朗财政援助的计划。

2000~2007年是经济复苏期，这也是捷克公共预算失衡加剧的时期。由于强有力的扩张性财政政策，国家预算赤字增加。2008年美国的次贷危机导致了全球金融危机，但由于捷克银行业稳定，起初并未显著冲击捷克经济。

2009年，受全球经济下滑的影响，捷克经济陷入独立后最严重的衰退。财政部制定了"国家反危机计划"，试图通过改革税收制度、减少社会保险费用、集中资金支持中小型企业、促进科研和创新，阻止公共支出的增长，促进公共财政的巩固。

2010~2013年的中右翼政府实行财政紧缩政策，以继续巩固财政、削减财政赤字,具体措施包括:提高间接税率、减少社会保险开支和公共事业投资。政府承诺在 2012 年以前将财政赤字降低至国内生产总值的 1%。虽然世界经济发展受到危机形势的影响,捷克旨在减少预算内赤字的财政目标在很大程度上没有实现,但政府债务水平控制在较低水平,经常账户赤字明显较少。捷克政府节约开支的行为得到国际评级机构和国内投资者的好评,同时给国内经济发展带来了负面影响:居民消费需求减弱、建筑业大幅减产、失业率上升、经济下滑。

2014 年初中左翼政府上台后,致力于推动经济增长,支持企业经营活动和国家行政机构的运作,扩大教育和基础设施领域的投资,提高最低工资标准,降低医疗费用,增加退休金。至 2017 年底这届政府任期届满前,捷克经济强劲复苏,失业率大幅下降,国家债务逐渐减少,政府预算出现盈余。

2018 年 6 月,由"不满意公民行动 2011"(ANO2011 运动)与捷克社会民主党组成的联合政府开始执政,它在财政政策方面倾向于增加投资和有效利用欧盟基金,增加养老金和特定职业如教师和社会服务工作者的工资,致力于通过集中采购和成本管理来促进有效的运营管理,支持长期经济增长,同时努力将国家债务占国内生产总值的比例维持在较低水平。

为了应对新冠肺炎疫情、促进经济复苏,捷克政府不断扩大预算赤字,致使预算赤字达到创纪录的水平。换而言之,新冠肺炎疫情导致捷克宏观经济失衡状况显著加重。

2. 财政收支状况

国家预算法草案由政府提交给议会众议院,在众议院进行一读之后,由议会各个委员会进行讨论。在二读过程中,众议院议员努力推动必要的修正。在三读之后,众议院就国家预算法进行投票,必须获得绝对多数票才能获得通过。该法案将由总统签署,并在捷克共和国法律汇编中宣布。如果国家预算法在每年 12 月 31 日之前未获得通过,国家的经营管理就根据临时预算安排,临时预算根据前一年的预算规则编制。然后在 1 月至 2 月决定国家预算。

预算收入来源包括直接税、间接税、社会保险、欧盟基金和其他收入。国家参与企业获得的利润和私有化收入不属于国家预算的一部分，它们是捷克预算外资金的收入。预算开支包括政府必须依法支出的资金（如社会保障费用、国家对养老保险和建筑储蓄的补充费用、失业救济金等）、其他强制性支出资金（抵押贷款利息支持、国家债务管理中的汇率损失、国家担保费用、国际组织的转账等）、准强制性支出资金（用于积极就业、军事、对外援助的政策费用、公共部门和神职人员的工资、投资激励、对国际组织预算的捐款等）和其他支出等。

虽然 1993～1998 年捷克政府每年都编制平衡的公共预算，即预算收支和预算支出持平，但实际执行结果是 1993～1995 年出现了财政盈余。1993 年，财政盈余为 10.81 亿捷克克朗，1994 年为 104.5 亿捷克克朗，1995 年为 72.3 亿捷克克朗。从 1996 年起，财政收支状况一直是赤字而且至 2001 年呈上升趋势。1996 年，财政赤字达到 15.6 亿捷克克朗，1997年为 157.2 亿捷克克朗，1998 年为 293.3 亿捷克克朗。

从 1999 年起，捷克政府开始了赤字预算。1999 年计划中的财政赤字为 310.1 亿捷克克朗，实际结果为 296.3 亿捷克克朗。2000 年计划中的财政赤字为 351 亿捷克克朗，实际结果为 460.6 亿捷克克朗。2001 年计划中的财政赤字为 489 亿捷克克朗，实际结果为 677 亿捷克克朗。2002年财政赤字出现下降，但 2003～2004 年又明显上升。2002 年计划中的财政赤字为 462 亿捷克克朗，实际结果为 457.1 亿捷克克朗。2003 年计划中的财政赤字为 1113 亿捷克克朗，实际结果为 1090.5 亿捷克克朗。2004年计划中的财政赤字为 1150 亿捷克克朗，实际结果为 935.3 亿捷克克朗。2005～2009 年，无论是计划中的还是执行后的财政赤字都低于 1000 亿捷克克朗。2005 年计划中的财政赤字为 835.9 亿捷克克朗，实际结果为935.3 亿捷克克朗。2006 年计划中的财政赤字为 744 亿捷克克朗，实际结果为 973.1 亿捷克克朗。

2007 年 1 月上台执政的中右翼政府致力于实施内容广泛的公共财政改革计划，以减少预算赤字。2007 年计划中的财政赤字为 913 亿捷克克朗，实际结果为 663.9 亿捷克克朗，占国内生产总值的比例为 2.1%。2008 年财政赤字大幅下降，计划中的财政赤字为 708 亿捷克克朗，实际结果为 193.7 亿捷克克朗。计划中的财政赤字与实际财政赤字之间的最大差异发生在 2009 年，前者为 381 亿捷克克朗，后者为 1923.9 亿捷克克朗，财政赤字占国内生产总值的 5.5%。

2010～2015 年，捷克政府编制了超过 1000 亿捷克克朗的预算赤字，但实际执行结果不仅好于计划，而且呈逐年下降趋势。2011 年计划中的财政赤字为 1627 亿捷克克朗，实际结果为 1562.9 亿捷克克朗。2012 年计划中的财政赤字为 1050 亿捷克克朗，实际结果为 1010 亿捷克克朗。2013 年计划中的财政赤字为 1000 亿捷克克朗，实际结果为 812.6 亿捷克克朗。2014 年计划中的财政赤字为 1120 亿捷克克朗，实际结果为 777.8 亿捷克克朗。2015 年计划中的财政赤字为 1000 亿捷克克朗，实际结果为 628 亿捷克克朗。

2016～2018 年，捷克财政收支状况明显改观，2016 年和 2018 年均出现了盈余。2016 年计划中的财政赤字为 700 亿捷克克朗，实际结果为盈余 617.7 亿捷克克朗。2017 年计划中的财政赤字为 600 亿捷克克朗，实际财政赤字为 61.5 亿捷克克朗。2018 年计划中的财政赤字为 500 亿捷克克朗，实际财政盈余达 29.4 亿捷克克朗。

2019 年捷克预算赤字达到 285.1 亿捷克克朗，占国内生产总值的比例为 0.5%。2020 年捷克经济受到新冠肺炎疫情的冲击，为了提振经济，2020 年 7 月 8 日，议会众议院批准将 2020 年预算赤字提高到 5000 亿捷克克朗，这是捷克 1993 年独立以来最高的预算赤字。

3. 国家债务

与其他欧盟成员国相比，捷克是国家债务最低的国家之一。捷克国家债务由内债（国库券、储蓄型政府债券和在国内市场发行的中长期国债等）和外债（在国外市场发行的中长期国债、欧洲投资银行的贷款和信贷）组成。

在捷克共和国独立的第一年（1993 年），国家债务达到 1588 亿捷克克朗，占国内生产总值的 13.2%。直到 1996 年，国家债务的数额基本上保持不变，同时随着国内生产总值的增长，其占国内生产总值的比例逐渐下降。1996 年国家债务占国内生产总值的比例为 8.6%。

1997～2013 年，捷克国家债务呈不断上升之势，从 1731 亿捷克克朗增加到 16883 亿捷克克朗，从占国内生产总值的 8.9% 上升至 40.6%。2014～2019 年，国家债务稳定在 16134 亿～16723 亿捷克克朗之间，占国内生产总值的比例则从 38.3% 降至 28.5%。

捷克曾经被欧盟批评国家债务增长速度太快，但从 2012 年起，国家债务占国内生产总值的比例下降了 11.7%，受到国际评级机构的好评。2018 年，惠誉评级、JCR 和 R&I 等三家评级机构提高了对捷克负债的评级，穆迪将其前景从稳定转为正面。

2021 年 2 月，捷克财政部公布，2020 年捷克国家债务比 2019 年增加了 4100 亿捷克克朗，达到 2.05 万亿捷克克朗，人均 19.1 万捷克克朗。2020 年国家债务的显著增加主要是由于国家债券的发行，旨在填补高额的预算赤字。

**4. 税收体系**

在税收体系方面，捷克基本同欧盟发达国家接轨，具有法律健全、透明统一和税赋较低的特点。税收分为直接税、间接税和其他税三个基本税种。直接税包括个人所得税、企业所得税、财产税和转让税等；间接税包括增值税、消费税、关税和生态税等。其他税种包括捷克相关法律规定强制性征收的捷克社会保险和公共医疗保险，市政费根据各地具体规定征收。捷克实行属地税制与属人税制相结合的税收制度。年度报税的最后期限一般为次年 3 月 31 日。

从 2008 年起，捷克个人所得税实行 15% 的单一税率。从 2010 年至今，企业所得税率为 19%，而一些集体投资基金和养老基金所得税率为 5%。捷克的增值税与欧盟相关法规一致，在国家预算收入中占比最高。大部分商品和服务的增值税率为 21%，而基本食品、特定医药产品、报纸、特殊医疗设备、供暖和社会住房的增值税率为 15%，基本婴幼儿营养食品、特定药品、书籍和磨坊产品的增值税率为 10%。房地产税根据土地占用面积计算，税率范围为建筑物每平方米 2～10 捷克克朗不等。特殊税率适用于森林、湖泊、池塘。房地产购置税通常由房地产出售人支付，税率为房地产售价或参考价（两者中较高者）的 4%。捷克对在境内交付电力、天然气以及固体燃料的供应商征收能源税。在捷克境内生产或进口碳氢化合物燃料、润滑剂、烈酒、蒸馏酒、啤酒、葡萄酒和烟草产品的实体，需要缴纳消费税。道路税适用于在捷克境内注册并从事商业运营的车辆，专门用于个人用途的车辆免税。从 2014 年 1 月 1 日起，除近亲以外，继承或赠予须纳税。

## 二 金融

在国际金融危机蔓延时期，捷克金融体系较好地抵御了外部冲击，政府无需花费巨额资金帮助其走出困境，主要原因是它具有下列特点：清偿能力强、提供贷款的资金充足、采取传统的保守经营策略、贷款拖欠率较低、不提供大额外币贷款、盈利能力强。

### 1. 银行

在社会主义时期，捷克斯洛伐克的银行体系实际上只有一级，占有很大垄断地位的捷克斯洛伐克国家银行为国家直接监督下的对外贸易确保资金，并保障社会主义国家国际资本市场的外币贷款。

自 1990 年以来，捷克共和国实行二级银行体系：中央银行（捷克国家银行）和商业银行。捷克国家银行是银行监管的最高机构，它是独立的国家机构，拥有制定和实施货币政策的全部权力。它的任务主要包括：确定并执行内部和外部货币政策，监控流通中的资金数量，发行新货币，回收破损或无效的货币，监督商业银行业务，提供银行贷款和存储商业银行的存款，管理国家预算账户，管理黄金和外汇的货币储备，进行证券交易（主要是政府证券）。

1998 年后，捷克开始出售大银行给国外战略投资者。如今，捷克多数商业银行是来自世界各地的外国公司的子公司，也有一些银行纯属捷克人所有。至 2020 年底，捷克共有 54 家银行（包括外国银行的分行）处于运营状态，管理的资金总额达到 8.139 万亿捷克克朗。捷克国家银行根据各银行管理资金的数额将它们分为三个级别：大型银行、中型银行和小型银行。三个大型商业银行是捷克斯洛伐克商业银行（ČSOB）、捷克储蓄银行（Česká spořitelna）和商业银行（Komerční banka）。四个中型商业银行是意大利联合信贷银行（UniCredit Bank）、雷菲森银行（Raiffeisen Bank）、莫内塔货币银行（Moneta Money Bank）和菲奥银行（Fio Bank），其他均为小型银行。截至 2020 年底，中国银行、中国工商银行和交通银行已经在捷克设立了分支机构。在融资方面，外资企业与捷克国内企业享受同等待遇，形式取决于企业的资信情况。捷克银行对中国投资企业一般采取抵押贷款的方式。2019 年，捷克商业银行的净利润为 792.6 亿捷克克朗。2020 年，受新冠肺炎疫情的影响，捷克银行的利润大幅下降，约为 400 亿捷克克朗。

2. 保险公司

捷克法律规定，一些风险的保险是强制性的，如个人医疗保险和一些责任保险，特别是机动车运营责任险或企业主必须支付的工伤险。其他保险是根据与保险公司签订的合同自愿进行。

捷克第 277/2009 号法律规定了保险业的运作。保险公司需要建立在特许权的基础上，即开展保险活动的前提是获得相应的许可。捷克国家银行根据企业家的申请授予许可证。保险公司的注册资本为 6500 万至 2 亿捷克克朗，具体数额根据它们选择的保险业务而不同。捷克保险公司的净利润平均大约为营业额的 25%。

在捷克经营的保险公司可以采取股份公司、合作社甚至国有企业的形式。除国内保险公司以外，外国保险公司也可以在捷克设立代表处。有些类型的保险也可由银行、储蓄银行或旅行社提供。

截至 2019 年 8 月，捷克有 55 家保险公司和外国保险公司的分支机构。主要保险公司有捷克保险公司（Česká Pojišťovna）、斯拉维亚保险公司（Slavia Pojišťovna）、马克西马保险公司（Maxima Pojišťovna）和捷克斯洛伐克商业银行保险公司（ČSOB Pojišťovna）等。

截至 2018 年底，捷克保险业的总资产超过 7.28 万亿捷克克朗，净利润达到 154 亿捷克克朗。

3. 证券

捷克共有两家证券交易所：布拉格证券交易所和"RM-SYSTEM 捷克证券交易所"。布拉格证券交易所是捷克最重要的证券交易所，"RM-

SYSTEM 捷克证券交易所"是面向中小投资者的交易所。证券交易所根据资本市场经营法组织投资工具市场，其股东是国家和大的国有企业（银行）。捷克国家银行监督证券交所的职能，并与财政部一起为其运作制定法律规定。加入欧盟后，证券交易所的运作规则与欧盟协调一致。

布拉格证券交易所成立于 1871 年，在奥匈帝国时期，它在糖交易中取得了巨大成功。第二次世界大战前关闭，直至 1993 年 4 月才恢复交易活动。它采用 PX50 交易指数，股票市场空间分割为主板市场、自由市场、不受调控的市场（MTF 市场）和中小企业市场（START 市场，2018 年建立）。2008 年 12 月，维也纳证券交易所成为布拉格证券交易所的大股东，随后布拉格证券交易所成为中东欧证券交易所集团（CEESEG）的分支机构。中东欧证券交易所集团还包括维也纳证券交易所、布达佩斯证券交易所和卢布尔雅那证券交易所。

"RM-SYSTEM 捷克证券交易所"交易的对象是最著名的捷克和外国公司的股票、债券和投资证书，主要面向有兴趣在资本市场投资的中小投资者。该交易所在 1993 年已经开始作为场外市场进行常规交易。从那时起，它向 300 多万客户提供了服务。2008 年 12 月，它成为捷克的证券交易所，分为官方和自由市场（多边交易体系）。

4. 货币

捷克法定的货币单位是捷克克朗。在 20 世纪 90 年代前半期，捷克克朗几次贬值，1995 年成为完全可兑换货币。捷克克朗最弱的时候是在 1999 年欧元诞生后不久，欧元兑捷克克朗的汇率超过 1∶38。在 2008 年 9 月，捷克克朗最为强劲，1 欧元兑 22.91 捷克克朗。2013 年 11 月 7 日，捷克国家银行决定对外汇市场进行干预，努力将欧元对捷克克朗的汇率保持在大约 1∶27 的水平，旨在通过捷克克朗贬值鼓励出口和支持经济增长。2017 年中期，捷克国家银行终止了外汇干预制度，捷克克朗随即成为增值最快的货币之一。2018 年 2 月，1 欧元兑换 25.12 捷克克朗。然而，国际贸易争端和英国"脱欧"前景的不确定性阻止了捷克克朗的进一步增值。2018 年 7 月，捷克克朗明显贬值，1 欧元兑换 26.178 捷克克朗。同年 9 月，捷克克朗再次大幅升值，1 欧元兑换 25.40 捷克克朗。受新冠肺炎疫情影响，捷克克朗再次贬值，2020 年 10 月，1 欧元兑换 27.22 捷克克朗。2021 年 5 月中旬，1 欧元兑换 25.575 捷克克朗。捷克克朗的汇率变化很大，难以预测。

在加入欧盟之初，捷克承诺尽可能早地采用欧元。但后来取消了 2010 年采用欧元的目标时间，至 2021 年 5 月一直没有确定加入欧元区的具体时间。

捷克所有有效硬币和纸币的总和为 8888 捷克克朗（1 + 2 + 5 + 10 + 20 + 50 + 100 + 200 + 500 + 1000 + 2000 + 5000）。硬币有 1 捷克克朗、2 捷克克朗、5 捷克克朗、10 捷克克朗、20 捷克克朗和 50 捷克克朗，其他面值是纸币。

国际评级机构标准普尔 2019 年确认捷克外币长期主权评级为 AA - 级，本币为 AA 级，前景稳定。该机构确认捷克外币和本币短期主权评级为 A - 1 + 。

## 第七节  商业和旅游业

### 一  商业

20 世纪 90 年代初私有化进程开启后，捷克的私营部门迅速发展起来，提供各种服务的商铺和私营企业主显著增多。一些大的外国公司纷纷进入捷克的商业网，它们在大城市的周边地区建造大型超市，极大改变了捷克商业网络的形态。捷克境内的第一家超市是荷兰公司阿霍德集团（Ahold）于 1991 年 6 月在伊赫拉瓦开设的 Mana 超市。这一年，Delvita 和 Billa 连锁店也进入了捷克市场，1992 年出现了折扣店 Plus。至 1998 年底，捷克共有六家全国连锁超市的 37 家商店。2001 年，通过互联网退货已经生效。在 2003 年开始对消费品实行为期两年的保修期。2004 年捷克加入欧盟后，商业发展得到更多的支持。近三十年来，捷克用于发展零售网络的投资超过 6000 亿捷克克朗。捷克的零售业跻身欧洲最发达行列，不仅拥有欧洲最现代化的零售网络之一，而且人均销售面积超过 1.5 平方米，各个商铺之间的竞争很激烈。

商业部门在捷克经济国内生产总值中的占比超过 10%，它既是捷克雇佣员工人数第二大经济部门，也是为捷克国内生产总值和附加值贡献第二大经济部门。2018 年，商业部门员工人数占总就业人数的 12.2%，仅次于制造业；商业部门的企业家人数占各行各业企业家总数的 16.1%；十大零售连锁企业投资超过 3500 亿捷克克朗。

近年来，捷克零售业出现了一些新的发展趋势。第一，通过互联网或邮购服务进行销售的部门是最成功的部门。第二，一些零售连锁店不断扩大投资。德国公司 Penny Market 于 1997 年进入捷克零售市场，至 2019 年初它在捷克共有 380 家折扣店。第三，尽管大型超市仍然在销售额方面处于领先地位，其市场份额为 36%，但它们对较小超市和折扣店的优势在减弱，同时小型杂货店的数量也在减少。

捷克的五大零售商是 Kaufland、Ahold、Tesco、Lidl 和 Penny。大型零售连锁店主要由德国的公司控制。2017 年，捷克三十家最大型连锁店的营业额共计 3920 亿捷克克朗，其中德国公司的销售额占 39.8%，捷克公司的销售额占 23.1%，荷兰公司的销售额占 18.1%，英国公司的销售额占 11.1%，法国公司的销售额占 0.4%。Kaufland 是销售额最大的零售连锁店，Lidl 则最受捷克人欢迎，它们都属于德国零售集团 Lidl & Schwarz-Gruppe。

二　旅游业

旅游业是捷克国家和地区层面的重要经济部门。根据捷克统计局数据，2019 年，旅游业占捷克国内生产总值的比重为 2.9%，占国民经济总增加值的比重为 2.8%；旅游业从业人员达到 23.96 万，其中雇员占 83%，个体经营者占 17%，旅游业从业人员占全国总就业人数的 4.4%，每 22 个捷克人中就有一个从事旅游业工作；旅游支出即所有游客在捷克境内的消费支出达到 3083 亿捷克克朗，为 2003 年以来最高值，其中外国游客入境旅游支出占 57%，即 1769 亿捷克克朗，国内游客消费支出占 43%，即 1314 亿捷克克朗；在游客消费支出结构中，商品支出包括燃油支出占主导地位，其他是客运费用、餐饮费用和住宿费用。

2019 年，共有 3720 万人次的外国游客访问捷克。前十二位游客来源国是德国、斯洛伐克、波兰、中国、美国、俄罗斯、英国、意大利、韩国、奥地利、法国和西班牙，访问捷克的中国游客达到 61.2 万人次。捷克公民在国内进行了 8600 万人次的旅游，去国外进行了 1300 万人次的旅游，他们出境旅游的平均逗留时间为 7.2 天，而一日游在国内旅游中的比例高达 62%。捷克人在国内旅游喜欢前往中捷克州、南捷克州、克拉洛韦－赫拉德茨州、利贝雷茨州和南摩拉瓦亚州，出境游喜欢前往斯洛伐克、克罗地亚、奥地利、意大利和希腊等欧洲国家旅游。

根据捷克统计局数据，2020 年，捷克共有居住设施 10699 个，其中五星级酒店 68 个，四星级酒店 819 个，其他酒店 2077 个，旅馆 4527 个，露营地 581 个，度假别墅 1065 个。布拉格是欧洲访问量第五大城市，仅次于伦敦、巴黎、伊斯坦布尔和罗马。

捷克国家旅游政策倾向于将游客吸引到全国各地，捷克各州和一些特定的旅游目的地通过在世界各地建立的 20 多个旅游办事处积极推广宣传。2013 年 3 月，捷克政府通过了《2014～2020 年国家旅游业政策新构想》，主要目标是提高旅游业在国家和地区层面的竞争力，保持其经济效益和对捷克社会文化与环境发展的积极影响。该政策构想涉及创建缺失的旅游管理体系，包括长期融资系统，更加明确地界定了地区发展部、捷克旅游局和其他实体如州的地位，并改变补贴政策的实施方式，重点放在地区层面综合方式的使用和新的金融工具如优惠贷款上。2021 年 4 月，捷克地区发展部制定了《2021～2030 年捷克旅游业发展战略》。该战略确立了五个基本优先领域：一是旅游管理和支持体系，包括旅游融资、旅游管理、旅游合作、对旅游经营的支持、保护消费者和保障安全、旅游危机管理；二是创新供给和体验，包括供给的维护和发展、旅游基础设施的建设和现代化、旅游服务质量、尊重自然和景观保护需求以及适应气候变化的供给的可持续发展；三是游客的需求，包括更有效和综合性的旅游营销、促进跨区域的旅游产品、在国外树立捷克共和国的良好形象；四是研发、监测和信息，包括旅游管理中数据和信息的提供和使用、支持研究活动和数据共享；五是人力，包括支持旅游业就业发展、加强旅游培训、塑造旅游业积极形象。该战略强调可持续性、效率、质量、创新方式和数字化，旨在实现这一愿景：捷克是安全、可持续和自信的旅游目的地，其竞争力不仅在于布拉格和其他地区的自然和文化遗产、传统、友好的人民和独特的体验，而且在于在管理、技术和服务等领域有效利用新趋势。

捷克最受欢迎的旅游景点是布拉格城堡、布拉格佩特日山缆车道、布拉格动物园、布拉格老市政厅、布拉格水上乐园、摩拉维亚水上乐园、比尔森啤酒博物馆、俄斯特拉发的下维特科维采和兰德克公园、兹林雷什纳动物园和布拉格犹太博物馆等。最受欢迎的三大建筑物是布拉格老市政厅、布尔诺图根德哈特别墅和布拉格石钟楼。最受欢迎的三大纪念性景点是中捷克州库特纳霍拉的人骨教堂、乌斯季州的泰雷津集中营和中捷克州的利迪策陵园。最受欢迎的三大历史人物纪念馆是南捷克州特热博尼的什杰邦尼克·内托利茨基（从事鱼塘养殖业者）故居、布拉格的贝德里赫·斯美塔那（著名音乐家）博物馆和中捷克州拉尼的马萨里克（捷克斯洛伐克总统）博物馆。最受欢迎的三大民俗文化景点是兹林州罗日诺瓦的瓦拉赫露天博物馆、帕尔杜比采州维塞利科佩茨的丘陵地区民间建筑群和南摩拉瓦亚州斯特拉日尼采的文化博物馆。最著名的三大城堡是布拉格城堡、南捷克州捷克克鲁姆洛夫城堡、南摩拉维亚州雷莱德尼采城堡。吸引游客最多的三大博物馆是南捷克州奥赫拉达城堡的林业、狩猎和渔业博物馆、布拉格的捷克国家博物馆和帕尔杜比采州的东捷克博物馆。游客到访量最大的自然风光景点是乌斯季州捷克瑞士国家公园的卡梅尼策峡谷、中捷克州普鲁霍尼采城堡公园、乌斯季州捷克瑞士国家公园的普拉夫奇采天然砂岩拱门。最吸引游客的三大瞭望塔是布拉格佩特日山的瞭望塔、布拉格日什科夫电视塔和布拉格老城查理大桥的塔楼。最受欢迎的三大科技景观是布拉格佩特日山缆车道、利贝雷茨州 iQLANDIA 科学娱乐中心和布拉格国家技术博物馆。

布拉格动物园声名远扬。2015 年，世界最大旅游服务商 TripAdvisor 的用户认为布拉格动物园在世界最佳动物园中名列第四。

列入联合国教科文组织世界遗产名录的文化古迹是捷克国内外游客喜

欢光顾的景点（详见第一章第三节）。捷克已列入联合国教科文组织世界非物质文化遗产名录的有斯洛伐茨科和哈纳地区的国王骑行活动、在东捷克赫林地区的面具狂欢游行和斯洛伐茨科地区的男性民间舞蹈。

捷克的矿泉疗养曾经是旅游业的一个重要项目，而卡罗维发利、玛利亚矿泉市、弗朗齐谢克矿泉市是著名的矿泉疗养地。但近些年来捷克矿泉疗养业陷入困境，只有卡罗维发利保留了对游客的吸引力，这与每年在此举行的国际电影节有一定关系。

# 第八节 对外经济关系

捷克不仅是欧盟成员国，而且是经济合作与发展组织、世界贸易组织、国际货币基金组织、欧洲复兴开发银行和世界知识产权组织等国际组织的成员国。因此，除了执行欧盟的对外经济政策以外，捷克还需要履行其他国际组织规定的义务。

## 一 对外贸易

### 1. 对外贸易的发展

1991年初，捷克和斯洛伐克联邦实行了外贸自由化，取消了国家对外贸的垄断，允许企业和个人自由从事对外贸易，实现了货币的国内可兑换。随着经互会的解体，捷克斯洛伐克对外贸易格局发生深刻调整，主要面向西方发达国家。1991年12月，捷克斯洛伐克与欧洲经济共同体签订《联系国协定》，促进了双方贸易往来。

捷克独立后，国内市场更为狭小，国内资源更为短缺，故对外贸易在其国民经济中的地位更为重要。捷克采取了如下政策推动贸易发展。第一，鼓励和支持出口，倚重出口拉动经济增长。具体措施有：确定优先发展贸易的伙伴国，对出口商品全额退还增值税，支持中小型企业发展外向型生产，进出口银行负责提供出口信贷与出口风险担保，以及资助国内企业到国外参展等。第二，在多边贸易体系中，促进贸易自由化的实行和国际贸易障碍的消除。第三，推动区域贸易自由化。1992年11月，捷克和斯洛伐克签订了《关税同盟协定》。次月，捷克、斯洛伐克、波兰和匈牙利签订了《中欧自由贸易协定》（后斯洛文尼亚、罗马尼亚和保加利亚加入）。1993年10月，捷克与欧共体签订了新的《联系国协定》。第四，采用双边贸易协定方式，同许多国家特别是欧盟国家、欧洲自由贸易联盟国家和中东欧转型国家签订了互惠的双边贸易协定。

对外贸易是捷克经济增长的重要驱动力和外汇储备的重要来源，国内生产总值的绝大部分依靠出口实现。对外贸易对捷克经济的重要性不断增长，在1997～2019年，商品出口占国内生产总值的份额从27%增加到75.6%。这表明，捷克经济的开放性日益增强。在更多参与全球生产链并获得相关技术的同时，捷克国内经济对外部经济冲击的敏感性也在不断提高。2005～2019年，捷克对外贸易呈扩大之势，只有在2008～2009年出现下滑。

2. 对外贸易收支状况

由于失去了原先在经互会市场框架下商品的出口优势，不太成功的私有化和缓慢的工业生产重组，捷克产品在世界市场上的竞争力较弱，以及一些发达国家采取贸易保护主义政策，导致捷克独立后至加入欧盟这一时期在对外贸易规模不断扩大的同时，持续出现贸易逆差。1993年，捷克出口额为4216亿捷克克朗，进口额为4261亿捷克克朗，贸易逆差仅为45亿捷克克朗。在随后的三年中，贸易逆差明显扩大。1996年贸易逆差达到历史最高值，为1530亿捷克克朗，出口额为6017亿捷克克朗，进口额为7547亿捷克克朗。1997～1999年，贸易逆差逐渐减少。1999年出口额为9088亿捷克克朗，进口额为9732亿捷克克朗，贸易逆差为644亿捷克克朗。2000～2001年，贸易逆差再次居高不下，分别为1208亿捷克克朗和1174亿捷克克朗。

2002～2004年，贸易逆差逐渐缩小。2004年捷克出口额为17227亿捷克克朗，进口额为17491亿捷克克朗。从2005年起至2019年，鉴于欧盟框架下的自由市场，捷克与欧盟其他成员国的贸易关系得到加强，捷克对外贸易几乎保持顺差，只有在2007年、2008年和2010年出现了贸易逆差。2005年出口额为18838亿捷克克朗，进口额为18786亿捷克克朗，贸易顺差为 52 亿捷克克朗。从 2011 年起，捷克对外贸易顺差逐渐扩大。2019 年捷克出口额 36918 亿捷克克朗，进口额为 35461 亿捷克克朗，贸易顺差达到 1457 亿捷克克朗。捷克传统上对德国的贸易顺差最大，对中国的贸易逆差最大。

3. 地区结构

随着捷克加入欧盟和欧盟不断扩大，欧盟成员国成为捷克的主要贸易伙伴。换而言之，捷克经济通过对外贸易与欧盟成员国紧密相连。尽管捷克政府强调对外贸易市场多元化发展，但对欧盟的依赖性一直很强。在与欧盟的进出口规模不断扩大的同时，从 1998 年起，捷克对欧盟长期保持贸易顺差，而且顺差呈扩大之势。

根据捷克统计局数据，2019 年，捷克进出口总额为 72379 亿捷克克朗。捷克与欧盟国家的进出口额为 54314 亿捷克克朗，占其贸易总额的 75%。在欧盟国家中，德国是捷克最大的贸易伙伴，然后是波兰和斯洛伐克。与德国的进出口额为 20627 亿捷克克朗，占进出口总额的 28.5%；与波兰的进出口为 5296 亿捷克克朗，占捷克进出口总额的 7.3%；与斯洛伐克的进出口额为 5094 亿捷克克朗，占其进出口总额的 7%。捷克与中国的贸易额为 4318 亿捷克克朗，占其贸易总额的 6%；对中国的出口额为 442 亿捷克克朗，占其出口总额的 1.2%；从中国的进口额为 3876 亿捷克克朗，占其进口总额的 10.9%。除了德国、波兰、斯洛伐克和中国以外，捷克主要的贸易伙伴还有俄罗斯、法国、意大利、英国、奥地利和美国等。

4. 商品结构

1993～2006 年，捷克进出口商品结构发生改变，机械和交通设备在进出口商品中的比重不断加大，而原材料和半成品的比重明显减少。2007 以来，进出口商品结构没有发生大的变化。根据欧盟统计局数据，2019 年，在捷克出口商品中，机械和交通工具占 58.8%，其他加工工业产品占 26.1%，化学品和相关产品占 6.5%，食品、饮料和烟草占 3.9%，原料占 2.3%，矿物燃料、润滑剂和相关产品占 1.8%，其他商品占 0.6%；在捷克进口商品中，机械和交通工具占 48.2%，其他加工工业产品占 27.2%，化学品和相关产品占 11.2%，矿物燃料、润滑剂和相关产品占 5.5%，食品、饮料和烟草占 5.4%，原料占 2.1%，其他商品占 0.4%。无论在进口商品结构中还是出口商品结构中，机械和交通工具、其他加工工业产品、化学品和相关产品的占比均在 85% 以上。在机械和交通工具类别中，捷克主要出口汽车，进口则主要是汽车零部件和配件。捷克经济的加工性质比较强，它进口中间产品，出口最终产品。

## 二　外国直接投资和对外投资

无论是在吸引外国直接投资还是对外投资方面，成立于 1992 年、隶属于捷克工业和贸易部的捷克投资局（Czech Invest）都发挥了关键作用。捷克投资局的主要目标之一是将捷克转变为欧洲的创新领导者，它不仅为外国直接投资提供咨询、介绍投资机遇和捷克共和国的整体商业环境，而且协助捷克公司进入国外市场。

### 1. 外国直接投资

1998 年，捷克开始实施《投资鼓励法》，鼓励外国直接投资进入捷克。2019 年 9 月 6 日，捷克《投资鼓励法》修正案生效，主要变化是对具有较高附加值的项目特别是技术中心提供优惠待遇。为除布拉格以外的所有地区创造新工作岗位以及为新员工提供培训和再培训的企业可获得物质支持。政府在评估和批准关于投资鼓励的申请时特别考虑了该项目对州和国家的贡献，这意味着所有投资鼓励措施的申请者都必须详细说明对公共预算的预期贡献或投资对劳动力市场的影响。此外，他们还必须陈述如何将研发整合到投资活动中并与研究机构或学校合作，或者他们将如何利用当地供应商的潜力，再或者将为当地基础设施的发展做出哪些贡献。

捷克是外国直接投资在中东欧地区的主要目的地之一，人均吸引外资额在中东欧地区名列前茅，原因有以下九个方面：第一，地处欧洲中心，交通便利，基础设施良好；第二，毗邻奥地利和德国，运行成本低；第三，实行议会民主制和市场经济体制，法制健全，透明度较高，政局较为稳定；第四，民族和宗教冲突弱，社会秩序良好；第五，居民素质和教育水平较高，劳动成本较低；第六，市场处于发展和整合的过程中，机会较多；第七，它是欧盟统一大市场的组成部分，市场可延伸到整个欧盟；第八，政府主张自由的贸易政策，鼓励外国投资，税收体系透明；第九，营商环境较好。世界银行发布的《2019 年营商环境报告》中，捷克在 190个经济体中全球营商环境排名第 35 位。外国直接投资对于捷克经济发展的影响体现为以下几个方面：引进资本和技术、增加就业机会、促进经济增长和有利于支付平衡。

1993～2002 年，捷克吸引的外国直接投资主要是资本投资，平均每年流入量几乎达到国内生产总值的 9%。直至 1998 年，在外国直接投资结构中才开始出现再投资收益。2003～2007 年，每年外国直接投资的流入量放缓至平均占国内生产总值的 5%，但再投资收益占外国直接投资的份额迅速增加。2003 年，再投资收益占外国直接投资的比例超过 90%。在接下来的几年中这个比例有所下降，但除了 2005 年以外，再投资收益占外国直接投资总额的大部分。随着 2008 年全球金融危机爆发并立即蔓延到实体经济中，直至 2013 年捷克年均外国直接投资流入量下降至占国内生产总值的 2.5%。就外国直接投资结构而言，大部分依然是再投资收益。在这一时期，还出现了一些外国公司的部分股息向外流出至国外母公司的现象。

根据捷克央行发布的《2019 直接投资报告》，截至 2019 年 12 月 31日，捷克吸引外国直接投资存量达到 38757 亿捷克克朗（相当于 1713 亿美元或 1525 亿欧元）。从部门结构看，2019 年捷克吸引的外国直接投资主要流向金融和保险活动领域，所占份额为 31.5%；其次为制造业，占 28.3%；批发、零售和机动车修理居第三，占 9.4%；房地产领域的活动居第四，占 8.6%；专业和科技活动居第五，占 5.8%；信息和通信活动居第六，占 5.3%；电力、天然气、热力的生产和配送居第七，占 2.8%；房地产的私人买卖居第八，占 2.6%；其他部门占 5.6%。从地域结构来看，2019 年捷克最大的投资来源国是荷兰，其投资额占捷克吸引的外国直接投资总额的 18.3%；其次是卢森堡，占 17.0%；德国居第三，占

14.9%；奥地利居第四，占10.6%；法国居第五，占7.0%；瑞士居第六，占3.9%；塞浦路斯居第七，占3.4%；斯洛伐克居第八，占3.1%；其他国家占22.0%。与2018年相比，来自欧盟国家的投资占比略有下降，占88.8%。在2019年捷克吸引的外国直接投资中，94.0%的外国直接投资来自欧洲国家，只有6.0%的外国直接投资来自非欧洲国家，它们中主要的投资来源国是韩国、日本和美国。

2. 对外投资

捷克1993年独立后较长时间里大力吸引外国直接投资，但近年来，越来越多的捷克企业开始前往国外投资。捷克企业出口的目的地通常会相应地吸引捷克投资，捷克的对外投资很少流向非洲和南美。捷克企业在东亚的许多投资都取得了成功，同时也由于对当地的情况缺乏了解和适应不足而出现了一些投资失败的案例。总体来说，捷克对外投资主要集中在欧洲国家，说俄语的地区、巴尔干地区和土耳其的投资吸引力有所增强。

根据捷克央行发布的《2019年直接投资报告》，截至2019年12月31日，捷克在国外投资存量达到10210亿捷克克朗（相当于451亿美元或402亿欧元），比2018年增加998亿捷克克朗，主要原因是再投资收益提高。从部门结构来看，2019年捷克对外投资主要流向金融和保险活动领域，这也是发生最大变化的一个领域，同比增长620亿捷克克朗，占捷克对外投资总量的70.6%；其次是加工工业，占7.6%；专业和科技活动居第三，占6.5%；房地产领域的活动居第四，占5.2%；电力、天然气、热力的生产和配送居第五，占3.0%；建筑业居第六，占2.9%；批发、零售和机动车修理居第七，占2.3%；私人买卖房地产居第八，占1.0%；其他部门占0.9%。从地域划分来看，2019年对捷克对外投资最有吸引力的国家是荷兰，吸引了捷克对外投资总额的26.6%；其次为卢森堡，占22.6%；斯洛伐克居第三，占9.7%；塞浦路斯居第四，占9.0%；英国居第五，占6.7%；罗马尼亚居第六，占3.5%；波兰和瑞士并列第七，均占2.9%；其他国家占16.1%。

目前，在国外从事投资活动的捷克大企业主要有以下几家。

（1）化学及食品工业巨头Agrofert，由捷克现任总理安德烈·巴比什创建，由于受《利益冲突法》的限制，该企业已转让给信托基金，它主要在匈牙利、斯洛伐克和德国投资。

（2）机械制造公司 Alba-Metal，2013 年在美国亚特兰大设立了分公司，该公司的初始投资约为 250 万美元。

（3）反病毒软件公司 Avast，2015 年它从美国加利福尼亚的硅谷购买了一家软件开发公司，这项交易加上计划中的投资使 Avast 耗资 5000 万美元。

（4）捷克最大的枪支制造商——捷克兵工厂 Česká zbrojovka，2015 年通过其在美国的子公司控制美国著名的武器公司 Dan Wesson。

（5）捷克国家能源公司 ČEZ，主要在巴尔干地区、土耳其、波兰和德国并购，并已出售了部分投资。如 2004 年它以 2.815 亿欧元收购了三家保加利亚能源分销公司，并于 2018 年出售了这些资产。捷克国家能源公司在 8 个国家设有子公司，它们是土耳其、保加利亚、罗马尼亚、斯洛伐克、波兰、匈牙利、德国和法国。

（6）能源和工业控股公司（EPH），该公司由捷克富翁丹尼尔·克日丁斯基（Daniel Křetinský）拥有多数股份，在捷克、斯洛伐克、波兰、德国、匈牙利、英国和意大利等国拥有 50 多家公司。2013 年它以 26 亿欧元收购了斯洛伐克天然气工业公司 49% 的股份和管理控制权，后又将部分股份出售给斯洛伐克国家。2016 年它以 7.5 亿欧元收购了意大利国家电力公司在斯洛伐克电厂三分之二的股份。它还在英国收购了两家蒸汽发电厂，在德国拥有矿业公司。

（7）由投资集团 Penta 控股的博彩公司 Fotuna，它于 2017 年以 8500 万欧元收购了一家爱尔兰公司百分之百的股份，从而成为罗马尼亚博彩市场的领导者，并将业务扩展至克罗地亚和西班牙。后来，它又以 4700 万欧元收购了四家罗马尼亚博彩公司。

（8）生产饮料的公司科发拉 Kofola，它在捷克、波兰、斯洛伐克、斯洛文尼亚和克罗地亚有 7 家工厂。2007 年，它并购了波兰生产饮料的第三大公司 Hoop，成为其在波兰开展业务的基础。2016 年，它完全控制了斯洛文尼亚一家生产矿泉水的公司。

（9）PPF 投资集团，它活跃在欧洲、俄罗斯、亚洲和北美。近年来，PPF 已在电信、工业和媒体等领域进行了投资。2018 年 3 月，该公司宣布与挪威公司 Telenor 达成了协议，以购买后者在中东欧的电信资产。PPF 还以 28 亿欧元的价格购买移动运营商的资格。

（10）捷克亿万富翁奥尔德日赫·什勒姆尔（Oldřich Šlemr）拥有的投资公司 R2G，该公司在美国和埃及投资非织造布领域。

（11）博彩公司 Sazka Group，它购买了奥地利彩票公司、希腊博彩公司和意大利彩票公司的股份，2018 年 4 月收购了克罗地亚最大的体育博彩供应商 Supersport。

（12）捷克国内唯一的用于生产电缆和其他产品的聚酯短纤维和半成品生产商 Silon 公司，2018 年 4 月它在美国开设了一家新工厂，耗资 1.5 亿捷克克朗。

# 第五章

# 军　事

## 第一节　军事简史

### 一　1918～1992 年捷克斯洛伐克国家框架下的军事简史

从 1914 年起，在法国、意大利和俄国成立了由捷克和斯洛伐克战俘和侨民组成的捷克斯洛伐克军团，总人数为 9 万人左右，参加了第一次世界大战。国内军队的建设始于 1918 年 10 月 28 日即捷克斯洛伐克共和国成立之日，约瑟夫·施纳被任命为捷克斯洛伐克军队最高领导人。当时国外军团人员尚未回国，国内军队由志愿兵、前奥匈帝国军队的成员临时拼凑而成，其首要任务是保障国家的领土完整。在布拉格和布尔诺成立了陆军司令部，在斯洛伐克的乌赫尔赫拉吉什捷成立了专门的作战司令部。在共和国成立后的几个月里，捷克斯洛伐克军队在苏台德地区抗击德意志族叛乱分子，与匈牙利军队发动了关于斯洛伐克去留的战争，与波兰军队进行了为期七天的关于两国边境地区杰欣的战争。

1920 年 3 月，捷克斯洛伐克议会通过新国防法，为捷克斯洛伐克正规军的建立奠定了法律基础。国防法规定，和平时期军队人数为 15 万（由大约 12 万士兵和大约 2.2 万职业军官组成），占全国人口总数的 1%。建军初期，法国的军事使团提供了大量帮助，法国军官担任捷军总参谋长直至 1926 年。在融合了法国和奥地利军队建设经验的基础上，捷克斯洛伐克军队创立了自己的组织体系，建立了总参谋部和四个地区司令部

（分布在布拉格、布尔诺、布拉迪斯拉发和科希策），下辖 12 个师、24 个步兵旅、2 个山地旅、12～13 个野战炮旅、2 个重炮旅、3 个骑兵旅、3 个飞行团和 10 个独立边防营。此外，捷克斯洛伐克军队还拥有工兵、通信兵和其他服务兵种。炮兵逐渐成为最强的兵种，每个师有 12 门山地炮、36 门轻炮和 24 门大炮，这在当时的欧洲名列第一。从重炮的数量和口径方面看，捷克斯洛伐克的军事力量也远远超过中欧和东南欧地区的国家。同时，步兵的装备达到欧洲水平，骑兵的数量和质量却比较弱，空军则发展良好。

在 20 世纪 30 年代，捷克斯洛伐克军队得到加强，准备在与法国、苏联和"小协约国"结盟的基础上抵御纳粹德国和匈牙利的军事入侵。1938 年 5 月，捷克斯洛伐克宣布部分战时动员。9 月 23 日宣布全面战时动员，组建了 4 个快速移动师、12 个掩体部队、21 个步兵师和其他部队，兵力达到 150 万人，占人口总数的 10%。"慕尼黑阴谋"将捷克斯洛伐克推向两难的境地，为了使人民免受战争之苦，捷克斯洛伐克国家领导人放弃了反抗，与德国没有发生战争。但是，捷克斯洛伐克军队在边境地区与苏台德德意志族人、匈牙利和波兰的军事力量进行了战斗。

1939 年 3 月，纳粹德国占领捷克和摩拉维亚地区，斯洛伐克宣布独立。次月，德国开始消灭捷克斯洛伐克军队，夺取了现代化的军事技术和大量的武器装备。第二次世界大战爆发后不久，捷克斯洛伐克军队在国外组建：1939 年 9 月 3 日，根据波兰总统令，捷克人和斯洛伐克人的军团在波兰组建；1939 年 10 月，在法国组建了捷克斯洛伐克军队，并于 1940 年与法国军队并肩作战。法国沦陷后，大约 4000 名捷克斯洛伐克战士撤离到英国继续战斗。无论在法国还是在英国，捷克斯洛伐克飞行员（尤其是歼击机飞行员）作战英勇无畏，功勋卓著；1940 年 10 月，在中东地区组建了捷克斯洛伐克步兵营，后转移到英国加入捷克斯洛伐克独立旅；1941 年，捷克斯洛伐克流亡政府与苏联签署了关于在对德战争中共同行动的军事协议，1942 年在苏联组建了捷克斯洛伐克军队，由路德维克·斯沃博达率领，从营逐步扩大为第一捷克斯洛伐克军团。根据 1945 年 4 月 5 日通过的《科希策政府纲领》，第一捷克斯洛伐克军团成为解放捷克斯洛伐克的军队的基础。

1945 年，捷克斯洛伐克解放后，在二战期间组建的海外军团和国内补充力量的基础上迅速恢复了捷克斯洛伐克军队。全国划分为 4 个军区，建立了 16 个步兵师，还有坦克军团、炮兵师和 5 个飞行师。根据《科希策政府纲领》，捷克斯洛伐克军队的性质是人民和民主的军队，即非政治化的军队。

1948 年，"二月事件"后，捷共中央委员会接管了对军队的领导权，军队中的党政机构网逐渐形成，军队建设和生活出现了明显的"苏联化"倾向，苏联军队成为捷克斯洛伐克军队的典范，军事教育也按照苏联模式进行调整。在军队部署问题上，按照苏联要求将军事力量的重心逐渐转移至捷德边境地区。1950 年，在捷克地区建立了一个军区，在摩拉维亚、西里西亚和斯洛伐克地区建立了 2 个军区，强化了坦克和机械化部队以及防空和特种部队。1953 年，捷克斯洛伐克军队人数达到 30 万，有 29 个师，其中 17 个陆军师、10 个空军师和 2 个防空师。从 1954 年起，军队改名为捷克斯洛伐克人民军，其使命是保卫捷克斯洛伐克和全世界社会主义国家的安全。

1955 年 5 月，捷克斯洛伐克成为华约组织的创始成员国之一，从此日益加强了与苏联的军事合作以及与其他华约成员国之间的军事联系，军队建设和训练遵循苏军的要求和华约的指令，守卫华约与北约的边境是捷克斯洛伐克军队的首要任务。随着防空任务的加强，1955 年出现了一个新的兵种——国土防空军。

20 世纪 60 年代上半期，捷克斯洛伐克军队开始装备导弹，陆军配备了战术和作战导弹，防空军则完全从传统的炮兵配置改换成导弹部队。

1968 年，捷克斯洛伐克掀起了"布拉格之春"改革运动，军队一度取消了社会主义模式的建设原则。同年 8 月，以苏联为首的华约部队军事镇压"布拉格之春"，捷克斯洛伐克军队没有进行反抗。根据 1968 年 10 月苏联与捷克斯洛伐克签订的《关于苏军暂时留驻捷克斯洛伐克的条约》，苏军 5 个师（7.5 万人）留驻捷克斯洛伐克，捷克斯洛伐克军队的状况恢复到改革前的状态。根据 1969 年 1 月 31 日的宪法法律规定，国防委员会成为捷克斯洛伐克的最高军事机构，它由主席、副主席和 4～8 名成员组成，均由总统任免。1968 年"布拉格之春"改革运动终止后，苏联对捷克斯洛伐克军队的影响加大，加强了马列主义教育。

20 世纪 80 年代，随着美苏间紧张局势的升级，捷克斯洛伐克军队加紧装备新技术，后又随着美苏间紧张局势的缓和，着手紧缩军费、裁减装备和作战人员（同时增加工程兵和铁道兵的数量），缩小军事演习的规模。1987 年 3 月，苏联军队将捷克斯洛伐克境内的战役战术导弹全部撤离，捷克斯洛伐克从而成为无核国家。1989 年初，捷克斯洛伐克拥有兵力约 20 万，包括 14 个师、4500 辆坦克、4900 辆步兵战车、4100 门炮、407 架战斗机和 101 架直升机。在 1989 年 11 月捷克斯洛伐克剧变过程中，军队采取了中立态度。

1989 年剧变后，捷克斯洛伐克确定了"加入北约并把北约作为国家军事和安全保障"的军事战略。为此，捷克斯洛伐克积极向北约靠拢，加强与北约及其成员国的军事联系。

1990 年，捷克斯洛伐克军队的名称中去掉了"人民"，并开始转型进程：首先，从集权国家的权力工具转型为政治上保持中立的军队；其次，实行文官管理军队并在军队进行民主监督。在签订《欧洲常规武器条约》后，军队继续裁减人员和技术装备，大批职业军人退役，兵力减少到 15万。随着 1991 年华约解体和苏军撤离捷克斯洛伐克，军队具备独立指挥和管理的条件，在国防部成立了国家安全战略决策机构。新通过的军事学说认为，捷克斯洛伐克没有任何敌人。军队的性质随之由进攻型改变为防御型，军队的部署趋于均衡化：取消了先前的西部军区和东部军区，新设立了西、中、东军事司令部。此外，军队逐渐推行人文化措施，实行人文和宗教服务。

## 二　捷克独立后的军事简史

1993 年 1 月 1 日，捷克共和国独立，原捷克斯洛伐克联邦国家兵力和武器装备按照 2∶1 分配（捷 2 斯 1）。捷克军队（以下简称捷军）共有146554 人（其中军人 115119），2125 辆坦克，2928 辆战斗装甲车，2262

门炮，227 架战斗飞机，由陆军、空军、防空军、民防部队、铁道兵以及负责守护重要设施的部队组成，它继续推进转型进程。从 1993 年 7 月 1 日起，捷军开始落实 1990 年就制定的改革方案，将民防部队和守卫重要设施的部队划出军队编制，取消铁道兵、军事法庭和军事检察院，国防部和总参谋部进行了重组，建立了快速反应部队，裁撤人员和机构，更新武器装备，取消师级编制，按北约模式实行旅级编制。

1994 年 3 月，捷克与北约签订"和平伙伴关系计划"。为了在联合军事行动中具备良好的协同作战能力并且克服语言障碍，捷军人员进入北约及其成员国的军事院校和培训班学习，还参加各种形式的联合军事演习。例如捷军与德军共同举行的边境演习、捷军与法军举行的对等（在捷克和法国境内都举行）军事演习和多国军事演习，如 1995 年在捷克境内举行的多国部队指挥—参谋演习"协作挑战"。此外，捷军在制定国防计划和国防预算时也力求与北约保持一致。根据北约的原则，兵种和军队体系划分为紧急反应部队、快速反应部队和主要的防御部队。自 1993 年起，捷克多次向国外派出小分队（波黑、塞尔维亚科索沃地区、克罗地亚、阿尔巴尼亚、土耳其、马其顿等国家和地区）参加联合国和北约领导的多国维和部队以及其他国际军事行动。1997 年 7 月，捷克在北约马德里首脑会议上被邀请加入北约。1999 年 3 月 12 日，捷克正式加入北约，从此成为北约共同防御体系的组成部分。

加入北约后，捷军的主要任务是在与共同防御或维持和平与安全行动有关的国际条约义务基础上抵御外部攻击和履行任务。捷军重点在《北大西洋条约》第五条款或欧盟《共同安全与防御政策》规定的北约集体防御框架内捍卫国家和盟友的领土安全。

2001 年 8 月 29 日，捷克政府通过了军事改革方案，改革分两个阶段进行。第一阶段改革至 2006 年 12 月 31 日结束，届时捷克将拥有职业化军队，将取消基本役，公民可以自由决定是否加入职业化军队或预备役；捷军将由 3.4 万名至 3.6 万名职业军人和最多 1 万名文职人员构成。第二阶段改革至 2010 ~ 2012 年结束，届时，捷军将达到"小型化"、"年轻化"、"移动化"和"现代化"的标准。

**捷克**

根据北约"共同防务"思想的要求，捷军与北约其他成员国步调一致，为北约部队一体化而努力。在北约框架内，捷军以无线电、生物和化学防护、消极跟踪系统和医疗保障而著称。2003 年 4 月 1 日，根据北约的决策，捷克建立特种部队，主要面向防化、生物防护和消极跟踪系统。在 21 世纪初，捷克空军已经完全融入北约的防空体系。由防化连、直升机飞行队、援助部队和军事警察分队组成的紧急反应部队已经纳入北约移动化陆军编制，由机械化营、特种部队（连）和高射炮兵连组成的快速反应部队已被编入北约的快速反应部队。

尽管捷军的职业化程度日益提高，后勤力量得到加强，但军队发展遇到的问题是军费开支不足，难以保障军事装备现代化进程的顺利进行。在加入北约后，捷克政府通过一项决议，即 2004 年以前军费预算将达到国内生产总值的 2.2%。

2003 年 11 月 12 日，捷克政府批准了由国防部长科斯特尔卡提交的军队改革方案，根据此方案，捷军计划在 2005 年之前转型为全志愿兵制，即 2004 年 12 月终止征兵制；至 2008 年，捷军规模从 6 万人（包括基本役）削减到职业军人 2.62 万人、文职 8800 人，组建一个士官军团；捷军致力于北约框架内的防务，重点是防化和医疗保障；至 2006 年，捷军具备初始作战能力，能够参加国外的一个维和使团，可以在半年内派出由 3000 人组成的旅而不用更换人员或者可以长期派出一个由 1000 人组成的营；在发生自然灾害时，捷军可以派出 1000 人支援警察，在共同保障体系内可以派出 1200 人（为期 1 个月）。从 2005 年起，捷军成为一支完全职业化的军队，志愿者在预备役部队服役。

在过去的 20 多年中，捷军经历了根本性的改变。1993～1999 年，捷军的建设侧重于保障捷克单个国家防务的能力。在 1999 年捷克加入北约后，捷军根据集体防御需求发展防务能力。在 2004 年后转变为一支完全专业化的队伍过程中，加强了在国外作战部署所需的能力。部队参与国外行动以及个人进入北约军事机构导致捷军在许多方面加强了专业准备和与盟国的互动性。由于受国际金融危机和欧元区债务危机的影响，2009～2015 年捷克国防开支大幅减少，促使捷军转型速度放缓。从 2016 年起，军费开支逐渐恢复。

截至 2019 年，捷军有 25899 名职业军人，6896 名文职人员，1163 名公务员，另有 3236 人处于预备役。

## 第二节　安全政策和军事战略

随着国际形势和安全环境的改变、捷克加入北约和欧盟以及政府更替，捷克不断调整安全政策和军事战略，为武装部队完成保卫国家的军事任务、履行北约的集体防御承诺和参与欧盟与其他国际组织的军事行动设定了框架。

根据 1995 年捷克国防部发布的《国防白皮书》，捷克安全政策的原则主要包括：国家主权和国土完整，民主制度的宪法性和运作，国家的政治、经济和社会发展，健康、生命、财产、文化价值和生活环境的保护，履行国际义务。安全政策的主要工具有：加强国家的政治、经济和社会稳定，在有利于欧洲及欧洲—大西洋地区政治、经济和安全一体化的情况下推动外交政策和活动，支持中东欧国家的民主变化并促进这些地区的稳定，巩固与邻国的关系，参加与预防军事冲突和国际社会和平行动有关的活动，限制国内犯罪和有效预防所有国际犯罪，参加关于保护生活环境和人道主义救助的国际合作。该白皮书还确定了捷克军事战略构想的主要原则：①防务的可靠性；②参与集体防御体系；③参加全球和地区组织领导的行动；④军备控制；⑤准备随时进入战备状态；⑥可信的动员体系；⑦国家能够有组织地转入战时体系、战时经济和保障国家管理机构的运转；⑧根据事先制定好的方案和形式交战。

1999 年加入北约后，捷克的军事战略发生了变化，由以前利用自身的财力并在本国境内保障国防改变为充分利用北约成员国的资格，在北约或者欧洲安全体系框架内使用预防或者反应措施来保障国防，并尽力将重心转移到在捷克境外采取的预防性措施上。新军事战略有三大支柱：一是最大限度地预防战争冲突的发生，一旦其发生不可逆转，则尽量在捷克境外解决；二是积极参加北约共同防空体系以保障捷克领空的安全；三是提高本国武装力量在境内保障国家和人民生命安全的能力。

2004 年，捷克加入欧盟后制定了新的军事战略，它基于三大支柱。第一，保卫本国领土，包括动员措施，在国家领土上的行动准备、为捷克警察部门和综合救援系统提供帮助，以及做好可能在捷克领土上接收盟军的准备。第二，保护和防御捷克的领空，特别是通过参与北约综合防空系统。第三，具有通过全面准备和保障的机动部队参加北约和欧盟行动的能力。军队建设的主要原则如下：①将军队作为一个综合体打造其潜力，它的某些部分可以有不同的使用方式，既可以在本国使用，也可以用于北约、欧盟或其他目的联盟的行动。②军队的各个组成部分从应急准备级别上分为三类：一是 90 天内准备就绪的高度准备部队，包括分配给北约快速反应部队和欧盟快速反应部队的部队，它们将在 5～30 天内准备就绪；二是准备程度较低的部队，它们将在 365 天内准备就绪，同时也被用于准备程度较高部队的轮换，在这种情况下它们将在六个月内准备就绪；三是长期建设的部队，它们最快在 365 天内准备就绪，并将通过动员产生。该军事战略还包括下列内容：在促进北约和欧盟防御能力提高的框架下，捷军主要致力于发展辐射、化学和生物保护、军事医疗、电子战和被动监视系统等领域的能力，同时保持部队结构的合理平衡；捷克将逐渐加强参与国防研发和军备的国际项目，重点是北约和欧盟的军备计划和战略军备项目。

随着全球安全环境日益复杂和难以预测，捷克于 2008 年制定了新的军事战略，认为可能直接或间接威胁本国和盟国安全利益的主要威胁是各种形式极端主义、恐怖主义的加强，大规模杀伤性武器及其运载工具包括弹道导弹的扩散。该军事战略还指出，在当前的安全环境下，捷军有必要积极参与捷克境外或者北约和欧盟成员国领土以外的行动；捷军将优先塑造在多国集团行动中被有效利用和做出贡献的能力；为了促进北约和欧盟的防御能力，捷军将侧重加强陆军和空军的行动力，同时努力保持在防止大规模杀伤性武器的能力方面所拥有的重要国际地位。

2012 年通过的安全战略取代了 2008 年制定的军事战略。该安全战略没有确定对捷克及其盟友的领土、公民和利益带来的直接军事威胁，但也没有排除这些威胁。尽管预期的威胁更多的是非军事性质的，但有可能要求在境外的跨国行动中或境内支持民事机构的行动中使用武装力量。安全战略的三大支柱是：国家对国防和联盟的义务采取负责任态度；军队保卫国家领土、领空和重要基础设施的行动力；国家遭受严重威胁时公民具有保卫国家的义务。

2015 年通过的安全战略确定了捷克的战略利益主要是：安全与稳定，特别是在欧洲—大西洋地区；预防和控制地方和区域冲突并减轻其后果；维持全球稳定并提高联合国的作用；加强北约与欧盟的团结和效率，维持有效和可信的跨大西洋联系；履行北约与欧盟之间的战略伙伴关系，包括加强双方在国防和安全能力互补发展方面的合作；发挥欧安组织在预防武装冲突、民主化和加强相互信任与安全领域的作用；有效且透明的欧洲常规武器管制；支持发展地区合作；通过与伙伴国家的合作促进国际稳定；支持民主、基本自由和法治国家原则；确保内部安全和对人民的保护；保障捷克经济安全和加强经济竞争力；确保捷克的能源、原材料和粮食安全以及相应的战略储备；保障捷克的网络安全和防御；预防和制止影响捷克及其盟国安全的威胁。

2017 年通过的国防战略指出，在评估安全威胁和由此产生的风险基础上，从长远看有必要建设新的军事部门来增加陆军的作战能力，并再增加 5000 名军人，同时优先满足现有两个旅的人员配备、装备、训练和完全拥有作战能力，其中一个旅是重型合成旅。

2019 年，捷克通过了《2035 年国防长期展望》，提出捷军的建设基于确保捷克国防的需求，并继续在北约国防计划进程和符合欧盟需要的情况下实施。

## 第三节　国防体制与国防预算

### 一　国防体制

根据 1999 年 12 月 1 日生效的《捷克共和国关于保障国防的法律》，

国防的管理和组织包括武装力量的建设、准备和管理，国家领土的作战准备，国防的规划和为了确保国防在国民经济和公共生活的各个方面采取的措施。

捷克国防体制的运作和管理由总统、议会、政府及其工作和咨询机构、各部委和其他中央管理部门共同保障。国防部负责国防规划过程并协调规划措施的执行。在国家受到威胁和战争状态下，将形成特殊结构以确保对国防的直接管理。国防体制的主要执行部分是武装部队，其他执行部门包括国家管理机构、自治单位，在法律规定中法人和自然人也属于国防体制的执行者。

捷克宪法规定，总统为武装力量最高统帅。最高国防决策机构为国防委员会，其成员有政府总理、负责经济计划工作的副总理、外交部部长、国防部部长、内务部部长、经济部部长、财政部部长、工贸部部长、环保部部长、总参谋长和总统军事办公室主任，总理任国防委员会主席。

政府负责国防的准备和保障。在和平时期政府保障国防的职责包括：评估可能成为武装冲突原因的国家威胁的风险，并采取必要措施减少或消除这些风险；评估国家保障国防的准备程度，并就此向共和国总统和议会参众两院提交关于国防现状和加强国防能力建议的报告；批准国防战略构想；管理国防规划，确定各个国防规划的内容和实施的阶段；决定国防准备措施及其组织管理；决定武装部队建设、准备和使用的基本方向；批准武装力量动员构想；决定保障国防措施的审核；批准公民为保卫国家做准备的构想；确定部长、其他行政管理机构的领导和地方自治单位执行关于保障国防的决议；制定其他为保障国防所需的不可预见的任务。在国家受到威胁或战争状态下，政府保障国防的职责包括：从国际关系的军事政治评价中得出结论，决定执行必要措施以避免武装冲突并加强保卫国家的准备；决定关于国防体制有效运作的措施；决定与保障国防有关的任务的优先点；决定交战必需的措施；为了执行保障国防的任务，根据特殊法律法规使用中央危机工作组。政府应在每年 8 月 31 日前向总统和议会参众两院提交有关保障国防的报告，或在上述机构要求后提供。

国防部为最高军事行政机构，负责对军队实施政治领导和行政保障。

国防部保障国防的具体职责是：向政府建议准备和组织国防的基本措施，特别是制定保障国防的防务构想；负责国防规划过程并协调它的准备，可以要求有关部委、其他行政单位和地方自治单位提供材料；负责规划和确保国家领土的作战准备，补充和动员武装部队，可以要求相关部委、其他行政单位和地方自治单位协作；管理公民为保卫国家所做的准备，并在这一方面开展教育和启蒙活动；从有利于国防的角度对国土发展和国土规划文件的政策提出意见；对重要的国防设施进行登记。国防部的领导层由部长、国务秘书、六位副部长（分别负责国防政策和战略司、军备和采购司、管理和组织司、工业合作司、经济司、财产管理司）和总参谋长组成。

总参谋部隶属国防部，是最高军事指挥和管理机构。总参谋长在政府提议并经议会众议院有关委员会讨论后，由总统任命。总统还根据政府的建议撤销总参谋长的职务。

## 二　国防预算

捷克独立后的军费开支呈现阶段性差异（见表 5-1）。1993～1997年为第一阶段，名义开支呈上升趋势，实际开支却在减少。同时，国防预算占国家预算和国内生产总值的比例也在下降。1998～2003年为第二阶段，国防预算占国内生产总值的比例维持在2%的水平以上。在捷克加入北约最初的几年中满足了北约关于国防开支占国内生产总值2%的要求。2004～2015年为第三阶段，国防开支不断下滑（2005年除外）。从2015年起至2019年为第四阶段，由于世界安全形势的恶化和前一阶段国防开支的不断减少，国防开支占国内生产总值的比重逐步提高。根据2019年捷克国防部制定的《2035年国防长期展望》，为了实施重要的现代化项目，建立所需的军事物资储备，以及支付用于维持和补充军事人员与其他措施的费用，至2024年将国防支出占国内生产总值的比例增加到2%，从2024年起稳定在这一水平上。这符合2014年北约威尔士峰会上达成的关于国防支出占国内生产总值2%的协议，当时捷克和其他盟国做出了承诺。根据这一文件，另外两个保障军事能力的国防预算原则是：一是国防部年度支出的20%用于关键军事设备的采购以及包括科研在内的军事现代化举措，二是强制性个人开支占预算总额的比重不能超过 50% 。国防部计划从 2019 年起的三年中投资主要流向陆军，用于购买现代化军事设备。

表 5－1　捷克 1993～2019 年国防开支数额及占国内生产总值的比例

| 年份 | 国防开支数额<br>（单位:亿捷克克朗） | 国防开支占国内生产<br>总值的比例（%） |
| --- | --- | --- |
| 1993 | 238 | 2.61 |
| 1994 | 270 | 2.6 |
| 1995 | 283 | 2.26 |
| 1996 | 305 | 2.16 |
| 1997 | 313 | 1.9 |
| 1998 | 376 | 2.07 |
| 1999 | 417 | 2.25 |
| 2000 | 447 | 2.35 |
| 2001 | 450 | 2.1 |
| 2002 | 489 | 2.23 |
| 2003 | 532 | 2.21 |
| 2004 | 525 | 1.9 |
| 2005 | 585 | 2.0 |
| 2006 | 554 | 1.72 |
| 2007 | 549 | 1.55 |
| 2008 | 498 | 1.35 |
| 2009 | 518 | 1.43 |
| 2010 | 477 | 1.29 |
| 2011 | 438 | 1.17 |
| 2012 | 420 | 1.1 |
| 2013 | 408 | 1.06 |
| 2014 | 391 | 0.91 |
| 2015 | 434 | 0.96 |
| 2016 | 442 | 1.01 |
| 2017 | 489 | 1.04 |
| 2018 | 589 | 1.11 |
| 2019 | 667 | 1.19 |

资料来源：捷克国防部，转引自 https：//www. idnes. cz/zpravy/nato/armada－obrana－rozpocet－komunisti－skrty－10－miliard－babis－metnar. A201218_ 190858_ zpr_ nato_ in。

2019 年 12 月，捷克议会批准了政府关于 2020 年预算和 2021～2022 年预算展望的法律草案，以向北约盟国展示其对投资国防和履行集体防御承诺的认真态度。根据该法案，2020 年国防预算为创纪录的 755 亿捷克克朗，2021 年国防预算为 853.2 亿捷克克朗，2022 年国防预算为 951.6 亿捷克克朗。鉴于新冠肺炎疫情危机，2020 年捷克国防部最终同意向国库退还 29 亿捷克克朗，2021 年国防预算实际数额为 754 亿捷克克朗。

## 第四节 武装力量

捷克共和国武装力量由捷克共和国军队、总统军事办公室和城堡卫队组成。武装力量的主要任务是保卫国家免受外部攻击，其他任务来自国际条约所确定的义务。武装力量的活动由宪法和其他法律确定的机构监督，总司令是共和国总统。

### 一 军队

军队是武装力量的基础，独立后不久就进行了军事改革，大量裁减人员，进行改编。1999 年加入北约后，捷军又按照北约"共同防务"的要求进一步进行改革，新成立了特种部队、训练和军事学说形成部队。从 2003 年起，捷军的陆军与空军合并为联合部队。2013 年又根据《国防白皮书》，恢复了独立的陆军司令部和空军司令部。捷军由总参谋部领导，各种不同类型的部队又由陆军司令部和空军司令部进行管理。

捷军由多种类型的部队组成。陆军的基础是两个机械化旅，它们与陆军的其他部队一起在捷克国内和国外执行任务。空军包括军事航空军和防空军，它们在北约综合防空系统框架下保障捷克领空的主权和防御能力。从 2015 年起，特种部队成为特种作战的独立部队。2019 年成立了网络部队和领土部队司令部。从 2020 年起，捷军指挥系统发生了变化，新的作战司令部扩展了它的战略和战术部分。

捷军的指挥和管理结构分为三个层级：第一，总参谋部处于指挥的战略层级，它由总参谋长办公室、捷军人力资源局、捷军财政管理局、布拉格卫成部队总部、外国活动管理局、国外工作点、大规模杀伤性武器防护中心、跨国后勤协调中心、国防部力量发展司、国防部能力规划司、国防部后勤司、国防部通信和信息系统司、国防部军事卫生局、国防部军队情报保障司和总参谋长检查局等部门构成。总参谋长在政府提议并经议会众议院有关委员会讨论后，由总统任命。总统根据政府的建议撤销总参谋长的职务，总参谋长受国防部长领导。共有三位副总参谋长。第二，作战司令部处于指挥的作战层级。作战司令部直接隶属于总参谋长的独立作战司令部，全面负责捷军在作战中的规划、部署、管理以及保障部队和资源，对捷克共和国在感兴趣的空间和部署武装力量的空间进行永久的跟踪了解，负责准备和派遣军人参加维持和平的行动，特别是联合国的行动。第三，在指挥的战术层级有陆军司令部、空军司令部、特种部队管理处、国土司令部、网络力量司令部和训练司令部—军事学院等机构。

1. 陆军

陆军历来是捷克军队中人员最多的组成部分，它与其他军种协同保障国家的主权和领土完整。在危急和战争状况下，陆军是作战整体的基础。陆军由机械化部队、空降兵、工程和化学部队、炮兵、后勤部、情报保障力量等构成。陆军的主要任务包括进行防御性和进攻性战斗活动，保护道路、建筑物和房屋，维持和平与秩序，保护平民，加强国家边界的保护以及执行利于捷克警察的任务。陆军还在国家和联盟范围内完成预防和应对危机局势的任务。

陆军包括作战部队、作战支援部队和作战保障部队。作战部队由1个快速部署旅（下辖2个机械化营、1个空降营和1个轻型机动营）和1个机械化旅（下辖2个机械化营、1个坦克营、1个轻型机动营）组成。作战支援部队由1个炮兵团（下辖2个炮兵中队）、1个工兵团（下辖2个工兵营）、1个辐射化学生物保护团（下辖2个辐射化学生物保护营和1个大规模杀伤性武器预警中心）、1个侦察与电子战团（下辖1个电子战营、1个无人飞行体系统营和1个侦察营）。作战保障部队由1个后勤支援团（下辖2个补给营和1个维修营）组成。

陆军构成单位有班、排、连、营、团、旅。最小的战术单位是班，由 BVP－2 或 KBVP Pandur II 车辆运送的机械化班由 9 名士兵组成：3 人组成车辆组（包括指挥官、射手操作员、驾驶员）和 6 人组成射击组（包括 1 名指挥官、2 名突击步枪射击手、1 名机枪射手、1 名反坦克武器射手和 1 名狙击步枪射手）。由路虎卫士 130 Cayman 运送的空降班由 6 名士兵组成，包括驾驶员、指挥官、副指挥官、机枪手、突击步枪射击者和狙击手。轻型机动营的班由轻型装甲车依维柯 LMV 或塔特拉 810 卡车运输。3 个班构成 1 个排，3 个排构成 1 个连，3 个连构成 1 个营。2013 年 7 月 1 日，捷克共和国陆军在武装部队改革中开始转入新的组织架构。2013 年 12 月 1 日有几个旅改编为团，以减少国防预算。从指挥系统的角度来看，这一变化导致人员数量精简，特别是较高级别军官。

陆军装备有几种捷克国内和国外生产的步兵武器。原捷克斯洛伐克军队装备中较旧的型号正在逐步淘汰。机械化部队使用 T－72M4 CZ 坦克、BVP－2 步兵战车或 KBVP Pandur II 装甲运兵车（轮式步兵战车）。炮兵团的武装有 ShKH vz. 77 DANA 自行榴弹炮。陆军还使用依维柯 LMV、ATF Dingo 2 和路虎卫士 130 Cayman 等车辆。

2. 空军

空军与陆军一起保障了捷军的主要战斗力，其主要任务是保障捷克领空的不可侵犯性，也向陆军提供空中支援，保障部队的机动性或进行快速运动。在和平时期，空军参与空中救援服务和空中搜寻活动。

捷克空军的发展经历了一系列变化。1992 年 12 月 31 日，捷克和斯洛伐克联邦共和国解体，空军人员和装备基本按照捷 2 斯 1 的比例分配，只有米格－29 歼击机全部划归斯洛伐克空军，而米格－23 歼击机全部划归捷克。捷克独立后，航空和防空兵由 1 个混合航空兵团、2 个防空师、1 个飞行训练团和 1 个运输飞行团组成。它们的武器装备如下：战斗机有米格－21、米格－23、米格－29、苏－22、苏－25，训练机有国内生产的 L－29 和 L－39，直升机有米－24、米－2、米－8、米－17，运输机有图－154、图－134、安－24、安－26、安－30 和 L－410。1997 年 7 月 1 日，第 3 战术航空兵与第 4 防空兵合并，在斯塔拉博列斯拉夫成立了空军司令

**捷克**

部，从此空军成为捷克军队的一个独立组成部分。自1999年3月12日加入北约后，空军成员成为捷军中最早参加北约活动的军人，他们后来一直在北约综合空中和导弹防御系统框架下保障捷克领空的安全。2003年12月1日，空军与陆军一起成为捷克军队新组建的联合部队的组成部分，总部设在奥洛莫乌茨。从那以后，空军司令也是联合部队副司令之一。2013年7月1日，恢复了独立的空军司令部。

截至2019年底，空军的主要构成单位和武器装备情况如下：1个战术飞行基地，有12架JAS-39C鹰狮战斗机，2架JAS-39D鹰狮战斗机，16架捷克产多功能亚音速战斗机L-159A ALCA，5架教练机L-159T1+，3架教练机L-159T2；1个直升机飞行基地，有17架米-24V，15架米-171Š；1个运输机飞行基地，有2架空中客车A319CJ，2架雅克-40，1架庞巴迪挑战者CL-601 Challenger，4架多用途飞机C-295M，4架捷克产双引擎短程运输机L-410UVP-E，2架捷克产双引擎短程运输机L-410FG，3架米格-8S，5架米格-17，10架中型双发直升机W-3A Sokol；1个防空导弹团，有4组机动式中低空中程野战地对空导弹系统2K12KUB，2组近程导弹系统9K35 Strela-10，2组便携式防空导弹系统RBS-70；1个指挥、管理和侦察团，有雷达设备。

空军有4个军事飞机场：恰斯拉夫机场是战术飞行基地兹沃伦斯卡所在地，奥斯拉瓦河畔纳梅什杰机场是直升机飞行基地比斯卡伊斯卡所在地，帕尔杜比采机场是空军飞行训练中心所在地，布拉格-克贝利机场是运输机飞行基地所在地。

3.特种部队

特种部队是独立的军种，它在保障国防和安全领域中为捷克共和国提供了高度灵活和有效的战略手段。特种部队的成员也是北约快速反应部队的一部分。

特种部队由特种部队管理局、第601特种部队集团和特种部队支持中心组成。特种部队管理局负责指挥和管理捷军特种部队，成立于2015年1月1日，从而将第601特种部队集团从军事情报机构的权限范围中转移到总参谋长的领导下。第601特种部队集团的任务包括直接行动、战略侦察、非常规作战、反恐斗争、战场上的侦察和营救以及政府指定的行动。

1995 年，在捷克建立第 6 特遣旅，三年后其结构非常接近北约特种部队的结构。在 1999 年捷克加入北约后，其结构继续接近北约标准。2001 年成立了第 6 特种部队集团，后来在捷军改革框架内被重构为第 601 特种部队集团。该集团从结构上分为司令部、参谋部、特别培训中心、特别侦查中心、特别使命中心、指挥和保障中心、特种部队预备中心。

2016 年 7 月 1 日成立了特种部队支持中心，其任务是给予第 601 特种部队集团成员火力和战术上的支持，重点是开展进攻活动或采取信息和心理行动。它从结构上分为指挥官、司令部、参谋部、特种部队作战支援连、信息和心理行动中心、指挥与保障排。

4. 网络部队

网络部队在战术层面监视、规划和管理在网络空间和信息环境中的操作，并支持战略通信的规划和管理。2019 年 7 月，网络部队和信息作战司令部成立，以应对网络空间和互联网技术环境中的威胁。从 2020 年 1 月起，原隶属于陆军司令部的第 103 军民合作和心理战中心划归网络部队和信息作战司令部。2020 年初，网络部队有将近 100 名军人，预计未来将达到 500~600 名军人，不仅要在现役中寻找新人，而且要在预备役中寻找具有网络技术和平民生活经验的新人。网络部队既独立运作，又与陆军和空军协同运作。

5. 领土部队

领土部队由领土司令部和州军事司令部组成，领土部队司令部负责规划、管理、准备和补充预备役人员至现役，在州军事司令部领导下对预备役军人进行训练，并在各个州军事司令部的运作框架下协调对重要国防设施的准备、规划和防护。在和平时期，领土部队司令部是战术性组织机构，直接受捷军总参谋长指挥。在国家受到威胁和战争状态下，它隶属于作战司令部司令领导。领土部队司令部负责在招募预备役军人参加军事演习和作战部署包括物资装备方面给予州军事司令部专业和方法上的管理，与州军事司令部协调和捷军建设有关的进程。

## 二 总统军事办公室

总统军事办公室是捷克武装力量的一个特别部门，执行与行使总统作为武装力量总司令的权限以及管理城堡卫队。军事办公室主任直接隶属于总统，由总统任命和罢免。总统军事办公室主任任命和罢免城堡卫队司令官。军事办公室的人员使用特定的制服，与城堡卫队的制服相似。

## 三 城堡卫队

城堡卫队也是武装力量的一个特殊组成部分，它的任务主要有：①守卫总统官邸所在的布拉格城堡的外部并保障其安全，守卫总统及其客人临时居住的建筑物的外部并保障其安全，如总统夏宫拉尼城堡。②组织和保障军礼，特别是在其他国家领导人正式访问捷克和总统接见驻捷外交使团负责人的时候。只有获得总统同意，城堡卫队才能被用于执行其他任务。

城堡卫队是旅级军事单位，共有 936 人，其中 90 名校级军官，135 名准尉级军官，668 名军士，43 名文职人员。

# 第五节 兵役制度、军衔制度和军事教育

## 一 兵役制度

1993 年 7 月 29 日起，军队的基本役从 18 个月减少到 12 个月，军队院校毕业生减少到 9 个月，预备役期限从 27 个月减少到 18 个月，军官服役年限为 55 周岁。从 2005 年起，捷克取消了基本役，公民可以自由决定是否加入职业化军队或预备役。根据法律，只有在国家受到威胁或战争状态下才需要服兵役。

## 二 军衔制度

《捷克共和国武装力量法》及其相关的法律规定了捷克军人的地位。从 2011 年 1 月 1 日起，军人根据军衔分为六等二十级：士兵两级（列兵、

上等兵）；军士三级（下士、中士、上士）；准尉级军官五级（五级准尉、四级准尉、三级准尉、二级准尉、一级准尉）；较低级军官三级（中尉、上尉、大尉）；较高级军官三级（少校、中校、上校）；将官四级（少将、中将、上将、大将）。

### 三　军事教育

在 1993 年独立后，捷克最重要的军事教育机构是维什科夫陆军高等军事学校（Vysoká vojenská škola pozemního vojska ve Vyškově）和布尔诺军事科学院（Vojenská akademie Brno）。位于赫拉德茨－克拉洛韦的扬·爱·布尔基涅军事医学院（Vojenská lékařská akademie Jana Evangelisty Purkyně）保障医务人员的教育和培训。布拉格查理大学的体育学院设有军事专业，也是一个特别的高等军事教育场所。

2001 年，捷克政府通过了关于武装力量改革的文件。这项改革开始了军事教育体系的重大变革，旨在消除广泛的组织结构和建立较为简单的军事学校体系，以保障捷克军人的素质培养。

2004 年 9 月 1 日，原先独立的三所军事高等学校，即布尔诺军事科学院、维什科夫陆军高等军事学校和扬·爱·布尔基涅军事医学院三所大学合并成国防大学（Univeryita obrany）。国防大学是捷克唯一的国家高等军事院校，与其他公共大学不同的是，它的自治程度有限，是国防部的组织单位。国防大学对职业军人进行教育以满足捷克军队的需要，也教育文职专家，特别是为了培养国家安全系统、国防工业和公共管理方面的人才。学生可以在这所大学以全日制和非全日制形式学习学士、硕士和博士学位课程，课程侧重于军事和更广泛的国家安全系统。国防大学是捷克军队国防和安全研发中心，开设的学科专业主要与国防应用研究、军队和人口保护问题、军事领域的经济和医学专业等有关；其中一些专业在捷克独一无二，例如涉及武器和弹药、战斗车辆、放射定位、人口保护、火力支援管理、战争外科、放射生物学和毒理学等学科。国防大学拥有三个学院：军事领导学院、军事技术学院和军事卫生学院，前两个学院在布尔诺，最后一个学院在赫拉德茨－克拉洛韦。该大学还包括一个研究所和三个研究中心：防止大规模毁灭性武器研究所（位于维什科夫）、安全与军事战略研究中心、语言教育中心和体育中心。国防大学的建立为全面改变军事教育创造了基本的组织条件。

军事中等学校曾经在准备军事中级人才的过程中发挥了重要作用，但在军队转型步骤的基础上，这些学校被取消。其后继组织机构是位于摩拉维亚特日博瓦的国防部高级专业学校。2008 年，位于拉贝河畔劳德尼采的军事音乐学院停止了运作。军事中等学校的取消和军事教育整体上的重组，导致国防部人才教育体系的改变。不仅军校数量减少，而且军事教育内容发生了实质性变化。为了适应捷克军队的当前需求，采用了新的教育和学习课程，废除了军事专业人员的政治化教育和培训。

# 第六节　国防工业

## 一　历史沿革

1918 年捷克斯洛伐克共和国成立后，国防工业逐渐发展成为最重要的工业部门之一，捷克斯洛伐克是当时中欧国家中唯一有能力自己生产武器以保障战时军队需要的国家。大炮、步枪和机枪的生产、飞机的设计和制造、装甲车和坦克的设计和生产世界闻名。在国家的大力支持下，新建立了 3 个飞机制造厂：阿俄洛（Aero）、阿维亚（Avia）和雷多夫（Letov），还建立了两个生产手动武器的工厂和一个生产炸药的工厂。

两次世界大战期间，捷克斯洛伐克在世界武器生产中所占的份额越来越大，并成为世界著名的武器出口大国。1934 ~ 1935 年，其武器出口额占世界第一（先后占世界武器出口总额的 27% 和 24.4%）手动武器和弹药的出口量最大，24 式步枪、26 式和 37 式机枪、弹药出口到很多国家，布尔诺兵工厂是生产轻型机枪和步枪的知名企业。斯柯达比尔森公司生产的各类人炮出口到欧洲、亚洲和拉丁美洲等多个国家，最有名的是 16 式 30.5 厘米臼炮和 15 式 7.5 厘米山地加农炮。斯柯达康采恩生产了独一无二的 PA - Ⅱ型装甲车和 Lt - 35 式坦克，捷克摩拉维亚科尔本 - 达涅克公司（简称ČKD）生产的坦克也成功出口，其中出口到秘鲁的坦克一直使用到 20 世纪 80 年代末。最著名的则是二战时期为德军生产的 Lt－38 式坦克。布拉卡（Praga）、斯柯达（Škoda）和塔特拉（又译太脱拉）（Tatra）公司生产的汽车也很有名，布拉卡 RV 和布拉卡 AV 载重汽车出口到十多个国家，塔特拉 57 和 57K 还出口到中国。在飞机出口方面，最著名的产品是：阿维亚公司生产的 BH－33 型歼击机和 BH－11 型、BH－122 型训练机，雷多夫公司生产的 S－16 型和 S－328 型侦察机，阿俄洛公司生产的 A－32 型和 A－100 型侦察机。

第二次世界大战期间，捷克地区几乎所有的国防工业都被德国接管。战争结束后，捷克斯洛伐克的国防工业得到恢复和发展：塔特拉 T－11 型载重汽车的年生产量达到 33690 辆，出口到 24 个国家；S－199 型和 Bf－109 型歼击机于 1949 年出口到以色列；研制了新式武器，如 P－27 型装甲车，51 式 130 毫米火箭筒，52 式 85 毫米反坦克炮，OT－810 型装甲运输车和捷克斯洛伐克最著名的防空武器——30 毫米 52 式和 52/57 式"蜥蜴"高射双管加农炮（20 世纪 90 年代驰名于巴尔干地区）。

随着捷克斯洛伐克加入以苏联为首的苏东阵营，它与苏联以及华约其他成员国之间的合作加强。1954 年 11 月 29 日～12 月 2 日，捷克斯洛伐克与苏联政府和军队的代表签订了关于捷军队现代化及其武器更新的协议，有效期 5 年。在 81 名苏联顾问的帮助下，捷克斯洛伐克军队参照苏联模式开始更新武器装备，导致许多捷克斯洛伐克国内生产项目削减，如斯柯达巴贝塔（Škoda Babeta）越野汽车，雅尔米拉（Jarmíla）装甲车，MOZ 和 VOZ 型水陆两用车辆，HC－2 和 HC－3 型直升机等。与此同时，捷克斯洛伐克开始大批量生产苏式坦克和飞机。T－34 型（2736 辆）、T－54/55 型（10775 辆）和 T－72 型（1719 辆）坦克分批生产，许多出口到世界各地。阿俄洛－沃多霍迪（Aero Vodochody）飞机制造厂生产了 3224 架米格－15 型飞机，出口到 9 个国家，后来又生产了 103 架米格－19 型飞机和 194 架米格－21 型飞机。鉴于高超的设计和生产水平，一些国防工业部门的生产线得到保留，如手动武器、弹药、大炮、装甲运输车、教练机、训练器械以及后勤、医疗、化学和兵工材料。

**捷克**

捷克斯洛伐克是华约国家中仅次于苏联的第二大军工生产国，它最著名的国防工业产品是名为"海豚"（Delfín）的 L-29 型喷气式教练机，共生产了 3665 架，出口到 13 个国家。其次是名为"信天翁"（Albatros）的 L-39 型教练机，生产量达到 2854 架，出口到 16 个国家。世界闻名的武器有 61 式自动步枪"蝎子"（Škorpion），75 式自动上弹手枪，与波兰合作研发和生产的 OT-64 装甲运输车以及 70 式火箭炮。在海湾战争中，使用了塔特拉 T-815 型装甲底盘且拥有分离炮塔的 77 式"达娜"（Dana）自行加农榴弹炮被认为是同类车辆中最好的。其他著名的国防产品还有：消极无线电定位系统"塔马拉"（Tamara）和生产量达到 16.5 辆、出口到世界 50 个国家的轻型载重汽车"布拉卡"（Praga V-3S）。此外，弹药、陆军和空军模拟驾驶设备以及降落伞的生产也得到大力发展，捷克斯洛伐克还在亚洲和非洲的 10 个国家投资建立生产弹药、修理车辆和飞机的工厂。

从 20 世纪 70 年代起，捷克斯洛伐克的国防工业逐渐从重型武器生产转变为轻型和复杂型武器的生产，同时，在军工生产领域对苏联的依赖性不断增加。1988 年，捷克斯洛伐克军工产品占国内生产总值的 2%~3%。随着冷战的结束，捷克斯洛伐克国防工业受到冲击，军工企业纷纷倒闭，军工生产迅速下滑，出口锐减。20 世纪 90 年代初，捷克斯洛伐克政府决定，将逐步把军工生产转为民用，并将停止生产坦克、步兵战车以及其他类型的武器和技术设备。

二　发展现状

捷克斯洛伐克联邦解体后，捷克的国防工业完成了向私有化的转变，大的国有企业分成若干个小公司。至 1994 年，捷克的国防工业公司已具有了新的组织结构和所有制形式，大部分公司发展成为股份制公司，公司的大部分股份掌握在国有机构手中，如工业和贸易部、国防部、国有资产基金会或国有银行，其他的股份掌握在拥有投资券的公民手中。只有一些军事研究所和修理设施归国防部所有。同时，具有战略重要性意义的国防工业公司的产品出口仍然由国家监管。

受历史传统的影响，捷克国防工业产品丰富多样，包括飞行器、指挥系统及其设备、通信和雷达系统、装甲车和其他车辆、武器弹药、火力控制系统、安全服务设备以及工兵、化学和医疗设备等。其中飞行器、手动武器和尖端光学、通信、电子设备尤为突出。

为了扩大出口，夺回业已失去的军工市场，捷克政府对国防工业重新采取了支持的立场。1997 年 6 月，国防工业联合会成立，旨在推动和促进军工产品的研究、发展、制造、贸易和销售，它还负责与北约和欧盟相关机构的国际合作，在外国合作伙伴面前代表捷克的国防工业。

由于捷克拥有广泛的国防工业和规模很小的军队，国防工业 90% 的产品销往国外市场。2019 年捷克大约出口了 170 亿捷克克朗的武器材料。捷克的国防工业公司在世界各地取得了成功，它们向客户提供开发、培训、维修和贸易等服务。帕尔杜比采 ELDIS 公司在印度市场上取得成功，它向印度出售雷达，预计覆盖印度 90% 的领空。捷克兵工厂在 2019 年宣布计划在美国阿肯色州建立一家新工厂，生产和组装武器。帕尔杜比采 ERA 公司生产的被动监视系统闻名世界。阿俄洛－沃多霍迪公司（Aero Vodochody）生产的 L－39NG 飞机也在世界上获得好评。

向捷克军队提供军工产品的企业主要有以下五个。

1. 阿俄洛－沃多霍迪公司成立于 1919 年，是捷克的飞机制造商。在 1989 年 11 月政局剧变后，该公司在苏东阵营失去了很大一部分市场，此后一直在寻找合适的合作伙伴。它先后与美国波音公司和美国西科斯基飞机公司合作。该公司产品主要有 Aero L－39 Albatros（喷气式亚音速训练机）、Aero L－59 Super Albatros（军用两人座训练和轻型战斗机）、Aero L－159 Alca（单座单引擎多用途轻型超音速战斗机）和 Aero L－39NG（新一代亚音速训练飞机）。

2. 位于乌赫尔布洛德的捷克兵工厂（Česká Zbrojovka）成立于 1936 年，主要生产警用、狩猎和运动枪支，包括手枪、步枪、半自动步枪、半自动卡宾枪、冲锋枪、突击步枪、作战步枪、狙击步枪和手榴弹发射器等。它是全球十大小型武器制造商之一、五大自动武器制造商之一。该企业为捷克最大的出口商之一，其产品出口到全球 100 多个国家。它还在美国设立了子公司。

3. Meopta 是一家捷克—美国跨国公司，从事成像和照明系统光学器件的生产。该公司提供从光学、光机电和光电系统的设计、开发、生产到安装的全面解决方案，它在捷克的总部设在普日洛娃，美国的分公司设在纽约。

4. SVOS 公司位于普日娄奇（Přelouč），从事将普通公路车辆改装为安保车辆的改装业务，生产用于运输货币和贵重物品的车辆（现金运输工具）以及开发和生产用于军事和警察的特殊车辆。改装的车辆可以抵抗小型武器的攻击，并具有不同程度的弹道阻力。该公司的产品在包括捷克在内的世界许多国家和地区使用，其用户既有个人，又有国际公司、政府和国际组织。

5. 塔特拉（Tatra）（又译太脱拉公司）是一家汽车制造商，总部位于摩拉维亚 – 西里西亚州的科普日夫尼采。该公司是世界上历史最悠久的汽车制造商之一。它从 1897 年开始生产汽车，其后从未中断。塔特拉公司现归属德国大众集团，生产的产品有轿车、商用车、公共汽车、无轨电车、电动轨道车和铁路车厢等。

## 第七节　对外军事关系

1989 年剧变后，捷克斯洛伐克一方面谋求苏军撤离和华约解散，另一方面积极向西方靠拢，加强与北约及其成员国之间的军事接触和合作。1990 年 2 月 26 日，捷苏两国政府签署 "苏军从捷克斯洛伐克撤离协议"。1991 年 6 月 27 日，最后一批苏军离开捷克斯洛伐克。

1991 年 7 月，华约解散。出于安全考虑，捷克斯洛伐克致力于早日加入北约，积极参加北约和联合国的军事活动。自 1991 年起，捷克斯洛伐克在北约布鲁塞尔总部有了自己的观察员，与北约建立了正式的军事联系。同年底，捷克斯洛伐克成为北约合作理事会成员国。1992 年 11 月，捷克斯洛伐克军事小分队参加了联合国在克罗地亚和波黑的维和部队。同年 12 月，捷克斯洛伐克向海湾地区派出防化部队。

1993 年 1 月 1 日捷克独立后，继续积极谋求加入北约，努力加强与北约成员国的军事联系与军事合作。1993 年，捷军与荷兰、英国和法国的军队联合进行军事演习。1994 年 3 月 10 日，捷克与北约签署"和平伙伴关系计划"文件。1995 年，捷克军事小分队参加联合国在前南斯拉夫国家的"信心恢复行动"（UNCRO）和"过渡政权计划"（UNTAES）。1996～2001 年，捷克向波黑和克罗地亚派出共计 6300 人参加北约领导下的"国际和解行动"。1997 年 7 月，捷克在北约马德里首脑会议上应邀加入北约。1999 年 3 月 12 日，捷克正式加入北约。

加入北约后，捷克努力与北约保持一致，参加北约的军事行动，融入北约的军事体系（空军完全纳入北约的防空体系），与北约成员国联合举行军事演习、协同作战，并在武器装备的更新方面进行合作。此外，捷克军人在对国际组织的条约义务和双边协议的基础上参加国外行动，主要是在联合国、欧盟和欧安组织的框架内。捷克军队不仅向国外派遣军事观察员、咨询和培训小组、野战医院，还派遣陆军和特种部队的作战部队和空军特遣部队。

1999 年，捷克向阿尔巴尼亚派遣野战医院，参加北约领导的"阿尔巴尼亚稳定部队"（AFOR）。在科索沃战争期间，捷克同意向北约开放领空和领地，以供北约部队和装备过境。同年 5 月 28 日～6 月 4 日，来自 26 个加入了北约以及和平伙伴关系计划国家的 2000 名士兵参加了在捷克维什科夫举行的指挥与参谋演习——"合作防卫 99"。

2002 年，在美国领导的反恐行动框架内，捷克向科威特派出无线电、防化和生物防护部队，与美国、科威特和德国的部队一起行动。同年 5 月，应英国方面的要求，捷克第六野战医院 150 名官兵抵达阿富汗喀布尔，为国际安全部队提供医疗救护，同时为当地居民提供医疗服务。此外，捷克还派出一支训练有素的防化部队，参加在阿富汗境内的军事行动。同年 11 月，为确保北约布拉格峰会的安全进行，美国应捷克的邀请派出 15 架战机、250 名官兵参与巡航捷克领空。

2003 年 1 月，捷克议会通过决议，同意有条件支持美国对伊拉克的军事行动，并允许美英联军部队从捷克过境和临时驻扎。同月，向科威特增派 107 名防化官兵，加强捷克在科威特的防化部队力量。4 月，捷克议会同意向伊拉克南部的巴士拉地区派遣一支 300 人左右的战地医疗队。从 5 月 18 日起，第 7 野战医院（由 316 名军人和 1 名文职人员组成）在伊拉克提供人道主义帮助和医疗救护。同月，美国和北约要求捷克牵头在北约框架内组建一支防范大规模杀伤性武器的多国部队，它将隶属于北约快速反应部队，主要成员将来自捷克防化部队。捷克对此采取积极态度，预备役部队在 2004 年初开展训练，年中即具备快速反应作战能力。2003 年 12 月，在捷克利贝雷茨组建了北约多国化学、生物、放射和核防御营。从 2004 年起，来自 13 个国家的大约 500 名军人在捷克领导下一起行动。

从 1999 年起至 2020 年，捷克军人参与了北约领导的在科索沃维和部队和联合国使团框架下的行动。1999 年 7 月，捷克向科索沃派出了一个侦察连。2002～2005 年，捷克—斯洛伐克联合营取代了捷克侦察连。2005 年 8 月～2006 年 7 月，捷克作为领导国指挥北约多国旅和多国工作队。2005～2011 年，捷军在 Šajkovac 基地部署了特遣队。2011～2020 年，捷克军事工作队一直位于普里什蒂纳的北约驻科索沃稳定部队司令部内运作。

2003～2020 年，捷克军队多次向阿富汗派遣军人：向喀布尔机场派遣空军咨询团队，向阿富汗空军提供培训、咨询和教育等方面的帮助；向巴格拉姆机场派遣警卫队，守卫北约驻阿富汗巴格拉姆空军基地；派遣通信技术领域的专家团队；派遣医疗队。2020 年 3 月，捷克军人结束守卫北约驻阿富汗巴格拉姆空军基地的任务。捷军计划集中精力做好在阿富汗训练特种部队和向阿富汗派遣医疗队这两方面的工作。

2003～2020 年，捷克军队向伊拉克多次派遣飞行咨询团队以帮助培训伊拉克空军，派出化学部队以进行关于防止大规模杀伤性武器领域的咨询和指导，派出军事警察以给予伊拉克安全部队咨询和培训。

在 2016 年 7 月于华沙举行的北约峰会上，北约决定加强在波兰和波罗的海三国的军事存在。捷克参加了加拿大领导的在拉脱维亚的战斗小组、德国领导的在立陶宛的战斗小组，还派出空军力量参加波罗的海三国空中警务特别工作组的行动。

　　在 2019 年，捷克军队有 201 名成员被部署在国际军事结构中，主要是在北约 15 个成员国和乌克兰。捷克参加了北约快速和欧盟的快速反应部队：有 1200 人参加了北约快速反应部队；来自后勤、医疗保健和航空支援等领域的 550 人参加了欧盟战斗集团；1617 名军人参加了 13 个国外行动和联合国的 4 个使团。

　　无论是在积极要求加入北约的过程中还是在成为北约正式成员国之后，捷克重视加强与维谢格拉德集团成员国的军事联系。1997 年 7 月，捷克、波兰和匈牙利三国国防部部长在布达佩斯举行会谈后发表声明说，在加入北约的谈判过程中，三国国防部部长以及军队总参谋长每三个月会晤一次，在购买新军事技术设备之前三国将进行相互磋商。2002 年 5 月，捷克、匈牙利、波兰和斯洛伐克四国防长签署了关于共同改进米-24 战斗直升机的协议。2012 年，波匈捷斯四国防长在捷克的利托梅日策会晤，发表了关于建立维谢格拉德集团战斗群的联合公报。2016 年 1 月 1 日至 6 月 30 日，由波兰领导、来自维谢格拉德集团四个成员国和乌克兰的 3700 多名军人组成的维谢格拉德集团欧盟战斗群处于待命状态，以应对欧盟面临的安全挑战。2019 年 7 月 1 日至 12 月 31 日，维谢格拉德集团欧盟战斗群再次处于待命状态，斯洛文尼亚参与进来。

# 第六章

# 社　会

## 第一节　国民生活

### 一　就业

在 1993 年捷克共和国独立后最初几年，失业率保持在 3.9% ~ 4.8%。从 1998 年起，失业率逐渐提高，2000 年达到 8.8%。2001 ~ 2005 年保持在 8% 左右。2006 ~ 2008 年失业率逐渐下降，2008 年为 4.4%。受国际金融危机的影响，失业率从 2009 年起再次提高，直至 2013 年均保持在 7% 左右。从 2014 年起，随着经济复苏，失业率不断下降。2017 ~ 2019 年，保持在 3% 以下，在欧盟成员国中最低。2020 年，在新冠肺炎疫情的影响下，捷克的失业率依然保持欧盟最低，2020 年 11 月为 2.9%。2021 年 4 月，捷克失业率为 3.4%，在欧盟成员国中为第二低的国家，欧盟平均水平为 7.5%。

根据捷克统计局数据，2019 年捷克 15 ~ 64 岁人口的经济活动率达到 76.7%，高于欧盟平均水平；在第一产业部门就业的人口占所有就业人口的比例为 2.7%，在第二产业部门就业的人口占所有就业人口的比例为 37.2%，在第三产业部门就业的人口占所有就业人口的比例为 60.1%；共有 10.91 万名失业人员（男性有 5.73 万），根据受教育程度划分，初等教育水平人员 2.91 万，中学未毕业人员 3.94 万，中学毕业人员 2.75 万，拥有高等教育水平人员 1.3 万。

失去了工作或在寻找工作的捷克公民，以及最后一次有酬劳动发生在捷克且在捷克有住处的欧盟成员国公民，可以申请失业补助和求职帮助。那些从国外工作返回捷克的失业者且就职期间在捷克有住处的人员可以申请失业救济金。求职者在居住地所属的劳工局办事处注册登记后，将获得寻找工作方面的帮助。劳工局为求职者提供有关捷克尤其是求职者所在州的工作岗位空缺的定期更新信息，并为他们提供选择工作的咨询和建议。如果求职者在劳动力市场上处于不利地位，就有权获得更多的照顾。劳工局还为伤残人员保障职业康复。在寻找工作时，求职者必须与劳工局合作，必须参加商定好的见面会，且在注册时必须告知所有相关事实，不能在没有正当理由的情况下拒绝劳工局中介的工作。如果就职申请者不与劳工局合作，他就可能被排除在登记册以外。只有注册为求职者的失业者才能申请失业救济金。向求职者支付失业救济金的期限分别是：50岁以下的人员5个月，50~55岁的人员8个月，55岁以上的人员11个月。注册为求职者的人还能申请再培训和再培训津贴。失业救济金和再培训津贴的金额是按原先每月平均净收入的百分比确定的，呈逐渐减少的趋势：最开始两个月是65%，接下来两个月是50%，其他时间为45%。如果失业者是自愿离职的或与雇主达成了协议，他将在整个失业期间获得原先平均工资45%的补助。

## 二　收入

1993年独立之初，捷克月平均工资为5817捷克克朗，后来工资水平不断提高。1994~1996年，工资增长幅度为18%左右。从1997年起增长幅度有所下降，1998~2008年增长幅度在5%~10%之间。2004年捷克加入欧盟时，月平均工资为17466捷克克朗，同比增长6.3%。2009~2015年，增长幅度在4%以下，2013年经济衰退之时只增长了0.1%。从2016年起，增长幅度有所加大，但没有超过10%。

根据捷克统计局发表的《1989年以来捷克共和国数据》，2020年捷克月平均工资为35611捷克克朗，其中农业、林业和渔业部门的工资为28609捷克克朗，开采部门的工资为37340捷克克朗，加工工业部门的工资为 34063 捷克克朗，电力、天然气、热能和空调生产和分配部门的工资为 52223 捷克克朗，供水以及废水和垃圾处理部门的工资为 31608 捷克克朗，建筑部门的工资为 30794 捷克克朗，批发和零售、机动车修理和维护部门的工资为 32305 捷克克朗，运输和仓储部门的工资为 31931 捷克克朗，住宿和餐饮部门的工资为 19841 捷克克朗，信息和通信部门的工资为 62148 捷克克朗，金融与保险部门的工资为 59390 捷克克朗，房地产部门的工资为 28473 捷克克朗，科技部门的工资为 42076 捷克克朗，行政和支持部门的工资为 24461 捷克克朗，公共管理和国防、义务性社会保障部门的工资为 40635 捷克克朗，教育部门的工资为 38031 捷克克朗，医疗卫生和社会保健部门的工资为 41290 捷克克朗，文化、娱乐和休闲部门的工资为 31592 捷克克朗，其他部门的工资为 25934 捷克克朗。

截至 2020 年 7 月，捷克有将近 300 万养老金领取者。2020 年 3 月，养老金平均数额为 14397 捷克克朗。2020 年 8 月初，捷克总理安德烈·巴比什称，2021 年捷克养老金平均数额将超过 15000 捷克克朗。

尽管捷克的工资水平远没有赶上西欧发达国家，但捷克是欧盟成员国中贫困率最低的国家。在 2018 年，捷克面临贫困或被社会排斥风险的人的比例是 12.2%，欧盟 28 国平均比例则是 21.9%。2018 年捷克家庭收入和生活条件概况见表 6-1。

表 6-1 2018 年捷克家庭收入和生活条件

| | 所有家庭 | 雇员家庭 | 自雇人士家庭 | 退休人员家庭 | 失业者家庭 | 其他家庭 |
|---|---|---|---|---|---|---|
| 家庭绝对数（万） | 445.30 | 220.63 | 57.73 | 152.6 | 10.29 | 4.04 |
| 家庭占比（%） | 100 | 49.5 | 13 | 34.3 | 2.3 | 0.9 |
| 总收入（捷克克朗） | 232941 | 256368 | 218976 | 174766 | 110601 | 121659 |
| 净收入总额（捷克克朗） | 202125 | 212933 | 226352 | 172189 | 104762 | 119373 |
| 受雇收入（捷克克朗） | 147621 | 227014 | 63959 | 25240 | 46499 | 30847 |
| 营业收入（捷克克朗） | 31245 | 6731 | 167596 | 4338 | 2975 | 2909 |
| 社会保障收入（捷克克朗） | 47621 | 16767 | 17932 | 140628 | 54597 | 44349 |
| 其中：养老金 | 39897 | 9075 | 12209 | 134959 | 19804 | 9701 |
| 疾病保险金和丧失 | 1865 | 2660 | 1500 | 318 | 1233 | 78 |

续表

| | 所有家庭 | 雇员家庭 | 自雇人士家庭 | 退休人员家庭 | 失业者家庭 | 其他家庭 |
|---|---|---|---|---|---|---|
| 工作能力的补偿 | | | | | | |
| 　失业津贴 | 425 | 288 | 220 | 232 | 7616 | 142 |
| 　奖学金 | 86 | 128 | 35 | 2 | — | 784 |
| 国家社会支持福利（捷克克朗） | 3378 | 3714 | 3228 | 1137 | 14229 | 18576 |
| 　其中：子女津贴 | 305 | 347 | 232 | 96 | 1247 | 2328 |
| 　父母津贴 | 2330 | 2984 | 2659 | 127 | 3763 | 10617 |
| 　住房补贴 | 572 | 242 | 224 | 658 | 8957 | 5098 |
| 其他国家社会支持福利（捷克克朗） | 171 | 141 | 113 | 256 | 262 | 533 |
| 其他社会保障收入（捷克克朗） | 1969 | 902 | 741 | 3980 | 11715 | 15068 |
| 　其中：物资贫困福利 | 226 | 58 | 11 | 109 | 6961 | 1212 |
| 　现金收入总额（%） | 100 | 100 | 100 | 100 | 100 | 100 |
| 　其中：受雇收入（%） | 63.2 | 88.5 | 24.6 | 14.4 | 41.9 | 25.4 |
| 　营业收入（%） | 13.5 | 2.6 | 64.8 | 2.5 | 2.7 | 2.4 |
| 　社会保障收入（%） | 20.5 | 6.6 | 6.9 | 80.5 | 49.5 | 36.5 |
| 　其他收入（%） | 2.8 | 2.3 | 3.7 | 2.6 | 5.9 | 35.8 |

资料来源：捷克统计局发布的《2018年家庭收入和生活条件》。

## 三　家庭储蓄和债务

截至2018年年底，全球居民金融资产总额下降0.1%，首次出现居民金融资产在发达国家和发展中国家均下降的情况。然而，捷克居民的家庭净资产增长了4.4%，总资产增长了4.9%。因此，捷克在人均金融净资产排名中列第25位，排名提高了一位；在人均金融总资产排名中列第26位，排名提高了两位。金融净资产代表除去债务以外的所有动产和不动产，金融总资产包括普通公民的所有动产和不动产的价值。捷克居民是中东欧国家中最富有的，他们的平均财富是邻国斯洛伐克居民的两倍半。2018年捷克人均金融净资产为16785欧元。

2018年捷克家庭债务比例为34.6%，明显高于中东欧国家的平均水平23.6%，但不到西欧国家家庭债务水平的一半。

## 四　消费

在欧盟内，捷克是继斯堪的纳维亚半岛国家和法国之后居住支出占比最大的国家。捷克家庭用于住房、水和能源的支出占消费支出总额的四分之一以上，用于食品、保健和餐饮服务的支出份额亦有所增加，他们花费较小一部分支出用于服装、鞋类、娱乐、教育和交通。

2010～2018 年，捷克家庭用于食品和非酒精饮料的支出占比从 14.1% 提高到 16.1%；用于酒精饮料、烟草和麻醉剂的支出占比从 8.0% 减少到 7.9%；用于服装和鞋类的支出占比从 3.3% 提高到 3.6%；用于住房、水、电、天然气和其他燃料的支出占比从 27.7% 减少到 25.3%；用于家具、家庭设施及其维护的支出占比保持不变，为 5.4%；用于保健的支出占比从 2.5% 略降到 2.4%。1989～2019 年捷克个人年平均饮食消费量的变化情况见表 6-2。

表 6-2　1989～2019 年捷克个人年平均饮食消费量的变化

| | 1989 年 | 1993 年 | 2004 年 | 2019 年 |
|---|---|---|---|---|
| 小麦面粉（公斤） | 85.6 | 88.5 | 91.2 | 97 |
| 黑麦面粉（公斤） | 22.9 | 22.4 | 12.9 | 8.6 |
| 大米（公斤） | 3.9 | 3.9 | 4.6 | 6.7 |
| 面包（公斤） | 56.8 | 60.3 | 53.3 | 39.0 |
| 烤制的点心（公斤） | 33.0 | 38.4 | 44 | 51.7 |
| 猪肉（公斤） | 49.9 | 48.1 | 41.1 | 43.0 |
| 牛肉（公斤） | 30.0 | 19.8 | 10.3 | 9.1 |
| 家禽（公斤） | 13.0 | 11.7 | 25.3 | 29.0 |
| 鱼（公斤） | 6.0 | 4.5 | 5.5 | 6.0 |
| 牛奶（升） | 91.6 | 73 | 50.8 | 57.1 |
| 奶酪（公斤） | 7.8 | 6.1 | 12 | 13.8 |
| 鸡蛋（个） | 336 | 318 | 247 | 261 |
| 油和脂肪（公斤） | 28.8 | 26 | 25.4 | 27.5 |
| 水果（公斤） | 70.5 | 72.7 | 80.5 | 86.5 |
| 坚果（公斤） | 2.6 | 2.6 | 3.0 | 3.8 |
| 新鲜蔬菜（公斤） | 68.7 | 74.2 | 79.8 | 87.0 |
| 土豆（公斤） | 82.8 | 84 | 72.5 | 69.5 |

续表

|  | 1989 年 | 1993 年 | 2004 年 | 2019 年 |
|---|---|---|---|---|
| 糖（公斤） | 39.8 | 38.9 | 40.5 | 35.0 |
| 咖啡豆（公斤） | 1.94 | 2.2 | 2.4 | 2.23 |
| 矿泉水和非酒精饮料（升） | 108.5 | 112.1 | 281.0 | 246.8 |
| 酒精饮料（升） | 170.8 | 176.7 | 184.6 | 173.4 |
| 香烟（支） | 1776 | 1912 | 2243 | 1958 |

　资料来源：捷克统计局发布的《1989 年以来捷克的数据》。

五　物　价

　　在 1993 年捷克独立的第一年，通货膨胀率高达 20.8%。1994～1998年，通货膨胀率在 8.5% 至 10.7% 之间浮动。1999 年降至 2.1%，2000 年为 3.9%，2001 年为 4.7%。2002～2007 年，通货膨胀率保持在 3% 以下。2008 年，通货膨胀率提高到 6.3%。从 2009 年起至 2019 年，通货膨胀率稳定在较低水平，只有 2012 年超过 3%，达到 3.3%，2014～2016 年均在1% 以下。2017～2019 年保持在 3% 以下。2020 年略有提高，达到 3.2%。2010～2020 年捷克物价的变化情况见表 6-3。

表 6-3　2010～2020 年捷克物价的变化

单位：捷克克朗

| 商品名称 | 2010 年 | 2015 年 | 2020 年 |
|---|---|---|---|
| 大米（公斤） | 32.33 | 36.17 | 34.74 |
| 粗面粉（公斤） | 10.38 | 11.43 | 11.72 |
| 小茴香面包（公斤） | 19.85 | 21.86 | 27.67 |
| 后部不带骨头的牛肉（公斤） | 175.27 | 200.64 | 228.17 |
| 烤猪肉（公斤） | 97.14 | 107.41 | 128.96 |
| 开过膛的整只鸡（公斤） | 58.63 | 66.30 | 62.89 |
| 小香肠（公斤） | 96.05 | 134.64 | 163.41 |
| 猪肉火腿（公斤） | 153.42 | 192.57 | 217.74 |
| 冷冻鱼排（公斤） | 135.81 | 183.06 | 221.48 |
| 半脱脂巴氏杀菌牛奶（升） | 16.17 | 17.80 | 17.86 |
| 新鲜的鸡蛋（个） | 2.14 | 2.96 | 2.70 |

| 商品名称 | 2010 年 | 2015 年 | 2020 年 |
|---|---|---|---|
| 黄油(公斤) | 134.38 | 142.90 | 151.91 |
| 葵花籽油(升) | 43.49 | 40.01 | 34.49 |
| 苹果(公斤) | 27.76 | 30.30 | 34.01 |
| 土豆(公斤) | 15.58 | 15.04 | 12.60 |
| 牛奶巧克力(100 克) | 22.17 | 25.57 | 22.85 |
| 瓶装的淡色啤酒(0.5 升) | 10.05 | 10.51 | 11.53 |
| 男士西服(套) | 4362.57 | 5879.19 | 7169 |
| 女士冬季外套(件) | 4084.72 | 4684.80 | 5374 |
| 自动洗衣机(个) | 10026.26 | 10100.78 | 9825 |
| 电冰箱(个) | 11971.01 | 12997.04 | 14152 |
| 95 号汽油(升) | 32.88 | 29.00 | 27.93 |
| 斯柯达轿车 | 223900 | 273900 | 323201 |
| 小学食堂午餐(份) | 19.43 | 22.51 | 26.20 |

资料来源:《2020 年捷克统计年鉴》。

## 六 住 房

2018 年,捷克有 48% 的居民居住在庭院式住宅中,有 51.5% 的居民居住在公寓楼中,另有 0.5% 的居民居住在其他类型的住房中。2018 年,捷克人均住房达到 1.5 个房间,其中单身家庭的人均住房为 2.8 个房间,有孩子家庭的人均住房为 1.1 个房间。

每套住宅平均有 3 个房间和 1 个厨房,住宅面积略微超过 70 平方米。居住费用几乎占收入的 1/4,为 70 年来最高。购买一套住宅所需要的费用是月平均工资的 114 倍。国家为了解决住房危机,用财政资助的手段来支持建筑储蓄和抵押贷款。

住宅数量不够和它的高额费用造成捷克居民很少搬家。一半居民一辈子就生活在出生的城镇里。一旦要搬家,大部分时候是搬到更大的住宅里。

由于很少有机会在工作所在地拥有便宜的住房,所以上班族从家中赶到工作单位需要很长时间。据估计,每天有 200 万就业者来回奔波于家庭至单位的路途中。

在山区和农村,独层的房屋和小村落很普遍。有林间的狭长形村庄,也有沿街式村落，还有临溪的小村子和星形的村落。在摩拉维亚一些地区还有带有彩绘、亭状门庭的住宅。

在捷克，大约一半城市人在郊外拥有度周末和度假的小木屋，有的是从父母处继承过来的，有的是从别人手中买下来的，有些小木屋周围还可以种植蔬菜和水果。

1993～2018 年捷克住房建设情况见表 6-4。

表 6-4　1993～2018 年捷克住房建设情况

| | 1993 | 2004 | 2018 |
|---|---|---|---|
| 已建成住房总数(套) | 31509 | 32268 | 33850 |
| 其中:合作社住房占比(%) | 30.5 | 5.4 | 0.8 |
| 市镇公用住房占比(%) | 19.7 | 20.3 | 1.1 |
| 个人住房占比(%) | 45.4 | 52.3 | 57.5 |
| 其他住房(%) | 4.4 | 22.1 | 40.6 |
| 新的庭院式住房比例(%) | 37.9 | 41.2 | 56.6 |
| 每千名居民的建成住房数量(套) | 3.05 | 3.16 | 3.19 |
| 1套住房的居住面积(平方米) | 59.4 | 68.5 | 73.3 |
| 新建成的庭院式住房数量(套) | 11952 | 13302 | 19152 |
| 其中:工作室占比(%) | 0.2 | 0.3 | 0.2 |
| 单间住房占比(%) | 0.7 | 0.9 | 0.7 |
| 两间住房占比(%) | 3.4 | 4.6 | 3.7 |
| 三间住房占比(%) | 15.4 | 16.0 | 14.9 |
| 四间住房占比(%) | 37.3 | 33.4 | 47.1 |
| 五间及更多住房占比(%) | 43.1 | 44.2 | 33.4 |
| 1套庭院式住房的居住面积(平方米) | 81.7 | 96.6 | 91 |
| 1套庭院式住房的价值(万捷克克朗) | 73.1 | 261.3 | 342.8 |
| 1平方米使用面积的价值(捷克克朗) | 5474 | 17109 | 25927 |
| 新建成的公寓住房数量(套) | 10722 | 10305 | |
| 其中:工作室占比(%) | 15.1 | 7.9 | |
| 单间住房占比(%) | 27.0 | 21.5 | |
| 两间住房占比(%) | 28.6 | 34.4 | |
| 三间住房占比(%) | 21.9 | 27.7 | |
| 四间住房占比(%) | 6.3 | 7.7 | |
| 五间及更多住房占比(%) | 1.1 | 0.7 | |
| 1套公寓住房的价值(万捷克克朗) | 142.4 | 214.0 | |
| 1平方米使用面积的价值(捷克克朗) | 21360 | 32989 | |

资料来源：捷克统计局发布的《1989 年以来捷克的数据》。

七　移　民

根据捷克统计局的数据，1994 年共有 10.43 万外国人居住在捷克，其中 7.12 万人拥有长期居留证。在此后的 20 多年中，捷克境内的外国移民总体上逐渐增多，只是在 2009～2010 年经济危机期间有所减少。截至 2020 年底，共有 63.26 万名外国人居住在捷克（占全国总人口的 5.8%），其中 48.8% 的外国人拥有永久居留证。大约有一半外国人生活在布拉格和中捷克州。在所有居住在捷克的外国人中，乌克兰人最多，达到 16.54 万。乌克兰人也是将自己的收入寄回国最多的外国人，邮寄款额占其收入的 17% 左右。其次是斯洛伐克人，达到 12.45 万。越南人位居第三，有 6.28 万人。越南人在捷克居住的时间最长，平均 8 年。来自俄罗斯的移民位居第四，有 4.17 万人。大量俄罗斯大学毕业生选择捷克作为工作之地，占俄罗斯在捷克移民的 27%。还有移民来自德国（2.09 万）、波兰（2.07 万）、罗马尼亚（1.84 万）、保加利亚（1.79 万）、蒙古（1.01 万）、英国（0.91 万）和其他国家。来自前南斯拉夫的人数量不太多，但居住的时间比较长，平均为 7 年。在捷克的华人数量为 7940 人，其中 3354 人拥有 90 天以上的长期居留权。华人主要集中在首都布拉格。外国人移民到捷克主要是出于工作目的，有将近一半的外国人来自欧盟成员国。每年大约有 1000 名外国人获得捷克公民身份。

2004～2019 年外国人在捷克的状况见表 6-5。

表 6-5　2004～2019 年外国人在捷克的状况

|  | 2004 年 | 2010 年 | 2015 年 | 2019 年 |
|---|---|---|---|---|
| 不包括寻求庇护的外国人（人） | 254294 | 424291 | 464670 | 593366 |
| 拥有永久居留权的外国人占比（%） | 39.1 | 44.5 | 56.0 | 50.5 |
| 欧盟公民中的临时居留者占比（%） | 10.8 | 18.4 | 26.0 | 25.7 |
| 拥有长期居留权的外国人占比（%） | 25.5 | 35.1 | 16.8 | 21.9 |
| 拥有长期签证的外国人占比（%） | 24.6 | 2.0 | 1.3 | 1.9 |
| 居留 12 个月以上的外国人占捷克全国人口的比例（%） | 1.9 | 3.9 | 4.3 | 5.4 |

资料来源：捷克统计局发布的《2004～2019 年在捷克的外国人》。

**捷克**

## 第二节　社会保障

捷克实行国家与个人共同承担相关费用的社会保障政策。社会保障是捷克用于实现其目标的主要社会政策工具，它可以预防、缓解和应对不利的社会状况。社会保障体系由社会保险、国家的社会支持和社会救助三个部分组成。

### 一　社会保险

社会保险是强制性的金融系统，为公民提供疾病、退休和照顾家庭成员状况下的生活保障。社会保险收入有三种缴纳的款项构成：养老（抚恤）保险、疾病保险和对国家就业政策的贡献。保险缴纳人分为四类：雇主、雇员、自雇人士和自愿参加养老保险者。

1. 养老保险

基本养老保险提供退休金以及残疾抚恤金、鳏寡补助和孤儿补助等。从 2013 年 1 月起，养老金制度包括三个支柱：一是强制性养老保险，二是自愿养老储蓄，三是补充性养老金储蓄和补充性养老保险。从 2016 年 1 月起，捷克养老金制度取消了自愿养老储蓄，只剩下两个支柱。

所有从事经济活动的捷克公民都必须参加养老保险。每个公民在工作年龄段需要向国家缴纳总工资的 28%，其中雇员缴纳 6.5%，雇主缴纳 21.5%，自雇人员需要缴纳全额。在强制性养老保险中同时保留了贡献原则和团结原则，即一方面随着养老保险缴纳数额的增加，保险人的养老金会增加，但拥有较高收入的保险人，其养老金的增长会比较缓慢。

补充性养老金储蓄和补充性养老保险对于每个捷克公民来说是自愿加入的。根据国家缴纳金进行的补充养老保险运作至 2012 年底，从 2013 年 1 月 1 日起，补充性养老保险的客户转移至所谓的"转型基金"。客户可自行决定（每年免费一次）更改其储蓄的投资策略，选择低风险的保守型基金或潜在收益较高的动态型基金。

2. 疾病保险

疾病保险的参加者是雇员和自雇人士，雇员必须参加疾病保险，自雇人士则是自愿参加。雇员的疾病保险可提供下列福利：用于照顾家人的疾病津贴、怀孕和产假期间的补助、产妇津贴。自雇人士的疾病保险提供疾病津贴和产妇津贴。

3. 国家就业政策

捷克经济和社会政策的基本目标是充分、生产性和自由选择的就业。经济和社会政策致力于工作岗位供需之间的平衡、以生产性方式使用劳动力和保障公民权利。公民的权利是无论种族、肤色、性别、语言、宗教、政治或其他立场、政党成员身份、民族或社会出身、财产、健康状况和年龄的就业权利。

## 二 国家的社会支持

国家的社会支持是指国家参与儿童和家庭的基本需求。捷克共和国第117/1995 号法案引入了国家的社会支持制度，它考虑到三个基本方面：一是生活水平应主要基于劳动收入；二是补贴不能代替收入，不能因社会生存状况的改善而失去劳动的动力；三是必须经济和合理地统筹福利支出。国家的社会支持的所有补贴具有强制性的特点，主要面向需要抚养孩子的家庭，家庭的收入状况是一个重要的考察标准。

1. 与家庭收入有关的社会福利

（1）子女津贴

如果家庭的净收入不超过最低生活水平的 2.4 倍，就有权获得子女津贴。子女津贴是捷克国家社会支持的一项基本福利，是一项长期面向有子女家庭的每月补贴。根据被抚养子女的年龄分为三类：第一类年龄不超过 6 岁，每月补贴 500 捷克克朗；第二类年龄是 6～15 岁，每月补贴 610 捷克克朗；第三类年龄是 15～26 岁，每月补贴 700 捷克克朗。

（2）社会补助

社会补助的目的是帮助低收入家庭和残障人士负担抚养子女所需的费用。享受社会补助的权利与家庭收入密切相关，家庭收入不得超过家庭最低生活水平的两倍。社会补助的金额不仅反映家庭收入的高低，也反映孩子和父母的残疾程度。

（3）住房补贴

住房补贴旨在帮助低收入家庭或个人支付住房费用。房主和租客均有权获得此津贴，他们可以住在出租房或合作社公寓中，也可以住在自己的公寓或房子中。获得住房补贴的条件是：必须在捷克拥有永久居留权，除捷克公民外，欧盟公民也有权根据相关法规获得住房补贴；住房成本超过了家庭收入乘以系数 0.3（在布拉格为 0.35）的数额，同时该数额不高于常规住房成本的金额。家庭收入由拥有永久居留权的住房所有人的收入决定。

（4）分娩津贴

如果家庭收入（不包括父母津贴和子女津贴）不超过家庭最低生活水平的 2.4 倍，产妇就有权获得分娩津贴。通常分娩津贴的金额为 13000 捷克克朗，如果有一个以上孩子出生，则为 19500 捷克克朗。分娩津贴一次性支付。

2. 与家庭收入无关的福利

（1）父母津贴

父母津贴通常在休育儿假期间获得，总金额不得超过休假以前收入的70%。父母津贴是为那些全职照顾家庭中最年幼孩子的父母提供的，只有父母中的一方有权获得它，但他们可以轮流领取。只有在捷克拥有永久居留权的新生儿父母才能申请津贴，申请需要提交给居住地劳工局的社会事务部门。父母可以工作，但必须以不同于将儿童送入幼儿园的方式确保对儿童的全日照料。儿童也可以上幼儿园，但每月将孩子送入幼儿园的时间不得超过 46 小时。例外情况仅适用于残疾孩子。如果在家庭中又有一个孩子出生，针对较大孩子的父母补贴就将终止。父母津贴分为三种：2 年期、3 年期和 4 年期。自 2020 年 1 月 1 日起，父母津贴的总额为 30 万捷克克朗，有多个孩子要照顾的家庭的津贴为 45 万捷克克朗。

（2）领养津贴

领养津贴分为满足孩子需求的津贴、结束孩子寄养照顾的津贴、对养父母的奖励、接管孩子的津贴、购买个人机动车辆的补贴等五种。

a. 满足孩子需求的津贴

这项福利的权利直接赋予孩子，金额取决于孩子的年龄及其对他人帮助的依赖程度。通常 6 岁以下为 4500 捷克克朗，6～12 岁为 5550 捷克克朗，12～18 岁为 6350 捷克克朗，18～26 岁为 6600 捷克克朗。

b. 结束领养照顾的津贴

这项福利的权利也直接赋予孩子，当被领养的孩子达到 26 岁或结束学业时，可以一次性领取 2.5 万捷克克朗的津贴。

c. 对养父母的奖励

当被领养的孩子达到成年年龄时，养父母就不再享有这项福利。奖励的数额因领养孩子的数量而不同：养父母领养一个孩子的奖励是 8000 捷克克朗，领养两个孩子的奖励是 12000 捷克克朗，领养三个孩子的奖励是 20000 捷克克朗。

d. 看护孩子的津贴

看护孩子的人享受这份津贴，数额随孩子年龄的增长而提高。看护 6 岁以下孩子的津贴为 8000 捷克克朗，6～12 岁为 9000 捷克克朗，12～18 岁为 10000 捷克克朗。

e. 购买个人机动车辆的补贴

照顾三个或三个以上孩子的看护人有权享受这项福利。补贴可用于购买新车或修理现有的车辆。补贴金额为购买或维修费用的 70%，但最高补贴额为 10 万捷克克朗。可以重复申请此项福利，但十年内补贴总额不得超过 20 万捷克克朗。看护人不得将购买的机动车辆用于经营活动。

（3）丧葬费

从 2008 年 1 月 1 日起，只有筹办了儿童葬礼的人或已逝儿童父母才有权获得丧葬津贴。金额为 5000 捷克克朗，一次性支付。

三　社　会　救　助

社会救助是指向陷入物资贫困境地的公民提供帮助，在必要的程度上满足他们的基本需求。社会救助对象是儿童、家庭、老年人和残障人士。

社会服务是社会救助的形式之一，包括社会咨询、社会关怀服务和社会预防服务，旨在为实现社会融合或防止社会排斥而向人们提供帮助和支持。社会服务有三种提供方式：一是在被服务者公寓内提供护理服务或提供街道工作；二是被服务者进入提供社会服务的设施，如儿童和青少年中心、保健所；三是被服务者居住在老年人之家或残疾人之家。

# 第三节　医疗卫生

## 一　捷克公民的健康状况

捷克公民的健康状况在 1989 年政局剧变后的一段时间内趋于恶化，当时捷克属于癌症和心血管疾病死亡率高的国家之一。随着时间的推移，捷克男性公民的预期寿命呈上升趋势，婴儿死亡率则一直呈下降趋势。1992 年，婴儿死亡率历史上第一次下降到 10‰。

人口因素和社会经济因素对捷克公民健康状况的改善产生了一定的影响。2017 年，捷克年龄超过 65 岁公民占全国人口的比例是 18.8%，在欧盟这一比例是 19.4%；捷克的出生率是 1.7%，在欧盟是 1.6%；按购买力平价计算人均国内生产总值，捷克达到 26900 欧元，欧盟为 30000 欧元；捷克的相对贫困率是 9.1%，欧盟是 16.9%；捷克的失业率是 2.9%，欧盟为 7.6%。

2000～2019 年之间，捷克公民出生时的预期寿命增加了 4 年多，男性从 71.6 岁增加到 76.3 岁，女性从 78.4 岁增加到 82.1 岁。根据性别和社会经济状况，捷克公民的健康状况存在显著差异。尽管从 2000 年起男性与女性之间的寿命差距一直在缩小，但女性的平均寿命比男性依然长将近 6 年。捷克预期寿命的增加可以归因于死亡率的下降，捷克成功降低了冠心病、中风、肺癌、结肠和直肠癌以及乳腺癌的死亡率，但与此同时阿尔茨海默病的死亡率却呈上升趋势，传染性疾病的死亡率也高于欧盟平均水平。受教育程度最低的男性公民的寿命比受教育程度最高的男性公民的寿命少 11 岁，但受教育程度最低的女性公民的寿命只比受教育程度最高的女性公民的寿命少 3 岁。失业率和一些偏远地区就医比较困难影响了受教育程度低的公民的预期寿命。不同地区公民的预期寿命也存在明显差异，首都布拉格居民的预期寿命比摩拉维亚－西里西亚州、卡罗维发利州和乌斯季州的居民大约长四年。

捷克不同收入群体之间对健康的主观认知有很大差异，这在欧盟属于最突出的国家之一。收入最高的民众中有 80% 以上的人认为自己的身体良好，而收入最低的公民只有 42% 的人认为自己的身体良好。随着年龄的增长，认为自己的健康状况良好的比例在减少。65 岁以上的民众只有大约四分之一的人认为自己的身体良好，而 16～64 岁之间的民众有四分之三的人认为自己的健康状况良好。65 岁及以上年龄的公民中大约有五分之三的人患有至少一种慢性疾病，高于欧盟平均水平 54%，但捷克这一年龄段的老年人中轻度或重度抑郁症的患者比欧盟其他成员国少。

近年来捷克所有死亡者中约有一半人是由于行为风险因素造成的，如不良饮食习惯、吸烟、饮酒和低运动量。虽然这一比例呈下降趋势，但仍然高于欧盟平均水平。不良的饮食习惯包括水果和蔬菜低消费和高盐消费，造成了超过 27% 的死亡率。20% 的死亡率与烟草消费有关，每天约有 23% 的男性和 15% 的女性吸烟。15～16 周岁的男孩和女孩的吸烟者比例高达 25%，在欧盟中属于最高之一。2017 年议会通过了关于控制烟草的法律规定，有望对吸烟者比例下降产生影响。捷克人均消费酒精量属于欧盟最高国家行列，饮酒和低运动量造成的死亡率均高于欧盟平均水平。捷克成人肥胖率也属于欧盟最高国家行列。大约 20% 的捷克成年人肥胖。

## 二 医疗卫生系统

1989 年政局剧变前，捷克斯洛伐克实行全民医疗保健免费制度，国家每年用于医疗卫生事业方面的开支占国民收入的 5% 左右。政局剧变后，捷克斯洛伐克逐步改变国家统包医疗费用的做法，开始建立全民健康保险制度，由国家、企业和个人共同承担医疗保健费用。1993 年 1 月 1 日起，捷克正式实行健康保险制度，每个公民必须在七个健康保险公司之中的一个投保。

捷克医疗卫生系统建立在全面覆盖的公共健康保险、大量有偿服务和卫生部具有重要监管职能的原则基础之上。七个健康保险公司每年与医疗保健提供方一起协商价格和数量。民众可以广泛使用各种各样的有偿医疗保健服务，并可以在众多医院就医，其中国立医院占27%，州立医院和市立医院占45%。健康保险公司可以在预防疾病领域提供其他服务，如维生素或自愿接种疫苗。大约一半的捷克公民在最大的健康保险公司——通用健康保险公司（Všeobecná zdravotní pojišt'ovna）获得保险。

　　2017年，捷克用于医疗卫生事业方面的资金达到人均2096欧元，比欧盟平均水平低788欧元。医疗卫生支出占国内生产总值的比例为7.2%，低于欧盟的平均水平9.8%。公共财政拨款占比高，达到82%，在欧盟新成员国中最高，也高于欧盟平均水平79.3%。2018年，捷克用于医疗卫生方面的支出共计4305亿捷克克朗，其中来自医疗保险机构的支出为2839亿捷克克朗，来自国家预算的支出为695亿捷克克朗，来自地方预算的支出为84.4亿捷克克朗，来自家庭的支出为573.4亿捷克克朗，来自私人健康保险的支出为5.64亿捷克克朗，来自非营利机构的支出为95.4亿捷克克朗。医疗卫生支出主要用于门诊治疗，而药品和医疗器械的支出有所减少，住院治疗的费用仅占医疗卫生总支出的四分之一。用于长期护理的支出比欧盟多数新成员国高出很多，而且呈持续增长趋势，这反映出人口老龄化的需求和服务的可及性愈益提高。

　　捷克医疗设施、医务人员的数量与欧盟平均水平相当，但是地区之间的差异持续存在。2019年，捷克共有医院194所，每千人拥有病床5.4个，每247人拥有1名医生，每1398人拥有1名牙医。首都布拉格的医生数量是农村地区的2倍多，布拉格一些提供专科服务的医院也面向其他州的居民。

## 第四节　环境保护

### 一　环境问题的出现和发展

　　在社会主义时期，工业主要分布在捷克西部地区，在捷克北部和摩拉维亚北部地区采矿业水平和工业水平比较高。空气质量下降和为了露天开采煤矿占用土地，导致那里生态环境受到严重破坏。在 20 世纪 80 年代末，民众对生态环境恶化的不满加剧，一些人离开了原先居住的地方。在全国范围内，受空气、水和土壤中有害物质的影响，自然界各种动物物种的多样性有所减少。在一些流经工业发达地区的河流中，鱼类也明显减少，如贝龙卡河和比利纳河。在交通繁忙的地方，如布拉格和俄斯特拉发等大城市，空气污染程度高。

20 世纪 90 年代上半叶，捷克属于欧洲空气污染最严重的国家之一。每平方公里落下的含硫化合物一度在欧洲位居第一。而且，河流的污染程度也很严重。在严峻的形势下，捷克对环境问题的重视程度明显加强。不仅成立了独立的生态环境部，而且通过了新的生态立法，如关于自然和水的保护、废弃物、评估生态环境的法律。随着建设了一批新的污水处理厂，以及对许多落后的污水处理厂进行现代化改造，捷克大河流的水质得到改善，如伏尔塔瓦河、拉贝河、奥得河与摩拉瓦河的下游。

在工业领域采取的一系列措施也促进了生态环境的改善。首先，在对有关工业企业进行私有化时，国家承诺从国家财产基金会负责的国家财产私有化收益中拨款支付用于解除旧的生态负担（如土壤和地下水污染）的费用。其次，火力发电厂和其他大型工业污染源有义务进行脱硫。至 2009 年末，捷克总共安装了 28 个脱硫装置，推动捷克的火力发电站达到西欧的标准。还设定了在捷克北部开采褐煤的极限，支持许多城市进行天然气化改造，以通过减少燃煤供暖来改善空气质量。到 1999 年的时候，捷克已成功减少了二氧化硫的排放，从而使捷克北部和摩拉维亚北部居民的生活质量得到改善。越来越多的汽车安装了废气催化转化器，促使含铅汽油的销售逐渐减少。

然而，由于汽车交通的增加，大城市的空气质量依然趋于恶化。与 20 世纪 80 年代相比，90 年代汽车增长了六倍多。由于二氧化氮和二氧化硫以外其他有害物质的排放明显增加，捷克开始对空气中的细小粉尘进行观测，并从 2005 年开始实行欧洲尘埃颗粒限值，即每年每立方米空气中的尘埃的平均限值为 40 微克，一年中可以超过每天每立方米 50 微克的数值 35 次。同时进行观测的还有地面臭氧和交通运输污染源排放的有害物质。

为了保护生态环境，捷克还采取了其他有效措施。第一，在建筑工地添加一些设计，如动物过道或地下通道，以减少因建设新的道路和高速公路而对动物迁徙造成不利影响。第二，在垃圾处理过程中建设了新的、安全的填埋场，并且逐渐引入了对城市垃圾的分类程序。第三，由于矿产资源的开采改变了原先的地貌和河网，开始植树造林、修建鱼塘和建造公园。

尽管捷克工业生产的能源消耗量有所下降，但与经合组织的发达成员国相比，捷克依然是能源消耗量最高的国家之一。当代社会生态环境中的一个新问题是，城市郊区购物中心、卫星住宅区、工业园区和物流园区的不断出现，致使大量农业和非农业用地被征用，许多珍贵的栖息地遭到破坏。

二　环境保护战略和政策

2016 年，捷克政府通过《捷克共和国 2012～2020 年国家生活环境政策》，主要内容包括：保护和可持续利用资源（确保水的保护并改善其状况，防止废物产生、确保最大限度地利用废物、限制废物对生活环境的负面影响、支持利用废物以作为自然资源的替代，土地和岩石环境的保护和可持续利用）；气候保护和空气质量改善（减少温室气体排放并减少气候变化的负面影响，降低空气污染水平，高效使用可再生能源）；自然与景观保护（保护和加强景观的生态功能，保护自然和景观的价值，改善居民区环境质量）；安全的环境（预防自然灾害的后果和人为风险，防止由于人为或自然威胁导致的危机形势的负面影响）。2017 年，捷克政府通过《捷克共和国 2030 战略框架》，这是一个均衡考虑经济、社会和环境三大支柱的最高总体战略文件。它确定了至 2030 年实现生活质量的提高和社会、经济和环境等方面可持续发展的战略目标。关于生态系统的愿景是：农业、林业和水资源管理考虑自然限制和全球气候变化，改善土壤条件，减缓地表水径流，促进生物多样性，交通基础设施要最大限度地考虑到生态系统服务的维护和加强。2018 年，捷克政府通过《捷克共和国 2030 战略框架实施计划》，关于生态系统的核心内容是：制定景观政策及实施规则；减少耕地的份额，增加永久草地在农业土地基金中的份额；显著提高有机农业耕地份额；提高森林土地在全国面积中的份额；将生态系统服务的评估纳入决策进程；保障生物群落的多样性和稳定性，增加本地动植物物种的数量；使用人为改变生态系统的方式恢复自然景观；保护农业耕地防止侵蚀；改善地表水和地下水的质量；土壤中有机质的含量和土壤机构符合目前土壤类型的自然状态；降低土壤受到水流和风力侵蚀威胁的程度；防止森林土壤进一步退化。

其他涵盖生活环境部分领域的战略性文件有：2002 年通过的《更新版欧盟生态管理和审核计划》，2007 年通过的《国家清洁生产计划》和《国家环境标签计划》，2009 年更新的《国家保护自然和景观计划》，2012 年通过的《至 2020 年支持地方事务的 21 个构想》，2014 年通过的《防止废物产生计划》《2015～2024 年捷克共和国废物管理计划》《救援和护理计划构想》《捷克共和国河网通行构想》，2015 年通过的《关于管控拉贝河、奥得河和多瑙河流域洪水风险的计划》、《2015～2020 年环境安全构想及至 2030 年展望》、《捷克共和国适应气候变化战略》、《至 2020年改善捷克共和国空气质量的中期战略》、《捷克共和国国家减排计划》和《关于拉贝河、多瑙河、奥得河流域的国家计划》，2016 年通过的《2016～2025 年国家环境教育和启蒙以及环境咨询计划》、《2016～2025年保护捷克共和国生物多样性战略》、《2016～2018 关于支持地方事务的21 个构想的行动计划》和《改善空气质量计划》，2017 年通过的《2018～2023 年关于持久性有机污染物的斯德哥尔摩公约的国家最新执行计划》、《在捷克共和国气候保护政策》、《适应气候变化的国家行动计划》和《保护捷克共和国领土免受干旱影响的构想》。

## 三　环境保护领域的机构和组织

### 1. 国家机构

自 1993 年捷克共和国独立以来，生活环境部一直是负责自然和生活环境保护的最高国家机构。其主要职责是准备生活环境领域的立法和战略性文件,具体负责以下领域的事务:保护天然水蓄积、水资源、地下水和地表水质;保护空气;保护自然与景观;动物园运营;保护农业用地;国家地质服务局的工作成效;保护岩石环境矿产资源和地下水;地质工作及对开采的生态监督;垃圾管理;国家公园内的狩猎、捕鱼和林业管理;环保产品和服务的标签制度等。

为了工作需要,生活环境部建立了多个部门组织:捷克共和国自然与景观保护署、捷克生活环境信息署、捷克生活环境监察局、捷克地质服务局、捷克水文气象研究所、捷克共和国岩洞管理局、克尔科诺谢国家公园管理处、舒马瓦国家公园和自然保护区管理处、捷克瑞士国家公园管理处、波迪耶国家公园管理处、捷克共和国国家生活环境基金会、席尔瓦·塔鲁西景观与观赏园艺研究所、马萨里克水管理研究所和职业安全研究所等。

捷克共和国自然与景观保护署是专门保障自然界特别是受保护的景观区、小型保护区和鸟类保护区的专业和实际看管的组织部门。它在 24 个受保护的景观区域、235 个国家自然保护区和国家自然古迹以及 549 个自然保护区和古迹的领土上执行国家管理。这些区域几乎覆盖了 1.1 万平方公里,将近全国总面积的 14%。捷克共和国自然与景观保护署不仅对它们进行管理,而且评估它们的状况、确保经营和制定护理计划。它积极参与对景观区域的维护,一方面体现在财政管理上,另一方面是通过各种计划改善自然景观。比如通过"景观保护计划"和"恢复景观自然功能计划",支持在景观区域种植零散的绿化植物,采取防侵蚀措施,增强溪流活力,恢复湿地,照顾珍贵的非森林景点,改善森林种类和空间结构,推动游人可适当进入自然景点。捷克共和国自然与景观保护署还为濒临灭绝的动植物物种制定救援计划。在捷克有 41 个鸟类保护区和 1112 个具有欧洲重要性的景点,捷克共和国自然与景观保护署确保它们的注册,跟踪它们的状况,并在欧洲委员会在专家级别上代表捷克国家。捷克共和国自然与景观保护署的总部位于首都布拉格,在全国 14 个州级行政区设有办事处。它发行杂志《自然保护》、文集《自然》和其他一系列面向专业人士和公众的出版物。

捷克生活环境信息署的职责是收集、评估和解释关于生活环境的信息，并将其提供给专业人士和公众。该机构不仅参与有关数据和地图服务的开发和提供，而且是许多信息系统的运营商。它利用自身的专业知识准备由环境部负责的国家评估文件以及战略性和系统性材料，在科学研究领域的地位突出。

捷克生活环境监察局负责监督生活环境领域中法律法规的遵守情况以及行政管理机构的有约束力的决定。该机构查明生活环境中出现的不足或损害的成因，采取措施消除和纠正已查明的不足，限制或制止法人或自然人的有害活动，对法人和自然人违反生活环境领域既定义务的行为处以罚款，并监督所采取的措施。它还参与处理事故，尤其是在水保护方面。捷克生活环境监察局的职责范围包括空气保护、水资源保护、垃圾管理、自然保护和森林保护。

2. 非政府组织

绿色圈（Zelený kruh）是由 27 个捷克非政府非营利性生态组织组成的联合会，成立于 1989 年 11 月。除了 27 个会员组织以外，它还有 58 个会员专业平台。它的一些会员组织是国际网络成员，一些会员组织在国家层面运作，但绝大多数在地方运作。绿色圈与其会员组织紧密合作，为它们提供媒体和立法服务，同时管理着生态组织的专业平台。绿色圈长期致力于公共利益、公众参与决策以及中介非营利性组织的成员被提名至咨询机构，它与气候联盟以及捷克消除贫困平台合作，是欧洲环境局成员。

雷龙运动（Huntí Brontosaurus）致力于环境保护、青年工作和体验教学，定期组织活动和夏令营，主要是面向学生，也针对儿童或带着孩子的父母。雷龙运动办公室设在布尔诺，全国各地有分支机构。

"地球之子"（Děti Země）也是致力于生活环境保护的生态协会，成立于 1989 年秋天，如今在 11 个城市设有分支机构。它长期关注交通问题，系统评论国家交通运输政策的主要文件，以及重要交通运输建设计划。它还关注经济动物大规模养殖、危险化学品、空气污染和建筑项目等问题。

彩虹运动（Hnutí DUHA）是捷克比较活跃的一个非政府环保组织，成立于 1989 年 9 月，总部位于布尔诺，在布拉格和奥洛乌莫茨设有办事处。该组织致力于生活环境保护和相关立法，推广各种生态解决方案。从 1991 年起，每两个月出版一期杂志《第七代》。彩虹运动的活动主题包括能源多样化和减少对化石燃料的依赖、保护捷克多彩而独特的自然景观、垃圾分类和回收、减少温室气体排放、发展乡村和推广生态食品、改善公共交通和扩展自行车道网络、反对建设核电站等。

绿色和平组织（Greenpeace）在捷克的分支机构曾经组织了一系列活动，其中包括反对特梅林核电站的建设、清理拉贝河、反对塑料玩具、支持发展太阳能和其他可再生能源、禁止将转基因生物释放到自然环境中等。目前主要参与气候运动，包括限定捷克北部褐煤开采的领土范围，推动燃煤电厂退役。另一个活动主题是塑料污染，它积极开展运动以减少一次性塑料的使用，并引入塑料瓶储备系统。

可持续生活协会（Společnost pro trvale udržitelný život）成立于 1992 年，其宗旨是寻找可持续发展的道路，达到人与自然的和谐共处和保护整个大自然。它的活动重点是研究和创造地方、国家和全球可持续生活方式的前提条件。

阿尔尼卡协会（Arnika）成立于 2001 年 9 月，它在布拉格开展活动，在全国多个城市设有分支机构，参与了一些国外环境网络的活动，如国际持久性消除有机污染物网络、欧洲环境局和欧洲河流网络等。该协会的活动主要分为三大主题：一是加强自然保护，包括挽救拉贝河谷和反对在奥帕瓦河上修建水坝等；二是避免有毒物质和废物，包括不燃烧、循环再利用、支持使用再生纸和不使用塑料制品；三是向个人、公民团体和市镇免费提供生活环境保护方面的帮助。

# 第七章
# 文　化

## 第一节　教育

### 一　教育简史

教育在捷克有着悠久的传统并占有重要地位。早在 1348 年，作为捷克国王和神圣罗马帝国皇帝的查理四世（Karel IV，1316～1378）创办了查理大学（Karlova Univerzita）。这是欧洲最古老的大学之一，也是意大利以北和巴黎以东地区最古老的大学。查理大学成立之初设有四个学院，包括哲学院、法学院、医学院和神学院，不仅是全国的学术中心，而且很快成为欧洲的思想文化论坛，许多邻国的学生和教授来此接受教育和熏陶。

1573 年，在摩拉维亚地区的奥洛莫乌茨成立了另一所大学，1946 年改为如今的名字——帕拉茨基大学（Univerzita Palackého）。

17 世纪时，捷克孕育了享有世界声誉的教育家、哲学家和人文思想家扬·阿莫斯·考门斯基（Jan Amos Komenský，1592～1670），他的教育学论著不仅为现代教育学奠定了基础，而且引导形成了从幼儿园到大学的教育体制。考门斯基的思想至今仍是教育理论和实践的宝贵财富，他在世界教育发展历史上占有重要地位。考门斯基的教育名著有《母育学校指南》、《语言入门》、《大教学论》和《画中世界》等，他在幼儿教育、青年教育、外语教育及教学的程序、原则和方法等方面所做的论述被后人奉为教育学经典。为了纪念这位伟大的教育家，1918 年捷克斯洛伐克共和国成立后，他的著作被陆续出版，一些学校、图书馆和街道皆以他的名字来命名，且把他的生日 3 月 28 日确定为教师节。

1707 年，捷克技术大学（České vysoké učení technické v Praze）成立。该大学属于欧洲最大和最古老的技术大学之一。

19 世纪，捷克的教育有了显著的发展。19 世纪 60 年代末颁布了教育法，实行 14 岁以下公民的义务教育制，设有小学和三年制世俗学校，开设了新的专业学校，增加了中学的数量，教育出现了世俗化趋势。

1918 年，捷克斯洛伐克共和国成立后，初步形成了国民教育体系，除了初等、中等和高等教育外，还兴办了程度不同的职业学校。随着教会势力的日渐衰弱，它对学校的影响减少，从而加速了教育的普及和发展，文盲比例大幅降低，境内的少数民族亦被准予以其母语接受教育。

第二次世界大战期间，捷克被纳粹德国占领，大学生组织了反对纳粹的示威游行活动，许多师生被关入集中营，所有的大学被关闭，整个教育体系受到纳粹德国的严密监控。

1945 年 10 月，根据贝奈斯总统令成立了表演艺术学院。该学院的教学重点是个人潜力发展和在戏剧、电影、电视、音乐和舞蹈中个人表达能力加强。学院由三个系组成，它们是电影电视系、音乐与舞蹈系和戏剧系。

1948 年，捷共全面执政后，义务教育在全国得到普及，中央政府的教育部统筹全国从学前教育到高等教育的规划，不仅管辖各地方的教育机构，还主管成人推广教育和学术机构等。

1960 年 12 月，捷克斯洛伐克通过新教育法，该法将义务教育的年限从 8 年延长至 9 年，并将生产实践课引进学校。1969 年 1 月 1 日捷克斯洛伐克实行联邦制后，捷克的教育事业由捷克共和国的教育部主管。

1976 年开始的教育改革强调改革教材，提高中等专业学校和普通高中的毕业生质量，提高他们的职业技能和升学率，扩大高校招生来源等。1978 年 6 月，捷克斯洛伐克通过了《小学和中学体制措施法》，义务教育的年限延长至 10 年。

在社会主义时期，捷克仿效苏联教育模式，自小学四年级起，俄语是必修科目。1989 年政局剧变后，捷克教育逐渐西化，英语代替了俄语的位置。

## 二 教育现状

1993 年 1 月 1 日捷克共和国独立后，主管教育的机构是教育、青年和体育部。在 1992 年 12 月颁布的宪法中明确规定："每一个捷克公民都有接受教育的权利，在小学和中学的教育免费。"捷克公民从 6 岁至 15 岁接受 9 年制义务教育，大多数学生上国立学校，也有一些学生上私立和教会学校。国立小学和中学的教育免费，私立和教会学校征收学费。2004 年 11 月生效的《教育法》和《捷克共和国国家教育发展方案白皮书》成为捷克教育改革的支柱，改革内容主要包括以下四个方面：规范和引导私立学校，发展双语学校和普通学校双语班，促进面向残疾儿童的特殊教育，推动高等教育与市场需求的联系。从 2006 年起，捷克教育、青年和体育部致力于高等教育改革。经过 10 年的努力，2016 年《高等教育法》的重大修正案获得通过，引入了有效的大学质量评估体系，旨在保持适当国家监督的同时实现学术自由。

在捷克实际上已不存在文盲现象。绝大部分捷克公民受过中等教育，10% 的公民是大学毕业生或正在大学学习。几乎每一个工人不是经过培训，就是有中专学历，工人的高技能是捷克经济的优势之一。此外，根据经合组织的研究报告，捷克是欧洲国家中高中毕业率最高的国家。捷克除了总体教育水平突出以外，自然学科和工程学科的实力很强，每年约有一万多名技术和自然学科的大学毕业生走上工作岗位，其中，所学专业为工程和信息学的超过 9000 名。

尽管捷克努力改善教育，但在一定程度上仍受到公共教育支出费用较低的影响。自 2001 年以来，捷克在教育方面的公共支出约占国内生产总值的 4%，在 2011 年达到最高值，为 4.3%。2011 年至 2016 年，捷克用于教育的预算支出依然有所增加，可与经济的总体增长相比，教育支出占国内生产总值的比例呈下降趋势。2016 年，捷克将国内生产总值的 3.5% 用于教育，为 2001 年以来的最低水平。2019 年 7 月，捷克政府通过了《2019~2023 年长期教育计划》，指出捷克应努力在未来几年中促使其教育体制更接近其他国家成功的教育模式，致力于改变公共教育支出费用在国内生产总值中比例低的问题。2019 年捷克用于教育的预算支出比 2000 年增加了两倍，但教育支出依然仅占国内生产总值的 3.5% 左右。捷克计划在 2030 年以前将教育经费增加到经合组织平均水平，即占国内生产总值的 5%。

2020 年 10 月，捷克政府通过了教育、青年和体育部提交的《至 2030 年捷克教育政策战略》。该战略的两个目标一是将教育更多地面向提高公民、专业和个人生活所需的能力上；二是减少获得优质教育的不平等机会，最大限度地发展学生的潜力。

根据捷克统计局数据，在 2020/2021 学年，共有 36.2 万名儿童分布在 5317 所幼儿园，其中 7.5% 是私立幼儿园，幼儿园老师为 3.3 万名；小学生共计 96.2 万名，小学有 4214 所，小学老师共计 6.9 万名；43.3 万名中学生在 1280 所中学学习，其中约 3/4 的中学生在需要进行毕业考试的中学学习，中学老师共计 4.02 万名；共有大学 59 所，其中国立大学 2 所，公立大学 26 所，私立大学 31 所，大学生共计 29.9 万名，其中 90% 的学生在公立大学学习。公立大学老师 1.8 万名。

## 三 教育体制

捷克的教育分为学前教育、初等教育、中等教育和高等教育。

### 1. 学前教育

学前教育提供给 6 岁以下的儿童，其中 3 岁以内的儿童上托儿所，3~6 岁的儿童上幼儿园。上托儿所的儿童不是很多，但上幼儿园的很多，父母只需缴纳 30% 的费用，一些地区则全部免费。大部分幼儿园是全日制，有少量的私立和宗教性质的幼儿园。每班至少 15 人，至多 20 人。学前教育主要通过游戏和体育活动发展孩子的体能、掌握知识和技能、让孩子们熟悉周围世界、培养卫生和生活习惯及沟通技巧。

### 2. 初等教育

面向 6~15 岁的少年儿童。小学分 9 个年级，1~5 年级为第一阶段，6~9 年级为第二阶段。在大多数情况下，进行初等教育的小学由市镇设立。有特殊教育需要的学生可以安排在常规年级里,他们会得到专门的帮助,或者在学校为他们专门设立的年级里学习。病情比较严重的学生可以在特殊学校接受教育。国立和公立小学提供免费教育。

学生从星期一至星期五上学,暑假在七月和八月,在春季和秋季有短暂的假期,在圣诞节和复活节也有假期。每节课的时长通常为45分钟。小学有捷克语、外语、数学、历史、地理、音乐、艺术、手工艺和体育等科目。学生在学年末被评估,这决定他们是否升入下一年级学习。

初等教育的目的是引导学生建立独立操作能力,支持个人潜力的发展,培养团队精神,激发学生终身学习,鼓励创造性思维和逻辑思维,促进高质量的交流、履行义务的意识和培养宽容精神。

3. 中等教育

一些学生在接受了5年或7年的初等教育后进入8年制或6年制的中等教育阶段,15岁完成初等教育的学生可选择接受以下类型的中等教育:①高级中学,为进入大学做准备;②专科学校,包括建筑、化学和工程等技术学校以及贸易学校、农业学校、护士学校、提供专业教育的艺术学校;③职业学校,重点培养将来从事实践工作的人员。在高级中学和专科学校学习的学生要进行毕业考试,通过毕业考试后获得毕业证书,随后可以申请进入大学和大专院校学习。中等教育的差异性远比初等教育明显。

中等教育的目标各种各样。捷克2004年通过的《教育法》规定了中等教育的三个目标:一是发展在基础教育阶段获得的知识、技能、能力、态度和价值观;二是给学生提供内容更广泛的通识教育或专业教育,并加强他们的价值取向;三是为享有充分权利的个人和公民生活、独立获取信息和终身学习、继续接受教育以及为从事职业或工作活动做准备创造前提条件。

根据捷克《教育法》,初中仅以全日制形式进行,高中则可以采取几种形式进行——全日制、夜校、远程和综合学习,它们是彼此等效的。中等教育分为三个级别:中等教育、带有学徒证书的中等教育、通过中学毕业考试的中等教育。

4. 高等教育

高等教育面向 19 岁及以上年龄的学生。通过中学毕业考试的学生可以在音乐学院、高等职业学校或大学进一步提高自己的学习资格，但在被录取前必须通过所申请的高等院校规定的入学考试，包括笔试和面试。捷克的高等教育一般学制为 4~6 年（大学 4~6 年，大专院校 4 年），学生可选择学习三年期课程以获得学士学位，或者 4~5 年期课程以获得硕士学位，学医的则通常是 6 年。在学习期满前，学生要参加国家考试和论文答辩，顺利通过后在毕业典礼上获得毕业证书。再经过三年的学习可获得博士学位。在本科学习阶段，几乎有一半大学生不能完成学习课程。在博士学习阶段，有超过一半的学生不能完成学习课程。

在捷克比较大的城市都有高等院校，2020 年，捷克共有 26 所公立大学，2 所国立大学（国防大学与布拉格警察学院）。位于布拉格的查理大学历史最为悠久，它现有 17 个学院（其中 3 个在外地），包括天主教神学院、新教神学院、胡斯教神学院、法学院、医学 1 院、医学 2 院、医学 3 院、比尔森医学院、赫拉德茨 - 克拉洛韦医学院、赫拉德茨 - 克拉洛韦药学院、哲学院、自然科学院、数学 - 物理学院、教育学院、社会学院、体育学院和人文学院等。2019 年共有学生 4.6 万人，其中本科生 16623 人，硕士研究生 23291 人，博士研究生 6487 人，另有学术工作人员 7368 人。

捷克大学的学术思想开放，研究气氛活跃，在政府对大学的投资力度依然不足的情况下，欧盟的教育项目和其他一些国际研究基金给予了帮助，所有大学已实现计算机化。此外，作为主要外语的俄语被英语代替，还有一些师生说德语、法语或西班牙语。

根据 2020 年 6 月发布的 "2021 年 QS 世界大学排名"，查理大学位列第 260 名，布拉格化工大学位列第 342 名，捷克理工大学位列第 432 名，马萨里克大学位列第 531~540 名，帕拉茨基大学位列第 591~600 名，布尔诺理工大学位列第 701~750 名，布尔诺门德尔大学位列第 701~750 名，利贝雷茨理工大学位列第 751~800 名，布拉格生命科技大学位列第 801~1000 名。

## 第二节　科学技术

### 一　科技概况

1. 自然和技术科学的发展

创建于 1348 年的布拉格查理大学是捷克科学思维发展的根本动力。1459 年在捷克克鲁姆洛夫出生了杰出的制图师马丁·贝哈伊姆（Martin Behaim），他是世界上现存最古老的地图仪的制作者。1460 年在赫布出生了著名的数学家约翰尼斯·维德曼（Johannes Widmann），他提出了正号和负号。

16 和 17 世纪，捷克的自然科学已有很大发展。16 世纪时，捷克最伟大的自然科学家是塔德阿什·哈依克（Tadeáš Hájek z Hájku, 1525 ~ 1600），他从事许多自然科学领域的研究，如天文学、数学、植物学和测量学等。他是捷克第一个拥护哥白尼太阳中心学说的人，也是所谓的子午线天文学（即精确观察和计算星星和行星轨道）的创始人。在医学领域，扬·叶森斯基·叶森纽斯（Jan Jesenský Jesenius, 1566 ~ 1621）于 1600 年进行了捷克第一例公开的尸体解剖。阿达姆·扎卢冉斯基（Adam Zálužanský ze Zálužan, 1555 ~ 1613）是出类拔萃的植物学家，他写成了捷克第一部关于植物的科学著作。他认为，花卉有雌、雄性之分。1620 年白山战役后，扬·马列克·马尔茨（Jan Marek Marci z Kronlandu, 1595 ~ 1667）的成就最为突出。他在分光镜学和物理光学领域的一些实验知识领先于牛顿和波义耳等人，也是第一个区分物体弹性和非弹性碰撞的科学家。

18 世纪 70 年代，私立学术协会（Soukromé učené společnosti）成立，它负责捷克自然科学的发展。1784 年，该协会更名为捷克皇家学术协会（Královská česká společnost nauk），不仅从事自然科学研究，还从事人文科学研究。此外，还成立了用以研究农业科技的爱国经济协会，有力地推动了农业生产技术的进步。伊日·布洛哈斯卡（Jiří Prochazka, 1749 ~

1820）是这一时期世界闻名的生理学家和解剖学家，他被认为是神经反射概念的先驱。

19世纪，捷克的自然科学和医学取得显著成就。1817年，捷克制成了第一台蒸汽机，同时，还制造出蒸汽锅炉和纺织机。1818年，捷克科学界又一个重要的机构——民族博物馆（Národní muzeum）建成。19世纪捷克最伟大的生物学家是扬·伊万格里斯塔·布尔基涅（Jan Evangelista Purkyně，1787~1869），他钻研并解决了生理学、细胞学、形态学和心理学等领域的许多问题，主要研究细胞和组织的细微构造以及它们在卵子里的活动和成长进程。1839年，他创立了细胞学理论。他还命名了"原生质"这一术语。至今，他的名字还出现在一些生物学的术语中。约翰·格雷果尔·门德尔（Johann Gregor Mendel，1822~1884）被认为是遗传学的奠基人，他于1865年创立了遗传学的三个基础定律，认为双亲会将自己的体征遗传给后代。他提出了显性性状和隐性性状的概念，并且用数学方式精确地表述了它们出现的频率。他的研究成果奠定了古典遗传学和现代优生学的基础。博胡斯拉夫·布劳内尔（Bohuslav Brauner，1855~1935）对捷克化学的发展做出了贡献。他是门捷列夫元素周期系统的传播者，仔细研究了稀有气体和稀土在此系统的地位。他提出，原子量的基础是氧原子，这一提议于1905年被接受。

在19世纪下半期，捷克的自然科学已具备相当规模的研究基础，而且与迅速发展的工业紧密相连，在机械制造、冶金、军火、电工、化工和农副产品加工等方面都取得了令人瞩目的成绩，制造出发电设备、摩托车和汽车等。19世纪捷克最伟大的发明家是弗兰蒂谢克·克西日克（František Křižík，1847~1941），他被称作捷克的爱迪生，完善了铁路上的安全设施，建造了捷克第一座发电厂，安装了发光的电动喷泉，研制了自动调节的弧光灯，设计了捷克第一辆有轨电车，修建了第一段电气化铁路塔波尔—贝希涅（Tábor—Bechyně）。亚库贝·胡斯尼克（Jakub Husník，1837~1916）是复制技术及其辅助器材的发明者。1868年他发明了珂罗版印刷术，1875年获得不可模仿的有价证券和纸币印刷的专利。胡斯尼克还完善了缝纫机的制造，对科学摄影也做出贡献。捷克另一位被载入印刷史册的发明家是卡雷尔·克里奇（Karel Klíč，1841～1926），他于 1890 年发明了凹版印刷。1898 年，扬·克希日内茨基（Jan Kříženecký，1868～1921）缔造了捷克最早的电影业。

在 20 世纪初期，捷克的科学研究工作主要在高等院校、民族博物馆与捷克科学和艺术研究院（Česká akademie věd a umění，1890 年成立）开展。扬·扬斯基（Jan Janský，1873～1921）对世界医疗卫生事业做出卓越贡献。他发现人类共存在四种血型，1909 年在国际上被认可。

1918 年捷克斯洛伐克共和国的建立为科学创造了空间。数学家爱德华·捷赫（Eduard Čech，1893～1960）在拓扑学领域声名显赫。布尔诺技术大学的教授维克多·卡普兰（Viktor Kaplan，1876～1934）于 1918 年发明了新型涡轮机。植物学家博胡米尔·涅梅茨（Bohumil Němec，1873～1966）被誉为捷克实验细胞学的奠基人，他发现了植物的平衡石器官。鲁道夫·多斯塔尔（Rudolf Dostál，1885～1973）于 1929 年发现了海藻的繁衍，他还研究植物荷尔蒙以及将它们运用至农业的可能性。

第二次世界大战以后，科学研究工作由捷克斯洛伐克科学院（1993 年以后由捷克科学院）来组织安排。1959 年，著名的化学家雅罗斯拉夫·海依罗夫斯基（Jaroslav Heyrovský，1890～1961）因其发现了定性和定量化学分析的新方法——极谱学而获得诺贝尔化学奖。他发明了极谱仪，以此可研究多种物质的氧化还原反应，测定微量物质，对分析化学的发展影响极大。奥托·维赫特尔勒（Otto Wichterle，1913～1998）致力于化学多分子物质的研究，他对聚酰胺的研究促进了捷克对尼龙的独立合成。他还发现了水凝胶，被用于生产隐形眼镜。阿尔敏·德龙（Armin Delong，1925～2017）是电子显微镜业的创始人，他在 1958 年以 BS242 式台式显微镜的样品在布鲁塞尔世博会上获得金牌。1978 年 3 月 2 日，宇航员弗拉基米尔·雷梅克（Vladimír Remek，1948～　　）与苏联宇航员阿列克谢·古巴雷夫一起飞往太空，是第一个来自苏联和美国以外国家的宇航员，这是捷克斯洛伐克宇航事业的成功。

在 1989 年政局剧变后，化学家安东宁·霍利（Antonín Holý，1936～2012）成为捷克自然科学界的突出人物，他是相对有效的抗艾滋病药物的发明者，他还研制了治疗乙型肝炎和疱疹的抗病毒药物。2007年2月，捷克门德尔极地站在南极正式启用，捷克成为第26个在南极拥有科学基地的国家。2020年初，捷克科学家参与了用于诊断新冠病毒的新试剂盒的研发。该试剂盒由瑞典TATAA生物中心公司与捷克科学院生物技术研究所和马耳他圣詹姆斯医院合作的基因表达实验室开发，能够可靠地查明患者体内是否存在新冠病毒。在天文学方面观察陨星，在地球物理方面研究磁层和电离层，在地质学（重力测量学）方面和在核物理方面，以及在纳米技术和激光技术方面，捷克自然科学和技术科学研究均取得重要的研究成果。

2. 人文和社会科学的发展

中世纪时，捷克产生了两位杰出的宗教思想家：扬·胡斯（Jan Hus，约1370~1415）和彼得·赫尔奇茨基（Petr Chelčický，1390~1460）。胡斯的著作深受英国神学家、牛津大学教授约翰·维克列夫（John Wycliff，1324~1384）学说的影响并在自己的著作中发展了维克列夫的思想。作为哲学家，他区分了真理的几个来源：经验、理性认识和《圣经》。胡斯主要的神学著作是1413年用拉丁文写成的《论教会》，他在此书中批判了当时的教会，并认为，教会的首领不是教皇，而是基督；如果教皇的旨意与《圣经》不符，基督徒可以不服从他；每个基督徒都可以监督教会和教皇的旨意是否公正。胡斯其他重要的神学著作是：用捷克文撰写的《论买卖神职》（Knížky o svatokupectví），谴责当时盛行的买卖神职现象；为传教而写成的《宗教信仰解释，十戒和骨气》（Výklad Viery，Desetera a Páteře）和《布道录》（Postilla）。胡斯的作品成为在他死后爆发的胡斯运动的思想基础。

赫尔奇茨基的主要观点体现在他的《论精神斗争》（O boji duchovním，1421年）、《布道集》（Postilla，1435年）和《宗教信仰之网》（Siet viery，1440~1443年）等作品中。在《论精神斗争》一书拒绝各种战争和暴力，只容许对魔鬼的反抗，也就是精神的斗争。《布道集》用于传教，对当时社会的不平等和教会聚敛财物现象进行了比胡斯更为尖锐的批判。《宗教信仰之网》一书是用比喻的手法写成的，他将教会比作网，而人们捍卫的真正的基督教信仰就像用网从海里打鱼，有罪孽的是那些由于生活败坏而将网撕破的人，网的主要破坏者是教皇和统治者。赫尔奇茨基是欧洲史上第一个在理论上拒绝中世纪时将人分为如下神职人员、封建主和劳动者三个等级观点的人。在赫尔奇茨基思想的影响下，1457·年在捷克成立了改革派教会——兄弟会。

15 世纪末，人文主义进入捷克。人们开始将古代的作品和当时人文主义者的著作翻译成捷克语，捷克人文主义者的作品缺少独特的思想体系，完全照搬或者至少是部分吸收国外作者的思想。人文主义的准则是"至根源"，在此准则下，捷克兄弟会的主教扬·布拉霍斯拉夫（Jan Blahoslav，1523~1571）将《新约》直接从希腊原文译成捷克文，他表现出卓越的校勘和语言水平。此后，兄弟会的一些学者又将《圣经》的其他部分译成捷克语。整个作品由六部分组成，相继于 1579~1593 年出版，它被称为《克拉利采圣经》。这部捷克语言水准极高的《圣经》译著的出版是捷克人文主义潮流中一项重大的举措。

17 世纪，捷克人文科学领域最伟大的人物是扬·阿莫斯·考门斯基（Jan Ámos Komenský，1592~1670），他首先是现代教育的奠基人。他的教育学著作的哲学基础是民主主义和教育的乐观主义，这些著作可分为两类：一类是解决教育和教学法的问题，另一类涉及语言教学。

考门斯基在欧洲哲学史上也占有一席之地。他对哲学的主要贡献是"泛智"（pansofie）思想，即在认识论的基础上——感觉、理智和宗教信仰，统一各种来自自然、理智和神灵启示的认识，从而使所有的创造协调一致（"泛和谐"）；认为连接着科学和宗教信仰的"泛智"的认识将会在宗教、教育和社会政治领域变革事物，带来人类的和平与统一。考门斯基的主要哲学著作是未完成的七卷集的《关于变革人类事物的普遍建议》（Obecná porada o nápravě věcí lidských）。最著名的捷克哲学家是博胡斯拉夫·巴尔宾（Bohuslav Balbín，1621~1688），作为耶稣会士他参加了重新天主教化运动，作为爱国者他是捷克语的拥护者。

19 世纪上半叶的民族复兴时期，语言学、史学和民俗学发挥了重要作用，语言学家约瑟夫·多布罗夫斯基（Josef Dobrovský，1753~1829）

是代表人物。他从事古代历史、捷克和斯拉夫语言学以及文学史的研究，被誉为斯拉夫学的创始人，为挽救在白山战役后逐渐衰弱的捷克语言和捷克民族做出了不懈的努力。多布罗夫斯基之后的著名人文科学家是巴沃尔·约瑟夫·夏发日克（Pavol Josef Šafařík，1795～1861），他最著名的作品是《斯拉夫珍宝》（Slovanské starožitnosti，1837 年），它描述了斯拉夫民族从远古时期直至公元 1000 年的历史，证实了斯拉夫人与希腊人、罗马人和日耳曼人一起创造了欧洲文明。

19 世纪捷克最伟大的历史著作是弗兰蒂谢克·巴拉茨基（František Palacký，1798～1876）写成的《捷克民族在捷克和摩拉维亚地区的历史》，论述了捷克民族从产生之初至 1526 年的历史。查理大学的神学教授贝尔纳德·波尔扎诺（Bernald Bolzano，1781～1848）是哲学和逻辑学领域的杰出人物，是一名客观唯心论者，捍卫“唯我”真理的存在。他在数学领域确定了一些基本概念，如极限和导数。另一个重要哲学家是奥古斯汀·斯麦塔纳（Augustin Smetana，1814～1851），他将德国唯心主义的哲学，尤其是黑格尔的哲学介绍到捷克，在自己的作品中尝试着综合黑格尔、赫巴特和费尔巴哈的哲学思想。

19 世纪末期有影响力的哲学家是约瑟夫·杜尔迪克（Josef Durdík，1837～1902）。他受赫巴特哲学思想的影响，强调美学研究。后来成为捷克斯洛伐克共和国第一任总统的托马什·加里格·马萨里克（Tomáš Garrigue Masaryk，1850～1937）在哲学界的影响超越了时代和国界，他起初研究自杀现象，认为社会在经历危机，而危机是由人们丧失生活信念和社会内部的真实性不足而造成的。他在著作《捷克问题》（Česká otázka）和《我们现在的危机》（Naše nynější krize）中揭示了捷克政治和捷克民族存在的弊端，倡导通过努力提高国民教育程度和民族整体水平来消除弊端。马萨里克的观点被称作现实主义。他在作品《社会问题》（Otázka sociální）中拒绝包括社会革命在内的所有革命，认为革命违背了人道原则。他在《世界革命》（Světová revoluce）一书中指出了布尔什维克主义的原则与人道思想的不相容性。他的另一部重要著作《俄国和欧洲》（Rusko a Evropa）分析了俄国对欧洲发展的意义。马萨里克在自己的哲学著作中结合了实证主义、改良的捷克哲学（胡斯和赫尔奇茨基的学说）与柏拉图主义以及后来的康德主义，且着重强调伦理。

1918 年捷克斯洛伐克共和国成立后，建立了一些科学研究机构，如马萨里克劳动研究院、斯拉夫研究所、东方学研究所和考古研究所等。以贝德日赫·赫洛兹尼（Bedřich Hrozný, 1879 ~ 1952）和兹比涅克·扎巴（Zbyněk Žaba, 1865 ~ 1971）为代表的捷克东方学研究达到了世界水平。赫洛兹尼破译了古代赫梯人的语言并发现了他们的史料，奠定了赫梯学专业的基础，扎巴则以关于古埃及文化的著作而闻名。考古学家卡雷尔·阿布索隆（Karel Absolon, 1877 ~ 1960）在下韦斯托尼策发现了来自旧石器时代的裸体女人陶瓷小雕像，这是世界上已知最古老的陶瓷小雕像之一。卢博尔·涅德勒（Lubor Niederle, 1865 ~ 1944）是捷克现代考古学的奠基人，创建了捷克考古所，还大力推动了捷克民族学和斯拉夫学的进一步发展。

1926 年成立的"布拉格语言学派"（Pražský lingvistický kroužek）在世界语言学历史上占有重要的地位，它倡导用结构主义方法论理解语言和世界。卡雷尔·泰格（Karel Teige, 1900 ~ 1951）是两次世界大战期间前卫艺术的理论家和领导人物，涉足建筑、美术、戏剧、电影、摄影和文学等领域。

文策内茨·克拉马日（Vincenec Kramař, 1877 ~ 1960）和英特日赫·哈卢贝茨基（Jindřich Chalupecký, 1911 ~ 1990）将现代造型艺术引进捷克。克拉马日引进了立体派，哈卢贝茨基引进了达达主义和超现实主义。

这一时期著名的哲学家有诶马努尔·拉德尔（Emanuel Rádel, 1873 ~ 1942），他发展了马萨里克的现实主义哲学思想；拉蒂斯拉夫·克里马（Ladislav Klíma, 1878 ~ 1942），他创立了独特的主观唯心主义的体系——自我主义（将自己当作上帝），揭示了世界的荒谬和人们内心存在的问题。

1939 年纳粹德国占领捷克后，驱逐了后来重要的思想家和社会学家欧尔内斯特·盖尔纳（Ernest Gellner, 1925 ~ 1995）和哲学家维勒姆·弗鲁塞尔（Vilém Flusser, 1920 ~ 1991），弗鲁塞尔的哲学主题是语言、自动装置以及未来、过去和现在之间的关系。

在 20 世纪 60 年代，捷克著名的哲学家是卡雷尔·科什克（Karel Košík, 1926 ~ 2003），他从事非正统的马克思主义研究，其代表作《具体的辩证法》被译成多种语言，享誉世界。在 70 年代最著名的哲学家是扬·巴多奇卡（Jan Patočka, 1907 ~ 1977），他从事现象学、历史哲学（特别是考门斯基、马萨里克和胡塞尔的哲学著作）以及捷克文学和艺术的研究，他极大影响了当代捷克思想，特别是在 20 世纪 60 ~ 80 年代的知识分子中间，他是著名的"七七宪章"的制定者和最初的发言人之一。

在社会主义时期，捷克斯洛伐克的埃及学研究具有很高的水平。在心理学研究领域，斯坦尼斯拉夫·格罗夫（Stanislav Grof, 1931 ~ ）是超人心理学的奠基人之一。米洛斯拉夫·荷洛赫（Miroslav Hroch, 1932 ~ ）是捷克历史学家，致力于现代国家形成问题的研究。他凭借关于中欧、北欧和东欧小国民族运动的起源和发展的比较性论著获得国际公认的权威。著名神学家有约瑟夫·贝朗（Josef Beran, 1888 ~ 1969），查理大学的神学教授，从 1946 年起成为布拉格大主教，后来又成为红衣主教，他在研究捷克教会历史方面成绩突出。还有约瑟夫·兹维日纳（Josef Zvěřina, 1913 ~ 1990），主要研究在社会主义国家的基督教信仰问题。

1989 年政局剧变后，神学家托马斯·哈利克（Tomáš Halík, 1948 ~ ）和哲学家瓦茨拉夫·贝洛赫拉德斯基（Václav Bělohradský, 1944 ~ ）在国际上获得很高声望。2014 年哈利克成为获得邓普顿奖的第一位捷克人，当时他被评价为倡导不同信仰与非信徒之间对话的国际公认人物。贝洛赫拉德斯基被列入捷克后现代思想家行列，2013 年泽曼总统授予他荣誉奖章。

二 科研体系与管理

1. 政府研究、发展和创新委员会（Rada pro výzkum, vývoj a inovace）
研究、发展和创新委员会主席团由主席、一位第一副主席和两位副主席组成，总理担任主席，另有成员 13 名。委员会定期举行会议，通常在每月第二个星期五开会。委员会主席团每周五开会。该委员会的主要权限范围包括：

（1）在根据国际协定和与教育、青年和体育部合作的情况下，制定国家研究、发展和创新政策，并将其提交给政府；

（2）监督国家研究、发展和创新政策的实施；

（3）准备评估科研成果的方法，并将其提交给政府；

（4）根据政府批准的评估方法评估研究成果；

（5）确定捷克应用研究、发展和创新的优先事项；

（6）定期对捷克研究、发展和创新状况进行年度分析和评估，并与国外进行比较，然后提交给政府；

（7）依法履行研究、发展和创新信息系统的管理员和运营商的任务，批准研究、发展和创新信息系统的操作规则；

（8）与欧盟的研究、发展和创新咨询机构以及欧盟各个成员国的研究、发展和创新委员会进行磋商；

（9）拟定支持研究、发展和创新的中期提案；

（10）根据法律规定拟定关于研究、发展和创新总支出额的提案以及分配提案。

2. 捷克科学院（Akademie věd České republiky）

捷克科学院是捷克从事基础研究的主要公共机构，主要依靠国家预算划拨资金，共有 52 个研究所，分为三大领域九个分部。三大领域是无生命的自然科学领域、生命科学与化学科学领域、人文和社会科学领域。无生命的自然科学领域分为三个分部：一是数学、物理和信息科学分部，包括天文研究所、物理研究所、数学研究所、信息科学研究所、核物理研究所、信息理论与自动化研究所；二是应用物理分部，包括光电子研究所、材料物理研究所、等离子体物理研究所、仪器技术研究所、流体力学研究所、理论与应用力学研究所、热力学研究所；三是地球科学分部，包括地球物理研究所、地质研究所、大气物理研究所、地形学研究所、岩石结构和力学研究所。生命科学与化学科学领域分为三个分部：一是化学分部，包括分析化学研究所、无机化学研究所、化学过程研究所、赫伊洛夫斯基物理化学研究所、高分子化学研究所、有机化学与生物化学研究所；二是生物与医学分部，包括生物物理研究所、生物技术研究所、生理学研究所、微生物研究所、实验植物研究所、实验医学研究所、遗传学研究所、动物生理与遗传研究所；三是生物生态科学分部，包括生物中心、植物学研究所、脊椎动物生物学研究所、全球变化研究所。人文和社会科学领域分为三个分部：一是社会经济学分部，包括科学院图书馆、国民经济研究所、心理学研究所、社会学研究所、国家和法律研究所；二是历史科学分部，包括布尔诺考古研究所、布拉格考古研究所、历史研究所、马萨里克研究所和档案馆、艺术史研究所和当代历史研究所；三是人文和哲学科学分部，包括民族学研究所、哲学研究所、东方研究所、斯拉夫研究所、捷克文学研究所和捷克语言研究所。

捷克科学院的使命是在尊重当前和预期社会需求的知识前沿上开展高质量的科学研究，具体表现为：促进知识和教育水平的提高，推动科学研究成果的利用，获取、处理和传播科学信息并提供意见和建议，与大学合作开展博士生课程学习并培养科学工作者，在科学活动和技术发展领域开展国际合作，与其他科学和专业机构开展合作，保障研发基础设施。捷克科学院是捷克非大学的最重要科学机构，是捷克唯一涵盖几乎所有专业领域的科学机构，长期以来也是捷克最高效的科研机构。

3. 教育、青年和体育部

教育、青年和体育部是中央国家行政机构，除了负责学前教育设施、学校设施、小学、中学、大学、青年、体育和旅游以外，还负责科学政策、研发以及这个领域的国际合作、学位认定等。1989 年以前，捷克斯洛伐克的大学主要是教学机构，许多科研项目及其基金都划归到科学院，但政局剧变后情形发生了变化，一些科研项目划归大学。捷克的大学与欧盟机构以及欧盟成员国大学的科研合作迅速加强。

4. 捷克大学校长会议

捷克大学校长会议是代表捷克大学的机构，总部位于布尔诺，联合了 26 所公立大学、2 所国立大学和 31 所私立大学的校长。它的目标是协调大学在教育和科学发展、大学及其学生和教职员工的基本问题上的立场，贯彻他们在公众中以及与国家机关谈判时的利益，与国外类似团体保持联系。

2017 年 5 月 30 日，捷克政府负责科学、研究和创新的副总理帕维尔·贝洛布拉德克，教育、青年和体育部部长卡特日娜·瓦拉霍娃，捷克科学院院长爱娃·扎日马洛娃和捷克大学校长会议主席托马什·兹马签署了关于稳定捷克科研体系的宣言。他们主张在 2019～2023 年系统地增加对科学院和公立大学工作场所的制度支持，为国际合作创造合适的环境，更多地使用年轻科研人员。

## 三　科技战略

2019 年 2 月 4 日，捷克政府批准了《捷克共和国 2019～2030 年创新战略》。该战略由捷克政府研发和创新委员会与来自企业、大学、科研机构和公共管理机构的 30 多名成员组成的团队合力打造，确定了政府在研究、开发和创新领域的政策，旨在帮助捷克在未来十二年中发展为欧洲最具创新力的国家之一。该战略由九个相互联系的支柱组成，它们是研发资金和评估，综合技术教育，初创和衍生环境，数字化的国家、生产和服务，创新与研究中心，智能投资，知识产权保护，移动性和建筑环境，智能营销等领域。创新战略为这九大支柱分别确立了至 2030 年的发展目标。

### 1. 研发资金和评估

捷克计划到 2025 年研发资金可以占国内生产总值的 2.5%，2030 年提高至 3%，同时增加来自公共资源和商业资源的经费；为取得优异成绩的研究组织增加研发资金；加强对应用研究的支持，强调研究成果对社会的影响；支持参加欧盟科研自主框架"欧洲地平线"，保证来自欧盟基金的研究资金；根据注重研究成果质量和影响而不是数量的 M2017＋评估方法全面实施评估体系，追踪并持续评价研究成果的影响特别是社会影响；至 2030 年根据欧洲研究理事会的标准实现卓越的研发；通过金融工具支持从非公开来源筹集资金；简化条件和加快雇用外国技术工人的过程。

### 2. 综合技术教育

改变综合技术教育的体系，注重创造力、研究方法、技术想象力、逻辑和批判思维、解决问题的能力、信息评估、基于自然科学和数学知识基础上的面向科研项目的教学；在基础教育第二阶段实施必修科目"技术";在中等职业教育阶段创新和巩固具有双重教育内容的综合体系;在高等教育阶段支持面向先进技术的课程;支持终身教育和技能再培训;分析"工业4.0"计划对劳动力市场的影响,以期充分改变教育体系;有针对性地支持国内大学与欧洲顶尖大学的战略联盟。

3. 初创和衍生环境

在国家层面形成支持初创企业和衍生企业的具体支持要素,并将这些要素与地区和国际支持联系起来;制订国家支持初创企业的全面融资计划;绘制初创企业地图,将其与投资者和提供支持者联系起来;确保在国家层面交流初创企业之间的信息与最佳实践经验;为国外的初创企业和技术团队提供好的环境,促使其在捷克共和国长期发展;捷克技术局制定支持初创企业和衍生企业的计划;在各级学校中开展创业技能教育;引进对孵化器、创业中心和加速器的监控和基准测试。

4. 数字化的国家、生产和服务

为公民和公司提供在线服务,改造联络点网络以辅助国家管理;实行有效和集中管理的互联网技术;创建一个互联的数据基金;永久提供工业企业和城市、机场、发电厂等复杂部门的系统安全性的在线和共享服务,使用智能控制系统并处理最严重的风险;推动中小企业开展业务时使用数字工具;确保就欧盟数字议程中的当前主题和机遇进行交流;制定实施"工业4.0"可衡量的水平以及由此产生的普遍遵守的标准;将"工业4.0"的原理应用于能源领域,尤其在智能电网领域,以及智能城市和地区领域;建立与制造企业和服务业实施"工业4.0"有关的资源优化和环境保护系统。

5. 创新和研究中心

重点支持研究卓越、公司潜力和未来技术趋势交叉的关键趋势上,如人工智能、太空技术、激光技术、纳米技术、生物技术、节能解决方案、化学和化工技术、临床医学和生物医学等;为重点领域的研究机构进行产品概念开发提供长期支持,改进大型研发基础设施,推动公共研究部门与工业部门长期战略合作;支持卓越中心——捷克在最先进技术领域的世界名片;在研究机构的参与下促使捷克公司融入部门集群;在公共资金支持的框架内专门支持具有商业化潜力的解决方案。

6. 智能投资

增加高附加价值的公司的投资量；增加利用研究组织的研究成果的公司投资量；提高将税收减免用于研发和创新投资的使用量；支持捷克公司在国外投资于研发和创新项目；支持实施"工业4.0"战略的投资；增加投资至有发展前景的部门，如人工智能、太空技术、激光技术、纳米技术、生物技术、节能解决方案、化学和化工技术等；鼓励公共采购支持创新投资；将国防和安全方面的投资与工业研究的支持联系起来；支持捷克经济基础的现代化；在国家投资政策框架内考虑解决方案，以适应气候变化、干旱和粮食安全问题的解决。

7. 知识产权保护

提高关于知识产权保护的意识并且与各级教育建立更紧密的合作，既体现在授课活动中又体现在教育大纲的制定过程中；在研究、生产和应用领域加强对知识产权保护的意识；加强对知识产权保护的使用，特别是具有商业潜力的专利；在形成科学、研究和创新以图加强使用专利信息；支持知识产权保护构想的目标和后续措施反映在欧盟和捷克的其他管理文件中。

8. 移动性和建筑环境

确保广泛和经济实惠地使用人员和货物的智能移动服务；完善交通基础设施骨干网；在捷克共和国（在国家和州一级）建立一个足够强大的交通远程信息处理系统网络，并将其中的数据整合到国家交通信息中心，以进一步用于交通管理和控制，并提供给私营部门以做进一步的使用；同步和协调国家管理部门与自治机构在建设交通网络方面的活动，包括保障行动不便者的需求；确保公共旅客运输中的承运人有一体化的方式；确保高度联运并支持物流中心的建立；支持捷克汽车工业的进一步发展；建立有针对性的支持智慧城市的构想，包括城市物流问题；支持实施针对智能移动解决方案的大规模演示和测试试点项目；确保施工管理的许可进程有约束力和可强制执行的最长期限为一年；简化和加快与数字化有关的施工管理的行政程序。

9. 智能营销

该目标是将捷克共和国打造为一个充满自信心的欧洲创新领导者的品牌形象，把捷克作为一个具有科学潜力、先进工业和研究、众多发明家的国家进行宣传；展示过去在世界上取得的成就和目前的创新生态系统，包括现代创新战略；在捷克研究中心的卓越成就、捷克公司的独特产品、最先进技术的顶尖科学和创新领域的成功人士上树立品牌。

四 国际合作

捷克科学院和各高等院校努力加强国际科研合作，以提高研究质量，赶上世界领先水平。

1. 与欧盟合作开设新的科学中心

一些位于布尔诺的大学和研究机构，如马萨里克大学、布尔诺技术大学、门德尔大学、布尔诺兽医和药学大学、捷克科学院材料物理研究所和兽医研究所等创建了中欧技术研究所，得到南摩拉维亚州和布尔诺市的支持。在中欧技术研究所框架内建立了许多有仪器设施和基地的实验室，资金来源是欧盟地区发展基金。该研究所主要优先事项包括：维持一个有创新动力和充满活力的国际科学环境，保障现代化和最高水平的研究基础设施，实行开放交流和平等机会的政策。中欧技术研究所是第一个将生命科学、先进材料和技术领域的研究与开发整合在一起的科学中心，它基于七个研究领域的相互协同作用并借助先进技术进行研究。来自六个研究机构的研究人员根据其专业重点分为 59 个研究组。中欧技术研究所支持其研究人员获得具有竞争力的国际项目如欧洲研究理事会的研究项目和欧盟最大的研究与创新计划"地平线 2020"，以提高研究所和研究人员的声誉。

在下布日扎尼成立的激光中心是一家致力于激光技术的研究中心，2015 年启动，2018 年开始全面投入使用。该项目是捷克历史上最大的研究项目，是欧洲研究倡议"极光基础设施"的组成部分，而该倡议是欧盟建立新一代研究中心的更广泛计划的一部分。下布日扎尼激光中心拥有世界上最强大的激光，功率为 10PM。捷克科学院物理研究所是欧盟结构基金的接受者，同时也是下布日扎尼激光中心项目的协调员。该中心大约有 350 人，其中 200 人是科学家，大约三分之一是外国人。欧盟承担了该中心建设的绝大部分成本。

2. 积极参加欧洲科研平台和科研项目

捷克积极参与罕见病研究计划网、欧洲科技合作计划 COST、欧洲计量学创新与研究计划、欧盟研发和创新计划"地平线 2020"、联合计划 JP、欧洲创新伙伴关系、多瑙河流域合作、欧洲之星技术应用开发项目计划、欧洲高性能计算联合事业、应用和工业研究与创新活动领域的欧洲研究协调机构计划 EUREKA 等。捷克还是下列政府间科技组织的成员，如欧洲粒子物理实验室 CERN、联合核研究所、欧洲南方天文台 ESO、欧洲航天局 ESA、欧洲分子生物学实验室 EMBL 等。

3. 与欧盟内外国家进行科技合作

捷克与德国巴伐利亚州科技合作密切。捷克—巴伐利亚大学代表处成立于 2016 年，不仅为双方高校的学生互换提供资金，而且为双边学术项目、学术会议、联合课题和研究联盟提供财政援助。

捷克与挪威合作支持双方科研发展，并通过基础和应用研究及试验开发的双边科学研究项目，在财政上支持创新科学知识和高质量的研究成果。

捷克与中国之间开展联合课题研究，2019～2020 年双方大学和研究所开展了近 20 个联合课题的研究。

捷克与以色列着重在下列领域开展联合课题研究：环境保护技术（防止空气、土壤和水资源的污染以及污染物的清除），信息和通信技术（重点是数据的处理、传输和存储）。

捷克与日本多次开展联合课题研究，2020 年共同研究的主题是探索信息和通信技术的创新和改进方式，以应对网络空间和物理空间面临的各种风险和威胁。

作为维谢格拉德集团成员国，捷克也在 V4 + 框架下与日本和韩国开展科技合作。另外，在捷克共和国 2019～2030 年创新战略出台前后，捷克总理巴比什先后访问新加坡、以色列和美国，积极推动捷新、捷以和捷美科技创新合作。

# 第三节　文学艺术

## 一　文学

捷克文学源远流长，与欧洲其他民族的文学相比，其特殊性表现为：任何年代、任何体裁的文学作品都表现出强烈的民族和民主意识，以及捷克人民对正义、公平和道德等美好事物的不懈追求。

### 1. 从远古至胡斯运动时期的文学

捷克文学史始于民间口头文学，主要是关于祖先捷赫（Čech）、克洛克（Krok）、丽布舍（Libuše）、普热米斯尔·奥拉奇（Přemysl Oráč）和女性反抗男性战争的传说。在 9 世纪下半叶的大摩拉维亚帝国时期，传教士康斯坦丁和美多德兄弟俩与他们的学生用古斯拉夫语，并在格拉戈尔字母的帮助下创作了捷克最早的书面文学作品。如《普洛格拉斯》（Proglas）、《美多德的生活》（Život Metodějův）和《康斯坦丁的生活》（Život Konstantinův）。

907 年，大摩拉维亚帝国崩溃，文化重心转移到捷克地区，从此开始了古斯拉夫文化与拉丁文化并存时期。10 世纪末，产生了捷克语的宗教歌曲《主啊，怜悯我们吧！》（Hospodine, pomiluj ny）。用古捷克语写成的最著名的宗教歌曲是 12 世纪时出现的《圣瓦茨拉夫，捷克国家的大公》（Svatý Václave, vévodo české země）。

12 世纪初，捷克第一位编年史学家科斯马斯（Kosmas）根据古老传说、历史见证人的叙述和自己的亲身经历用拉丁文加工整理了捷克最古老的编年史——《波希米亚编年史》（Kronika česká）。

从 13 世纪下半叶起，随着城市经济的发展，捷克文学进入了繁荣时期，文学作品中增添了新的世俗成分。那时诞生了用捷克语写成的世俗叙事史诗——《亚历山大》（Alesandreis），以及第一部用捷克文写成的诗体编年史——《达利米尔编年史》（Dalimilova kronika）。14 世纪下半叶，市民文学开始兴起。在世俗文学创作中既出现了讽刺作品和反映社会改革倾向的作品，又出现了教科文学如法律著作、字典和历史著作。

2. 胡斯运动时期的文学

15 世纪初，捷克著名宗教改革家、作家扬·胡斯撰写了一些神学著作。起初，他用拉丁语创作反映教会社会地位及其使命的文集。后来，他开始用捷克文写作，以促进在老百姓中传播。他的代表作是《关于教会》（O církvi）、《论买卖神职》（Knížky o svatokupectví）、《布道录》（Postilla）、《信仰上帝，十诫和主祈祷文的解释》（Výklad Viery，Desatera a Páteře）等。在他死后爆发的胡斯运动期间，文学向大众化方向发展。具有时代内容的宗教歌曲、讽刺文学、编年史和短文得到较大发展，许多作品反映了人民反抗封建统治和追求自由解放的思想。在这一时期，捷克语代替了拉丁语在文学创作和社会生活中的主导地位。

3. 人文主义文学

从 15 世纪下半叶起至 1620 年的白山战役，捷克文学主要面向社会和宗教问题。与此同时，人文主义思想对文学的影响不断加强，出现了用捷克文撰写的专业著作。在教科文学领域，游记和编年史发展较快。16 世纪，人文主义代表人物是语言学家扬·布拉霍斯拉夫（Jan Blahoslav，1523～1571），他致力于捷克语与斯拉夫语的词典学、词汇和修辞等方面的研究，为捷克民族文学的高水平发展奠定了语言基础。

白山战役后，部分捷克文人、作家流亡到国外，拉丁语在文学创作中的地位超过了捷克语。一些流亡作家坚持人文主义思想，世界著名的教育家和哲学家扬·阿莫斯·考门斯基是杰出的代表人物。他最重要的文学作品是一部寓意诗体作品——《世界迷宫与心灵之天国》（Labyrint světa a ráj srdce）。他的教育学著作，如《大教学论》（Velká didaktika）、《幼教手册》（Informatorium školy mateřské）、《语言入门》（Brána jazyků）和《画中世界》（Orbis senzualium pictus）闻名于世。

4. 民族复兴运动时期的文学

从 18 世纪 70 年代起至 19 世纪 40 年代，用捷克语书写的文学作品不断增多，这一时期称作"民族复兴"。它分为两个阶段。从 18 世纪 70 年代至 19 世纪初为第一阶段。1774 年成立了捷克皇家学术协会，随后出现了自然科学、文学历史、语言学和历史地方志方面的著作。这一阶段的代表人物是斯拉夫学奠基人约瑟夫·多布洛夫斯基（Josef Dobrovský，1753~1829），他用德语编写了《捷克语言和文学史》和《捷克语法》。19 世纪初，以捷克伟大诗人、翻译家、文学家、语言学家约瑟夫·容格曼（Josef Jungmann，1773~1874）为首的文人将民族复兴运动带入第二发展阶段，推动捷克语在所有文化领域的发展。容格曼创作了捷克第一部文学理论著作《文学》（Slovesnost）和《捷克文学史》（Historie literatury české），还编辑了《捷德词典》。提倡斯拉夫主义的著名诗人扬·科拉尔（Jan Kollár，1793~1852）创作了诗集《诗歌》（Básně），其中长诗《荣耀之女》（Slávy Dcera）非常有名。诗人弗朗季谢克·拉基斯拉夫·切拉科夫斯基（František Ladislav Čelakovský，1799~1852）从事斯拉夫民俗歌谣和谚语的收集和研究，出版了《斯拉夫民族歌曲》（Slovanské národní písně）和《谚语中的斯拉夫民族格言》。他还先后发表了《俄罗斯歌曲回声》和《捷克歌曲回声》等诗集，其中《托曼与森林女仙》（Tomán a lesní panna）是最好的叙事诗。

5. 浪漫主义文学

19 世纪 40 年代，文学的艺术性增强。捷克最伟大的浪漫主义诗人、新时代诗歌奠基人卡雷尔·希内克·马哈（Karel Hynek Mácha，1810~1836）于 1836 年发表了抒情叙事长诗《五月》（Máj），是 19 世纪捷克诗歌的顶峰之作。马哈的小说表达了反对异族统治、反对专制压迫和争取民族解放的思想追求，代表作是《吉卜赛人》（Cikáni）。诗人、小说家、文学评论家和新闻记者卡雷尔·萨宾纳（Karel Sabina）是马哈的积极追随者，他最著名的作品是长篇小说《在沙漠里》（Na poušti）和短篇小说《热闹的坟墓》（Oživené hroby），他还为斯美塔那的歌剧《被出卖的新嫁娘》和《在波希米亚的勃兰登堡人》编写剧本。

伟大的浪漫主义诗人卡雷尔·雅罗斯拉夫·爱尔本（Karel Jaroslav Erben，1811~1870）致力于民间文学的改造，他创作了三部曲作品《捷克民间歌曲》（Písně národní v Čechách）、《捷克普通民间歌曲和民谣》（Prostonárodní české písně a říkadla）和《捷克童话集》（Soubor českých pohádek)。他以捷克神话为基础而创作的民间故事诗集《花束集》（Kytice，1853）是捷克最受欢迎的文学作品之一。

6. 现实主义文学

19 世纪 40～50 年代，捷克文学创作中显示出现实主义倾向，其先驱是卡雷尔·哈夫利切克·博罗夫斯基（Karel Havlíček Borovský，1821～1856）和鲍日娜·聂姆佐娃（Božena Němcová，1820～1862）。博罗夫斯基是捷克现代新闻业奠基人、讽刺诗人、作家和编辑，发表了三首著名的讽刺诗：《蒂罗尔挽歌》（Tyrolské elegie）、《国王拉伏腊》（Král Lávra）和《圣弗拉基米尔的洗礼》（Křest svatého Vladimíra）。聂姆佐娃是捷克历史上第一位女作家，她创作了许多优秀作品，如《民间故事与传说》（Narodní bachorky a pověsti）、《外祖母》（Babička）、《野姑娘芭拉》（Divá Bára）、《山村》（Pohorská vesnice）、《庄园内外》（V zámku a podzámčí）、《好人》（Dobrý člověk）、《老师先生》（Pan učitel）和《斯洛伐克童话和传说》（Slovenské pohádky a pověsti）等。《外祖母》刻画了一个普通的捷克农村妇女正直、勤劳和善良的形象，具有浓郁的乡土气息，出版后大受欢迎，至今被再版 300 多次，被译成几十种文字，成为捷克乃至世界文学名著之一。

1858 年，以维捷斯拉夫·哈雷克（Vítězslav Hálek，1835～1874）和扬·聂鲁达（Jan Neruda，1834～1891）为首的年轻一代诗人和小说家创办了"五月"丛刊，形成了"五月"流派（Májovci）。他们推崇马哈在作品中体现的理想与现实之间的矛盾，但他们的作品具有现实主义的特点。诗人、小说家、新闻记者、杂文家和文艺评论家扬·聂鲁达（Jan Neruda，1834～1891）是"五月"流派的核心人物，他创作的《小城故事》（Povídky Malostranské）位居捷克 19 世纪小说创作之冠，被译成多种外国语言出版。聂鲁达的诗歌有着广泛的现实内容和深刻的社会意义，代表作有《墓地之花》（Hřbitovní kvítí）、《宇宙之歌》（Písně kosmické）、《民间故事诗与浪漫曲》（Balady a romance）和《平凡的主题》（Prosté motivy）等。

19 世纪 60 年代末，继"五月派"之后，出现了"鲁赫派"（Ruchovci）和"卢米尔派"（Lumírovci）文学创作者。"鲁赫派"强调保持文学创作的民族传统和斯拉夫传统，"卢米尔派"则兼容吸收国外的文学思潮。斯瓦托普鲁克·捷赫（Svatopluk Čech，1846~1908）是"鲁赫派"的代表人物，创作了反映社会反抗内容的讽喻性诗作，如《欧洲》（Evropa）和《斯拉维亚》（Slávie）。诗人、作家雅罗斯拉夫·伏尔赫利茨基（Jaroslav Vrchlický，1853~1912）、诗人兼小说家尤利乌斯·泽耶尔（Julius Zeyer，1841~1901）和约瑟夫·瓦茨拉夫·斯拉德克（Josef Václav Sládek，1845~1912）是"卢米尔派"的代表人物。伏尔赫利茨基共出版了200多本著作，诗歌作品最多，其次是戏剧作品和翻译作品。他的剧作《查理堡之夜》（Noc na Karelštejně）成为捷克传统的保留剧目。斯拉德克出版了大量诗集，如《在天堂门前》（Na prahu ráje）、《来自生活》（Ze života）和《捷克歌曲》（České písně）等，他还将33部莎士比亚的剧作改编成诗歌。

7. 19世纪下半叶历史题材的文学

19世纪70年代，捷克出现了历史题材的现实主义文学作品，最著名的历史小说家是阿洛伊斯·依拉塞克（Alois Jirásek，1851~1930），他创作了长篇小说《在潮流之间》（Mezi proudy）、《反对一切》（Proti všem）、《兄弟军》（Bratrstvo）和三部剧作《扬·胡斯》（Jan Hus）、《扬·日什卡》（Jan Žižka）和《扬·洛哈奇》（Jan Roháč）。最长的五卷历史小说《弗·勒·维克》（F. L. Věk）描述了1720~1830年捷克民族复兴的历史，剧作《沃伊纳尔卡》（Vojnarka）和《灯笼》（Lucerna）一直是捷克剧院的保留节目。

8. 19世纪和20世纪之交的文学

19世纪末20世纪初，捷克文学界出现了无政府主义者，他们的作品充满了悲观主义色彩，反军国主义和重视社会问题，对现实的看法客观而真实，文学语言接近口语。诗人、小说家伏拉尼亚·什拉麦克（Fraňa Šrámek，1877~1952），诗人、作家斯坦尼斯拉夫·科斯特卡·内乌曼（Stanislav Kostka Neumann，1875~1947）和讽刺文学大师雅罗斯拉夫·哈谢克（Jaroslav Hašek，1883~1923）是代表人物。什拉麦克的诗集《贫困的生活，为什么我喜欢你》（Života bído, prečtě mám rád）和《蓝与红》（Modrý a rudý）反映了反军国主义和叛逆精神。内乌曼创作了歌颂大自然的抒情诗《森林、水流和山坡》（Kniha lesů, vod a strání）以及无产阶级诗歌《红色歌曲》（Rudé zpěvy）。哈谢克以小说《好兵帅克》（Osudy dobrého vojáka Švejka za světové války）闻名世界。《好兵帅克》描写的是一位捷克普通士兵帅克在第一次世界大战中的经历，该书是捷克文学宝库中被翻译次数最多的一本作品。

9. 两次世界大战期间的文学

在 20 世纪 20 年代初，捷克文学界出现了无产阶级文学作品。伊日·沃尔克尔（Jiří Wolker, 1900 ~ 1924）、雅罗斯拉夫·塞弗尔特（Jaroslav Seifert, 1901 ~ 1986）、约瑟夫·霍拉（Josef Hora, 1891 ~ 1945）和艺术社团"九人社团"创作了不同风格的无产阶级诗歌。沃尔克尔在诗歌创作中明确提出强调文学的阶级性，代表作有诗集《贵客临门》（Host do domu）和《艰难时刻》（Těžká hodina）等。在小说创作领域，著名无产阶级作家有伊万·奥尔布拉赫特（Ivan Olbracht）和玛利亚·玛耶洛娃（Marie Majerová, 1882 ~ 1967）等。奥尔布拉赫特的代表作有长篇小说《无产者安娜》（Anna proletářka）和《侠盗尼古拉·舒海》（Nikola Šuhaj loupežník）。玛耶洛娃是 20 世纪上半叶捷克著名的女作家，代表作有《共和国广场》（Náměstí republiky）、《大坝》（Přehrada）、《汽笛》（Síréna）和《矿工之歌》（Havířské balady）。

塞弗尔特是捷克唯一的诺贝尔文学奖得主（1984），他极富乐感和时代感的诗歌享誉国内外。他的创作之路始于无产阶级诗歌，如《眼泪中的城市》（Město v slzách）。在第二次世界大战爆发之前，他是捷克第一个歌颂人民反抗法西斯斗争的诗人，代表诗作有《把灯熄灭》（Zhasněte světla）。在第二次世界大战期间，他创作了《鲍日娜·聂姆佐娃的扇子》（VějířBoženy Němcová）、《披着光彩夺目的盛装》（Světlem oděná）、《石桥》（Kamenná most）等诗作，继续宣扬反法西斯精神。战争结束后，他加入"解放诗歌"的潮流，发表了《泥盔》（Přilba hlíny）、爱情叙事诗《维克多尔卡之歌》（Písně o Viktorce）、《妈妈》（Mamink）。20 世纪 60 年代，他开始创作反省的抒情诗。70 ~ 80 年代，他出版了《避瘟柱》（Morový sloup）、《身为诗人》（Byt básníkem）等诗集。

两次世界大战期间的小说创作内容广泛，混杂了体现自由民主和社会主义思潮、天主教倾向的小说，涌现了许多闻名世界的文学家，如弗拉迪斯拉夫·万丘拉（Vladislav Vančura，1891～1942）和卡雷尔·恰佩克（Karel Čapek，1890～1938）等。万丘拉是先锋派小说创作最伟大人物，小说《晴雨无常的夏天》（Rozmarné léto）和《玛尔格达·拉扎洛娃》（Marketa lazárová）被改编成电影。1939年3月纳粹德国占领捷克后，万丘拉致力于突出民族自豪和自信的文学作品，代表作是《捷克民族史画面》。恰佩克的小说《绝对工厂》（Továrna na absolutno）体现了乌托邦主义，长篇小说《与蝾螈的战争》（Válka s mloky）则具有讽喻的意味。

　　特别值得提及的是，与哈谢克同年出生于布拉格犹太区的弗兰茨·卡夫卡（Franz Kafka，1883～1924）是蜚声世界文坛的大作家，他被认为是世界现代文学的奠基人之一。他的作品虽然是用德文写成的，但大多数作品在布拉格完成。他著名的作品有短篇小说《判决》（Ortel）、《变化》（Proměna）、《乡村医生》（Venkovský lékař）和长篇小说《失踪者》（Nezvěstný）、《进程》（Proces）和《城堡》（Zámek）。

　　10. 反映二战题材的文学

　　在第二次世界大战期间，捷克的文学创作受到很大压制。战争结束后，反法西斯题材的小说、报告文学、纪实文学逐渐涌现出来。记者、作家尤利乌斯·伏契克（Julius Fučík，1903～1943）的报告文学体小说《绞刑架下的报告》（Reportáž psaná na oprátce），被译成世界多种语言，成为世界反法西斯文学中的名著，1950年被授予国际和平奖。作家扬·德尔达（Jan Drda，1915～1970）的短篇小说集《沉默的防御工事》（Němá barikáda），反映了捷克人民与法西斯占领者进行的英勇斗争，其中《更高原则》（Vyšší Princip）被改编为电影。女作家玛利亚·普依曼诺娃（Marie Pujmanová，1893～1958）的长篇小说三部曲《十字路口的人们》（Lidé na křižovatce）、《玩火》（Hra s ohněm）和《生死搏斗》（Život proti smrti），刻画了二战期间一群捷克人的命运。犹太裔作家奥塔·巴维尔（Ota Pavel，1930～1973）的自传体小说《美丽小鹿之死》（Smrt krasných srnců）和《我如何遇见鱼》（Jak jsem potkal ryby），描写

了犹太人在德国法西斯占领捷克期间的经历。作家扬·奥特切纳谢克
（Jan Otčenášek，1924 ~ 1979）的小说《罗密欧，朱丽叶与黑暗》
（Romeno，Julie a tma），被译成多国语言并被改编为戏剧和电影。

11. 1948 ~ 1968 年期间的捷克文学

1948 年"二月事件"后，所有的出版社和刊物都实行了国有化。在
1949 年举行的作家大会上，社会主义现实主义被确立为主要的艺术流派。
在 50 年代上半期，作家尤其是诗人纷纷发表作品歌颂劳动人民、共产党、
苏联人民的英雄行为和社会主义建设事业。弗兰季谢克·赫鲁宾（František
Hrubín，1910 ~ 1971）的诗作《我的歌唱》 （Můj zpěv）和《变化》
（Proměna）具有代表性。小说创作以历史与现实相结合以及揭示社会变革
时代的心理特征而著称，后来逐渐发展成"建设者小说"。代表性作品有
瓦茨拉夫·雷扎奇（Václav Řezač，1901 ~ 1956）的长篇小说《挺进》
（Nástup）、《决战》（Bitva）；捷克斯洛伐克第二任总统安托宁·萨波托茨
基（Antonín Zápotocký，1884 ~ 1957）的回忆录三部曲《新战士站起来》
（Vstanou noví bojovníci）、《动荡的 1905 年》（Bouřlivý rok 1905）和《红
光照耀着克拉德诺》（Rudá záře nad Kladnem）。

20 世纪 50 年代下半期，随着社会局势的缓和，文学创作转向研究人的
内心世界。60 年代初，文学创作的环境更为宽松，文学作品主要反映当代
社会生活中的道德冲突问题。具有独特创作风格的作家博胡米尔·赫拉巴
尔（Bohumír Hrabal，1914 ~ 1997）在 60 年代一举成名，他的作品《底层的
珍珠》（Peslička na dně）、《自言自语者》（Pábitelé）和《严密监视的列车》
（Ostře sledovaný vlak）歌颂现实生活中处于社会最底层、默默无闻的小人
物，渗透着黑色幽默和自然主义色彩。《严密监视的列车》被改编为电影后
获得奥斯卡奖。小说家弗拉基米尔·巴拉尔（Vladimír Páral，1932 ~ ）在
作品中批判了现代人对生活所持的消极态度和小市民意识，代表作有《发
射器》（Katapult）、《私生活的风暴》（Soukromá vichřice）、《情人与刽子
手》（Milenci a vrazi）和《职业妇女》（Profesionální žena）等。米兰·昆德
拉（Milan Kundera，1929 ~ ）的代表作有《可笑的爱情》（Směšné lásky）
和《玩笑》（Žert）、《笑忘录》（Kniha smíchu a zapomění）、《生命中不能承

受之轻》（Nesnesitelná lehkost bytí）、《不朽》（Nesmrtelnost）和《生活在别处》等，其中《生命中不能承受之轻》被誉为 20 世纪欧美最杰出的小说之一，被改编为电影后也获得成功。昆德拉善于用反讽手法和幽默的语调创作，作品表面轻松实质沉重，表面随意实质精致，表面通俗实质深邃。1985年，昆德拉获得耶路撒冷文学奖，后又得到诺贝尔文学奖提名。

12. 1969 ~ 1989 年的文学

1968 年以后，被禁止发表作品的捷克作家成立了"门闩出版社"（Edice Petlice），发起人是小说家、政治活动家卢德维克·瓦楚利克（Ludvík Vaculík，1926 ~ 2015）。他是 1968 年 6 月 27 日著名的《两千字宣言》以及争取人权的"七七宪章"起草人之一，他的小说《斧头》（Sekyra）有着广泛的社会影响。"门闩出版社"的另一位著名作家是约瑟夫·史克沃雷茨基（Josef Škvorecký，1924 ~ 2012），他的作品受到美国文学与捷克著名讽刺幽默大师的影响，代表作有小说《懦夫们》（Zbabělci）和滑稽剧作《上帝到家》（Bůhdo domu）、《坦克的旗帜》（Tankový prapor）等。70 年代，捷克诗坛出现了反思、写实的热潮。创作呈多样化趋势，大多数作品是自由体诗，也有散文诗的倾向。到了 80 年代，诗坛还出现了小说与诗歌的混合体。

70 ~ 80 年代，小说创作的特点是历史题材小说得到发展。米洛什·瓦茨拉夫·克拉多赫维尔（Miloš Václav Kratochvíl，1904 ~ 1988）是资深历史小说家，善于把历史与现实联系在一起，代表作有《扬·高尔内尔的奇遇和探险故事》（Podivuhodné příběhy a dobrodružství Jana Kornela）、《扬·阿莫斯的一生》（Život Jana Amos）和《欧洲在战壕中》（Evropa v zákopech）等历史小说。在这一时期，反映社会现实的小说也得到发展，大多数作品反映医疗、老年人、家庭关系以及代沟问题。著名女作家瓦尔雅·斯蒂布洛娃（Valja Stýblová，1922 ~ 2020）的作品既反映医生生活，也涉及道德题材，代表作有《请把手术刀递给我》（Skalpel, prosím）和《林荫道尽头》（Na konci aleja）。

女作家雅罗米拉·科拉洛娃（Jaromila Kolárová，1919 ~ 2006）与海莲娜·什玛海洛娃（Helena Šmahelová，1910 ~ 1997）的作品反映了婚姻、

家庭、子女教育和人际关系等社会现实问题。科拉洛娃的代表作有《儿子和我》（Můj chlapec a já）、《别人的孩子》（Cizí děti）和《我们的小小世界》（Náš malý maličky svět）等。什玛海洛娃的作品善于人物的心理描写，如《男人和女人》（Muž a žena）和《逃跑的中弹野兔》（Útěk postřeleného zajíce）等。

在 20 世纪 70 ~ 80 年代，捷克的文学由三部分组成："正常化"时期被禁止发表作品的文学家所创作的非官方文学；在捷克国内公开发表的官方文学；流亡作家在国外出版的捷克流亡文学。在官方文学方面，在世界上享有盛誉的作家除了赫拉巴尔以外，还有拉迪斯拉夫·福克斯（Ladislav Fuks，1923 ~ 1994）。福克斯的小说主要描述那些缺乏自由和受到暴力威胁的人的内心焦虑，他选择第二次世界大战和大屠杀作为这一主题的背景。

13. 1989 年以后的文学

1989 年以后，上述三种文学逐渐融合在一起，那些曾被禁的作品也得以在国内发表。随着官方审查被取消，在捷克涌现出一批私营出版社，恢复了《文学报》（Literární noviny）和一些杂志，如《形态》（Tvar）、《客人》（Host）和《空间》（Prostor）等。

在捷克，颁发的重要国际文学奖项是"弗兰茨·卡夫卡奖"，重要的国内文学奖有"国家文学和翻译奖"、"雅罗斯拉夫·塞弗尔特奖"、"伊日·奥尔登奖"和"约瑟夫·史克沃莱茨基奖"等。

以 20 世纪下半叶出生的作家为代表的后现代主义逐渐成为捷克当代文学的主流，其特点是对价值体系、等级制度、文学的社会角色及其反映现实的能力持怀疑态度，同时对作品的语言和叙事风格持开放态度。

在 20 世纪 90 年代，除了老一辈著名作家卢德维克·瓦楚利克、伊万·克利马（Ivan Klíma，1931 ~ ）、爱娃·坎图尔科娃（Eva Kantůrková，1930 ~ ）、伊万·维尔尼什（Ivan Wernisch，1942 ~ ）和兹德涅克·史密德（Zdeněk Šmíd，1937 ~ ）等继续坚持文学创作以外，伊日·克拉托赫维尔（Jiří Kratochvíl，1940 ~ ）是最重要的新文学作家之一。克拉托赫维尔自 1989 年起成为职业作家，1990 年因长篇小说《熊的小说》（Medvědí román）而闻名。1992 年他发表的长篇小说《午夜歌唱》（Uprostřed nocí zpěv）侧重于第二次世界大战期间及之后的布尔诺历史，并带有魔幻现实主义色彩。在 20 世纪 90 年代后半期，他发表了具有动物史诗特点的长篇小说《熊》（Urmedvěd）、散文《故事的故事》（Příběh příběhů）以及长篇小说《连体故事》（Siamský příběh）、《不朽的故事》（Nesmrtelný příběh）和《深夜探戈》（Noční tango）等。克拉托赫维尔的文学作品多次获奖，其中包括"卡雷尔·恰佩克奖"（1998 年）和"雅罗斯拉夫·塞弗尔特奖"（1999 年）。

第二次世界大战后不久出生的一代作家成为 20 世纪 90 年代捷克文学创作的另一中坚力量，他们中的代表人物有亚历山德拉·贝尔科娃（Alexandra Berková，1949 ~ 2008）和米哈尔·阿伊瓦兹（Michal Ajvaz，1949 ~ ）。贝尔科娃是女权主义文学流派的女作家之一，代表作有《忠诚的弗希瓦克的痛苦》（Utrpení oddaného Všiváka）和《黑暗之爱》（Temná láska）。阿伊瓦兹的作品具有魔幻现实主义的特点，代表作有短篇小说《第二个城市》（Druhé město）、《绿松石鹰》（Tyrkysový orel）和散文《书的秘密》（Tajemství knihy）。

出生于 20 世纪 50 年代的作家构成捷克文学创作中所谓的"不墨守成规的一代"，他们的作品多种多样，具有超现实主义、绝对现实主义、荒诞派和存在主义等风格。代表人物是卢博·卡萨尔（Lubor Kasal，1958 ~ ）和帕特日克·奥谢德尼克（Patrik Ouředník，1957 ~ ）。卡萨尔是诗人，他的作品内容涉及捷克社会的许多重要议题，代表作有《世俗》（Vezdejšina）和《啮齿目饥饿者》（Hlodavci hladovci）。奥谢德尼克是出生在布拉格、生活在法国、用捷克语和法语创作的作家和翻译家。他创作的小说《行动》（Ad acta）、《合适的时刻》（Příhodná chvíle）、《世界末日没有到来》（La fin du monde n'aurait pas eu lieu）在国外取得很大反响。他 2001 年创作的散文集《欧洲 20 世纪简史》（Europeana Stručné dějiny dvacátého věku）被翻译成 36 种语言，成为 1989 年以后捷克被翻译最多的书籍，还被改编成戏剧、音乐和电影作品。奥谢德尼克 2014 年获得捷克国家文学奖。

在 20 世纪 60 年代出生的作家同样具有不墨守成规的特点，他们中最为成功的有米哈尔·维耶韦格（Michal Viewegh, 1962~ ）、亚希姆·托波尔（Jáchym Topol, 1962~ ）和瓦茨拉夫·卡胡达（Václav Kahuda, 1965~ ）。

维耶韦格是捷克最畅销作家，在 1993 年因自传体小说《狗下面的美好生活》（Báječná léta pod psa）获得著名的捷克文学奖伊日·奥尔登奖（Cena Jiřího Ortena）。该小说反映了"正常化"时期的社会氛围，1997 年被改编为捷克同名电影。维耶韦格的作品涵盖长篇小说、短篇小说、童话故事、有声读物、杂文、传记和剧本等文学体裁。

托波尔是捷克诗人、作家、音乐家和新闻记者，他在 20 世纪 90 年代上半叶放弃了诗歌创作，随后主要致力于散文创作。2017 年他凭借长篇小说《敏感的人》（Citlivý člověk）获得捷克国家文学奖。

卡胡达是受到存在主义影响的散文家和作家，他的代表作主要有短篇小说《快乐的贫穷》（Veselá bída）、《四月傍晚的技术》（Technologie dubnového večera）和长篇小说《潮流》（Proudy）。

## 二 戏剧与电影

### 1. 戏剧

捷克戏剧起源于 12 世纪中期，那时用拉丁语表演、反映《圣经》故事内容的宗教戏剧开始传播，最初在教堂进行演出。从 14 世纪起，捷克语和世俗的成分开始渗透进宗教戏剧。在胡斯运动期间，戏剧发展中断。16 世纪，人文主义思想渗透到捷克境内，戏剧有了新的发展。首先在查理大学演出，后来又传播到其他学校和人们中间，是关于《圣经》故事和历史题材的剧目。真正意义上的戏剧于巴洛克时期进入捷克，除了宗教戏剧和学校的戏剧，还形成了世俗戏剧。一些国外的戏剧团体来到捷克，它们用德语演出并开始面向市民，从而促成了最早一批剧院的诞生。戏剧主要在民间演出，以宗教戏剧为主，尤其是关于圣诞节和复活节的剧目，也有反映当时社会现实的剧目。与此同时，以歌剧为主的宫廷戏剧也取得发展。

18 世纪初，出现了最初的公共剧院。1733 年，在布尔诺建造了带有包厢的剧院大厅。从 1738 年起，用以演出话剧和歌剧的剧院在布拉格对外开放，但几乎没有捷克元素，演员用德语表演。

捷克现代戏剧的发展与民族复兴密切相关，民族复兴者意识到戏剧对唤醒捷克民族的重要意义，他们开始定期演出一些捷克语的剧目。1771 年，在布拉格德意志剧院用捷克语演出了德国滑稽剧《国王洪兹克》（Kníže Honzík）。1785 年，第一次在斯塔沃夫斯剧院用捷克语演出了戏剧《逃离儿子爱情的人》（Odběhlec z lásky synovské）。1786 年，在此演出了第一部由捷克人自己创作的历史剧《布切蒂斯拉夫和伊特卡》（Břetislav a Jitka）。同年，经国王约瑟夫二世批准，四位捷克爱国者在今天的瓦茨拉夫广场开放了著名的"小木屋"（Bouda）剧院，在这里用捷克语和德语进行演出。这一时期，著名的戏剧界人物是瓦茨拉夫·特哈马（Václav Tháma，1765 年至大约 1816 年），他根据捷克历史题材创作了一些戏剧作品。最初的流动性木偶剧团也出现在这一时期，主要在农村受欢迎。

19 世纪 20 年代，戏剧出现了新的繁荣景象。瓦茨拉夫·克利门特·克利茨贝拉（Václav Kliment Klicpera，1792～1859）是捷克第一位真正的戏剧家，他主要创作喜剧，作品具有独特的风格，代表作是《桥上的喜剧》（Veselohra na mostě）。克利茨贝拉的学生约瑟夫·卡耶坦·蒂尔（Josef Kajtán Tyl，1808～1856）是捷克第一位将戏剧演出与政治理念结合在一起的戏剧家，他编写了许多舞台剧，还从事戏剧翻译、导演和表演工作。他创作滑稽剧、童话剧和历史剧，著名滑稽剧《费德罗瓦契卡》（也译作《无怒之争》）（Fidlovačka）中的插曲《我的家乡在哪里》（Kde domov můj）在 1918 年捷克斯洛伐克共和国诞生时被定为国歌，他的最著名童话剧为《吹风笛手》（Strakonický dudák）。在蒂尔的倡导下，捷克民众自愿捐款兴建布拉格民族剧院。1883 年，民族剧院落成，它成为捷克戏剧生活的真正中心，造就了一批戏剧家和音乐家。19 世纪末，出现了现实主义剧作，最著名的作品是拉迪斯拉夫·斯特劳贝日涅茨基（Ladislav Stroupežnický，1850～1892）的《傲慢自负的人们》（Naši furianti）、卡布丽耶娃·布雷索娃（Gabriela Preissová，1862～1946）的《养女》（Její pastorkyňa）和《女仆管家》（Gazdina roba），它们分别由著名音乐家莱奥什·亚纳切克（Leoš Janáček）和博胡斯拉夫·弗奥斯特（Bohuslav Foestr）谱曲成歌剧。

20 世纪初，戏剧家雅罗斯拉夫·克瓦比尔（Jaroslav Kvapil，1868～1950）开始推行现代印象派和象征派的戏剧风格。他创作了象征派的童话剧《蒲公英公主》（Princezna pampeliška），并为德沃夏克的著名歌剧《水仙女》（Rusalka）创作了脚本。这一时期，戏剧的种类在话剧、歌剧、木偶剧的基础上增加了轻歌剧、芭蕾和滑稽歌舞节目等。

1918 年捷克斯洛伐克共和国成立后，戏剧取得显著发展。卡雷尔·恰佩克（Karel Čapek，1890～1938）和约瑟夫·恰佩克（Josef Čapek，1887～1945）兄弟俩在戏剧界成绩斐然，代表作有科幻剧《罗素姆万能机器人》（RUR）以及研究哲学问题的《昆虫的生活》（Ze života hmyzu）。在 30 年代，卡雷尔·恰佩克创作了著名反法西斯题材剧作《母亲》（Matka）和《白色瘟疫》（Bílá nemoc）。

在 20 世纪 20 年代，建立了一些先锋舞台，如解放剧院（Osobozené divadlo）和 D34 剧院。解放剧院的主要领导者是演员兼剧作家伊日·沃斯科维茨（Jiří Voskovec，1905～1981）和扬·威里赫（Jan Werich，1905～1980），起初的戏剧演出有轻歌舞剧特色，从 30 年代起演变为反映现实题材的政治讽刺剧，抨击法西斯主义。D34 剧院由布里昂（E. F. Burian，1904～1959）创建，他尤其擅长将民间诗歌和民间戏剧改编成剧本，组织的朗诵团在国外有良好的声誉。

在第二次世界大战期间，捷克戏剧的一大特点是用隐含的象征主义手法向观众表达反法西斯的民族思想。1944 年 9 月 1 日，德国法西斯关闭了捷克所有的剧院。

战争结束后，捷克的戏剧生活得以恢复。1945 年 6 月，捷克所有的剧院实行了国有化。同时还涌现了不少新剧院。戏剧的发展受到社会主义现实主义的极大影响，大部分戏剧作品是反映捷克和苏联当代社会状况的剧目以及捷克和俄国的古典剧目。除了专业剧团的演出以外，一些业余小型剧团也相当活跃。50 年代末 60 年代初还涌现出大批先锋剧场，如栏杆剧场（Divadlo na zábradlí）、门外剧场（Za branou）、信号灯剧场

（Semafor）和布拉格话剧俱乐部（Činoherní klub v Praze）等。其中，栏杆剧场最为著名，它建于 1958 年，捷克前总统瓦茨拉夫·哈韦尔（Václav Havel, 1936~2011）就曾于 1960~1965 年在此担任过编剧。《花园聚会》（Záhradní slavnost）是哈韦尔创作的第二部剧作，1963 年在栏杆剧场演出，开创了捷克荒诞剧的新时代。他的其他剧作有《通知书》（Vyrozumění）、《集中的困难》（Ztížená možnost soustředění）、《阴谋家》（Spiklenci）、《接见》（Audience）和《巨大的荒芜》（Largo desolato）等。20 世纪 60 年代捷克戏剧界的另一位重要人物是奥多马尔·克雷伊奇（Otomar Krejča, 1921~2009），他在自己的剧场——"门外剧场"导演了众多出色的戏剧作品。剧作家兼演员伊日·什利特尔（Jiří Šlitr, 1924~1969）和伊日·苏赫（Jiří Suchý, 1931~）创办了信号灯剧场，他们开创了独特的诗歌主义戏剧，即将流行歌曲、滑稽音乐歌舞节目与诗歌结合起来的剧种。

在 20 世纪 70~80 年代，许多戏剧导演、演员和作家无法进行自由的创作和演出，他们组织了所谓的"家庭剧场"，有名望的演员与业余演员一起在自己家中为小范围的观众表演一些古典和现代剧目。

1989 年政局剧变后，捷克逐渐开始了剧院私有化进程。由于一些小型剧院的财产关系不清晰，经常出现争议，加之人们的生活普遍朝着消费娱乐和工作的方向转变，剧院的观众很少。

20 世纪 90 年代，随着一些知名的剧作家进入政界，如瓦茨拉夫·哈韦尔担任总统、米兰·乌赫德（Milan Uhde, 1936~）先后担任文化部部长和议长，以及剧作家约瑟夫·托波尔（Josef Topol, 1935~2015）停止了戏剧创作，捷克戏剧界需要新的血液，同时也开始寻求新的表达方式。至 20 世纪 90 年代末期，捷克的戏剧业得到复苏，由流行歌手担任主角的音乐作品引起了观众极大的兴趣。后现代主义也影响了捷克的戏剧，强调观点多元化。

捷克当代戏剧主要反映四个方面的主题。一是对过去的反思。帕维尔·科胡特（Pavel Kohout, 1928~）创作的戏剧《胜利的二月》（Vítězný únor, 2016 年首次公演）回顾了 1948 年捷克斯洛伐克共产党全面接管政权的"二月事件"。米兰·乌赫德在结束政治生涯后于 1998 年重返戏剧界，他的剧作《黑屋里的奇迹》（Zázrak v červném domě, 2007 年首次公演）通过家庭聚会展示每个家庭成员对社会主义时期的态度。剧作家、导演米罗斯拉夫·巴姆布谢克（Miroslav Bambušek, 1975～）的剧作《宗徒门》（Porta Apostolorum, 2005 年首次公演）涉及第二次世界大战结束后驱逐苏台德德意志人的历史事件。著名作家卡特日娜·图奇科娃（Kateřina Tučková, 1980～）成功地将她的小说《驱逐格蒂·斯尼奇》（Vyhnání Gerty Schnirch）改编成戏剧（2014 年首次公演），也对驱逐德意志人那段历史进行了反思。二是分析和评价当前的社会现实。剧作家、导演和演员米哈尔·哈巴（Michal Hába, 1986～）的剧作《费尔迪南德》（Ferdinande, 2017 年首次公演）探讨了知识分子在社会公共空间中的作用。剧作家兼编剧彼得·科勒奇科（Petr Kolečko, 1984～）的剧作《扑克脸》（Pokerface, 2013 年首次公演）表达了对 1989 年"天鹅绒革命"后希望幻灭的情绪，同时相信"更好的时代"即将到来。作家雅罗斯拉夫·鲁迪什（Jaroslav Rudiš, 1972～）根据自己的同名小说改编的剧作《民族大街》（Národní třída, 2012 年首次公演）描述了参加 1989 年"天鹅绒革命"的主人公在新自由主义时代沦为失败者，并最终导致仇外世界观和暴力性格的故事。三是探讨女性在当代捷克社会中的地位。诗人兼剧作家卡特日娜·鲁德仟科娃（Kateřina Rudčenková, 1976～）在其剧作《樱桃烟的时代》（Čas třešňového dýmu, 2007 年首次公演）揭示了女性在社会中承受的压力以及与男性之间不平等的地位。伊娃·克勒斯蒂洛娃（Iva Klestilová, 1964～）的剧作《米那赫》（Minach, 2002 年首次公演）和伦卡·拉格若诺娃（Lenka Lagronová, 1963～）的剧作《如同剃刀/涅姆佐娃》（Jako břitva/Němcová, 2016 年首次公演）也体现了女性的视角和女权主义思想。四是探究捷克认同和民族性。大卫·扎布兰斯基（David Zábranský, 1977～）在 2018 年捷克斯洛伐克共和国成立 100 周年之际创作了戏剧《保守主义者》（konzervativec），审视了历史事件对个人生活的影响，并从哲学角度讨论了时间和无穷性。

　　捷克戏剧奖项有"塔利亚奖"和"阿尔弗雷德·拉多克奖"。

戏剧研究所是捷克境内唯一一个研究、记录、保存和提供戏剧信息的机构，它提供广泛的服务（图书馆、数目、文献、视频、互联网门户和数据库），发起和参与国际项目，开展科研、收藏和展览活动，出版专业戏剧文学作品。该研究所拥有欧洲最大的戏剧图书馆之一，2007 年增加了艺术学院部分，同时改名成为艺术学院戏剧研究所。

2. 电影

捷克电影的创始人是导演和摄影师扬·克希日内茨基（Jan Kříženecký，1868～1921），从 1898 年起他一直在拍摄简短纪录片，是无声电影。布拉格第一家固定电影院在 1907 年建立，此前电影院是游牧帐篷的形式。1926 年，根据雅罗斯拉夫·哈谢克的长篇小说《好兵帅克》改编的无声电影取得有史以来最大成功。

1930 年，捷克第一部有声电影《通卡绞刑架》（Tonka Šibenice）首映。同年，由卡雷尔·拉马奇（Karel Lamač）导演的一部电影——《战地元帅》（C. k. polní maršálek）被译成德语和法语版本。1931 年，在布拉格建成了技术设施先进的巴兰道夫电影制片厂，每年制作影片达到 34 部，它至今仍属于欧洲最好的制片厂之一。1934 年，电影《狂热》（Extáze）在威尼斯电影节获奖。

在第二次世界大战期间，捷克电影主要是根据古典文学作品改编而成，引起观众很大反响的是 1940 年根据聂姆佐娃的小说《外祖母》（Babička）改编的电影和自传体电影《这是捷克乐师》（To byl český muzikant）。后者隐含反法西斯思想，创下票房最高纪录。

1945 年，捷克斯洛伐克的电影业实现了国有化，巴兰道夫电影制片厂成为欧洲三大电影制作中心之一。1946 年，在布拉格成立了隶属表演艺术科学院的电影电视学院，培养了许多国内外导演，是欧洲最古老的电影学校之一。《汽笛》（Síréna）堪称二战后拍摄的众多电影中的佳作，于 1947 年在威尼斯国际电影节上获奖。1947 年，捷克拍摄了第一部彩色电影《来自杜巴的扬·洛哈奇》（Jan Roháč z Dubé）。1948 年"二月事件"后，捷克一些电影人移民国外，导演弗兰季谢克·恰普（František Čáp，1913～1972）成为南斯拉夫电影业的创始人之一。在 20 世纪 40 年代末和

50 年代，捷克电影的代表作有阿尔弗雷德·拉多克（Alfred Radok）导演的《遥远的路》（Daleká cesta），马丁·弗里奇（Martin Frič）导演的影片《皇帝的面包师和面包师的皇帝》（Císařův pekaře pekařův císař），博日沃伊·泽曼（Bořivoj Zeman）导演的童话电影《骄傲的公主》（Pyšná princezna）和《从前有一个国王》（Byl jednou jeden král）。

60 年代，捷克的新一代电影人成长起来，他们的创作被称作"新浪潮"。年轻导演拍摄的电影充满了幽默和粗俗的俚语，主人公是当代生活中的普通人物。著名导演有米洛什·福尔曼（Miloš Forman，1932 ~ 2018）、维拉·赫蒂洛娃（Věra Chytilová，1928 ~ 2014）、伊万·帕塞尔（Ivan Passer，1933 ~ 2020）、伊日·门泽尔（Jiří Menzel，1938 ~ ）等。这一时期出现的优秀电影作品有福尔曼的《竞争》（Konkurs）、《黑彼得》（Černý Petr）、《金发女郎的爱情》（Lásky jedné plavovlasky）和《起火了，我的洋娃娃》（Hoří, má panenko），赫蒂洛娃的《关于别的东西》（O něč em jiném）和《雏菊》（Sedmikrásky），帕塞尔的《隐秘的光线》（Intimní osvětlení），门泽尔的《严密监视的列车》（Ostře sledované vlaky）和《变化无常的夏天》（Rozmarné léto）。《严密监视的列车》于 1968 年获得奥斯卡最佳外语片奖。

1968 年"布拉格之春"被武力终止后，一些"新浪潮"的代表人物流亡到国外，如米洛什·福尔曼，他后来在美国继续从事电影业并取得成功，1975 年和 1984 年两次获得奥斯卡最佳导演奖。留在国内的赫蒂洛娃和门泽尔等人的一些电影被查禁，直至 1989 年剧变后才与观众见面。

在 20 世纪 70 ~ 80 年代的电影中，比较著名的是门泽尔导演的《革新时代》（Postřižiny）、《雪莲花祭》（Slavnosti sněženek）、《我可爱的小村庄》（Vesničko má středisková）以及赫蒂洛娃的《禁果游戏》（Hra o jablko）。影片《我可爱的小村庄》在 1985 年获得奥斯卡最佳外语片奖提名。

在 1989 年政局剧变后的最初几年里，捷克电影业逐渐私有化。巴兰道夫电影制片厂成为私人公司，员工从 2500 名减少到 450 名。国家对电影业的控制和投资都取消了，每年制作的电影作品数量大大减少，从原来的 50 部减少到 15 ~ 16 部，在电影院放映的多为进口片。第一部由私人电影公司制作的电影是 1991 年拍摄的《坦克营》（Tankový prapor）。随着国家审查制度完全取消，电影制片人必须应对市场经济环境，在电影中开始使用某些产品，已达到广告宣传的目的。2002 年出现了第一部用摄像机拍摄的电影《来自上面的爱情》（Láska shora）。

20 世纪 90 年代，由扬·斯维拉克（Jan Svěrák）导演、其父亲兹德涅克·斯维拉克（Zdeněk Svěrák）主演的两部电影在国际上引起反响：《普通小学》（Obecná škola）和《给我一个爸》（Kolja）。《普通小学》于 1991 年获得奥斯卡最佳外语片奖提名，《给我一个爸》获得奥斯卡奖和金球奖最佳外语片奖。

进入 21 世纪，捷克又有两部电影获奥斯卡最佳外语片奖提名。由扬·赫谢贝伊克（Jan Hřebejka）导演、彼得·雅尔霍夫斯基（Petr Jarchovský）编剧的电影《我们必须能对付》（Musíme si pomáhat），讲述的是第二次世界大战期间德国占领捷克时期一个家庭隐藏犹太难民的英雄事迹。2000 年它获得五项捷克狮奖，并且是五个奥斯卡最佳外语片提名者之一。2003 年，由翁德谢伊·特洛扬（Ondřej Trojan）导演、安娜·格伊斯勒洛娃（Anna Geislerová）主演、巴兰道夫电影制片厂制作的电影《日拉瑞》（Želary），获得奥斯卡最佳外语片奖提名。

在 21 世纪初，扬·斯维拉克在国际制作方面停滞不前，但来自捷克－英国移民家庭的作家、动画师扬·皮卡瓦（Jan Pinkava，1963～ ）为捷克的电影业带来了一些希望。皮卡瓦在著名的皮克斯电影制片厂执导短片《格日的比赛》，他参与撰写了《料理鼠王》的故事并担任该片联合导演，这两部动画片均获得奥斯卡奖。

伊万·扎哈里阿什（Ivan Zachariáš，1971～ ）因担任卡罗维发利国际电影节歌曲导演而闻名，他还录制了非常有趣的音乐小品穆利特（Mulit）。马丁·克雷伊奇（Martin Krejčí，1977～ ）是著名的广告导演，他制作了一些引人关注的短片。

2019 年，在布拉格表演艺术学院就读的学生达里娅·卡什切耶娃（Daria Kaščejeva）制作的动画短片《女儿》（Dcera）不仅获得学生奥斯卡奖，而且获得成人奥斯卡奖提名，还在捷克国内外 50 多个电影节上获得成功。

造型艺术家诺拉·索普科娃（Nora Sopková，1976～　）在 2020 年美国奥斯卡颁奖典礼上和英国学院奖上凭借电影《兔子呦呦》（Kralík Jojo）被提名为最佳布景设计。这部电影由美国、新西兰和捷克合作拍摄，但大部分在捷克拍摄，这反映出 1989 年后捷克电影业典型的发展趋势，即外国电影人大量使用捷克的内景和外景。

卡罗维发利国际电影节是捷克最大的电影节，是世界上最古老的电影节之一，而且是中东欧地区最负盛名的电影节。每年七月初在卡罗维发利举行电影节，上映来自世界各地 180 多部电影和几十部短片。

## 三　音乐与舞蹈

### 1. 音乐

自古以来，音乐在捷克人的生活中占有非常重要的地位。最古老的音乐与宗教歌曲联系在一起。历史最悠久的宗教歌曲是 11 世纪时的《上帝啊，怜悯我们吧》（Pane, smiluj se nad námi），它具有古斯拉夫语的特点，人们在教堂、集会、君主加冕以及大战役前演唱它，直至胡斯运动都起着国歌的作用。12 世纪时产生了另一首重要的宗教歌曲《圣瓦茨拉夫，捷克国家的大公》（Svatý Václave, vévodo české země），它被用作捷克贵族的战歌。

13 世纪，在德意志骑士艺术的影响下，世俗音乐开始得到发展，尤其是在宫廷。14 世纪下半叶，出现了一种新的音乐体裁——讽刺歌曲。

在胡斯运动时期，宗教歌曲再次发挥了重要作用。绝大部分歌曲被收集在《伊斯特布尼斯基圣歌集》（Jistebnický kancionál）里，其中著名的歌曲有胡斯军队的战歌《上帝的战士》（Ktož sú boží bojovníci）和号召布拉格市民起来反抗齐克蒙德国王的《起来，起来，伟大的城市布拉格》（Povstaň, povstaň, veliké město pražské）。

胡斯运动之后，胡斯运动成员和兄弟会成员继承和发展了宗教音乐的传统。1561 年出版的《夏莫杜尔斯基圣歌集》（Šamotúlský kancionál）是兄弟会最著名的歌集，它包括 744 首宗教歌曲。其主编扬·博胡斯拉夫

（Jan Bohualav，1523～1571）还于 1558～1569 年出版了捷克第一部音乐理论著作《音乐》（Musica）。

15 世纪下半叶，在市民阶层出现了业余演唱团体，他们开始进行多声部的演唱，主要在举行宗教仪式时演唱。16 世纪，克里什多夫·哈兰特（Kryštof Harant z Polžic a Bezdružic，1564～1621）的世俗音乐创作达到欧洲水平，他还组建了当时捷克最大的城堡乐队。

捷克音乐在巴洛克时期兴盛起来，一些音乐家不仅在国内进行创作活动，还经常去国外施展音乐才能，当时流行一句俗语："每一个捷克人都是乐师。"一些世界著名的音乐家也来到捷克从事音乐创作。捷克早期巴洛克音乐的代表人物是管风琴演奏家、作曲家和诗人阿达姆·米赫纳（Adam Michna z Otradovic，1600～1676），他继承了宗教音乐的传统，撰写了两部音乐创作集：《捷克玛利亚音乐》（Česká mariánská muzika）和《圣年音乐》（Svatoroční muzika）。

17 世纪末 18 世纪初，捷克有两位音乐家在国外闻名遐迩：博胡斯拉夫·马杰伊·切尔诺霍尔斯基（Bohuslav Matěj Černohorský，1684～1742）和扬·迪斯曼·泽伦卡（Jan Disman Zelenka，1679～1745）。切尔诺霍尔斯基是管风琴演奏家、作曲家，他在意大利从事音乐活动，他的作曲深受当地人的喜爱。泽伦卡常年居住在萨尔逊，但他最优秀的作品是在布拉格创作的，如歌唱剧《在和平橄榄和勇敢棕榈的下面》（Pod olivou míru a palmou statečnosti）。

18 世纪，在布拉格和奥洛莫乌茨等地出现了一些音乐活动中心，为歌剧进入捷克的音乐文化生活做出了贡献。在这里除了演出严肃歌剧外，还有喜歌剧。歌剧由意大利的艺术家来表演，或者至少是用意大利语来演唱。弗兰蒂谢克·瓦茨拉夫·米恰（František Václav Míča，1694～1744）为第一部用捷克语演唱的歌剧谱曲，于 1730 年首演。一些捷克音乐家流亡到国外，取得引人注目的成绩。伊日·安东尼·本达（Jiří Antonín Benda，1722～1795）在柏林创作了大量的交响乐且是情景歌唱剧的开创人之一；扬·瓦茨拉夫·斯达米茨（Jan Václav Stamic，1717～1757）是所谓的"曼海姆乐派"的创始人，并且是最初的现代交响乐作品创作者；

约瑟夫·米斯里维切克（Josef Mysliveček，1737～1781）旅居意大利，他创作了许多清唱剧、歌剧和交响乐，得到莫扎特的赞赏。

在巴洛克鼎盛时期，捷克的乡村开始兴起根据圣诞题材创作的乐曲，最著名的弥撒曲是《盛大的圣诞弥撒》（Missa solemnis festis Nativitatis），至今属于圣诞节时的传统保留曲目。

民族复兴时期，捷克音乐家致力于创作民族音乐。第一位重要民族作曲家是弗兰季谢克·什克劳普（František Škroup，1801～1862），他创作了捷克第一部真正的歌剧《编织工》（Dráteník），于1826年首次公演。该歌剧取得巨大成功，在捷克和波兰的一些城市演出。什克劳普还是国歌《我的家乡在哪里》的曲作者。

19世纪，捷克乐坛出现了三位伟大的浪漫乐派作曲家：贝德里赫·斯美塔那（Bedřich Smetana，1824～1884）、安东·德沃夏克（Antonín Dvořák，1841～1904）和兹德涅克·费比赫（Zdeněk Fibich，1850～1900）。音乐天才斯美塔那是捷克民族音乐的奠基人，其作品闻名世界各地。他担任过瑞典歌德堡交响乐团的经理，曾在德国、荷兰等地深造音乐，1862年返回祖国时已是一位素质全面的钢琴家、指挥家和作曲家。他开办了音乐学校，指挥著名乐队，从事音乐评论工作。他因创作捷克民族歌剧而声名远扬，他共创作了8部歌剧：《被出卖的新嫁娘》（Prodaná nevěsta）、《吻》（Hubička）、《秘密》（Tajemství）、《两个寡妇》（Dvě vdovy）、《达里波尔》（Dalibor）、《丽布舍》（Libuše）、《鬼墙》（Čertova stěna）和《在波希米亚的勃兰登堡人》（Braniboři v Čechách）。其中，于1866年首演的《被出卖的新嫁娘》知名度最高；《丽布舍》是为了1881年布拉格民族剧院的揭幕式而创作的神话歌剧，后成为"布拉格之春"音乐节上的保留节目，它反映了捷克人对祖先和传统的热爱。1874～1880年，斯美塔那创作了不朽的交响诗组曲《我的祖国》（Má vlast），分为六个乐章，歌颂祖国的往昔与未来，如今"布拉格之春"音乐节以这组交响诗作为开场。斯美塔那的四重奏《我的生活》（Z mého života）以及他的《波尔卡舞曲》（Polky）也很出名，他被誉为新捷克音乐之父。

德沃夏克是继斯美塔那之后又一位享有世界盛誉的音乐家，他起初以

**捷克**

一组《斯拉夫舞曲》（Slovanské tance）获得成功，后来又创作了一些歌剧，最著名的是《水仙女》（Rusalka）、《魔鬼和卡恰》（Čert a Káča）和《雅各宾》（Jakobín）。他还创作了九首交响乐，代表作是《第九"自新世界"交响曲》。其他作品有 12 首四重奏等。

费比赫的创作领域广泛，他创作了著名歌剧《莎尔卡》（Šárka）、交响诗《托曼和森林女仙》（Toman a lesní panna）和清唱剧《慷慨日》（Štědrý den）、《花的复仇》（Pomsta květin）等，其他作品有钢琴曲和交响曲等。

19 世纪末 20 世纪初，音乐家莱奥什·亚纳切克（Leoš Janáček，1854～1928）和约瑟夫·博胡斯拉夫·弗奥斯特（Josef Bohuslav Foerster，1859～1951）在将民族音乐过渡到现代音乐的过程中发挥了重要作用。亚纳切克充分汲取摩拉维亚地区传统民间音乐财富并用于创作中。他驰名于世的作品是歌剧《养女》（Její pastorkyňa）、《卡佳·卡巴诺娃》（Kát'a Kabanová）和《比斯特劳什卡狐狸的命运》（Příhody Lišky Bystroušky）以及管弦乐曲《小交响曲》（Symfonietta）。他谱写的钢琴曲、歌曲和室内乐风格独特，具有大胆创新的特点。弗奥斯特在宗教题材的音乐创作方面颇有建树，他创作的弥撒曲和神剧很出名。他一生创作了 5 首交响曲、6 部组曲、4 首交响诗和 6 部歌剧，《艾娃》（Eva）是其歌剧代表作。此外，他还是歌曲、合唱曲和颂歌的创作大师。

约瑟夫·苏克（Josef Suk，1874～1935）和维杰斯拉夫·诺瓦克（Vítěslav Novák，1870～1949）是音乐印象主义的代表人物。苏克不仅是作曲家，还是小提琴演奏家。他创作了交响曲《布拉卡》（Praga）和《夏天的童话》（Pohádka léta）等，《小夜曲》（Serenáda Es-dur）和进行曲《新生活》（V nový život）流传很广，著名的作品还有钢琴曲、室内乐和合唱曲。诺瓦克对大量的斯拉夫民歌进行了风格独特的改编，他创作钢琴曲、交响诗、颂歌、哑剧、合唱曲和歌剧，著名的歌剧有《查理堡》（Kareštejn）、《兹维科夫的鬼怪》（Zvíkovský rarašek）和《童话般的路灯》（Pohádková lucerna）等。

第一次世界大战之后，在捷克乐坛上主要活跃着这些作曲家：博胡斯

278

拉夫·马迪努（Bohuslav Martinů，1890～1959）、雅罗斯拉夫·耶日克（Jaroslav Ježek，1906～1942）、阿洛伊斯·哈巴（Alois Hába，1893～1973）和雅罗斯拉夫·克日奇卡（Jaroslav Křička，1882～1969）。马迪努是欧洲著名的作曲家，他是苏克的学生，曾在法国、美国和瑞士生活过，在国外获得很多奖项。他创作了大量作品，如歌剧《关于玛利亚的游戏》（Hra o Marii）、《希腊的耶稣受难曲》（Řecké pašije）和《朱丽塔》（Julietta），以及芭蕾舞曲和交响乐。他的颂歌《打开泉眼》（Otvírání studánek）在捷克非常受欢迎。耶日克的创作受爵士乐的影响很大，作品有戏剧音乐、钢琴曲和室内乐。哈巴创造了音程小于半拍的音律，除了从事音乐理论的研究，他也创作歌剧、管弦乐和室内乐。克日奇卡创作的儿童音乐取得很大成功。

在德国法西斯占领捷克期间（1939～1945年），捷克的民族音乐进入繁荣期，原因是与其他艺术类别相比，音乐受到的审查最少。著名的作品有拉迪斯拉夫·维茨巴尔卡（Ladislav Vycpálek，1882～1969）于1940年创作的《捷克安魂曲》（České requiem）、扬·哈努什（Jan Hanuš，1915～2004）创作的颂歌《祖国在说》（Země mluví）和歌剧《火焰》（Plameny）、鲁道夫·卡雷尔（Rudolf Karel，1880～1945）创作的歌剧童话《三毛爷爷无所不知》（Tři zlaté vlasy děda Vševěda）。

二战后，主要有两位作曲家继承了捷克古典音乐的传统，他们是伊尔雅·胡尔尼克（Ilja Hurník，1922～2013）和彼得·爱本（Petr Eben，1929～2007）。胡尔尼克创作了芭蕾舞曲《奥德拉什》（Ondráš）、歌剧《夫人与强盗》（Dáma a lupič）和其他许多儿童音乐作品。爱本在创作合唱曲、组歌和管风琴乐曲方面表现突出。

除了作曲家之外，捷克的指挥家、音乐会艺术家和艺术团体在国际上也获得了成功。世界著名的指挥家有拉斐尔·库贝里克（Rafael Kubelík，1914～1996）、卡雷尔·安切尔（Karel Ančerl，1908～1973）、瓦茨拉夫·内乌曼（Václav Neuman，1920～1995）、伊日·贝洛拉维克（Jiří Bělohlávek，1946～2017）和利波尔·贝谢克（Libor Pešek，1931～）等。库贝里克担任过捷克爱乐乐团的指挥，后来成为芝加哥交响乐团和伦敦科文特花园皇家歌剧院的负责人。后三位是捷克爱乐乐团的指挥，在国外积极宣传捷克现代音乐。驰名世界的音乐演奏家有小提琴演奏家约瑟夫·苏克、羽管键琴演奏家苏珊娜·茹日奇科娃（Zuzana Růžičková，1927～2017）、钢琴演奏家约瑟夫·巴勒尼切克（Josef Páleníček，1914～1990）和鲁道夫·费古什尼（Rudolf Firkušný，1912～1995）。出色的歌唱家是纽约大都会歌剧院的独唱家雅尔米拉·诺沃特娜（Jarmila Novotná，1907～1995）。

捷克爱乐乐团（Česká Filharmonie）成立于1894年，捷克顶级的指挥家相继在此任职，此外还有许多来自其他国家的指挥家担任常任指挥。捷克其他重要的音乐团体有一些室内乐队，如苏克三重奏乐队（Sukovo trio），它成立于1951年，由钢琴、小提琴和大提琴组成；斯美塔那四重奏乐队（Smetanovo krvareto），它于1945年作为捷克爱乐乐团的室内乐队成立；布尔诺的亚纳切克四重奏乐队（Janáčkovo kvarteto）；成立于1835年的卡罗维发利交响乐团（Karlovarský symfonický orchestr），是捷克历史最悠久的乐团，也是欧洲最老的乐团之一。

捷克知名度最高、规模最大的音乐节是"布拉格之春"（Pražské jaro），它是以古典音乐演出为主的国际性音乐节，享誉欧洲乃至全世界。1946年，在时任总统爱德华·贝奈斯的赞助下创办，那一年正值捷克爱乐乐团成立50周年。"布拉格之春"于每年5月12日开幕，这一天是伟大音乐家斯美塔那逝世之日，他的交响组诗《我的祖国》是开场曲目，6月5日音乐节闭幕时以贝多芬的《第九交响曲》作为结束曲目。50多年来，许多世界一流的指挥家、歌唱家和演奏家应邀参加"布拉格之春"音乐节的演出，它是全世界音乐家、乐评人和乐迷向往的音乐盛会。

捷克最著名的流行音乐男演唱家是卡雷尔·戈特（Karel Gott，1939～2019），女演唱家为露茨叶·比拉（Lucie Bílá，1966～）。

2. 舞蹈

布拉格民族剧院的芭蕾舞团从1883年成立至今一直是捷克最著名的芭蕾舞团体。第二次世界大战后，萨夏·马霍夫（Saša Machov，1903～1951）成为杰出的芭蕾舞蹈编导，他编导的最负盛名的芭蕾舞剧目是

《春天交响曲》（Jarní symfonie）、《罗密欧与朱丽叶》（Romeo a Julie）和《灰姑娘》（Popelka）等。米罗斯拉夫·库拉（Miroslav Kůra，1924 ~ ）也是该团著名的芭蕾舞编导兼表演者，他 1971 年编导的《罗密欧与朱丽叶》成为经久不衰的作品，同时也是民族剧院有史以来最成功的作品，在将近 20 年的时间内被重演 200 多场。1992 年，库拉因其创作活动和成功的编舞获得美国著名的马奎斯出版社颁发的荣誉奖。他也是捷克芭蕾舞历史上最著名的舞者之一。

波尔卡（polka）是 1830 年左右出现于捷克民间的一种快速二拍子舞蹈，19 世纪中叶风行全欧。以男女对舞为主，基本动作由两个踏步和一个跳踏步组成。大致分为急速、徐缓和玛祖卡节奏等三种类型。一般为二拍子，三部曲式，舞曲步子小，半步半步地跳，很欢快。

## 四 美术与雕塑

### 1. 美术

捷克的绘画艺术历史悠久，经历了不同风格的发展时期。罗马式的绘画作品分为图书绘画和壁画两种。捷克最古老的图书绘画作品是公元 10 世纪时的彩绘书稿《关于圣瓦茨拉夫的传说》（Gumpoldovy legendy o sv. Václavovi），绘画风格属于德国撒克逊流派。另一部突出的图书绘画作品是 11 世纪末出现的插图丰富的《维谢格拉德法典》（Kodex vyšehradský），它虽然也继承了德国绘画风格，但已具有本土特色，属于捷克最重要图书纪念物之一，也被视为全欧洲的经典之作。罗马式壁画中最重要的作品是 1134 年建造的兹诺伊莫城堡内的圣卡特琳娜圆顶教堂的装饰，描绘了普热米斯尔统治家族的发展。另一代表作是布拉格城堡内圣伊日教堂的壁画，具有拜占庭—意大利风格。

14 世纪初，哥特式风格进入捷克图书绘画领域。最古老的哥特式图书绘画是一些赞美诗集，融合了英格兰风格和意大利风格。《维利斯拉夫圣经》（Velislavovy bible）是哥特式绘画的经典之作。捷克最古老的哥特式木版画出自 14 世纪下半叶，南捷克州维谢布罗德的西斯特修道院内 9 幅反映耶稣受难情景的木版画最精彩。在查理四世统治时期（1346 ~

1378），最著名的美术家是宫廷画家米古拉什·乌尔姆塞尔（Mikuláš Wurmuser）和特奥多里克大师（Mistr Theodorik），后者装饰了查理堡的圣十字小礼拜堂。这里是欧洲最大的哥特式肖像画廊，陈列着1367年左右特奥多里克大师完成的129幅画作。

在瓦茨拉夫四世统治时期（1378～1419），宗教思想不断深入，这体现在捷克最伟大的哥特式画家特热博尼圣坛大师的作品里，他为特热博尼的伊尔伊教堂的神龛创作了精美绝伦的木版画。他的作品融合了自然主义与唯灵主义，可与同时代的意大利艺术作品相媲美。1400年前后，木版画的创作开始追求美的形式，出现了大批圣母画像，捷克的创作水平达到欧洲顶点。

利托姆涅日采圣坛大师是捷克伟大的文艺复兴式木版画和壁画的创作者，他创作了捷克第一幅文艺复兴式肖像画以及圣维特大教堂内圣瓦茨拉夫小礼拜堂的壁画。在16世纪下半叶，在建筑物的室内墙上出现了水彩壁画，在贵族的城堡里出现了整个家族肖像画廊。

卡雷尔·什克雷达（Karel Škréta，1610～1674）是捷克巴洛克式美术的奠基者，他创作了许多反映当时社会现实和人物肖像的油画，并致力于布拉格一些教堂的大幅神龛画创作，如圣托马什教堂、圣米古拉什教堂、圣什杰凡教堂和蒂恩教堂前面的圣玛利亚教堂等。他的作品被认为是捷克17世纪巴洛克绘画的优秀代表作。其他巴洛克式著名画家有彼得·布兰德尔（Petr Brandel，1668～1735）、瓦茨拉夫·瓦夫希内茨·雷内尔（Václav Vavřinec Reiner，1689～1743）、米哈尔·瓦茨拉夫·哈尔巴克斯（Michal václav Halbax，1661～1711）。布兰德尔创作神龛画、肖像画和圣徒头像画。雷内尔的特长是水彩壁画，他的作品装饰了许多宫殿、教堂、小礼拜堂和其他建筑物，这种浓郁的装饰特点为19世纪的捷克壁画家所继承，并形成了民族的优良传统。哈尔巴克斯的作品以鲜明的光线对比而著称。

捷克唯一比较著名的洛可可式画家是诺贝尔特·格伦德（Norbert Grund，1717～1767），他在微缩画、风景画和风俗画的创作方面有突出表现。

随着民族复兴时期的到来，捷克的绘画艺术得到进一步发展。1800

年，布拉格美术学院成立，其宗旨是复兴美术，促使一代画家成长起来。他们是主要从事宗教题材绘画和肖像画创作的弗兰季谢克·特卡德里克（František Tkadlík，1786～1840）、从事历史题材绘画和肖像画创作的安东尼·马赫克（Antonín Machek，1755～1844）、捷克风景画奠基人安托宁·马内斯（Antonín Mánes，1784～1843）和创作浪漫风景画和现实风俗画的约瑟夫·纳乌拉蒂尔（Josef Navrátil，1798～1865）。

19世纪，捷克第一位真正伟大的民族画家是约瑟夫·马内斯（Josef Mánes，1820～1874），他涉足美术的各个领域，从壁画到书籍的插图。他的作品歌颂捷克人民的生活和独特的文化，在形式和风格上继承和发展了民族绘画传统，赢得了人民的尊敬和爱戴。19世纪中期，新一代现实主义美术家涌现出来，他们努力与西方国家的艺术保持联系。代表人物主要有创作民族历史画而闻名的雅罗斯拉夫·切尔马克（Jaroslav Čermák，1830～1878）和擅长现实主义肖像画及静物画的卡雷尔·布尔基涅（Karel Purkyně，1834～1868）。19世纪末，不同创作风格和流派的画家致力于民族剧院的内部装饰，形成了"民族剧院派"。最著名的画家是民族剧院大幕的美术创作者沃伊杰赫·希纳斯（Vojtěch Hynais，1854～1925）。

19、20世纪之交的捷克美术界受到法国现代绘画的影响，出现了各种艺术创作风格并存的局面。最初出现的是印象主义，它表现在风景画家安托宁·斯拉维切克（Antonín Slavíček，1870～1910）和安托宁·胡德切克（Antonín Hudeček，1872～1941）的作品中。接着是象征主义，它表现在扬·布雷斯勒尔（Jan Preissler，1872～1918）和著名图书绘画家约瑟夫·瓦哈尔（Josef Váchal，1884～1968）的作品中。画家阿尔冯斯·穆哈（Alfons Mucha，1860～1939）是直线主义的突出代表。他是捷克在国外最有声誉的画家之一，设计了捷克最早期的邮票。他于1928年完成了大型组画"斯拉夫长篇史诗"的创作，共由20幅画组成，其中10幅反映捷克历史，10幅反映其他斯拉夫民族的历史。表现主义画家成立了美术团体奥斯马（Osma），后来其成员转向立体主义。

第一次世界大战结束后，在捷克出现了形形色色的艺术团体，它们延续了战前多元化发展的趋势。弗兰蒂谢克·库普卡（František Kupka，1871～1957）从立体主义发展到纯粹的抽象绘画。1934年，"布拉格超现实主义小组"成立，主要成员有英特希赫·什迪尔斯基（Jindřich Štýrský，1899～1942）和玛利亚·切尔米诺娃·多伊恩（Marie Čermínová Toyen，1902～1980），他们是摹拟主义的创作者。在法国长期居住的画家是约瑟夫·希马（Josef Šíma，1891～1971），他是一名成绩斐然的肖像画家和风景画家。这一时期还出现了两位民俗画家：创作了大量插图和自由绘画的约瑟夫·拉达（Josef Lada，1887～1957）和肖像画家、插图画家和版画家马克斯·什瓦宾斯基（Max Švabinský，1873～1962）。拉达至今是世界上最著名的捷克画家之一，什瓦宾斯基为圣维特大教堂创作了彩色玻璃画"神的赐予"和"最后的审判"，堪称艺术精品。

第二次世界大战结束后，反映现实生活、反对战争和歌颂人民的题材明显增多。随着全国美术家协会的成立和自1951年起定期举办全国美术展览，美术进一步发展和繁荣起来。全国各地相继建造了许多重要的纪念性建筑物和纪念碑，为此，壁画、浮雕、镶嵌等纪念碑式的美术蓬勃发展，出现了许多优秀作品和美术家。现实主义流派的代表是扬·斯拉维切克（Jan Slavíček，1900～1970），他主要描绘布拉格的美妙风景。继承超现实主义创作风格并取得最大声誉的画家是伊日·科拉希（Jiří Kolář，1914～2002）和米古拉什·美德克（Mikuláš Medek，1926～1974），他们两位又同时都是诗人。继承和发展民间传统的画家是在彩色玻璃画、插图和舞台美术设计方面取得显著成绩的卡雷尔·斯沃林斯基（Karel Svolinský，1896～1986）。在超现实主义和存在主义的影响下出现了新的流派——爆炸主义，它的先驱者是画家弗拉蒂米尔·鲍德尼克（Vladimir Boudník，1924～1968）。弗兰蒂谢克·基赫（František Tichý，1896～1965）的作品主要描绘都市生活，如马戏团、剧院和咖啡馆等。受到流行艺术影响最大的画家是卡亚·萨乌德克（Kája Saudek，1935～2015）、伊日·巴尔查（Jiří Balcar，1929～1968）和米兰·克尼扎克（Milan Knížák，1940～）。

2. 雕塑

捷克的雕塑艺术如同绘画艺术源远流长，经历了不同风格的发展时期。
1925 年发现的"韦斯多尼策维纳斯"塑像，用陶土烧制而成，距今约有
25000 年的历史。1943 年发现了源自公元前 2 世纪、用蛋白土雕刻而成的一
个贵族、英雄或神的头颅，属于凯尔特时期最重要的雕塑作品之一。

雕塑创作的发展与建筑紧密相连，雕塑既用于室内装饰，也用于点缀
教会和世俗建筑物的外部，大部分雕塑作品刻画的是圣徒。捷克罗马式雕
塑的顶峰之作是库特纳山旁边圣雅古贝教堂内的砂岩雕塑。从 14 世纪中
期起，出现了大批刻画圣母玛利亚与怀抱中的耶稣的雕塑作品，以及各种
体现耶稣殉难的雕塑作品。用于雕塑的原料除了木头之外，还有石头和金
属。1374～1385 年创作而成、陈放在圣维特大教堂的 21 座人物半身像是
捷克哥特式雕塑作品的代表，同时也是欧洲中世纪经典之作，作品刻画了
查理四世家庭成员、有高级教会头衔的人物和圣维特大教堂的两名主要建
筑师：马迪阿什·阿拉苏和彼得·巴尔雷什。英特希赫·巴尔雷日（Jindř
ich Parléř）是圣维特大教堂内手持长矛和盾牌的圣瓦茨拉夫塑像和查理四
世半身雕像的作者。

巴洛克早期的杰出雕塑家是扬·伊日·本德尔（Jan Jiří Bendel，大约
1620～1680），他的作品有蒂恩教堂和圣伊格纳茨教堂的雕像。巴洛克鼎盛
时期的著名雕塑家是费尔南德·马克米利安·布洛科夫（Ferdinand Maxmilián
Brokoff，1688～1731）和马迪阿什·贝尔纳德·布朗（Matyáš Bernard Braun，
1688～1731）。布洛科夫塑造了查理大桥上的一些雕像、布拉格城堡广场上的
玛利亚柱子以及圣哈韦尔教堂的耶稣殉难像。布朗也创作了查理大桥上的雕
像，最负盛名的作品是在东捷克库克斯的讽喻性雕像"美与丑"。

19 世纪初值得一提的雕塑家有古典风格的瓦茨拉夫·布拉赫内尔
（Václav Prachner，1784～1832），他创作了名为"伏尔塔瓦河"的塑像和
一系列宏伟的墓碑。捷克现实主义雕塑艺术的先驱是约瑟夫·米斯尔贝克
（Josef Myslbek，1848～1922），民族剧院的装饰雕像是他的作品，耸立在
布拉格瓦茨拉夫广场上的圣瓦茨拉夫纪念雕像也是他的不朽之作。他还为
捷克诗人马哈和音乐家斯美塔那创作了栩栩如生的雕像。

矗立于布拉格老城广场的胡斯大师纪念雕像是拉基斯拉夫·沙娄（Ladislav Šaloun, 1870~1941）的象征主义作品。最伟大的象征主义雕塑家是弗兰季谢克·比雷克（František Bílek, 1872~1941），他为自己的朋友——象征主义诗人奥塔卡尔·布谢兹纳的墓碑创作了群雕"创作者和他的痛苦"。比雷克的其他代表作有扬·布拉霍斯拉夫的纪念雕像、群雕"考门斯基与祖国告别"和"盲人"等。

在两次世界大战期间，扬·什图尔塞（Jan Štursa, 1880~1925）继承了米斯尔贝克的创作风格，创作了许多捷克名人的纪念雕像，如捷克斯洛伐克总统马萨里克、作家伊拉塞克和涅姆措娃、音乐家斯美塔那和亚纳切克、教育家考门斯基的雕像。什图尔塞是捷克现代雕塑艺术的奠基人之一。其他出色的雕塑家有博胡米尔·卡夫卡（Bohumil Kafka, 1878~1942）、卡雷尔·德沃夏克（Karel Dvořák, 1893~1950）和奥塔卡尔·什巴涅尔（Otakar Španiel, 1881~1955）。博胡米尔·卡夫卡创作了一些雄伟的雕像，最著名的是在布拉格的扬·日希卡纪念碑，这是世界上最大的铜铸骑马雕像，它9米高，9.6米长和5米宽，重量达16.5吨。卡雷尔·德沃夏克创作了查理大桥上的群雕"西里尔和美多德"，什巴涅尔是世界闻名的奖章雕刻家。

第二次世界大战结束后，现实主义创作手法在雕塑领域占有主导地位，最著名的雕塑家有卡雷尔·博科尔尼（Karel Pokorný, 1891~1962）、温岑茨·马科夫斯基（Vincenc Makovský, 1900~1966）和卡雷尔·利迪茨基（Karel Lidický, 1900~1976）。博科尔尼创作了查理堡的查理四世雕像、布拉格伊拉塞克广场上的阿洛伊斯·伊拉塞克雕像和布拉格民族纪念碑，马科夫斯基创作了位于乌赫尔赫拉吉什捷的考门斯基纪念碑，利迪茨基创作了布拉格查理堡的胡斯雕像。艾娃·克门多娃（Eva Kmentová, 1928~1980）则致力于抽象主义风格的雕塑。

20世纪70~80年代，一种名为新现实主义的艺术风格产生。从20世纪80年代末起，美术团体"顽固"（Tvrdohlaví）的成员伊日·戴维（Jiří David, 1956~）、彼得·尼克尔（Petr Nikl, 1960~）和雅罗斯拉夫·若纳（Jaroslav Róna, 1957~）有了不俗的表现。

五 文化设施

1. 图书馆

捷克拥有欧洲最密集的公共图书馆网络，国家图书馆位于网络的中心，位于布拉格老城区的克雷门蒂努姆（Klementinum）。克雷门蒂努姆原先是耶稣会神学院所在地，在布拉格它是仅次于布拉格城堡的第二大建筑群。国家图书馆是捷克最大的图书馆，同时也是捷克最古老的图书馆之一，斯拉夫图书馆是它的组成部分。国家图书馆主要面向大学和科研机构的读者，藏书丰富，2018 年有藏书 735.8 万册。根据相关法律，它是捷克图书馆系统的中心，从事协调、专业、信息、教育、分析、研究、标准化、方法论和咨询活动。另一个重要的图书馆是布拉格市立图书馆，向儿童和成人开放，有 41 个分支机构和 3 个巴士图书馆，藏书高达 233.4 万册。

2. 博物馆

国家博物馆：位于布拉格瓦茨拉夫广场南侧，是捷克最大的综合性博物馆，它由历史博物馆、矿物陈列室、化石和标本陈列室等部分组成。藏品的种类丰富，数量庞大，尤其是矿石和化石。

国家历史博物馆：在布拉格城堡北端的罗布科维茨宫殿（Lobkovicky palac）内，通过展示绘画、雕塑、文件、珠宝和武器来介绍捷克的历史。

工艺美术博物馆：展览 16~19 世纪欧洲和捷克的手工艺品，其中，捷克与意大利的玻璃制品最引人入胜。其他的展品有陶器、染织物、金饰和家具等。

国家技术博物馆：建于 1908 年，面积 6110 平方米，藏品 53000 多件。用模型展示飞机、火车、船舶、汽车、自行车等交通工具发展史，并展览照相、映像技术。

军事博物馆：位于斯瓦曾贝克宫，展览军服、武器等军用物品。

警察博物馆：展示警察的发展历史、活动内容、装备以及警察与科学技术的关系。

城市交通博物馆：展示布拉格从 1886 年至今的城市交通历史。

波希米亚玻璃博物馆：展示波希米亚玻璃发展历史及其玻璃制作工艺。

提线木偶博物馆：展示 17~20 世纪制作的提线木偶和木偶。

蜡像馆：展示关于捷克和世界名人的蜡像制品。

布拉格城博物馆：展示布拉格城的发展历史和布拉格市民的历史生活图景。

贝德里赫·斯美塔那博物馆：位于查理大桥旁，展示捷克伟大音乐家斯美塔那历史资料。

安东·德沃夏克博物馆：展示捷克著名音乐家德沃夏克曾使用过的乐器和家具。

纳普斯特克博物馆：展示亚洲、非洲和美洲文化。

3. 美术馆

欧洲艺术收藏馆：位于布拉格赫拉德纤尼广场旁什特尔贝尔斯基宫殿内，属于欧洲美术藏品最丰富的展览馆之一，展示欧洲 14~20 世纪一些杰出艺术家的优秀绘画作品，尤其是 19~20 世纪期间法国所有著名艺术家的绘画作品，还展示一些雕塑作品。

国家美术馆：位于布拉格老城广场，展示从 16 世纪至今的欧洲和捷克版画发展史。共有 150000 幅素描、水彩画和版画展品。

穆哈美术馆：展示捷克杰出画家阿尔冯斯·穆哈创作的石版画、写生画等。

古希腊罗马文化博物馆：位于特鲁特诺夫县，陈列着上百座仿制的雄伟的希腊和罗马雕像和群雕，它们的尺寸与原形完全一样，展现了从公元前 7 世纪末到公元 2 世纪时古希腊罗马雕塑艺术发展过程。

西捷克美术馆：位于比尔森，展示来自 91 个国家的 35000 幅儿童素描。

4. 剧院

民族剧院：矗立于伏尔塔瓦河河畔，是捷克人在民族复兴时期依靠人民自愿捐款而建成的，被誉为"哺育民族文化和精神的摇篮"。1883年，这座文艺复兴式的大剧院在经历了一次火灾后第二次建成，内部的雕刻和绘画出自捷克一批杰出的美术家之手，剧院的正门上方镌刻着"民族，为自己"的格言。1983 年，民族剧院在经历了 7 年修复之后建成了新的舞台。该剧院以上演捷克人自己创作的作品为特色，有歌剧、灯幻剧等。

国家歌剧院：位于布拉格火车站和国家博物馆之间，上演世界各国的歌剧、芭蕾作品。

斯塔沃夫斯基剧院：莫扎特曾在此初次上演《唐·璜》，1989 年经 6 年重建后重新开放，上演现代以及古典剧目。

国家木偶剧院：经常晚上 8 点开始上演木偶戏《唐·璜》。

1989~2019 年捷克文化设施的发展变化情况见表 7-1。

表 7-1　1989~2019 年捷克文化设施的发展变化

| | 1989 年 | 1990 年 | 1995 年 | 2019 年 |
|---|---|---|---|---|
| 剧院(个) | 67 | 47 | 89 | 205 |
| 运营中的常设舞台(个) | 67 | 75 | 96 | 178 |
| 戏剧团体(个) | 79 | 79 | 95 | 215 |
| 戏剧团体在国家剧院的演出场次(场) | 15834 | 19319 | 13814 | 13051 |
| 在国家剧院观看演出的观众(万人) | 629.1 | 583.4 | 430.5 | 344 |
| 戏剧团体在其他剧院的演出场次(场) | — | — | 4713 | 18232 |
| 在其他剧院观看演出的观众(万人) | — | — | 94.2 | 339 |
| 电影院(座) | 2025 | 1899 | 930 | 913 |
| 上映次数(万次) | 54.1 | 49.4 | 18.7 | 53.4 |
| 观众人数(万人) | 5145.3 | 3636.1 | 925.3 | 1832 |
| 对公众开放的图书馆(个) | 5751 | 5828 | 6169 | 5307 |
| 公共图书馆分支机构(个) | 2517 | 2380 | 1560 | 886 |
| 藏书(万册) | 3838 | 3853.5 | 4080.5 | 6384 |
| 注册读者(万人) | 170.8 | 156.1 | 127.7 | 137.6 |
| 音乐团体(个) | 16 | 16 | — | 68 |
| 音乐会(场) | 3328 | 3100 | — | 3219 |
| 动物园(个) | 12 | 12 | 15 | 16 |
| 博物馆和画廊(个) | 185 | 183 | 271 | 481 |
| 展览次数(次) | 3221 | 2649 | 2948 | 4072 |
| 参观人数(万人) | 1381.5 | 1089.9 | 891.4 | 1469.3 |
| 文物古迹(个) | — | 121 | 118 | 326 |
| 参观人数(万人) | — | 599.9 | 593.9 | 1489.6 |

资料来源：捷克统计局。

# 第四节　体育

## 一　体育发展概况

1862 年建立的雄鹰体协标志着捷克有组织体育活动的开始，它主要支持捷克农村地区开展文化活动和发展体育文化，它所属的体育馆很快成为乡镇的社会活动中心，人们在那里锻炼、唱歌、表演戏剧和放映电影。雄鹰体协举办团体操运动大会，在奥匈帝国时期展现了捷克民族渴望独立的心声。1882 年，在布拉格举办了第一届团体操运动大会。1938 年举办的是规模最大的一次，共有 50 多万名成员参加。

20 世纪初，从雄鹰体协分离出社会民主性质的"工人体育协会"和天主教倾向的体育组织"鹰"。1918 年以后，又组成了由共产党领导的"无产阶级体育联盟"。

1900 年，捷克运动员弗兰季谢克·扬达 - 苏克（František Janda-Suk）参加了在巴黎举行的第二届奥林匹克运动会，他在投掷铁饼比赛中获得银牌。1919 年 6 月，捷克斯洛伐克奥林匹克委员会成立，它一直存在至1993 年 3 月，此后改为捷克奥林匹克委员会。1924 年，在巴黎举行的第八届奥运会上体操运动员贝德希赫·舒普奇克（Bedřich Šupčík）为捷克斯洛伐克赢得了历史上第一枚奥运会金牌。在 1928 年阿姆斯特丹奥运会、在 1932 年洛杉矶奥运会和在 1936 年柏林奥运会上，捷克斯洛伐克运动员取得了一系列优异成绩，优势项目是体操、田径运动、重竞技运动、骑术和水上运动。

第二次世界大战结束后，国家对群众性体育活动进行重组和管理。每5 年组织一次的团体操会演继承了雄鹰体协团体操运动大会这一传统，分为县、州和全国三个级别。1955 年举行了第一届团体操会演。

在社会主义时期，捷克斯洛伐克运动员在国际赛事中屡创佳绩。在1952 年赫尔辛基奥运会上获得 7 枚金牌，居第 9 位。在 1968 年法国格勒诺贝尔冬奥会上获得 4 块奖牌，其中 1 枚跳台滑雪金牌、2 枚银牌和 1 枚铜牌。最著名的运动员是赛跑运动员艾米尔·扎多贝克（Emil Zátopek）和体操运动员维拉·恰斯拉夫斯卡（Věra Čáslavská）。扎多贝克 3 次获得欧洲冠军，19 次打破世界纪录，51 次打破捷克斯洛伐克纪录。1948 年，在伦敦奥运会上他成为 10 公里赛跑冠军得主。1952 年，在赫尔辛基奥运会上他一人夺得 5 公里、10 公里和马拉松赛跑三枚金牌。体操运动员恰斯拉夫斯卡是在奥运会上表现最出色的捷克斯洛伐克运动员，她共获得 7 枚奥运会金牌和 4 枚银牌。此外，她还获得 4 次世界冠军、11 次欧洲冠军。1968 年，她被授予世界最佳女运动员称号，她是捷克斯洛伐克第一位获此殊荣的女性。其他取得优异成绩的运动员有竞走运动员约瑟夫·多洛日尔（Josef Doležal）、体操运动员爱娃·博萨科娃（Eva Bosáková）、标枪运动员达娜·扎多贝科娃和皮划艇运动员约瑟夫·霍雷切克（Josef Holeček）等。多洛日尔在 1952~1955 年打破世界纪录和欧洲纪录 10 次。博萨科娃在 1960 年奥运会上获得平衡木冠军，她还获得奥运会 2 枚银牌和 1 枚铜牌，3 次获得世界冠军。扎多贝科娃在 1952 年奥运会上获得冠军，此后两次获得欧洲冠军。霍雷切克在 1948 年和 1952 年奥运会上两次获得金牌。

在 1989 年政局剧变后，捷克运动员在众多国际比赛中战绩显赫。标枪运动员扬·日雷兹尼（Jan Železný）在 1992 年、1996 年和 2000 年奥运会上均获得金牌，在 1993 年、1995 年和 2001 年先后三次获得世界冠军，并多次成为世界纪录保持者。标枪运动员巴尔博拉·什波塔科娃（Barbora Špotáková）在 2008 年和 2012 年奥运会上获得金牌。标枪运动员维杰斯拉夫·维塞利（Vítězslav Veselý）在 2012 年奥运会上获得铜牌，但在 2013 年世界田径锦标赛上获得金牌。三级跳远运动员莎尔卡·卡什帕尔科娃（Šárka Kašpárková）在 1996 年奥运会上获得铜牌，在 1997 年世界田径锦标赛上获得金牌。赛跑运动员柳德米拉·佛尔曼诺娃（Ludmila Formanová）在 1999 年世界田径锦标赛上获得 800 米跑冠军。400 米障碍跑运动员苏珊娜·赫伊诺娃（Zuzana Hejnová）在 2012 年奥运会获得铜牌，在 2013 年和 2015 年世界田径锦标赛上获得金牌。十项全能运动员托马什·德沃夏克（Tomáš Dvořák）在 1997 年、1999 年和 2001 年世界田径锦标赛上三次获得金牌，是前世界纪录保持者。十项全能运动员罗曼·谢布尔勒（Roman Šebrle）在 2007 年世界田径锦标赛和 2004 年夏季奥运会上获得金牌。他是世界上第一个在十项全能比赛项目中突破 9000 分的运动员，2001 年 5 月在奥地利格齐斯以 9026 分创下世界纪录。皮划艇运动员马丁·多克托尔（Matin Doktor）在 1996 年奥运会上获得两枚金牌。皮划艇运动员什捷班卡·希尔格尔托娃（Štěpánka Hilgertová）在 1996 年和 2000 年奥运会上获得金牌。皮划艇运动员伊日·普尔斯卡维茨（Jiří Prskavec）在 2020 年奥运会上获得男子激流单人皮艇冠军。速滑运动员马丁娜·萨布利科娃（Martina Sáblíková）在 2010 年、2014 年和 2018 年冬季奥运会获得三枚金牌和两枚银牌，此外还获得多个世界冠军，是多项世界纪录的保持者。滑雪运动员马丁·考卡尔（Matin Koukal）在 2003 年世界古典滑雪锦标赛上获得 50 公里滑雪项目冠军，这是捷克在 1925 年、1927 年、1968 年、1970 年和 1987 年取得世界古典滑雪冠军后的又一次成功。滑雪运动员卡特日娜·内乌曼诺娃（Kateřina Neumannová）在 1998～2006 年的冬季奥运会上获得 1 金 4 银 1 铜的奖牌，在 2005 年和 2007 年世界古典滑雪锦标赛上获得 2 块 10 公里自由滑雪金牌。滑雪运动员埃斯特尔·雷德茨卡（Ester Ledecká）在 2018 年冬季奥运会上获得高山滑雪金牌和滑板滑雪冠军，成为奥林匹克历史上第一位在一次冬奥会上的两个比赛项目中获得金牌的运动员。在 2021 年东京举办的第 32 届夏季奥运会上，射击运动员伊日·利普塔克（Jiří Lipták）获得男子多项飞碟冠军。柔道运动员卢卡什·克尔帕雷克（Lukáš Krpálek）在男子 100 公斤以上级比赛中获得冠军。

二 体育项目

根据捷克体育联盟的统计，从运动队成员人数规模的角度看，捷克最受欢迎的体育项目是足球、网球、冰球、排球、地板球、高尔夫球、曲棍球、田径、篮球和滑雪；从公众关注的程度看，最受捷克人欢迎的体育项目是冰球、冬季两项、足球、滑雪、网球、地板球、篮球和排球。观看人数最多的体育赛事是奥运会上的冰球和世界冰球锦标赛，其他是欧洲足球锦标赛、欧洲冠军联赛和足球世界杯。

1. 足球

足球是最重要的全民性体育运动，非常普及，国内有一些颇有声誉的足球俱乐部。足球于 1926 年成为捷克斯洛伐克第一个进入电台直播的体育项目。国家足球队在 1919 年巴黎举办的奥林匹克足球联赛中获胜并在 1934 年意大利举行的世界杯比赛中进入决赛。在 1962 年世界杯比赛中，捷克斯洛伐克足球队再次获得银牌。捷克斯洛伐克足球队在 1964 年的奥运会上夺得银牌，在 1980 年的奥运会上夺得金牌。1976 年捷克斯洛伐克获得欧洲杯足球赛冠军，1980 年获得季军。1996 年捷克获得欧洲杯足球赛亚军，2004 年获得季军。

在第二次世界大战以前，布拉格 AC 斯巴达俱乐部和布拉格 SK 斯拉维亚俱乐部是欧洲最好的足球俱乐部之一。斯巴达俱乐部在 1927 年和 1935 年获得当时最负盛名的足球俱乐部比赛中欧杯冠军，斯拉维亚在 1938 年也获得该赛事冠军。在 20 世纪 50 年代组织欧洲杯比赛后，捷克斯洛伐克的足球俱乐部杜克拉布拉格、PVP、斯巴达、巴尼克奥斯特拉发、波希米亚人布拉格均进入半决赛。捷克独立后，斯拉维亚俱乐部在 1995/1996 年赛季进入半决赛。

约瑟夫·马索普斯特（Josef Masopust）在 1962 年和帕维尔·内德维德（Pavel Nedvěd）在 2003 年成为欧洲最佳足球运动员。奥尔德日赫·内耶德利（Oldřich Nejedlý）在 1934 年成为世界杯最佳射手，米兰·巴罗什（Milan Baroš）在 2004 年成为欧洲杯最佳射手。

2. 冰球

冰球运动在捷克的历史久远，早在 15 世纪后半期，人们就在捷克南部利用结冰的鱼塘进行比赛。1911 年，捷克的冰球队成为欧洲冠军，此后又多次赢得这一称号。1933 年，在布拉格兴建了第一个有人造冰面的体育馆，1933 年和 1938 年先后两次在这里举办了世界冰球比赛。捷克斯洛伐克的冰球队在 1947 年首次成为世界冠军，在 1949 年、1972 年、1976 年、1985 年又夺得世界冠军。捷克冰球队在 1998 年第 17 届冬奥会上摘取金牌，在 2005 年和 2010 年世界冰球锦标赛中获得冠军，在 2011 年世界冰球锦标赛中获得季军，在 2006 年冬季奥运会获得季军。

3. 网球

在20世纪70~80年代，捷克斯洛伐克的网球运动员开始在世界赛场上脱颖而出。网球运动员扬·科德什（Jan Kodeš）在1970年和1971年的法国网球公开赛上摘取单打桂冠，在1973年温布尔登网球公开赛上再次夺冠。网球运动员马丁娜·纳弗拉蒂洛娃（Martina Navrátilová）在1978年、1979年、1982年、1983年、1984年、1985年、1986年、1987年和1990年的温布尔登网球锦标赛上获得冠军，只是她代表的是美国队。在国内夺冠次数最多的女网球运动员是维拉·苏科娃-布日耶娃（Věra Suková-Pužejová），在1962年温布尔登网球公开赛上她获得亚军，跻身世界前五强。

在1993年捷克独立后，网球运动员在国际赛事上多次取得佳绩。佩特拉·科维托娃（Petra kvitová）在2011年和2014年温布尔登网球公开赛上两次夺冠。雅娜·诺沃特娜（Jana Novotná）在1993年和1997年温布尔登网球公开赛上获得亚军，在1998年赢得冠军。捷克男子网球队在2012年和2013年获得戴维斯杯冠军。捷克女子网球队在2011年、2012年、2014年、2015年和2016年联合会杯网球赛中夺冠。卡罗琳娜·普利什科娃（Karolína Plíšková）在2016年美国网球公开赛上进入女单决赛，在2017年7月至9月间，她是女子单打世界排名第一，是捷克第一位有此殊荣的女选手。在2021年东京举办的第32届夏季奥运会上，巴尔波拉·克雷伊奇科娃（Barbora Krejčíková）与卡特日娜·斯尼阿科娃（Kateřina Siniaková）一起成为奥运会女双冠军。在2021年法国网球公开赛上，克雷伊奇科娃赢得单打冠军，并与斯尼阿科娃一起赢得女双冠军。

4. 篮球

1946年，捷克斯洛伐克篮球运动员赢得欧洲篮球锦标赛冠军，在1947年、1951年、1955年、1959年、1967年和1985年六次获得欧洲亚军。在世界篮球锦标赛中，捷克斯洛伐克在1964年和1971年两次摘取银牌，在1957年、1959年和1975年三次赢得铜牌。在1993年独立后，捷克在2000年欧洲篮球锦标赛和2004年世界篮球锦标赛中获得冠军。在2005年欧洲女篮锦标赛中夺冠，在2010年世界女篮锦标赛中获得银牌。

在 2005/2006 年女篮欧洲联赛中捷克布尔诺 Gambrinus 俱乐部获胜，在
2014/2015 年男篮欧洲联赛中布拉格 ZVVZ USK 俱乐部获胜。女篮运动员
哈娜·霍拉科娃（Hana Horáková）于 2010 年被宣称为欧洲最佳篮球女运
动员。

在排球、手球、国际象棋、冬季两项、柔道、花样滑冰、公路自行
车、山地自行车、杂技滑雪、划船、划独木舟、射击、现代五项全能、运
动攀岩、滑板滑雪、经典滑雪、高山滑雪、滑雪越野赛、自行车越野赛、
轨道自行车、花样骑行、运动钓鱼和定向越野赛等体育项目中，捷克运动
员均有不俗的表现。

### 三 体育组织

#### 1. 捷克体育联盟

2013 年 4 月，捷克体育协会改名为捷克体育联盟，联合了全国性的
体育协会。捷克体育联盟还创办了高等体育专科学校。

捷克体育联盟联合了下列体育协会：捷克健美操协会、捷克杂技摇滚
协会、捷克美式足球协会、捷克田径运动协会、捷克棒球协会、捷克羽毛
球协会、捷克篮球联合会、捷克摩拉维亚台球协会、捷克雪橇和骨架专家
协会、捷克武术联盟、捷克拳击协会、捷克冰壶协会、捷克自行车运动协
会、捷克极限运动协会、捷克地板球协会、捷克足球协会、捷克高尔夫联
合会、捷克体操联合会、捷克手球协会、捷克摩拉维亚曲棍球协会、捷克
登山协会、捷克山区服务协会、捷克啦啦队协会、捷克游艇协会、捷克马
术联合会、捷克瑜伽协会、捷克柔道协会、捷克皮划艇协会、捷克旱冰鞋
协会、捷克伞兵协会、捷克花样滑冰协会、捷克健美与健身协会、捷克保
龄球联合会、捷克长曲棍球联盟、捷克冰球协会、捷克射箭协会、捷克滑
雪者协会、捷克迷你高尔夫协会、捷克现代体操协会、捷克现代五项协
会、捷克泰拳协会、全国手球协会、捷克定向越野运动协会、捷克滚球俱
乐部协会、捷克游泳运动协会、捷克曲棍球协会、捷克雪橇犬体育协会、
捷克无线电定向越野协会、捷克休闲运动协会、捷克橄榄球联盟、捷克速
滑协会、捷克摩拉维亚雪橇协会、捷克滑雪橇协会、捷克垒球协会、捷克

壁球协会、捷克乒乓球协会、捷克国际象棋协会、捷克击剑协会、捷克跆拳道协会、捷克网球协会、捷克铁人三项协会、捷克大学体育协会、捷克划船协会、捷克滑水协会、捷克水上驾驶协会、捷克水球协会、捷克排球协会、捷克举重协会、捷克摔跤协会、捷克残疾运动员联盟。

2. 捷克奥林匹克委员会

捷克奥林匹克委员会的宗旨是在捷克发展和传播奥林匹克精神，代表并保障捷克参与奥林匹克运动。它是捷克公民和体育协会、联合会、联盟和其他团体的共同后方。它最初成立于1899年，在1919年改名为捷克斯洛伐克奥林匹克委员会，1992年重新改名为捷克奥林匹克委员会。

从1934年起，委员会每年给体育界著名人物颁奖，以表彰他们在过去一年里取得的出色体育成绩。从2003年以来，委员会与各个州合作举办儿童和青少年奥林匹克运动会，以支持青少年体育运动。

全体会议是委员会的最高机构，由来自奥林匹克运动和非奥林匹克运动组织的代表组成，每年开会一次。执行委员会由25名成员组成，负责在全体会议中管理奥林匹克委员会的活动。具体是一位主席和五位副主席，捷克籍的国际奥林匹克委员会成员，捷克奥林匹克委员会七个部门的代表，运动员委员会的代表以及11名正式和准会员代表。

捷克奥林匹克委员会由三个部分组成：一是捷克奥林匹克人俱乐部，汇集了以前的奥林匹克人，支持当前的奥林匹克人；二是捷克公平竞赛俱乐部，宣传公平竞赛和诚实举止，并为具有这种精神的体育行为颁奖；三是捷克奥林匹克学院，与其他机构合作研究奥林匹克运动历史和其他方面，然后将奥林匹克的思想和价值融入社会。

3. 捷克足球协会和冰球协会

捷克最大的体育协会是足球协会和冰球协会。捷克足球协会是国际足球联合会和欧洲足球协会联盟的会员协会。它最早成立于1901年，2011年6月以前称为捷克摩拉维亚足球协会。自2016年起，最高级别的职业足球比赛由足球协会联盟管理。捷克足球协会拥有3500个注册的俱乐部，球员超过33万。

捷克冰球协会成立于1908年，是当时国际冰球联合会的创始成员之一。作为协会的最高机构——冰球协会大会，每两年召开一次会议，每四年选举一次。在两次会议之间，捷克冰球协会由一个十一人组成的执行委员会管理。监督理事会也是两次会议之间的常设机构。协会有各种专家委员会，如仲裁委员会、纪律处分委员会、调解委员会、裁判员委员会、守门员委员会、退伍军人委员会、青年委员会、女子冰球委员会、体育技术委员会、医学委员会、经济委员会、市场营销委员会、教练方法论委员会。捷克冰球协会汇集了约 10 万名注册运动员，全国有 81 个运动场可供协会使用。

### 四　体育设施和体育比赛

#### 1. 体育设施

布拉格斯特拉霍夫（Strahov）体育馆曾是世界上面积最大的体育馆，它建于 1926 年，面积为 46 万平方米，训练面积为 200 米 × 300 米，看台可容纳 22 万名观众，它当时用于全国性的团体操会演。其他具有历史意义的体育场有布拉格霍雷肖维策体育馆，什特瓦尼策的冰上运动场和网球场，在哈拉霍夫的切尔贾克（Čerťák）滑雪跳台。

最现代化的运动场馆包括布拉格的艾登（Eden）足球场和雷特纳（Letná）足球场，比尔森的什特伦措维（Štruncové sady）体育场，布拉格的 O2 竞技场多功能大厅，俄斯特拉发的俄斯特拉发尔（Ostravar）竞技场，卡罗维发利的 KV 竞技场，利贝雷茨的家庭信贷（Home Credit）竞技场，俄斯特拉发—维特科维采的市政体育场，布尔诺的马萨里克赛车场，耶什捷德山（Ještěd）的滑雪跳台等。

#### 2. 体育比赛

捷克定期举办的大型国际体育赛事包括布尔诺摩托车大奖赛、俄斯特拉发"金色田径运动鞋"比赛、布拉格国际马拉松比赛、帕尔杜比采马术比赛、布拉格网球公开赛、伊泽拉山 50 公里滑雪比赛、兹林巴鲁姆·拉利汽车比赛、帕尔杜比采摩托车比赛。世界杯比赛中的激流回旋和冬季两项比赛也定期在捷克举行。

在捷克国内比赛中，最受关注的定期比赛有第一捷克足球联赛、捷克冰球超级联赛和捷克篮球联赛。

自 1993 年独立以来，在捷克多次举办了国际体育赛事。1993 年和 1997 年举办了女子排球欧洲锦标赛，1993 年举行了花样滑冰世界锦标赛，1995 年举行了女子篮球欧洲锦标赛，1998 年举行了地板球世界锦标赛，1999 年和 2017 年举行了花样滑冰欧洲锦标赛，2001 年和 2011 年举行了男子排球欧洲锦标赛，2004 年和 2015 年举行了冰球世界锦标赛，2009 年举行了经典滑雪世界锦标赛，2010 年举行了女子篮球世界锦标赛，2013 年举行了冬季两项世界锦标赛，2013 年举行了欧洲超级杯决赛，2015 年举行了欧洲室内田径锦标赛。

## 第五节　新闻出版

捷克存在公共媒体系统，根据法律从公共资金中支付费用，政府和行政部门对它影响的可能性很小。公共媒体机构包括捷克电视台、捷克广播电台和捷克通讯社。

### 一　通讯社

在 1918 年 10 月 28 日捷克斯洛伐克共和国独立之日，成立了捷克斯洛伐克通讯社。在 1989 年以前，捷克斯洛伐克通讯社在全国各地设有分社，在国外有 40 多名常驻或流动记者，与 60 多个外国新闻机构保持固定联系。

1989 年政局剧变后，捷克斯洛伐克通讯社宣称是一个独立的、不属于任何政党或团体的通讯社。事实上，由于主要经费仍然依靠国家拨款，它的主要任务是宣传政府的方针政策和主要政党的路线和纲领，向国内外通讯社和报刊提供消息和新闻图片，收集世界各国对捷克斯洛伐克的反应，供执政当局决策时参考。

在 1993 年 1 月 1 日捷克共和国独立前夕，根据第 517/1992 号法律成立了捷克通讯社（Česká tisková kancelář，ČTK）。它是捷克国家新闻和信息机构，同时也是捷克斯洛伐克通讯社的后继组织，其任务是为观点的自由形成提供客观和全面的信息。国家不对通讯社的义务负责，通讯社也不对国家的义务负责。从 1996 年起，捷克通讯社不再获得国家和其他途径的财政补助，所有的开支依靠自身商业活动的收入来支付。捷克通讯社在政治上和经济上是独立的机构，独立于政党、意识形态、经济实体和金融团体之外。捷克通讯社在国内有 14 个分社，在三个国家设有外国记者。它还处理来自路透社、法新社、美联社、塔斯社、德新社、安莎社、埃菲社的新闻，并与世界上其他国家的通讯社合作。2020 年 7 月，捷克通讯社有 252 名员工，其中 184 名编辑人员（编辑、记者、摄影记者和摄影师等）。它的多媒体作品包括捷克语和英语的口头新闻、视频和音频新闻、信息图表和其他服务。捷克通讯社每天平均提供 700 条文字新闻、400 张照片、35 个录音和大约 200 个视频报道，它经营自己的新闻门户网站 CeskeNoviny. cz。

## 二　广播与电视

### 1. 广播

捷克广播电台（Český rozhlas）的历史始于 1923 年 5 月 18 日，这一天捷克斯洛伐克广播电台在布拉格揭开了定期广播的帷幕。从那时起，广播经历了戏剧性的变化：从实时广播到数字广播，从私有公司到独立的公共媒体（欧洲广播联盟的组成部分）。

捷克广播电台经营着 12 个全国性电台和 14 个地区性电台。全国性电台有新闻台（Radiožrnál）、二台（Dvojka）、伏尔塔瓦台（Vltava）、加号台（Plus）、体育新闻台（Radiožrnál Sport）、无线电波台（Radio Wave）、D 大调台（D-dur）、爵士乐台（Jazz）、青少年电台（Rádio Junior）、复古电台（Rádio Retro）、青少年电台—音乐（Rádio Junior-Písničky）和布拉格国际电台（Radio Prague International）。捷克广播电台还用六种世界语言向国外广播。不仅通过无线电波传播，而且通过网页和移动应用程序可以收听来自国内外的新闻、音乐和其他内容。

捷克广播电台还举办一些竞赛和联欢节。在春天举办国际广播制作节，为年轻音乐人组织国际竞赛"波希米亚协奏曲"和"普拉格协奏曲"。

在组织结构上，捷克广播电台还包括捷克广播交响乐团、儿童合唱团、迪斯曼儿童广播乐队、古斯塔夫·布罗姆广播大乐队和布尔诺民族乐器广播乐队。为了支持慈善项目，设立了捷克广播电台捐赠基金，其中最著名的项目是"萤火虫帮助盲人"。

根据第484/1991号法令，捷克广播电台理事会是行使公众监督捷克广播电台节目制作和传播权利的机构。理事会不是捷克广播电台组织结构的一部分。根据公民联合会、工会和运动的提议，议会众议院选出9名理事会成员。理事会选出捷克广播电台总经理，任期六年。2016年5月，设立了捷克广播电台监察专员，旨在加深听众与捷克广播电台这一公共服务媒体之间的对话，捍卫听众的合理诉求。

新闻台成立于1993年，取代了原先的捷克斯洛伐克广播电台，主要面向喜爱严肃新闻的听众。它每天24小时播放下列内容：最新的国内外新闻，包括政治、经济、文化、体育报道以及当前的交通、能源和天气信息；政治家、机构和企业领导人的真实表述；各抒己见的政论文章；有关经济、文化、体育、宗教生活、少数民族等方面的专题节目；焦点人物访谈；流行音乐。

二台是继承传统节目最好且内容最丰富多彩的电台，它面向各个年龄阶段的听众，节目由以下板块构成："早安"——音乐、天气预报、简明新闻等；"贵客临门"——介绍名人、慈善行为以及风景名胜地；"下午好"——报道各种活动、业余爱好、文化活动和世界现代科技；"晚间和周末广播"——提供游艺、文学作品联播、政论、戏剧和音乐等节目和儿童节目等。

伏尔塔瓦台面向爱好音乐、文学、艺术的听众，它的节目包括古典和爵士音乐、电台游戏以及阅读和文化节目等。

加号台成立于2013年，是分析新闻台，用口语广播新闻、评论、政论和科普等节目。布尔诺台是捷克历史最久远、规模最大且听众最多的地方台，它面向南摩拉瓦业州的听众，它每天从早晨5点到晚上7点半广播自己的节目，夜里广播捷克广播电台地方台的共同节目。

捷克布杰约维采台面向南捷克州的听众，它是唯一进行阅读连播的地方台，最受欢迎的节目是致力于管乐的"欢乐之歌"。

赫拉德茨－克拉洛韦台的历史始于 1945 年，为克拉洛韦－赫拉德茨州的听众服务，主要播放新闻、评论、音乐和旅游节目。

奥洛莫乌茨台是文化和信息媒体，每天 24 小时、每周七天向奥洛莫乌茨州的听众广播，以新闻和时评节目为主，也大量广播语言和音乐作品。

俄斯特拉发台是摩拉维亚－西里西亚州的地方台，重点广播地方新闻、评论和娱乐节目，后者以介绍当地名人和捷克音乐为主。

卡罗维发利台是卡罗维发利州的地方台，2018 年 11 月 1 日开始独立广播，以新闻类节目为主。该台原先与比尔森台连接在一起，独立后依然与比尔森台共享很大一部分节目。

比尔森台的信号覆盖了捷克西部地区，主要广播比尔森州和卡罗维发利州的地方性事件，以及各种音乐和语言类节目。在南捷克州、中捷克州和北捷克州也能收听该台的节目。

利贝雷茨台是利贝雷茨州的地方台，2016 年 11 月开始独立广播，以新闻、音乐、政论和访谈节目为主。

帕尔杜比采台是帕尔杜比采州的地方台，从 2002 年 12 月开始独立广播。该台技术设备先进，它的音乐节目很出名。

区域台是面向布拉格和中捷克州听众的地方台，主要广播新闻、娱乐、音乐和评论节目，也播出一些针对少数民族和社会少数人的节目。

北方台是乌斯季州的地方台，重点广播地方信息、访谈节目、比赛、少数民族关注的问题、流行音乐和旅游节目。

维索奇纳台是维索奇纳州的地方台，其节目重心是关于该州的新闻和评论、娱乐以及音乐。

兹林台是兹林州的地方台，成立于 2017 年，主要广播关于兹林州的新闻和评论节目，也会广播一部分来自布尔诺台的节目。

捷克最成功的公共广播电台是新闻台和二台，听众最多的私人广播电台是脉冲台（Impuls）、欧洲 2 台（Evropa 2）和频率 1 台（Frekvence 1）。

2. 电视

在捷克电视市场上占主导地位的三家电视台是公共电视台捷克电视台

(Česká televize)，私人电视台诺瓦台（TV Nova）和私人电视台"真棒"台（Prima），它们的整体收视率达到 80% 左右。巴兰多夫电视台（TV Barrandov）与上述电视三巨头的竞争最为激烈。

捷克电视台于 1992 年 1 月 1 日作为法人成立，它起初为捷克和斯洛伐克联邦共和国框架内的捷克共和国播出节目，也为捷克斯洛伐克联邦频道 F1 制作节目。随着 1993 年 1 月 1 日捷克共和国的独立，各个电视频道被改名为捷克电视台 1 频道、捷克电视台 2 频道和捷克电视台 3 频道。1994 年 2 月，捷克电视台 3 频道被取消。捷克电视台 1 频道播放电视连续剧、电影、评论、新闻和娱乐节目。捷克电视台 2 频道面向要求较高的观众，播放纪录片和电影（主要来自英国广播公司知识频道）、系列节目、儿童节目和体育转播等。2005 年 5 月，捷克电视台 24 频道开始播放，它每天 24 小时播放新闻和评论。2006 年 2 月，捷克电视台 4 频道作为体育频道开播。2013 年 8 月，开设了儿童和教育频道以及艺术频道。在 2020 年 3 月，由于新冠肺炎疫情蔓延，捷克电视台 3 频道临时开播，主要面向已退休的观众，播放捷克电视台档案中的节目以及专题杂志。

捷克电视台理事会由 15 人组成，由议会众议院选举和罢免，任期 6 年，每两年改选 1/3 成员。原则是成员代表了重要的地方、政治、社会和文化观点流派。理事会的主要职责是：①任命和罢免捷克电视台台长；②批准捷克电视台的预算和决算，并监督预算执行情况；③根据台长的提议批准《捷克电视台章程》；④向众议院提交《捷克电视台法典》；⑤决定关于对台长的投诉；⑥监督电视播放领域中公共服务任务的执行情况，以及对《捷克电视台法典》原则的遵守情况；⑦批准节目、技术和经济的长期计划；⑧向众议院提交关于捷克电视台活动的年度报告。

诺瓦台是捷克的一家商业电视台，也是捷克第一家覆盖全国的私人电视台。1993 年获得开播许可证，1994 年 2 月开始播出节目。诺瓦台有诺瓦、诺瓦影院、诺瓦行动、诺瓦 2、诺瓦金、诺瓦体育 1、诺瓦体育 2 和诺瓦国际等频道。多年来，诺瓦台一直是最受欢迎的电视台，它播出的主要新闻节目收视率最高。

1994 年，"真棒"台成为继诺瓦台以后第二家覆盖全国的私人电视台。"真棒"台每天 24 小时播出节目,它给捷克电视广播带来了一些新的元素:一是开始播放年代较远的捷克斯洛伐克电视连续剧,二是定期在节目中使用自己制作的特色作品,三是率先以经典格式播出真人秀节目。

巴兰多夫电视台于 2009 年 1 月开播,2012 年被著名电视主持人雅罗米尔·斯奥库普(Jaromír Soukup)控制的媒体公司和出版社 Empresa Media 收购。从 2011 年起,该台的每天平均收视率一直稳定在 5% 以上。

2019 年,公共电视台共播放 44262 小时,新闻、时评、记录性和教育节目占 39.6%,文化节目占 27.8%,体育节目占 18.5%,广告节目占 0.7%,其他节目占 13.3%;私人电视台共播放 1431268 小时,新闻、时评、记录性和教育节目占 36.2%,文化节目占 37.6%,体育节目占 6.2%,广告节目占 12.3%,其他节目占 7.6%。

## 三 报纸与图书期刊

捷克的新闻出版业在 1989 年政局剧变后有了很大的变化和发展。首先,一些原有的刊物消失了,出现了一些新的刊物,还有一些刊物改变了名称和内容。其次,新闻出版业基本实现了私有化。再次,报纸、杂志和图书的种类快速增长。1989 年,发行报纸和杂志 772 种,图书 3767 种。2019 年,发行报纸和杂志 5467 种,图书 17330 种。最后,刊物内容呈多样化趋势。

### 1. 报纸

捷克最受读者欢迎的报纸有以下几种:《闪电报》(Blesk),1992 年首发,自 2002 年起一直是捷克最畅销和阅读最广泛的全国性日报,主要介绍来自世界各地和捷克的最新新闻、趣事和引起轰动的事件;《今日青年阵线报》(Mladá Fronta—Dnes),1990 年开始发行,它继承了剧变前的《青年阵线报》,除了周日以外每天发行,以新闻和时事评论文章为主,分为国内、世界、经济、文化、观点和体育等栏目;《权利报》(Právo),1991 年发行,至 1995 年称为《红色权利报》(Rudé Právo),继承了剧变前捷克斯洛伐克共产党的党报名称,内容实际上是左翼和社会民主倾向的报纸;《我懂了报》(Aha!),2004 年开始发行,2006 年 3 月以前是周报,后来改为日报，是捷克阅读量第二大报纸；《日报》（Deník），是地方报纸，2006年9月统一为一个品牌，包括互联网域名 Denik.cz，介绍来自世界、国内、区域、州和读者居住地附近的新闻。每个地方的报纸要根据发行地所在地区的名称加以区分；《人民报》（Lidové noviny），创刊于1893年，是中右翼和自由保守主义政治倾向的日报，从一开始就关注国外政治和文化，是捷克第一个发表政治讽刺漫画的报纸。捷克还有其他一些报纸，如《经济报》（Hospodářské noviny），重点介绍国内外政治和经济新闻、市场情况；《市场和媒体报》（Marketing a Media），介绍媒体新闻、市场信息、重要研究和广告等；《英国信报》（Britské listy），专门从事比较捷克与国外思想差异的报纸；《捷克报》（Česke noviny），反映公民民主党的观点；《哈罗报》（Halo），反映捷克和摩拉维亚共产党的观点；《劳动报》（Práce）反映工会的观点。此外，在捷克还有外文报纸，如《中欧商业日报》（Central Europe Business Journal，英文报）、《今日捷克》（Czekhiya Sevodnya，俄文报）等。发行量最大的免费报纸是《地铁报》（Metro）。

2. 杂志

捷克最畅销的新闻杂志是《主题》（Téma）、《反思》（Reflex）、《一周》（Týden）、《花卉》（Květy）和《尊重》（Respekt）。最畅销的社会杂志是《生活节奏》（Rytmus života）、《周日闪电》（Nedělní Blesk）、《缤纷世界》（Pestrý svět）和《七号》（Sedmička）。最受欢迎的儿童杂志是《太阳》（Sluníčko）、《ABC》和《百里香》（Mateřídouška）。

3. 图书

2019年，捷克发行文艺小说6079种，儿童图书2716种，教材1035种。

2018年，已注册的出版商为7225个，其中活跃的出版商2058个。根据出版书的数量，2018年捷克最大的私人图书出版商是：Albatros Media, Praha, 出版了1505种书；Euromedia Group, Praha, 出版了775种书；Moravská Bastei-MOBA, Brno, 出版了373种书；Václav Svojtka & Co., Praha, 出版了316种书；Grada Publishing, Praha, 出版了296种书。

捷克人喜爱阅读图书，据调查，每10个捷克成年人中就有7人每月阅读一本书，这一比例在世界上名列第二（仅低于新西兰）。图书出版业的繁荣使捷克人可以广泛阅读国内外的经典名著和最新作品，以及剧变前被查禁的书籍，但给捷克社会带来另一个问题，即欠缺文学价值的庸俗作品在图书市场上泛滥成灾。

4. 网站

捷克国家机关和新闻机构几乎都有网站，详见表 7 - 2。

表 7 - 2　捷克主要国家机关和新闻机构网址

| 机构名称 | 网址 |
| --- | --- |
| 总统府 | http：//www. hrad. cz/ |
| 议会参议院 | http：//senat. cz/ |
| 议会众议院 | http：//www. psp. cz/ |
| 政府 | http：//www. vlada. cz/ |
| 外交部 | http：//www. mzv. cz |
| 工贸部 | http：//www. mpo. cz/ |
| 财政部 | http：//www. mfer. cz/ |
| 司法部 | http：//www. justice. cz/ |
| 交通和通信部 | http：//www. mdcr. cz/ |
| 国防部 | http：//www. army. cz |
| 劳动和社会事务部 | http：//www. mpsv. cz/ |
| 教育、青年和体育部 | http：//www. msmt. cz/ |
| 内务部 | http：//www. mvcr. cz/ |
| 卫生部 | http：//www. mzcr. cz/ |
| 环境部 | http：//www. env. cz/ |
| 捷克统计局 | http：//www. czso. cz/ |
| 捷克通讯社 | http：//www. ctk. cz/ |
| 捷克电台 | https：//www. czech. radio/ |
| 《议会报》 | https：//www. parlamentnilisty. cz/ |
| 《闪电报》 | http：//www. blesk. cz/ |
| 《经济报》 | http：//www. ihned. cz/ |
| 《权利报》 | http：//www. pravo. cz/ |
| 《今日青年阵线报》 | http：//www. mfdnes. cz/ |
| 《人民报》 | http：//www. lidovky. cz/ |

**捷克**

续表

| 机构名称 | 网址 |
|---|---|
| 《今日报》 | http://www.idnes.cz/ |
| 《新闻报》 | http://www.novinky.cz/ |
| 《看不见的狗报》 | http://www.neviditelnypes.lidovky.cz/ |

　　捷克互联网由搜索引擎 Seznam.cz 主导。最大的新闻站点是 iDNES.cz 和 Novinky.cz。最受欢迎的文化网站是捷克斯洛伐克电影资料库。捷克维基百科站点成立于 2002 年，就条目数量上看，是历史上最大的捷克百科全书。

# 第八章

# 外　交

## 第一节　捷克独立后的外交政策倾向

1993 年 1 月 1 日捷克共和国成为独立的主权国家后，外交政策的基本优先方向是加入欧盟和北约，重视加强与邻国的关系和中欧地区合作，重点发展与西方国家的关系，积极与其他地区的国家开展经贸合作。捷克外交政策的主旨是维护国家的利益，努力在国际法、国家主权、政治独立、领土完整和互惠互利的基础上开展对外关系。构建外交政策的三大支柱是：欧洲一体化、跨大西洋合作、与邻国开展跨境合作。

1. 致力于加入欧盟和北约并积极发挥成员国的作用

捷克独立后不久就很快启动了融入欧洲一体化的进程。1993 年 10 月 4 日，捷克与欧共体签订了联系国协定（1995 年 2 月 1 日生效），它为捷克与欧盟的关系奠定了法律基础。1996 年 1 月，捷克递交了入盟申请。1998 年 3 月，捷克开始同欧盟进行入盟谈判。2003 年 6 月，捷克就入盟问题进行全民公决，结果以 55.21% 的投票率和 77.33% 的赞同率通过。2004 年 5 月 1 日，捷克正式成为欧盟成员国，实现了"回归欧洲"的外交政策目标。自此，捷克的外交政策开始"欧洲化"，努力在内部机制和外部关系方面融入欧盟，积极参与欧盟事务的决策。2007 年 12 月，捷克加入申根协定。2009 年上半年，捷克担任欧盟轮值主席国，启动了"东部伙伴关系计划"、推动了欧盟的金融改革、为能源供应多样化做出了贡献。在欧元区债务危机爆发后，捷克对采用欧元持犹疑观望态度，至今没有确定加入欧元区的具体日期。

捷克视北约为国家的安全保障,努力发展同北约的军事和政治关系。1994 年 3 月,捷克同北约建立和平伙伴关系计划,1999 年 3 月,捷克正式加入北约。此后,捷克积极加入"共同防御"体系,谋求在北约新战略中发挥作用,拥护北约进一步扩大。

2. 重点加强与邻国的关系

捷克注重发展与最大的邻国德国的关系。德国是捷克最大的贸易伙伴和重要投资国之一。捷克努力消除二战时期历史遗留问题对两国关系的影响,把发展与德国的关系置于北约和欧盟框架内,力求全方位加强两国关系,尤其是跨边境合作。

捷克重视与斯洛伐克之间的特殊友好关系。在捷克斯洛伐克解体后两国一度疏远,但从 1998 年下半年起两国关系不断升温。捷克积极支持斯洛伐克加入北约和欧盟,在斯洛伐克加盟入约后又努力推动两国在政治、经济、文化和军事等各个领域的合作。

在融入欧洲一体化进程及欧洲和跨大西洋结构的过程中,捷克与波兰互相协调立场。在欧盟和北约框架内,两国在政治、经济、文化和军事等领域的合作不断加强。

捷克在加强与奥地利的贸易关系的同时,重视向奥地利学习入盟经验,并积极与奥地利开展跨边境合作。

3. 重视中欧地区合作

捷克是维谢格拉德集团、中欧倡议、斯拉夫科夫三边合作和三海倡议等地区合作组织和平台的成员。在 20 世纪 90 年代末,捷克倡议重新启动一度沉寂的维谢格拉德集团合作进程,推动成员国开展各个层次的合作。在 2004 年四个成员国成功会合于欧盟后,捷克支持维谢格拉德集团将在欧盟内寻求共同利益作为新的合作目标。

捷克将中欧倡议组织视作成员国之间进行对话的论坛,强调加强活动的有效性、活力和非正式性,倡导成员国之间实施中欧交通基础设施、电信和环境保护等合作项目。

2015 年 1 月,捷克、奥地利和斯洛伐克三国总理在捷克境内的斯拉夫科夫宣布开始三边合作，主要关注邻国关系、欧洲政策、促进增长和就业等问题。

"三海倡议"成立于 2015 年，由 12 个位于亚得里亚海、波罗的海和黑海之间的欧盟成员国组成，旨在加强经济合作和南北向基础设施联通。捷克是创始成员国之一。

4. 着重发展与欧盟和北约成员国的关系

为了提高国际声誉、融入欧洲和跨大西洋结构，捷克一方面加强与北约和欧盟重要成员国的关系，如美国、加拿大、英国、德国、法国和意大利等，另一方面注重与其他有着伙伴关系的成员国进行合作。

5. 积极与世界其他地区的国家开展经贸合作

捷克是联合国、欧洲安全与合作组织、经济合作与发展组织、国际货币基金组织、世界贸易组织、世界银行、欧洲海关联盟、欧洲经济区等国际机构的成员国。截至 2020 年 9 月，捷克与世界上 170 个国家建立了外交关系。由于捷克经济开放程度高，出口占国内生产总值的比例约为80%，捷克致力于在公平基础上建立开放和可预测的国际经济秩序。繁荣和可持续性发展是捷克外交政策的目标之一，而经济外交是促进捷克在国外经济利益的重要工具。

在与东欧和东南欧国家关系方面，捷克着重与俄罗斯、乌克兰发展互惠互利的经贸合作关系，并在北约框架内与其开展安全方面的合作；大力支持西巴尔干国家加入欧盟。

在与亚洲、非洲、南美和大洋洲国家发展关系方面，捷克的外交原则是支持全世界所有地区的安全和稳定，赞同和平解决地区冲突，将开展互惠互利的经贸合作作为发展双边和多边合作的基础，在保护基本人权的基础上与所有国家进行政治对话。

## 第二节 同美国的关系

1989 年 11 月，捷克斯洛伐克爆发"天鹅绒革命"，捷美关系从此得到迅猛发展。1990 年 2 月，美国国务卿詹姆斯·贝克访捷，表示美国政府将对包括捷克斯洛伐克在内的中东欧国家提供帮助，尤其是经济帮助，允诺恢复捷的最惠国待遇和提供新贷款。同月，捷克斯洛伐克新总统哈韦尔在就任后不久访美，在美国国会发表演讲称美国应帮助前东方集团的国家转变为自由市场民主国家。1990 年 4 月，捷美签署《贸易关系协定》。同年 11 月，美国总统布什访捷，这是历史上美国总统第一次访捷。此后，美国政府积极支持和鼓励捷克斯洛伐克的政治和经济转型。

1991 年，捷克斯洛伐克外交部部长伊日·迪恩斯特比尔在联邦议会发表关于外交政策的演讲，称在短时间内与美国建立了良好关系，特别是在经济领域，比如美国帮助捷克斯洛伐克加入国际货币基金组织和世界银行，捷美签署最惠国条款，并成立了捷美贸易基金以支持捷克斯洛伐克的贸易活动。1991 年 10 月，捷克斯洛伐克总统哈韦尔正式访美，与美国总统布什签署了"捷美关系声明"和《互相支持和保护投资协定》。

在一些重大国际问题上，捷克斯洛伐克积极支持美国的决定和行动。在 1990~1991 年的"沙漠风暴"行动中，捷美之间开展了第一次军事合作，捷克斯洛伐克派出了防化部队。

尽管美国不支持捷克斯洛伐克一分为二，担心联邦解体会进一步加剧中东欧地区业已存在的政治紧张局势，但在捷克独立的当天，美国就宣布承认并与之建立大使级外交关系。从此，捷美两国在政治、经济和文化等领域一直保持着良好的合作。

在政治领域，捷克加入北约极大促进了捷美两国关系的深化，特别是在安全政策方面，两国在国际事务上互相支持配合，捷克加入欧盟没有影响捷美关系的发展。

1994~1998 年，捷美两国领导人多次互访，就捷克加入北约等问题反复磋商并取得积极进展。1999 年，捷克成为北约成员国，它视以美国为首的北约是国家安全的基本保证。在科索沃战争爆发后，捷克完全站在美国和北约一边，同意向北约提供机场，并为北约运送部队和装备开放领土和领空。在 2001 年美国遭受"9·11"恐怖袭击后，捷克迅速、强烈和坚决地谴责针对美国的恐怖行径，美国将捷克列入反恐行动中最坚定的同盟国。捷克不仅切断了向恐怖分子提供资金的渠道，还坚定地支持美国及其盟国军事打击阿富汗的塔利班武装，向阿富汗派出野战医院、防化部队和特种部队参加反恐行动。

2002 年，捷克和美国高层互访密集，政治互信得到进一步加强。在捷克总理泽曼和总统哈韦尔相继访美后，美国总统布什率团参加在布拉格举行的北约峰会。

在 2003 年克劳斯担任捷克总统后，捷美关系发生了一些微妙的变化。有别于哈韦尔支持美英等国对伊拉克发动战争的立场，克劳斯不赞同通过战争方式来改变伊拉克的政治制度。捷克政府经过协商也表示，捷克不参加反伊军事行动，但同意美英等盟国的战机飞越捷克领空，并允许 500 名以内的盟国士兵停驻在捷克境内。捷克还向海湾地区派出防化部队和野战医院以提供人道主义救助。

在捷克被纳入美国反导系统问题上，捷克国内意见也不统一，但捷克中右翼政府做出了积极反应。2007 年 1 月，美国正式通知捷克政府，希望将捷克纳入其导弹防御系统并就此展开双边谈判。捷克政府不顾一些欧盟成员国的反对，做出了支持美国在其境内建立雷达预警基地的战略决策。2008 年 8 月，捷克与美国签署了关于部署反导系统的协定，标志着捷美联盟关系的进一步加强。同年 11 月，美国国会将捷克列入世界上 36 个免签证旅行的国家之一。

在 2009 年上半年捷克担任欧盟轮值主席国期间，在布拉格举行了一次非正式的欧盟 - 美国峰会，时任美国总统奥巴马出席了峰会。2010 年 4 月，奥巴马在捷克首都布拉格与俄罗斯总统梅德韦杰夫签署了一项新的核裁军条约，内容是大幅削减美国和俄罗斯的核武库。

随着美国为了缓和与俄罗斯的关系而决定放弃在捷克部署雷达系统，以及 2013 年泽曼担任捷克总统后主张与俄罗斯和中国加强合作，捷美关系逐渐陷入冷淡，高层互访很少。尽管泽曼总统在 2016 年美国大选中支持特朗普竞选总统，但至 2020 年两位总统没有实现会晤。

从 2018 年起，捷克方面做出了一些亲美举动，从而促进了两国关系的恢复和加强。2018 年 3 月，捷克将俄罗斯黑客叶夫根尼·尼古林引渡到美国。在美国开始打压华为后不久，捷克网络和信息安全局于 2018 年

12月发布针对中国华为和中兴公司技术产品的安全警告令，得到美国的青睐。2019年2月，捷克外长佩特日切克访美，与美国国务卿蓬佩奥磋商网络安全、双边贸易和在创新和科研领域加强合作。2019年3月，捷克总理巴比什应美国总统特朗普的邀请访问美国，他是2011年以来首位对美国进行正式访问的捷克总理，也是第一位访问美国中央情报局总部的捷克领导人。捷美关系随之提升到新的水平，双方积极扩大和深化在网络安全、能源、防务、科技创新和经贸等领域的合作。2020年5月，捷克总理巴比什与美国国务卿蓬佩奥远程签署了关于5G网络安全的联合声明，目的是共同建设5G网络。8月，蓬佩奥访问捷克，前往比尔森向1945年5月解放该城市的美军纪念碑敬献花圈并发表演讲。此次访问的议题也延续了两国在网络安全、能源和科技等领域的合作。

在经济领域，美国在捷克经济转型时期向其提供了大量的经济和技术帮助，如今美国是捷克在欧盟以外最重要的出口伙伴，双向投资水平有所提高。

在20世纪90年代，美国对捷克直接投资额为12亿美元，在支持捷克私有化改造、企业重组、市场保障、金融体系健康发展和专业经济人才培训等方面给予了大量帮助。与欧洲投资者相比，美国在捷克的投资额很低，占捷克吸引外资总额的比例不到1%。自1993年捷克独立以来，美国投资者通过捷克投资局实施了200多个投资项目，涉及经济的各个领域，如通信技术、电子、互联网和软件开发、航空、汽车、生物技术、金属加工和机械工业等。也有一些投资项目没有通过捷克投资局实施。

捷克在美国的投资额也比较少，但开始逐步增长。截至2019年，大约有90家捷克企业活跃在美国，主要投资领域是纺织业、互联网、机械制造业、化学工业、运输工程、消费品生产、国防工业和金融服务。2017~2019年，捷克在美国最重要的投资项目是：捷克投资集团R2G以大约5亿美元收购美国一家非织造布领域的公司，HE3DA公司投资生产电池，捷信集团（Home Credit）在美国市场提供贷款服务，捷克兵工厂（Česká zbrojovka）在美国投资生产武器。

自1993年起，捷克对美国的出口以及捷美双边贸易总量长期呈明显的增长趋势，只是在少数年份出现波动。2019 年，捷克向美国出口额为 46.41 亿美元，同比增长超过 11%，美国是捷克第 11 大出口伙伴。捷克向美国主要出口喷气发动机、涡轮机、泵、自动数据处理机、钢管、轮胎、汽车部件、显微镜、测量仪器、武器和弹药、医疗设备、家具和化学产品等。捷克对美国的出口占捷克总出口额的 2.33%（2018 年为 2.1%）。2019 年，捷克从美国的进口额达到 47.22 亿美元，占捷克总进口额的 2.67%。捷克主要从美国进口飞机、喷气发动机、燃气轮机、药品、自动数据处理机、传感器、汽车和其他机动车辆、电子集成电路、电话机和医疗设施等。

从长期来看，捷美双边贸易保持了相对平衡。在 2011～2016 年期间，捷克略有贸易顺差。从 2017 年至 2019 年，美国略有贸易顺差。

捷美不断发展的经贸关系受到一系列双边贸易协定的保护，至 2020 年有将近 70 个协定，主要有：1991 年签署的《相互促进和保护投资协定》和 2003 年签订的对这份协定的附加议定书，1992 年签订的《航空运输和航运收入免税协定》，1993 年签订的关于在收入和财产税方面避免双重征税和防止偷漏税的协议，1996 年签订的《航空运输协定》和《海关事务合作协定》等。

在文化和教育领域，两国交流与合作的内容和形式丰富多样。1994 年 7 月，在捷克总统哈韦尔支持下，美国总统克林顿批准将"自由欧洲"电台迁往捷克。1998 年 10 月，为庆祝捷克斯洛伐克成立 80 周年，在华盛顿和纽约举办"捷克文化月"活动。2000 年，捷克爱乐乐团、室内乐团在美国演出。捷克还在美国举办了一些引人瞩目的文化展览，如"捷克文化千年展"、"阿尔冯斯·莫哈画展"、"捷克现代艺术和摄影展"等，美国民众不断加深了对捷克文化的了解。美国的教师和学生每年参加捷克高等院校举办的暑期和长达一学期的捷克语言和文学培训班。在美国，有 10 多所大学教授捷克语言和文学。

# 第三节　同德国的关系

从 13 世纪大批德意志移民进入波希米亚、摩拉维亚和西里西亚直至

## 捷克

1946 年捷克斯洛伐克境内德意志族人被遣返至德国①，捷德两个民族共处长达 700 多年，相互关系不断摇摆于和平共处和相互敌对之间。如今捷德两国有 810 公里的共同边界，都是北约和欧盟成员国。捷克在柏林设有大使馆，在波恩、德累斯顿和慕尼黑设有 3 个总领事馆，在多特蒙德、法兰克福、汉堡、纽伦堡、罗斯托克和斯图加特设有 6 个名誉领事馆。德国在布拉格设有大使馆。

1989 年政局剧变后，捷克斯洛伐克重视发展与两个德国的关系，支持两个德国的统一，双方高层互访增多，并以积极的态度解决历史遗留问题。1990 年 1 月，哈韦尔就任捷克斯洛伐克总统后三天即访问两德。访问期间，他向战后遭驱逐的苏台德德意志族人表示歉意，随即遭到捷公众和各党派的指责，认为他在煽动苏台德德意志族人的复仇主义要求。同年 3 月，在纳粹德国占领捷克和摩拉维亚 51 周年之际，西德总统魏茨泽克访捷。1991 年 4 月，西德外长根舍访捷，两国就签署捷德国家条约和加强两国在欧洲安全方面的合作问题进行磋商。1992 年 2 月，德国统一后的总理科尔访捷，两国签署了《睦邻友好合作条约》，条约未涉及"苏台德"问题和战争赔偿问题。

1993 年捷克独立后，两国随即建立了外交关系。鉴于德国在欧盟的地位、对捷克和世界经济以及国际安全的重要性，德国发展成为捷克重要的伙伴国。

**政治关系** 两国高层互访频繁，签订了一系列旨在改善关系和加强合作的条约。在捷克加入北约和欧盟后，两国又拥有了同盟国的关系。

1997 年 1 月，两国经过长期谈判签署了《捷德和解宣言》，德国对发动战争和纳粹德国给捷克人民造成的痛苦和损失表示遗憾，捷克对二战后驱逐苏台德德意志族人也表示遗憾。双方保证，历史遗留的政治和法律问题不会成为两国关系发展的障碍，应以向前看的眼光看待两国关系。但苏台德地区德意志族人的财产问题，以及向二战期间捷克受害者进行赔偿的问题一直悬而未决。

---

① 在 1930 年，捷克斯洛伐克境内有 315 万德意志族人，1947 年 3 月只剩下 19 万。

1997 年 12 月，"捷德未来基金"成立，捷德两国政府分别拨款 1550 万美元和 8680 万美元，旨在推动两国共同关心的项目，主要是下列领域：青年和学校、文化、对话与科学研究、刊物出版、文化遗产保护、对少数民族的支持、市镇和利益集团之间的伙伴关系、奖学金。"捷德未来基金"在补偿捷克的纳粹受害者方面发挥了重要作用，1998～2008 年共发放了 4500 万欧元的赔偿。

1999 年 3 月，捷克总理泽曼访德，两国总理发表联合声明称，德国政府在未来不向捷克提出任何财产问题和其他与历史遗留问题有关的要求，同时捷克宣告二战后有关境内德意志族人问题的贝奈斯总统令在法律上"失效"。

2002 年上半年，捷德两国都举行大选，两国一些政党领导人为了大选的需要，对历史遗留问题发表了过激的言论，对两国关系产生不利影响。德国总理施罗德甚至取消了访捷计划。6 月，德国总统约翰内斯·劳出访捷克，在一定程度上帮助平息了两国间的紧张气氛。

2004 年捷克加入欧盟后，认同德国的经济发展模式，即采取严格的财政纪律和加强预算监管。2005 年默克尔担任德国总理后，两国关系有所加强，她长期关注捷克。2009 年捷克加入《申根协定》后，两国没有边境管制，边界完全开放。2012 年，德国总统高克和捷克总统克劳斯共同访问 1942 年被纳粹分子摧毁的捷克村庄利迪策，标志着捷德和解又迈出重要一步。

2015 年 7 月，德国外长斯坦迈尔和捷克外长扎奥拉莱克签署了《关于德国与捷克外交部之间进行战略对话的联合声明》，它是各部委就双边问题举行定期会谈或在国际舞台上进行相互合作的平台。战略对话的目的是加强相互信任和保障持续的信息交流。

在难民危机爆发后，捷克批评德国总理默克尔对难民实行"敞开大门"的政策，坚决反对以德国为首的欧盟老成员国提出的强制性难民分配制度。

2016 年，捷德两国政府和议会决定在未来十年（直至 2027 年）继续为"捷德未来基金"提供资金，说明两国在加强捷德关系问题上达成共识。

**捷克**

2018 年 10 月，默克尔在捷克斯洛伐克共和国成立 100 周年之际访问捷克，与捷克总理巴比什讨论了两国经济关系、科学合作和工业数字化等问题。默克尔称赞捷德关系非常好。

2019 年 9 月，德国外长马斯和捷克外长佩特日切克就继续战略对话达成一致，签署了 2019～2021 年新的工作计划。共有 11 个工作组从事各种议题的对话，从欧洲政策到能源、生活环境、安全、科研、跨境合作和交通基础设施等。

**经济合作** 捷克独立后，德国成为捷克最重要的经贸合作伙伴之一。捷德贸易持续增长，在捷克对外贸易总额中的比例较大，1993 年为 26%，1999 年上升至 37.8%，2002 年为 34.4%，2019 年为 28.5%。德国长期是捷克的第一大贸易伙伴。

2019 年，捷克对德国出口额为 478.6 亿欧元，捷克从德国进口额为 448.6 亿欧元，捷克贸易顺差 30 亿欧元。捷克是德国第十大贸易伙伴，第十一大出口目的国和第七大进口来源国。捷克是德国在中东欧国家中最重要的贸易伙伴。在捷克与德国各个州的贸易往来中，巴伐利亚州是捷克最重要的贸易伙伴，占捷德贸易额的 23.5%，其次是巴登－符腾堡州、北莱茵－威斯特法伦州和下萨克森州。捷德贸易中关键商品是公路车辆，其次是电气设备；高技术的加工产品在持续增长，原料、食品和半成品的比重呈下降趋势。捷克主要向德国出口机械和运输工具、工业消费品。捷克主要从德国进口公路车辆、机械、钢铁和初级塑料等（见表 8－1）。

截至 2018 年底，德国向捷克投资 235 亿欧元，占捷克吸引外资总额的 16.4%，是捷克第三大外资来源国。德国在捷克约有 4000 家公司，既有德国商业实体的全资子公司，也有不同资本参与的合资企业。德国的直接投资主要流入捷克的汽车工业、商业服务、金融和电器生产等领域。1989 年后，德国在捷克第一项重大投资项目是大众汽车集团对斯柯达汽车公司的投资，这也属于捷克吸引的三个最成功的投资项目之一。

表 8 - 1　2010～2019 年捷德双边贸易额

单位：亿欧元

| 年份 | 捷克出口额 | 捷克进口额 | 双边贸易额 | 贸易平衡 |
|---|---|---|---|---|
| 2010 | 287. 0 | 267. 1 | 554. 1 | 19. 9 |
| 2011 | 326. 8 | 308. 2 | 635 | 18. 6 |
| 2012 | 324. 9 | 312. 9 | 637. 8 | 12. 0 |
| 2013 | 330. 1 | 310. 5 | 640. 6 | 19. 6 |
| 2014 | 367. 6 | 334. 7 | 702. 3 | 32. 9 |
| 2015 | 391. 9 | 364. 8 | 756. 7 | 27. 1 |
| 2016 | 422. 5 | 380. 9 | 803. 4 | 41. 6 |
| 2017 | 457. 4 | 417. 0 | 874. 4 | 40. 4 |
| 2018 | 476. 0 | 442. 6 | 918. 6 | 33. 4 |
| 2019 | 478. 6 | 448. 6 | 927. 2 | 30. 0 |

资料来源：https：//www.businessinfo.cz/navody/nemecko－obchodni－a－ekonomicka－spoluprace－s－cr/。

　　在德国大约有 150 家公司拥有 50.1% 以上的捷克资产，其中许多是捷克公司的代表处，最著名的是斯柯达汽车公司。德国是斯柯达汽车公司最重要的市场，89% 的产品出口到德国。捷克汽车工业的产值约占国内生产总值的 10%，斯柯达汽车公司的占比高达 6%。捷克在德国投资主要流向汽车工业、建筑业、化工、能源、机械、矿业和高新科技等领域。

　　**文化和教育联系**　在捷克，不少学校开设德语课，德语是仅次于英语的第二大外语。两国定期举办促进文化交流的活动，如中欧文化节、捷克—萨克森音乐节、布拉格德语戏剧节、捷克—萨克森文化日、捷克—巴伐利亚音乐节和德累斯顿捷克文化日等。此外，为了加强捷德文化交流，德国的罗伯特·博世（Robert Bosch）基金会专门支持出版捷克书籍。

# 第四节　同英国和法国的关系

## 一　捷英关系

捷克和英国的关系长期保持很高的水平，这源于历史上捷克斯洛伐克与英国之间的友好关系传统。无论在 1918 年捷克斯洛伐克共和国建立后，还是第二次世界大战期间和 1989 年以后，捷英关系均得到良好发展。

1989 年，捷克斯洛伐克政局剧变后，与英国的关系得到显著发展，高层互访和政治对话加强。1990 年 3 月，捷克斯洛伐克总统哈韦尔访问英国。同年 9 月，英国首相撒切尔夫人访捷，推动两国关系进入新的发展阶段。1991 年 5 月，英国王子查尔斯访捷，两国关系向政治以外的领域发展，尤其是文化和教育领域。查尔斯王子与哈韦尔总统合作创立了"布拉格文化遗产基金"，帮助保护布拉格的古老建筑。1992 年 5 月，英国首相梅杰访捷，他表示英国积极支持捷克斯洛伐克加入欧共体。

1993 年，捷克独立后，两国很快建立大使级外交关系。通过高层互访、政治对话和多边合作，两国在政治、经济、文化等诸多领域发展良好的伙伴关系。在 1999 年捷克加入北约和 2004 年加入欧盟后，捷英伙伴关系进一步加强。2020 年 1 月 31 日英国脱离欧盟后，捷克与英国的关系继续向前发展。

在政治领域，起初英国支持捷克加盟入约，后来英国是捷克在欧盟和北约框架内的重要盟友。为了支持捷克加入欧盟并帮助捷克进行相应的改革，捷英签署了三份"共同行动计划"。根据此计划，两国部委间保持联系、举办大量会议和工作座谈，互派政府管理部门的工作人员；英国向捷克提供法律和政策专家，为捷克政府工作人员举办语言培训班，英国政府拨款支持具体的双边合作计划等。该计划涉及诸多领域，如经济改革、财政调节、社会管理、贸易和投资、就业、社会政策、交通、生活环境、农业、地区政策、司法改革、警察事务合作、人权、教育、文化、国防和安全等。

捷克加入欧盟后，作为欧盟内第二大经济体的英国最早向中东欧新成员国包括捷克开放劳动力市场，捷克也对英国开放了劳动力市场。捷克与英国在欧盟许多政策方面思维理念相近，如都主张欧盟要侧重加强经济合作，安全由北约和美国保障，政治和民主则是民族国家的事务。在欧盟的外交和安全政策方面，两国都大力支持跨大西洋伙伴关系、强调民主和人权、推动欧盟的东部伙伴关系计划。在经济政策方面，两国都致力于推进欧洲单一市场计划、消除壁垒和世界贸易进一步自由化，主张与欧盟外的其他伙伴国签署贸易协议、采取措施提高欧盟的竞争力。英国和捷克都没有加入欧元区，而英国竭力在欧盟内捍卫非欧元区国家的利益，捷英两国常常在磋商和决策过程中形成联盟。

2016 年 11 月，捷克总理索博特卡在与英国外交大臣鲍里斯·约翰逊会谈时表示，英国脱欧不仅将根本影响英国人的生活，而且将影响生活在英国的捷克公民的生活。对于捷克来说，优先目标是保障欧盟的成功运作、尊重本国在英国工作生活的公民的权益、保持与英国之间的相互贸易。

2020 年 1 月 31 日英国脱欧后，捷英两国之间的关系由 2004 年捷克加入欧盟前与英国缔结的 26 个双边协议和在其他国际组织中的成员国身份连接，它们都是世界贸易组织、联合国、经合组织和北约成员国。

在经济领域，英国是捷克最重要的贸易和投资伙伴国之一，长期是捷克第四大或第五大出口目的国。2000 ～ 2019 年，捷英贸易额增长了三倍多。在 2001 年以前，捷克在与英国的双边贸易中存在逆差。从 2001 年起，捷克保持顺差。在 2019 年，捷克向英国出口额为 58 亿英镑，是英国第二十一进口来源国，从捷克的进口额占英国进口总额的 1.2%；捷克从英国进口额为 22 亿英镑，是英国第二十八出口目的国，向捷克的出口额占英国出口总额的 0.6%。

捷克主要向英国出口机动车、机械、电信和录音设备、钢铁产品、玩具和游戏产品、家具、塑料和化学药品等。捷克主要从英国进口机械、电信和录音设备、机动车、药品、化妆品和医用仪器等。

根据捷克投资局的统计数据，2019 年在捷克登记的英国公司有 100 多家，它们通常是英国公司在捷克的分公司，它们的销售额达到 1800 亿捷克克朗，创造了 3.8 万个工作岗位。多数在捷克的英国公司是员工在 250 人以下的中小企业。英国公司在捷克主要集中在加工工业、咨询、金融、物流、分销、房地产和技术中心等领域，投资者倾向于选择布拉格、南摩拉瓦亚州和摩拉维亚－西里西亚州。

2016 年 6 月英国脱欧公投后，捷克对英国的投资呈增长之势，但总的来说投资额有限。近年来，捷克对英国的投资主要流向能源、房地产、金融、高新技术和科研等领域。随着 2020 年 12 月英国与欧盟就"脱欧"后未来关系达成贸易和合作协议，捷英经贸合作不会出现实质性变化。

在人文交流领域，在捷克驻英国大使馆、英国的捷克中心和其他机构的帮助下，两国的文化、教育和科研机构之间建立了直接的联系。捷克音乐团体、舞蹈团经常赴英国演出，捷克在英国举办电影展、画展、摄影展。1999 年成立了"国际文化对话中心"，它举办展览、座谈会并互换艺术家。

在英国与捷克有关的组织机构有：英国捷克人与斯洛伐克人学会（创办于 1990 年），其宗旨是提高英国公众对捷克和斯洛伐克历史、艺术、文学、经济、政治和科学各方面的认知度；爱米·德斯廷基金会（成立于 1997 年），其目标是支持年轻歌唱演员的演艺事业；英捷联合会（创立于 1990 年），其目的是帮助捷克和斯洛伐克年轻的学生去英国旅行、展示才华并与英国同伴交流经验；捷克和斯洛伐克友协（建立于 1991 年），其任务是推动英国与捷克斯洛伐克人民的相互理解、尊重、友谊与合作，它为许多团体和个人牵线搭桥。

## 二 捷法关系

1989 年政局剧变后，捷克斯洛伐克积极发展与法国的关系，两国领导人进行了密集式互访。1990 年 3 月，捷克斯洛伐克总统哈韦尔访问法国，他赞同法国总统密特朗提出的全欧洲实行邦联的计划，高度评价法国提出的一些倡议，如建立欧洲复兴和发展银行等。同年 9 月，法国总统密特朗访捷，捷法两国全面合作创造了可能性。1991 年 3 月，捷克斯洛伐克总统哈韦尔再次访问法国。同年 10 月，两国总统签署了新的捷法条约。根据条约，法国支持捷克斯洛伐克加入欧共体，两国在各个领域加深合作。1991 年，在布拉格成立了法国社会科学研究所。

1993 年捷克共和国独立以后，法国成为捷克主要的伙伴国之一，法国支持捷克加入欧盟和北约。在 1999 年捷克加入北约和 2004 年加入欧盟后，两国在各个领域的双边关系都得到发展，各级别的接触和磋商频繁。

在政治领域，两国高层互访增多，政治对话加强，建立了战略伙伴关系。捷克不仅在巴黎设有大使馆，而且在斯特拉斯堡、南特、马赛、图卢兹、里昂、里尔、瓜德罗普岛/贝马哈特、第戎和波尔多等城市设有名誉领事馆。2008 年下半年和 2009 年上半年，法国和捷克相继担任欧盟轮值主席国，两国在各个领域和各个层面合作与交流得到加强。从 2008 年起，捷克和法国开始发展以经济、能源、国防和安全、教育和文化为重点的战略伙伴关系，并实施多年期"行动计划"。2011～2013 年的第一个"行动计划"在两国关系史上具有转折性意义，核能源成为两国在欧盟层面合作的主要议题。在欧盟面临难民危机和英国脱欧等问题背景下，捷克和法国的关系相对平稳。2017 年马克龙担任法国总统后，开始对中欧地区包括捷克发生的事情感兴趣。

捷法两国从 2018 年起实施"2018～2022 年战略伙伴关系行动计划"，目的是增加捷法两国领导人的双边会晤频率，以及在加强欧盟政策协调机构之间的合作，主要合作领域是国防、司法和内务、经济和金融事务、生活环境、能源、交通和社会政策等。

法国总统马克龙先后在 2017 年和 2019 年提出了欧盟改革的愿景，由于捷法两国领导人关于欧盟未来发展方向的设想完全不同，在一定程度上影响了两国关系的发展。

在经济领域，两国合作不断扩展和加深，法国在捷克对外贸易中的地位愈益增强，发展成为捷克第五大贸易伙伴。2015～2019 年，捷法双边贸易额从 108.5 亿欧元提高到 140.6 亿欧元，捷克一直保持贸易顺差，2019 年达到 41.6 亿欧元。捷克主要向法国出口乘用车、计算机组件、电气设备、金属产品、工业机械、塑料制品、食品和玩具等。捷克主要从法国进口乘用车、金属产品、电气设备、药品、化妆品和化工产品等。

捷法两国经济发展都侧重于汽车工业、电机工业和机械制造业，但法国对捷克的投资远远高于捷克对法国的投资。截至 2019 年 4 月，法国对捷克的投资额达到 97 亿欧元，几乎为捷克在法国投资的 20 倍。法国是捷克第五大投资来源国，位于荷兰、德国、卢森堡和奥地利之后。2019 年，在捷克经营的法国公司大约有 460 家，其营业额超过 100 亿欧元，雇用了大约 7 万名捷克员工。法国对捷克的投资主要流向汽车工业、能源、金融和高新技术等领域。2018 年，捷克在法国的直接投资总额为 3.39 亿欧元，约占法国吸引外国直接投资总额的 0.05% 。

在文化领域，捷法两国有着传统的友好关系。随着捷克于 1999 年获得法语国家观察国身份，法国努力加强法语在捷克的推广。一些捷克高中生学习法语，在捷克大学中法语系的数量也有所增加。在布拉格有法语学校，涵盖了从学前班到小学和中学的法语课程，同时也发展捷克的语言和文化。位于布拉格的法国研究所是一个文化中心，其宗旨是介绍法国文化、教授法语、举办捷法合作背景下的文化活动。法国还重视通过视听媒体在捷克宣传自己的文化。

为了让法国人更好地了解捷克文化，捷克于 1998 年在法国举办了名为"阿波罗"的文化项目，它由 5 部分组成：绘画与雕塑、媒体与新技术、摄影、座谈和电影。此外，在捷克时任总统哈韦尔的倡议下，2002年 5～12 月，在法国举行了名为"波希米亚魅力"的文化节。两国总统共同主持了这一大型的文化活动。设在巴黎的捷克中心经常举办形式多样的文化活动，如诗歌朗诵会、音乐会、展览和讲座等。法国的法捷联合会也组织了一系列的文化活动。

根据两国政府间的教育合作计划，法国高校毕业生可以申请捷方提供的暑期学习班和长期学习的奖学金。法国格勒诺布尔大学、洛林大学设立了捷克语教研室，在法国南锡每年举办"捷克文化周"。在布拉格、布尔诺、奥洛莫乌茨和塔波尔开办了教授捷语和法语的双语学校，法国勃艮第地区和捷克之间拥有传统的合作关系，捷克学生可以去该州中学进行 3 年的学习。

## 第五节　同斯洛伐克的关系

1918 年 10 月 28 日，在奥匈帝国的废墟上捷克和斯洛伐克这两个民族携手建立了共同的国家——捷克斯洛伐克共和国。直至 1992 年 12 月31 日捷克和斯洛伐克联邦共和国和平解体，两个民族共同生活了 74 年。共同生活的这段历史为联邦解体后捷克和斯洛伐克两个国家间形成的

"超水平"友好关系奠定了基础。联邦国家解体后,捷斯两国关系经历了三个阶段的不同发展。

从 1993 年 1 月至 1998 年 10 月是第一阶段,两国关系向相互疏远的方向发展。两国关系起初发展良好,实现了各个级别的领导互访,定期就国家安全问题进行磋商,尽可能采取一致立场。不久,随着一些问题的出现,两国之间特殊友好的关系受到破坏。第一是捷克和斯洛伐克相继在边境开始海关和护照检查。第二是两国的货币联盟只维持了几个星期。第三是关税联盟在运作过程中遇到很多问题。第四是在联邦财产分割问题上发生冲突。第五是因捷克与斯洛伐克关于国家公民资格的法律不兼容,两国公民特别是边境地区公民的生活受到很大的影响。

捷克与斯洛伐克关系趋于冷淡的另一个重要原因是斯洛伐克国内政治形势不稳定。1994 ~ 1998 年,在梅恰尔政府领导下斯洛伐克的政治、经济和外交转型速度放缓,逐渐被排除出加盟入约第一波,而这一时期捷克的克劳斯政府却致力于尽快加入欧盟和北约,两国逐渐疏远。1998 年 1 ~ 7 月,两国关系进入"冰冻期"。

从 1998 年底至 2004 年 4 月是第二阶段,捷斯特殊友好关系日益得到加强。1998 年 7 月和 10 月,捷克与斯洛伐克分别举行了议会大选。在捷克,米洛什·泽曼领导的捷克社会民主党获胜,组建了单一少数派政府。而泽曼在 1992 年捷克斯洛伐克联邦解体进程中持强烈反对态度。在斯洛伐克,祖林达领导的中右翼执政联盟上台执政。无论是泽曼政府还是祖林达政府都希望大力发展两国间的特殊友好关系。在 1998 年秋,两国高层人员互访活动密集:斯洛伐克国防部长卡尼斯访问捷克、捷克总统哈韦尔非正式访问斯洛伐克、捷克总理泽曼正式访问斯洛伐克。双方就下列问题达成共识:加强双边关系、传承捷斯传统友谊、恢复维谢格拉德集团合作、以积极的态度解决影响两国双边关系的一些有争议的问题、保持关税联盟并深化合作、加快两国人员和商品的交换等。从此,捷斯关系掀开了新的篇章。

从政治关系来看,各层次的磋商与对话明显加强,不少影响两国关系的问题得到成功解决,捷克帮助斯洛伐克融入欧洲一体化进程。1999 年

11 月 24 日，两国总理就搁置了七年之久的联邦财产分配问题签署了协议。双方还签订了一系列旨在改善两国关系的协定，如两国公民在对方国家的医院可享受免费医疗服务；在对方估价就业时不需办理工作许可证并可领取抚恤金；在对方国家学习的学生享有与本国学生一样的待遇，互相承认对方开具的学历证明；生活在捷克的斯洛伐克人以及生活在斯洛伐克的捷克人都有权拥有双重国籍等。由于两国对待内政、外交的立场和态度在许多场合很相似，为两国在维谢格拉德四国集团和其他地区合作组织内解决问题时协调步骤创造了前提条件。因捷克先于斯洛伐克开始入盟谈判，捷克将一些谈判经验和准备法律条文的经验传授给斯洛伐克，两国还争取一起入盟。在斯洛伐克加入北约问题上，捷克竭尽全力支持其在 2002 年北约布拉格峰会上被邀入约。

从经济关系来看，两国贸易关系不断改善，双边贸易额和直接投资额上升。2001 年 1 月 1 日，斯洛伐克取消了单方面实行的进口附加税。2002 年 12 月 16 日，在欧盟同意接纳 10 个候选国的当天，捷斯两国签署相关协议以消除双边贸易障碍，如进口商品数量限制、对部分进口商品实行配额。鉴于语言、思维方式的接近和两国间关系的改善，斯洛伐克企业加大了对捷克的直接投资，2001 年为 1.634 亿美元，2002 年上半年已超过这一数额。捷克的银行和企业纷纷到斯洛伐克建立分支机构，将在国内获取的经济改革经验带到斯洛伐克运用，收效很好。捷克人成为斯洛伐克最畅销的报纸、第二大银行、最大的购物和娱乐中心以及两大移动通信公司之一的负责人。

从军事关系来看，两国不断扩展合作的空间。2001 年 10 月 18 日，两国签署协议在科索沃维和部队范围内联合组建机械化营。2002 年 5 月，在北约和欧盟的领导下，在斯洛伐克境内组建了波捷斯联合旅，其目的是进行反恐维和活动。2002 年 11 月，捷克从节省军费的角度出发向斯洛伐克提出共同护卫领空的建议，内容涉及建立共同的空军中队、一起训练、培训，以及共同拥有驱逐机。

两国在文化、教育和体育领域的交流与合作也不断扩大。2001 年，在布拉格举办了"捷克和斯洛伐克文化融合月"活动，丰富和发展了两国文化。两国互换著名艺术家的作品展览、戏剧团体演出、电影会演、音乐演出，定期在斯洛伐克举办"捷克戏剧节"，捷克文化部拨款支持周刊《捷克—斯洛伐克桥梁》的出版和其他赴斯洛伐克举行的文化活动。两国每两年签署一次政府间文化和教育合作协定。2001～2002 学年，2300 名斯洛伐克学生在捷克大学登记入学，在斯洛伐克大学新入学的捷克学生有90 名。在体育方面，捷克和斯洛伐克网球组合汗图霍娃与弗里德尔在著名的温布尔登网球公开赛上夺冠，两国还联合举办手球甲级联赛。

　　捷斯间特殊友好关系还表现为以下方面：他们在对方国家办理移动电话手续、在银行开户和在饭店付款时能享受到特别的待遇。斯洛伐克对外国人和本国人一直实行不同的价格标准，但将捷克人列入"自己人"的范畴或者至少是"半个外国人"。在斯洛伐克任何一个大城市都可以购买到捷克绝大多数的日报，捷克电视台互相竞争斯洛伐克观众的收视率，在斯洛伐克商店可购买到捷克生产的很多食品，捷克的政治事件乃至体育新闻都会被斯洛伐克新闻媒体详细追踪和分析，在斯洛伐克书店出售的图书中四分之一为捷文书。

　　从 2004 年 5 月起，两国在欧洲－大西洋结构内继续保持特殊友好关系，是两国关系的第三阶段。2004 年，两国在分离 12 年后又会合于欧盟和北约，成为欧盟和北约框架内平等的伙伴。2007 年 12 月 21 日两国同时加入《申根协定》后，在共同边境上的护照检查随之取消。两国公民可以完全自由地出入边境，如同在联邦解体前一样。

　　在政治上，两国领导人频繁互访，政府间合作委员会定期举行会议，在国际多边活动中协调配合，政治互信不断加强。捷克与斯洛伐克领导人不仅经常互访，就共同关心的问题交换意见，而且长期遵守一个惯例，即两国总统、议长和总理就任后总是首先访问对方国家。虽然加入欧盟和北约后双边事务不得不让位于多边事务，而且两国对外政策倾向有些不同，特别是对欧洲一体化和对俄罗斯关系问题立场有所不同，但是它们采取务实的态度，尽可能通过加强磋商与合作解决分歧。两国合作领域不断扩大，从边境和跨境合作到中欧地区合作，再到欧盟和北约层面的合作。2009 年 1 月，俄乌发生天然气争端后，俄罗斯向斯洛伐克的天然气供应停止了 11 天,从而使完全依赖俄罗斯天然气供应的斯洛伐克遭受了巨大的经济损失。在斯洛伐克总理菲措与捷克总理托波拉内克进行紧急磋商后,来自西欧的天然气经捷克境内的输气管供应到斯洛伐克,从而缓解了危机。在 2010 年斯洛伐克与匈牙利关系恶化时,捷克坚定地站在斯洛伐克一边。2012 年 10 月,两国政府首次举行共同会议,就相互合作中的重要议题进行磋商,涉及能源、国防、基础设施和体育等领域。在维谢格拉德集团和欧盟框架内,捷克与斯洛伐克在能源安全、西巴尔干国家融入欧洲一体化进程、与"东部伙伴关系"计划参与国的合作和罗姆人的社会融合等问题上密切合作。在欧元区债务危机爆发后,率先加入欧元区的斯洛伐克与对欧元持犹疑观望态度的捷克互相交换信息和观点,以更好地应对危机。在难民危机问题上,捷克和斯洛伐克都反对欧盟的强制性难民分配制度。

在经济上,两国互利合作不断深化,互为对方重要的经贸合作伙伴。随着两国加入欧盟,捷斯关税同盟解体,两国总理签署了政治备忘录,表示要深化经济合作和拓展合作领域。2007 年 2 月,捷克与斯洛伐克签订关于在捷克境内储存斯洛伐克应急石油的协议,既帮助斯洛伐克成功解决了自身石油储备不足的问题,又达到了欧盟要求的应急储备水平。2013 年 2 月,两国外长会晤时表示,将建成捷斯高速公路网,计划兴建两条从共同边境处分别通向捷克与斯洛伐克的高速公路。两国政府还讨论合并两国铁路货运公司的可能性,希望组建全欧洲最强大的四五家铁路货运公司之一。因语言、地理位置和传统友谊等方面的优势,捷克与斯洛伐克的企业家倾向于去对方国家投资建独资或合资企业,主要涉及食品、机械、汽车制造、铁矿生产、建筑、纺织、化工、药品、玻璃制造、人员和商品的运输、金融和保险等行业。捷克是斯洛伐克第二大外国直接投资来源国。截至 2019 年底,捷克在斯洛伐克的直接投资总额为 65.6 亿欧元。捷克对斯洛伐克长期的投资方向是能源,在斯洛伐克最大的捷克投资企业是能源和工业控股公司,它在斯洛伐克多家能源公司中拥有一定比例的所有权。在双边贸易方面,根据捷克统计局的数据,2019 年捷斯双边贸易额为 5269 亿捷克克朗,捷克实现顺差 1667 亿捷克克朗,斯洛伐克是捷克第二大出口市场（仅次于德国）和第四大进口市场（仅次于德国、中国和波兰）；斯洛伐克在捷克共和国外贸总额中的份额为 6.1%，在捷克出口总额中的份额为 7.6%，在捷克进口总额中的份额为 4.4%。捷克主要向斯洛伐克出口机动车及零配件和视听设备、电能、电话设备、矿物油和石油、自动化数据处理设备和药品等，捷克主要从斯洛伐克进口石油、轻油和矿物油、机动车及零配件和电线、钢铁产品、发动机、电能和药品等。

在军事上，两国不仅在欧盟和北约框架内紧密合作，而且开展双边合作。在科索沃维和部队框架下的捷斯联合机械化营长期运作。2018 年 1 月，两国国防部长签署关于共同护卫领空的执行协定。

在人员往来方面，许多斯洛伐克人选择在捷克学习、工作和定居，在斯洛伐克的捷克人要明显少得多。语言相通、文化联系密切和地理位置相近，促使生活水平相对落后的斯洛伐克人把捷克作为去国外寻找工作的首选地。当一部分捷克人前往德国、英国、奥地利和意大利等工资水平更高的国家就业后，他们留下的空缺岗位首先由斯洛伐克人填补。对于斯洛伐克学生来说，捷克也是对他们最具吸引力的学习场所，到捷克大学学习的斯洛伐克学生人数呈逐年上升的趋势。

## 第六节　同俄罗斯的关系

1989 年政局剧变后，捷克斯洛伐克竭力摆脱苏联的控制和影响，希望与苏联建立新型平等的国家间关系，着手解决苏军撤离问题，并积极促使经互会与华约解体。1990 年 2 月，捷苏两国政府签署关于苏军从捷克斯洛伐克撤离的协议。1991 年 7 月 1 日，华约解体。7 月 12 日，捷克斯洛伐克联邦议会批准了关于废除经互会的议定书。

1992 年 4 月，捷克斯洛伐克总统哈韦尔访问俄罗斯，与俄总统叶利钦签署了《捷俄友好合作条约》。根据该条约，两国将在主权平等、不使用武力和不以武力相威胁、边界不可侵犯和领土完整的基础上发展双边关系。叶利钦还转交给哈韦尔关于 1968 年华约成员国军事入侵捷克斯洛伐克的档案文件。

1993 年捷克独立后，随着捷克和俄罗斯国内形势的变化和国际局势的发展，捷俄政治关系起伏不定，呈现出阶段性变化。

1993~1995 年，捷俄关系得到平稳发展，高层互访和政治对话保持较高水平。1993 年 3 月，捷克外长兹伦涅茨访问俄罗斯，签署了两国外交部之间进行磋商的议定书。同年 8 月，俄罗斯总统叶利钦访问捷克。在访问期间，捷克与俄罗斯分别作为捷克和斯洛伐克联邦共和国与苏维埃社会主义共和国联盟的继承国签署了《友好关系与合作条约》，两国承诺本着相互尊重、谅解、伙伴关系和经济互利的原则进行友好合作。1994 年 2 月，俄罗斯外长科济列夫访问捷克。同年 4 月，捷克总理克劳斯访俄，两国签署《支持和相互保护投资协定》，商讨了俄欠捷债务以及俄对捷石油和天然气供应等问题。1995 年 5 月，在庆祝第二次世界大战五十周年之际，捷克总统哈韦尔对俄罗斯进行了非正式访问。1996 年 3 月，捷克外长兹伦涅茨访问俄罗斯，两国签署《捷俄政府间文化、科学和教育合作协定》。

从 1996 年起，捷克外交政策发生了进一步亲西方的变化，放弃了泛欧安全体系的设想，把北大西洋公约组织的成员国资格视为捷克安全的保证。俄罗斯竭力阻止捷克加入北约，加之双方在科索沃危机上立场相左，两国关系受到影响。捷克强调俄罗斯无权否决主权国家的外交政策决定。

1997 年，北约与俄罗斯签署协议，捷克、波兰和匈牙利被邀请加入北约，欧盟决定与中东欧第一批候选国包括捷克开始加入谈判。于是，军事安全在捷克外交政策中的重要性逐渐被经济问题所取代。加之俄罗斯国内政治发展趋于稳定，俄罗斯依然是捷克机械产品出口的重要市场，捷克与俄罗斯开展经贸合作的兴趣有所增强。

1998 年夏捷克社会民主党组成少数派政府，它宣称发展与俄罗斯的关系是捷外交优先点之一。1999 年 4 月，捷克总理泽曼访问俄罗斯，签署《捷俄政府间关于军事墓地地位的协定》。2000 年 2 月，在后共产主义国家中捷克率先对俄罗斯公民实行签证制度。对此，俄罗斯采取了反措施。这一事件对两国关系产生了一定的消极影响。

2000 年 3 月普京担任俄罗斯总统后，捷俄关系发生了积极变化。2001 年 2 月，俄罗斯外长伊万诺夫访捷，与捷克外长卡万商定，今后两国将定期举行各级别的政治对话，以便推动两国在政治、经济、科技、军事、文化等领域的合作。伊万诺夫重申，尽管俄罗斯坚决反对北约东扩，但它不会阻碍俄捷双边关系的发展。2001～2005 年，两国外长每年交替举行一次工作访问。2001 年 3 月，俄罗斯议会联邦委员会主席斯特罗耶夫访问捷克。10 月，俄罗斯总理卡西亚诺夫访问捷克，两国签署《政府间避免危险军事活动的协定》和《政府间军事技术合作协定》。2002 年 4 月，捷克总理泽曼对俄罗斯进行正式访问，与俄总理卡西亚诺夫就解决俄欠捷债务问题和开展经贸合作等问题广泛交换了意见，双方签署了俄向捷提供军用品以抵销部分欠款的协议，以及两国国防部开展合作的协议。2003 年，俄罗斯国家杜马主席塞雷兹涅夫、俄罗斯议会联邦委员会主席米罗诺娃先后访问捷克，捷克总统克劳斯对俄罗斯进行工作访问。2004 年，捷克议会参议院主席皮特哈特对俄罗斯进行正式访问。2005 年捷克总统克劳斯、总理帕洛贝克、捷克参议院主席索博特卡访问俄罗斯，两国签署了《政府间经济、工业和科技合作协定》并举行了捷俄政府间经济、工业和科技合作委员会第一次会议。2006 年 3 月，俄罗斯总统普京对捷克进行正式访问。他表示，俄罗斯对 1968 年 8 月苏军占领捷克斯洛伐克负有道德责任。

2007～2008 年，俄罗斯试图阻止美国在捷克和波兰部署导弹防御系统，并威胁说如果导弹防御系统建成，俄罗斯的导弹将对准捷克和波兰，以及 2008 年 8 月的俄格冲突事件和 2009 年 1 月发生的俄乌天然气之争，均引起捷克对俄罗斯的疑虑和担忧。而捷克政府支持美国在其境内部署反导导弹，引起俄罗斯的不满。捷俄两国关系趋于冷淡，从 2005 年起两国外长定期会晤机制中断。

2013 年，捷俄关系发生了积极的变化。在这一年，主张与俄罗斯加强经贸合作的泽曼担任捷克总统，俄罗斯议会上议院议长瓦伦蒂娜·马特维延科访问捷克，捷克总理内恰斯访问俄罗斯。2013 年初，捷克外交部发表声明称，捷克视俄罗斯为重要的伙伴，希望在相互尊重的基础上与俄罗斯扩大和深化合作。5 月，捷克总理内恰斯率领庞大的经贸代表团访问了圣彼得堡、叶卡捷琳堡和索契，旨在帮助捷克公司和投资者更好地在俄罗斯市场上立足。双方签署了关于在能源和机械工业领域加强合作的一系列协议。俄罗斯总统普京表示，俄罗斯视捷克为传统的伙伴，高度重视与捷克的合作。内恰斯总理高度评价捷俄两国之间的政治对话以及地方合作，认为俄罗斯是捷克的战略经济伙伴。

2014年乌克兰危机爆发后，作为欧盟和北约成员国的捷克与俄罗斯的关系发展，受到欧盟与俄罗斯以及北约与俄罗斯之间政治和军事紧张局势的影响。尽管捷克总统泽曼和一些政府领导人质疑对俄罗斯制裁的作用，但捷克依然参与了欧盟对俄罗斯的经济制裁。2015年捷克政府通过的《捷克外交政策构想》中关于俄罗斯的内容如下："尽管俄罗斯目前正在从根本上破坏欧洲安全架构的稳定，但作为联合国安理会常任理事国，它在解决许多具有国际重要性和需要与之合作的问题上发挥了重要作用。就潜力而言，俄罗斯是捷克和欧盟的重要政治和经济伙伴。捷克对俄罗斯的政策，包括政治和经济接触的程度，将取决于俄罗斯联邦对国际法及其邻国的领土完整和主权的尊重。在目前的状态下，捷克将努力与俄罗斯联邦进行建设性合作，特别是在经济和文化领域，并与俄罗斯民间社会进行尽可能广泛的接触。长期目标是克服当前的问题并建立伙伴关系。"

由于俄罗斯不少高官被列入欧盟制裁名单而无法访问捷克，捷俄双方商定在国际活动上或通过视频会议进行磋商。2015年和2017年，捷克总统泽曼访问俄罗斯，积极推动捷俄经贸合作的发展。2018年10月，捷克议会众议院主席翁德拉切克对俄罗斯进行访问，旨在改善捷俄关系和加强政治对话，并讨论影响捷克企业在俄罗斯开展业务的实际问题。翁德拉切克指出，由于许多国际问题，捷克与俄罗斯之间的关系低于应有的水平。

自2018年以来，捷俄关系受到一系列事件的冲击而显著恶化，政治互信减弱。这些事件是：围绕俄罗斯前特工在英国"中毒"身亡，捷克支持英方立场驱逐了3名俄方外交官，俄罗斯随即指责捷克生产大规模杀伤性武器；面对俄罗斯和美国递交的引渡申请，捷克决定向美国引渡俄罗斯黑客叶夫根尼·尼库林；捷克安全情报局每年发布报告称俄罗斯是捷克的安全威胁；俄罗斯司法部将捷克人道主义组织"需要帮助的人"列入不受欢迎的组织名单；捷克议会通过关于将8月21日确立为国定假日的提案，以纪念1968年华沙条约军入侵捷克斯洛伐克以及随后由苏军占领的受害者；布拉格市政当局用俄罗斯反对派政治家的名字命名俄罗斯大使馆所在的广场和附近的长廊；布拉格六区政府拆除苏联红军解放布拉格的象征——科涅夫元帅纪念碑；在布拉格雷波日耶区建造了纪念第二次世界大战期间向纳粹德国效忠的苏联伪军——俄罗斯解放军纪念碑；俄罗斯极左翼政党"另一个俄罗斯"的几名成员袭击了捷克驻俄罗斯使馆，向使馆投掷烟幕弹；捷克和俄罗斯互相驱逐两名外交官。2020年是世界反法西斯胜利75周年，也是新冠肺炎疫情在全球蔓延的一年，捷俄之间关于历史和现实问题的分歧与矛盾加大，双边关系急剧恶化。2021年4月，捷克指责俄罗斯情报部门要对2014年捷克东部地区一弹药库爆炸事件负责，并因此驱逐18名俄罗斯外交官。俄罗斯随即采取反制措施，驱逐20名捷克外交官。2021年5月，俄罗斯政府宣布将捷克列入对俄不友好国家名单。捷俄关系降至1993年捷克独立以来最低点。

在经济领域，捷克长期从俄罗斯进口石油和天然气以满足经济生产的需求。20世纪90年代上半期，由于俄罗斯政治和经济形势不稳定，捷克政府决定实现能源供应来源多样化。截至2020年，俄罗斯依然是捷克能源供应的主要来源地。俄罗斯在继承苏联遗产的同时，也继承了苏联对捷克的欠债。到20世纪90年代末，俄罗斯欠捷克债务达37亿美元。2001年，债务偿还问题取得突破，捷俄不仅解决了全部债务中的25亿美元，而且签署关于偿还剩余债务的协议。根据此协议，2020年前，俄罗斯向捷克支付4亿美元的现金和供应7亿美元的商品，其中大部分是军事设备和核燃料。

捷俄除开展贸易合作以外还互相建立了一批合资企业。自2015年起，捷克向俄罗斯的商品出口呈增长趋势，从俄罗斯的进口则出现波动，主要是由于石油和天然气价格的变化。在捷克与俄罗斯的商品贸易关系中，捷克长期存在贸易逆差，只有2018年出现顺差。2019年，两国双边贸易额92.7亿美元，捷克向俄罗斯出口额为43.0亿美元，从俄罗斯进口额为49.7亿美元。捷克主要向俄罗斯出口机动车的车身和零配件、自动数据处理设备、婴儿车及玩具、药品、发动机、电气设备和塑料等，捷克主要从俄罗斯进口矿物燃料、天然气和其他气态碳氢化合物、非合金钢半成品、机动车、核燃料电池反应堆、铝、橡胶和橡胶制品等。传统上，捷克在服务贸易领域对俄罗斯存有大量顺差，主要原因是俄罗斯公民喜爱到捷克旅游。2019 年，俄罗斯旅游者在捷克消费 140 亿捷克克朗。捷克主要从俄罗斯进口电信、计算机和信息服务，2019 年进口价值 20 亿捷克克朗的服务。

除了传统的燃料能源和木材加工业以外，捷俄之间最有发展前景的投资领域包括金融业、建筑业、服务业、包装业、旅游业以及消费品和食品的生产。

在人文交流领域，《捷俄政府间文化、科学和教育协议》为两国合作与交流奠定了基础。两国文化交流活动主要在具有伙伴关系的文化机构之间直接开展。根据两国教育部间签署的合作协议，每年双方可互换数十名学生、语言教师和高校工作者。捷克境内有大约 4 万名俄罗斯移民，他们成为仅次于斯洛伐克、乌克兰和越南移民的第四大群体，他们中受过高等教育的人士和企业家比例较高。俄罗斯移民没有为融入捷克社会做出很大的努力，他们在布拉格形成了一个俄罗斯社区，彼此用俄语交流。俄语曾经是 1989 年剧变前捷克斯洛伐克学校教授的第一大外语，30 年后极少数捷克学生在学校学习俄语，俄语成为英语、德语之后的第三大外语，在捷也很难买到俄文书籍。

## 第七节　同中国的关系

中捷人民之间的友好交往源远流长，特别是经贸往来。早在 19 世纪初，捷克一些知名企业如斯柯达、拔佳的代表以及啤酒酿造和玻璃制造专家就来到中国。1949 年 10 月 6 日，捷克斯洛伐克与新中国建交，它是世界上第五个承认并与新中国建交的国家。建交 71 年来，随着中捷两国各自命运的变迁和国际环境的变化，双边关系经历了起伏，但友好合作是主旋律。

1989 ~ 1992 年是两国关系面临新的挑战时期。1989 年 11 月捷克斯洛伐克政局发生剧变后，对华政策的优先方面是与中国保持适当的关系，并参与中国的经济建设。中国政府尊重捷方自己选择的国家发展道路，认为两国社会制度、意识形态和价值观念的差异不应成为发展国家间关系的障碍，愿意在和平共处五项原则基础上继续与捷克斯洛伐克发展友好关系。1991 年 9 月，国务委员兼外长钱其琛访捷；同年 12 月，捷克斯洛伐克总理恰尔法访华。随着 1991 年两国贸易由政府间记账方式改为现汇支付，双边贸易额一度严重下滑，趋于平稳后仍然保持在较低水平。1992 年两国贸易额仅为 2.1 亿美元，远低于 1988 年的贸易额 9.18 亿美元。

1993 年 1 月 1 日，捷克共和国成为独立主权国家，中国是最早承认并与之建交的国家之一。中国尊重捷克人民的选择，愿意在和平共处五项原则基础上继续与捷克保持和发展友好合作关系。捷克在重点发展同西方国家关系的同时，希望与中国开展经贸合作。

**政治关系**　自 1993 年起，中捷两国政治关系的发展较为曲折，然而，两国仍保持了一定程度的高层互访。1993 年 6 月，捷克外长泽列涅茨访华。1994 年 10 月，捷克总理克劳斯访华，两国外交部签署换文协议，确认中国与捷克斯洛伐克联邦缔结的条约、协定继续有效。1995 年 1 月，捷克驻上海总领馆开馆。1996 年 4 月，中国副总理兼外长钱其琛访捷。1999 年，捷克外长卡万和总理泽曼先后访华。在泽曼总理访华期间，双方发表《中华人民共和国政府与捷克共和国政府联合公报》。

2003 年 2 月，克劳斯当选捷克总统后，中国国家主席江泽民致信表示祝贺。两国开始不断加深政治互信，在联合国和国际组织中的合作富有成效。2004 年 4 月，捷克总统克劳斯对中国进行为期 11 天的国事访问，这是捷克独立以来总统首次访华。克劳斯表示，捷克愿与中国加强政治、经济、教育、交通、旅游等领域的交流与合作，开拓两国关系的新阶段。克劳斯还重申捷克政府明确支持中国政府在台湾问题上的立场。2005 年，两国总理实现了互访。这一年，两国签署了《政府间经济合作协定》《农业部之间的农业和食品工业合作协定》《捷克农业部和中国国家林业局之间在林业领域的合作协定》。

在中国提出"中国—中东欧国家合作"和"一带一路"倡议后，捷克开始积极调整对华政策，抛弃意识形态偏见，注重经济外交。2012 年 4

月，捷克总理内恰斯出席了中国与中东欧 16 国领导人在波兰华沙举行的首次会晤。他向捷克媒体表示，与中国加强合作为双方提供了更多的贸易和投资机遇，捷克需要制定系统的对华政策。2013 年泽曼当选捷克总统以及 2014 年初成立以捷克社会民主党为主体的联合政府后，捷克高度重视发展对华关系，把发展捷中关系作为其对外政策优先方向之一。中捷两国关系从此进入历史上发展最快、成果最多的新阶段。2014 年，捷克外长在时隔 15 年后访华，捷克总统在时隔 10 年后访华。2015 年 11 月，索博特卡总理来华参加第四次中国—中东欧国家领导人会晤，两国政府签署了共同推进"一带一路"建设的谅解备忘录。捷克是欧盟国家中最早与中国签署类似文件的国家之一。2016 年 3 月中国国家主席习近平对捷克进行了具有里程碑意义的历史性访问，双方签署了《中华人民共和国和捷克共和国关于两国建立战略伙伴关系的联合声明》，以及涉及经贸合作和人文交流的 30 个合作协议，中捷关系上升到一个新的高度。在 2016 年 11 月第五次中国—中东欧国家领导人会晤期间，中捷两国政府签署了《在"一带一路"倡议框架下的双边合作规划》，双方商定在基础设施建设、投资、工业和贸易、能源资源、科技与研发、金融、运输与物流、医疗卫生、民用航空、标准与认证、农业、文化、旅游、体育、教育、环境、地方合作、"网上丝绸之路"合作和智库合作等 19 个领域加强合作。这是我国与欧洲国家共同编制的首个双边合作规划，是落实中捷两国领导人共建"一带一路"共识的重要举措和具体表现，树立了共建"一带一路"的合作新典范。在 2017 年 5 月召开"一带一路"国际合作高峰论坛期间，中捷两国政府签署了《关于共同协调推动"一带一路"倡议框架下合作规划及项目实施的谅解备忘录》，确定建立"一带一路"中捷合作中心，以推动项目对接和落地实施。2014～2017 年，捷克总理索博特卡连续四年参加了中国—中东欧国家领导人会晤，泽曼总统则先后三次访华：2014 年 10 月，泽曼总统率领历史上最庞大代表团访华，与中方达成金融、医疗、航空、采矿等多个领域的合作协议；2015 年 9 月，泽曼总统作为唯一欧盟国家元首赴华出席中国纪念世界反法西斯战争暨抗日战争胜利 70 周年阅兵仪式；2017 年 5 月，泽曼总统率领由政府高官和企业家组成的庞大代表团来华出席首届"一带一路"国际合作高峰论坛，他评价"一带一路"倡议是现代历史上意义最深远的工程。政治互信的加强促使两国不断加深和拓展相互合作，捷克成为中国—中东欧国家合作和"一带一路"倡议框架下中国重要的经贸合作伙伴之一。

2017 年底巴比什政府上台执政，它希望与中国保持平衡、互利的关系。2018 年初米洛什·泽曼总统获得连任，他继续积极推动中捷经贸合作。在 2018 年 11 月泽曼总统率经贸代表团来华出席首届中国国际进口博览会。2019 年 4 月，泽曼总统再次率经贸代表团来华出席第二届"一带一路"国际合作高峰论坛。然而，随着 2018 年 10 月捷克议会参议院选举和地方选举后政治力量对比发生明显变化，以及美国加紧拉拢中东欧国家对抗中国，中捷关系再现波折。

在 2020 年 1 月中国出现新冠肺炎疫情后，捷克政府和民间机构伸出援手，支持中国抗疫。3 月捷克新冠肺炎疫情严峻时，中国在医疗防护物资的采购和运输方面给予了大力支持和帮助，极大缓解了捷克面临的困境。中国一些省市、在捷克的中资企业和华人华侨也积极捐款捐物。

**经贸合作** 经贸合作是中捷关系的重要领域，即便在政治关系出现波折的时期，经贸合作依然得到发展。在"17＋1 合作"和"一带一路"建设的推动下，两国不断发挥在金融、基础设施、电子、通信、机械和旅游等领域的互补优势，深挖合作潜力，实现合作共赢。

1993 年 2 月，《捷中海关事务合作协定》生效。同年 11 月，两国政府签署了新的贸易协定。1994 年，中捷经济联委会成立，每两年交替在对方国家召开例会。

1999 年，两国经贸关系取得新的进展，双方经贸部的主要官员进行了互访，两国企业签署了中方进口捷方两套五十万千瓦电站设备的合同。

2004 年 4 月，捷克经贸代表团随同克劳斯总统访华，两国企业签署了关于捷方供应汽轮机和加工机械的合同。2010 年 12 月，捷克 PPF 集团下属捷信集团成为中国首家外资消费金融公司。

2014 年 8 月，第二次中国—中东欧国家地方领导人会议暨"2014 年中国投资论坛"在布拉格举行。会上，中国和中东欧国家省州长联合会宣布成立，中国投资论坛也被纳入中国—中东欧国家合作框架，每年在布拉格举行。中捷两国也恢复了一度因双方政治关系冷淡而中断的政府间经济联合委员会，以促进双边贸易和双向投资。

2017 年 6 月，捷克担任在浙江宁波举行的中国—中东欧国家投资贸易博览会主宾国。7 月，两国在"一带一路"框架下的"中捷合作中心"首次工作组会议在捷克召开。

捷克一度发展成为中国和中东欧地区之间的交通枢纽。自 2015 年海南航空公司开通北京至布拉格直达航线后，2016 年东方航空公司和四川航空公司开通了上海至布拉格和成都至布拉格的直达航线。2017 年东方航空公司西北分公司又开通了西安至布拉格直达航线。中国开通了四条直飞布拉格的航线，极大便利了两国企业和个人的往来。中国成为捷克在欧盟外最大的外国游客来源国，2019 年中国赴捷克旅游人数为 61.2 万。

中捷两国形成了快捷的货物运输通道。自 2012 年开通武汉至捷克帕尔杜比采的首趟中欧班列以后，2017 年开通了由布拉格驶往义乌的中欧班列。2020 年 3 月，"齐鲁号"中欧班列正式首发，从山东兖州开往布拉格。6 月，从西安发出的装载着医疗物资的中欧班列专列抵达帕尔杜比采。除了中欧班列以外，申通快递开通了香港至布拉格的全货机包机运输，中远海运集运（中欧）公司的总部设在布拉格。

布拉格聚集了多家中国金融机构的分支机构。自 2015 年 8 月中国银行在布拉格设立分行以后，2017 年 9 月中国工商银行布拉格分行正式开业。2019 年 5 月，交通银行在布拉格设立的分行正式开业，这是交通银行在中东欧地区开设的第一家分行。

中捷双边贸易额持续增长。根据中方统计数据，从 2014 年起中捷双边货物进出口额连续六年突破 100 亿美元，2019 年达到 176.0 亿美元，比 2018 年增长 7.9%（见表 8-2）。从 2006 年起，中国是捷克在欧盟外最大贸易伙伴和第二大进口来源地。如今，捷克是中国在中东欧地区仅次于波兰的第二大贸易伙伴。中国主要向捷克出口机电产品、光学仪器、钟表、医疗设备和运输设备等，中国主要从捷克进口机电产品、化工产品、运输设备、贱金属及制品等。根据捷克央行的统计，捷克对中国的服务贸易出口额逐年递增，从

2014 年的 89.7 亿捷克克朗提高到 2018 年的 159.4 亿捷克克朗。主要出口类别
是旅游、研发、知识产权使用、航空运输和其他运输、电信服务和计算机领
域的服务等。

表 8 - 2 2014~2019 年中捷双边贸易

单位：亿美元

| 年份 | 中国出口额 | 中国进口额 | 贸易平衡 | 双边贸易额 |
| --- | --- | --- | --- | --- |
| 2014 | 79.9 | 29.9 | 50.0 | 109.8 |
| 2015 | 82.3 | 27.8 | 54.5 | 110.1 |
| 2016 | 80.6 | 29.5 | 51.1 | 110.1 |
| 2017 | 87.9 | 37.0 | 50.9 | 124.9 |
| 2018 | 119.1 | 44.0 | 75.1 | 163.1 |
| 2019 | 129.7 | 46.3 | 83.4 | 176.0 |

数据来源：中国商务部欧洲司。

中捷双向投资也有所推进。根据中方统计数据，截至 2020 年 3 月，
中国累计批准捷克企业在华投资项目 506 个，捷方实际投入 3.1 亿美元。
中国在捷克各类直接投资累计 18.1 亿美元，中国在捷克工程承包完成营
业额 6.2 亿美元。近年来，中国对捷克的投资从传统行业向高科技领域发
展，从股权并购向绿地投资方向发展。目前，在捷克的中资企业有 40 多
家，创造了大约 6000 个就业岗位，从事生产、研发、贸易、能源和服务
业等。代表性企业有延峰汽车内饰系统有限公司、北京京西重工有限公司
（生产汽车零部件）、华为技术有限公司、中兴通讯股份有限公司、联洲技
术有限公司（信息通信）、四川长虹电器股份有限公司、海信集团（生产电
视机）、浙江正泰电器股份有限公司（电器制造）、西安陕鼓动力股份有限
公司（能源）、万向集团（制造业）和中远集装箱运输有限公司等。

捷克在中国有两大重要的投资企业，一是 2010 年在中国成立了捷信
消费金融有限公司的 PPF 集团，在中国市场提供个人消费贷款。截至
2020 年 10 月，它在中国的业务已覆盖 29 个省份 312 个城市，拥有 5 万名
员工和超过 25 万个贷款服务点。二是斯柯达汽车公司。斯柯达汽车公司
是捷克最大的汽车制造商，而中国是其全球最大的单一市场。中国是捷克

知名品牌佩卓夫钢琴的最大海外市场，其他进入中国市场的捷克企业主要涉及机械制造、生物技术、纺织、信息技术、医疗卫生设备、玻璃制造、民用航空、交通设备等行业。中捷两国在民用航空方面的合作不断深化，捷克企业在飞行员培训、无源雷达系统销售、超轻型飞机生产方面与中方积极合作。捷克 ERA 公司的空中交通管理识别产品在中国多个机场投入使用，包括北京大兴国际机场。

**人文交流** 在文化领域，从 1996 年起，两国文化部定期签署"三年期或五年期文化合作议定书"。在捷克举办中国电影周、中国传统工艺品展、中国丝绸文化展、中国文化节、中国民乐和民族歌舞演出活动、"欢乐春节"庙会活动、"今日中国"文化周等活动和中国一些省市的文化和旅游推介活动。在中国举办捷克电影周、捷克画展、捷克交响乐队演出、捷克玻璃展、"一带一路捷克年"等活动，中捷两国合拍电影《有一个地方只有我们知道》、二战题材电视剧《最后一张签证》和动画片《熊猫和小鼹鼠》。

在科技领域，1995 年 6 月，两国重签政府间科技合作协定。每隔三年左右举办中捷政府间科技合作委员会例会，商定未来几年的科技合作项目，涉及农业、生物、材料、医药、物理等领域。2014 年 10 月，两国签署《中捷两国医疗卫生战略合作的谅解备忘录》。2015 年 6 月，首届中国—中东欧国家卫生部长论坛在捷克举行；中国疾病预防控制中心与捷克国家公共卫生研究院签署合作谅解备忘录；中国－捷克中医中心在赫拉德茨－克拉洛韦附属医院成立，这是中东欧地区首家中医中心。2019 年 4 月，中国－捷克中医中心落户布拉格，旨在向捷克社会各界进行中医药教学科普工作和传播中医药文化。

在教育领域，从 1996 年起，两国教育部定期签署教育交流协议。在对等原则基础上，两国互派留学人员。2007 年，捷克第一所孔子学院在帕拉茨基大学正式成立，中国 15 所大学在捷克举办中国教育展。2016 年 3 月，中国科学技术部与捷克教育、青年和体育部签署《关于共同支持联合研发的谅解备忘录》。同年 10 月，两国教育部签署《中捷高等教育学历学位互认协议》。2018 年 11 月，布拉格金融管理大学孔子学院揭牌。

至 2020 年，捷克有 3 所大学开设汉学专业，中国有 9 所院校开设捷克语本科专业，另有 8 所院校开设捷克研究中心或语言选修课程。

## 第八节 同欧盟和北约的关系

### 一 同欧盟的关系

1989 年政局剧变后，捷克斯洛伐克积极发展同欧共体的关系。1989 年 12 月，联邦政府总理马里安·恰尔法致信欧洲共同体委员会主席雅克·德洛尔，表达希望加入欧洲共同体的意愿。1990 年 4 月，捷克斯洛伐克与欧洲共同体签署经贸合作协定。1991 年 12 月，捷克斯洛伐克与欧共体签署《欧洲协定》（也称《联系国协定》），但联邦解体中断了《欧洲协定》的审议进程。

1993 年 1 月 1 日独立后，加入欧盟是捷克各届政府外交政策的优先目标之一。捷克与欧盟的合作在"临时协定"的基础上继续进行。1993 年 6 月，欧共体哥本哈根首脑会议做出了有关扩大的承诺，并制定了接纳中东欧联系国入盟的政治、经济和法律标准。同年 10 月，捷克与欧共体签订了新的联系国协定（1995 年 2 月 1 日生效），旨在为双方开展政治对话提供法律框架、支持双方经贸关系的发展、为欧共体提供技术和法律援助奠定基础，以及为捷克逐步融入欧洲一体化创造合适的平台。1996 年 1 月，捷克总理克劳斯向欧盟正式递交了入盟申请。1997 年 7 月，欧盟委员会将捷克纳入在中期可以满足所有成员国资格条件的首批 5 国之列，建议与捷克开始入盟谈判。同年 12 月，欧洲理事会决定邀请捷克参加入盟谈判。

1998 年 3 月，正式启动了入盟谈判进程，直至 2002 年 12 月结束。1998 年泽曼领导的捷克社会民主党上台执政后致力于捷克与欧盟的立法趋同，促使捷克入盟进程加速。克劳斯领导的捷克政坛上另一大党公民民主党虽然不反对捷克加入欧盟，但对欧洲一体化方式有独特的见解，认为欧盟成员国之间的合作应限定于经济层面。2001 年，该党发表了《捷克现实主义宣言》，指出欧盟深化合作导致成员国主权受到限制并最终消亡，而民族国家的解构与捷克民族利益不符。该党对欧盟的看法影响了相当一部分民众。欧盟跟踪了解申请国入盟准备情况的主要工具是欧盟委员会从1998年起定期发布的评估报告，分析各个申请国履行入盟标准的情况，指出在入盟准备方面的不足。1997～2002年，欧盟委员会针对捷克发布了6份评估报告，最经常被批评的领域有国家行政管理、司法体系、罗姆族人的社会生存状况和经济结构改造等。

2003年4月，捷克政府在雅典签署了入盟条约。同年6月，捷克举行了入盟全民公决。投票率为55.2%，赞同入盟的比例为77.3%。捷克总统克劳斯是申请入盟国家领导人中唯一不明确鼓动选民支持本国入盟的政治家，他仅是呼吁民众参加全民公决并自己做出决定。

2004年5月1日，入盟条约生效，捷克成为欧盟全权成员国。同年6月，捷克向欧洲议会派出24名议员。同年11月，捷克前总理什皮德拉开始担任欧盟委员会委员，负责就业、社会问题和平等机遇等事务。

加入欧盟后，捷克外交政策的优先领域是：国家安全（包括能源安全）、国家的经济利益、与邻国的友好关系、中欧地区合作、欧盟的建设、跨大西洋联系、欧盟与北约之间的合作、西巴尔干国家的稳定化与融入欧洲一体化、与东欧国家的关系、世界各国的人权与民主。在欧盟框架内，捷克不仅主张加强跨大西洋联系，而且倾向于欧盟是一个较为松散、采取更多政府间合作形式的组织。捷克是中东欧国家中从欧盟成员国身份获利最多的国家：经济持续快速增长、竞争力强、失业率低、贫富悬殊小、安全度高、最接近西欧发达国家的经济水平。按购买力平价计算人均GDP，捷克从2004年相当于欧盟平均水平的78%提高到2019年相当于欧盟平均水平的92%。然而，捷克是欧盟成员国中持欧洲怀疑主义态度最为突出的国家之一，主要表现为以下五个方面：

第一，在欧盟成员国中最后一个批准《里斯本条约》。2009年2月，捷克议会众议院批准了《里斯本条约》。同年5月，捷克议会参议院批准了《里斯本条约》。在2009年下半年，克劳斯总统支持部分议员再次提请宪法法院审议《里斯本条约》的合宪性，同时表示要在爱尔兰第二次全民公决结果出来之后再决定是否签字。后来，克劳斯总统以第二次世界大战结束后初期的"贝奈斯总统法令"存有争议作为捷克不参加《里斯本条约》中《基本人权宪章》的理由。在他的要求得到欧盟领导人同意后，克劳斯总统在 2009 年 11 月签字。

第二，绝大多数捷克人反对采用欧元。在 2003 年签订加入欧盟条约时，捷克承诺一旦满足马斯特里赫特趋同标准就将采用欧元，但至 2020 年没有确定采用欧元的日期。欧元区债务危机爆发后，捷克政府对加入欧元区的兴趣明显下降。根据捷克科学院社会学所民意研究中心 2019 年 4 月进行的调查结果，只有五分之一的捷克人支持加入欧元区，四分之三的捷克民众持反对态度，其中有一半的捷克民众强烈反对采用欧元。

第三，对欧盟应对欧元区债务危机的举措持观望和犹疑态度。由于担心欧盟在税收领域协调政策，捷克没有加入《欧元附加协议》。2013 年 4 月，捷克新上任的总统泽曼签署了允许建立欧洲稳定机制的《里斯本条约》修正案，在欧盟成员国中最后一个完成欧洲稳定机制批准程序。2012 年 3 月，欧盟 27 个成员国中除捷克和英国外 25 个国家签署了《预算责任条约》，即《财政契约》。直至 2019 年 3 月，捷克才加入。

第四，反对欧盟采取的强制性分配难民制度。2015 年 9 月，欧洲理事会以有效多数通过强制性分配难民制度。在 12 万名难民中，捷克应该安置大约 3000 名。在 2015 年 10 月至 2017 年 9 月间，捷克只接收了 12 名难民。为此，捷克遭到欧盟领导人和西欧老成员国的批评。2017 年 12 月，欧盟委员会因捷克拒绝重新分配难民向欧洲法院提起诉讼。

第五，两任总统质疑欧洲一体化进程。2003～2013 年担任捷克总统的克劳斯批评欧洲一体化和欧盟的运作，主张经济自由，拒绝欧盟的政治集中制，认为在任何比民族国家更大的组织结构中不可能存在行政权的民主可控性。自捷克入盟之日起，克劳斯始终拒绝在总统府升挂欧盟旗帜。2013 年泽曼担任新一届总统后，在总统府升挂了欧盟旗帜，并签署了曾遭到克劳斯拒绝的旨在推进欧洲一体化的协议。但如今泽曼也被公认为捷克最质疑欧盟的政治家之一，他反对欧盟干预成员国内政，拒绝欧盟强制性难民配额制度，批评欧盟委员会不应该扮演欧盟政府的角色，在英国脱欧公投后不久支持关于退出欧盟的全民公决（他表示自己会投票反对脱欧）。

在 2009 年上半年担任欧盟轮值主席国期间，捷克成为欧盟的中心，它积极利用这一机会发挥在欧盟的影响力。捷克在欧洲一体化进程受阻、金融危机波及全球和俄乌天然气之争等一系列危机背景下担任欧盟轮值主席国，但它依然正式启动了"东部伙伴关系计划"，举办了欧盟—美国峰会、欧盟—日本峰会、欧盟—加拿大峰会、欧盟—中国峰会、欧盟—俄罗斯峰会，推动了欧盟的金融改革，为能源供应多样化做出了贡献，最终因国内政治争斗导致政府提前垮台而影响了在欧盟的声誉。

欧盟不仅是捷克重要的经贸合作伙伴，而且欧盟基金是捷克经济上追赶西欧发达国家、缩小不同地区贫富差距的工具。捷克是出口导向型经济体，对外贸易在其经济中占有重要位置，国内生产总值的 80% 左右依靠出口实现，而捷克向欧盟单一市场的出口额占捷克出口总额的 85%。从 2004 年 5 月加入欧盟至 2018 年 5 月，捷克从欧盟基金获得 12000 亿捷克克朗。在同一时期，捷克向欧盟预算贡献了 5150 亿捷克克朗，净收益为 6850 亿捷克克朗，这相当于捷克国内生产总值的四分之一。欧盟基金平均每年为捷克国内生产总值贡献 1.23%。

## 二　同北约的关系

在 20 世纪 90 年代初，捷克斯洛伐克就致力于加入北约。自 1991 年起，捷克斯洛伐克向北约总部派驻观察员，与北约建立起正式的军事联系。同年底，捷克斯洛伐克成为北约合作理事会成员国。

1993 年独立之后，捷克政府认为，北约对于欧洲安全的作用不可替代，故将加入北约确立为外交政策优先目标之一。总统哈韦尔也逐渐从政局剧变后初期拥护平行取消华约和北约的立场，转变为大力支持捷克加入北约。

1994 年 3 月，捷克签署"和平伙伴关系计划"。1995 年 6 月，北约成员国与参加"和平伙伴关系计划"的其他国家签署了关于武装力量地位的协定和附加议定书。同年 11 月，捷克正式参加了上述协定，承诺允许北约成员国在捷克境内部署武装力量进行演习和开展其他活动。1997 年初，捷德两国总理签署《和解宣言》。双方保证，历史遗留的政治和法律问题不会成为两国关系发展的障碍，应以向前看的眼光看待两国关系。从某种意义上说，该宣言的签署是捷克加入北约的某种初级阶段，既赢得德国对其融入欧洲大西洋框架的支持，又满足了美国外交政策中欧洲计划的要求，即解决新生民主国家与邻国的矛盾。

1997 年 7 月，北约马德里峰会邀请捷克参加入约谈判。入约问题没有经过全民公决，只是议会参众两院就加入条约进行了表决。1998 年 4 月，众议院以 154 票赞同 38 票反对通过条约，参议院以 64 票赞同 3 票反对通过条约。1999 年 2 月，哈韦尔总统签署《捷克加入北约议定书》。同年 3 月，捷克成为北约正式成员国。

加入北约后，捷克积极融入北约的政治和军事结构，注重深化与北约盟友的关系，特别是与美国的关系，强调美国在欧洲的存在是欧洲稳定与安全的保障。1999 年 4 月，捷克议会同意政府关于北约军用飞机在捷克境内着落、停留和过境以及参加巴尔干军事行动的北约部队过境捷克的提案。5 月底 6 月初，北约在捷克实施名为"合作守卫 99"的军事演习，共有 26 个国家参加。捷克从 1999 年起参加北约在科索沃的行动，从 2004 年起参加北约在阿富汗的行动以及从 2005 年起参加北约在伊拉克的行动。

2002 年 11 月，北约在布拉格举行峰会，来自北约成员国和"和平伙伴关系计划"参加国的领导人和代表与会。从 2002 年起，捷克外交部在布拉格建立了关于北约的信息中心。此外，在比尔森的西捷克大学也有关于北约的信息中心。

2007 年，捷克政府不顾一些欧洲盟国的反对，做出了支持美国在其境内建立雷达预警基地的战略决策。后来由于执政联盟内的绿党坚持在北约框架内签订关于在捷克境内建立雷达预警基地的多边协定，而不是在美国和捷克之间签订双边协定，捷克开始积极倡导将美国中东欧反导计划纳入北约框架。2008 年 4 月，在北约布加勒斯特峰会上，北约成员国就美国的中东欧反导计划纳入北约框架达成共识。

2009 年 3 月 12 日，在布拉格举行了关于北约扩大 10 周年的国际会议，北约秘书长夏侯雅伯前来参会。他表示，1999 年 3 月，捷克和波兰、匈牙利加入北约意味着冷战最终结束。

在乌克兰危机爆发后，美国与俄罗斯的关系恶化，美国计划扩大在欧洲特别是在北约新成员国的军事部署。2014 年 6 月，美国总统奥巴马于波兰华沙宣布，美国拟向欧洲派遣更多军人、调动更多军事设备以应对新的安全挑战。捷克总理索博特卡随即表示，捷克没有因乌克兰危机而感到军事上直接受到威胁，因此现在和今后都不会要求加强北约部队在欧洲的军事存在。他主张通过政治途径而不是军事手段解决乌克兰危机。

2019 年 3 月，捷克在总统府和外交部举行活动纪念加入北约 20 周年，北约前秘书长罗伯逊和美国前国务卿奥尔布莱特参会。捷克意识到，应该承担作为北约成员国的责任和义务，包括提高国防预算开支占国内生产总值的比例。

2021 年 4 月，美国宣布对俄罗斯新的制裁包括驱逐俄外交官，波兰、乌克兰和捷克紧跟其后。在捷俄发生外交冲突后，北约所有成员国对捷克表示支持。

# 大事纪年

| | |
|---|---|
| 公元前 400 年 ~ 公元初年 | 铁器时代晚期；凯尔特部落进入捷克和摩拉维亚地区。 |
| 公元初年 | 日耳曼部落赶走捷克和摩拉维亚境内的凯尔特部落。 |
| 公元初年至 4 世纪 | 罗马帝国时代，多瑙河流域罗马帝国行省发挥影响力。 |
| 5 ~ 6 世纪 | 民族迁徙时期。 |
| 6 世纪上半叶 | 斯拉夫部落来到捷克和摩拉维亚地区。 |
| 大约 623 ~ 659 年 | 萨莫帝国。 |
| 830 ~ 907 年 | 大摩拉维亚帝国。 |
| 863 年 | 西里尔和美多德基督教使团来到大摩拉维亚帝国。 |
| 871 ~ 894 年 | 斯瓦托普卢克统治大摩拉维亚帝国，对捷克地区拥有主权。 |
| 9 世纪末 ~ 1306 年 | 普热米斯尔王朝。 |
| 大约 885 年 | 捷克公爵博日沃伊将府邸从列维赫拉德茨迁移到布拉格。 |
| 924 ~ 935 年 | 瓦茨拉夫一世（圣瓦茨拉夫）统治时期，捷克依附东法兰克帝国。 |
| 955 年 | 博列斯拉夫一世与德意志国王奥托一世联手打败马扎尔人，中止了马扎尔人对 |

| | |
|---|---|
| | 中欧的进犯。 |
| 10 世纪下半叶 | 普热米斯尔家族统治的捷克国家向摩拉维亚、西里西亚和西斯洛伐克和波兰等地扩张领土。 |
| 973 年 | 布拉格主教区建立。 |
| 995 年 | 斯拉夫尼克家族遇害,从此普热米斯尔家族完全统治波希米亚地区。 |
| 大约 1019 年 | 摩拉维亚并入捷克国家。 |
| 1063 年 | 奥洛莫乌茨主教区建立。 |
| 1085 年 | 弗茹迪斯拉夫二世获得国王的称号。 |
| 1125～1140 年 | 索贝斯拉夫一世执政时期,他下令将布拉格城堡建造成石制的罗马式堡垒。 |
| 1158 年 | 弗拉斯拉夫二世获得国王称号。 |
| 1198 年 | 普热米斯尔·奥塔卡尔一世获得世袭国王称号。 |
| 13 世纪 | 捷克乡村和城市殖民兴盛时期。 |
| 1212 年 | 罗马皇帝兼西西里国王腓特烈二世颁布所谓的"金色西西里诏书",提高了捷克国家在罗马帝国框架下的地位。 |
| 1253～1278 年 | 普热米斯尔·奥塔卡尔二世执政时期,他成为奥地利施蒂里亚的君主,向普鲁士发起了十字军远征,建造了城市格拉洛维茨(今加里宁格勒)。 |
| 1278～1305 年 | 瓦茨拉夫二世统治时期,他把捷克、波兰和匈牙利三个王国合并到普热米斯尔王朝手中,开始铸造硬币"布拉格格罗什"。 |
| 1306 年 | 普热米斯尔王朝绝嗣。 |
| 1310～1437 年 | 卢森堡王朝。 |

| | |
|---|---|
| 1319～1329 年 | 上卢日支并入捷克王国。 |
| 1322 年 | 赫布并入捷克王国。 |
| 1327～1335 年 | 西里西亚并入捷克王国。 |
| 1344 年 | 布拉格主教区提升为大主教区。 |
| 1346～1437 年 | 卢森堡家族统治德意志神圣罗马帝国。 |
| 1348 年 | 建立查理大学和布拉格新城。 |
| 1356 年 | 查理四世颁布《黄金诏书》，确立捷克国王在神圣罗马帝国皇帝的候选人中居首位。 |
| 1368 年 | 下卢日支并入捷克王国。 |
| 1415 年 | 扬·胡斯在康斯坦茨被烧死。 |
| 1419～1437 年 | 胡斯革命运动。 |
| 1420 年 | 制定胡斯革命运动的基本纲领——"布拉格四条款"。 |
| 1420～1431 年 | 针对胡斯运动的十字军远征。 |
| 1436 年 | 胡斯教派与巴塞尔宗教会议达成协议。 |
| 1457 年 | 成立兄弟团结会。 |
| 1458 年 | 胡斯教派的贵族伊日·波杰布拉德被捷克地区议会选举为捷克国王。 |
| 1462 年 | 教皇取消胡斯教派与巴塞尔宗教会议达成的协议。 |
| 1469 年 | 捷克境内的天主教徒选举匈牙利国王马加什一世为捷克国王。 |
| 1468～1469 年 | 摩拉维亚脱离捷克王国。 |
| 1471～1526 年 | 雅盖隆王朝。 |
| 1517 年 | 捷克贵族王城达成"圣瓦茨拉夫协议"。 |
| 1526～1918 年 | 捷克成为哈布斯堡君主国的组成部分。 |
| 1526～1780 年 | 哈布斯堡王朝。 |
| 1526 年 | 哈布斯堡王朝的奥地利大公斐迪南被选 |

举为捷克和匈牙利国王，出现中欧哈布斯堡君主国。

| | |
|---|---|
| 1546～1547 年 | 捷克贵族和市民反对专制主义和中央集权。 |
| 1575 年 | 胡斯教派、路德教派和捷克兄弟会教派联合起来制定了草案。 |
| 1609 年 | 鲁道夫二世颁布《宗教自由诏书》，确认《捷克信仰》，保障了新教徒的宗教信仰自由权。 |
| 1618 年 | 在布拉格发生反对哈布斯堡王朝的"抛出窗外事件"，成为席卷全欧的"三十年战争"的导火索。 |
| 1620 年 | 捷克军队在"白山战役"中被哈布斯堡帝国军队打败。 |
| 1627 年 | 捷克恢复地区建制。 |
| 1740～1780 年 | 玛利亚·特蕾莎女王进行开明改革，延续中央集权制。 |
| 1749 年 | 哈布斯堡王朝取消捷克宫廷办公室。 |
| 1780～1918 年 | 哈布斯堡—洛林皇朝。 |
| 1780～1790 年 | 约瑟夫二世改革时期，取消奴隶制，发布宗教宽容令。 |
| 1815～1847 年 | 捷克民族复兴运动时期。 |
| 1848 年 | 布拉格爆发革命；在布拉格召开斯拉夫大会。 |
| 1851～1859 年 | 巴赫专制制度时期。 |
| 19 世纪 60～80 年代 | 捷克政治运动形成时期。 |
| 1867 年 | 出现奥地利—匈牙利二元制国家，捷克属于奥地利。 |
| 20 世纪 90 年代 | 出现了捷克政党体系。 |
| 1905～1907 年 | 争取全民投票权。 |

| | |
|---|---|
| 1914～1918 年 | 第一次世界大战；在国外建立了捷克斯洛伐克军团。 |
| 1915 年 | 捷克和斯洛伐克旅居美国的侨民团体签署了《克利夫兰协议》，首次要求捷克和斯洛伐克民族联合建立独立国家。 |
| 1916 年 | 在巴黎成立"捷克斯洛伐克民族委员会"。 |
| 1918 年 1 月 6 日 | 捷克议员在布拉格发表《三王宣言》，要求按照民族自决原则实现捷克人和斯洛伐克人的国家独立。 |
| 1918 年 5 月 30 日 | 捷克和斯洛伐克旅居美国的侨民签署了关于捷克人和斯洛伐克人组成共同国家的《匹茨堡协定》。 |
| 1918 年 10 月 14 日 | 建立暂时的捷克斯洛伐克政府。 |
| 1918 年 10 月 28 日 | 独立的捷克斯洛伐克国家宣告成立。 |
| 1918～1938 年 | 第一捷克斯洛伐克共和国时期。 |
| 1918～1935 年 | 马萨里克担任捷克斯洛伐克总统。 |
| 1919 年 | 颁布关于土地改革的法律；外喀尔巴阡罗斯并入捷克斯洛伐克；捷克斯洛伐克与波兰发生关于杰欣地区的战争。 |
| 1920 年 | 通过捷克斯洛伐克共和国宪法。 |
| 1930～1934 年 | 捷克斯洛伐克陷入经济危机。 |
| 1935～1938 年，1939～1948 年 | 贝奈斯担任捷克斯洛伐克总统。 |
| 1938 年 | 《慕尼黑协定》；匈牙利和波兰向捷克斯洛伐克提出领土要求；斯洛伐克和外喀尔巴阡罗斯宣布自治。 |
| 1939 年 3 月 14 日 | 斯洛伐克宣布独立。 |
| 1939 年 3 月 15 日 | 纳粹德国占领捷克并宣布成立"捷克和摩拉维亚保护国"。 |

**捷克**

| | |
|---|---|
| 1939 年 11 月 17 日 | 德国纳粹关闭所有捷克大学。 |
| 1940 年 | 开始捷克斯洛伐克国内抵抗运动；在英国建立了独立的捷克斯洛伐克军队；贝奈斯在伦敦组建了流亡政府。 |
| 1941 年 | 英国、苏联和美国承认捷克斯洛伐克流亡政府。 |
| 1942 年 | "捷克和摩拉维亚保护国"总督海德里希遇刺，纳粹德国随即开始疯狂的报复活动。 |
| 1943 年 | 捷克斯洛伐克在苏联的军队参与战斗。 |
| 1944 年 | 斯洛伐克反法西斯武装起义。 |
| 1945 年 5 月 4 日 | 捷克斯洛伐克第一届民族阵线政府通过《科希策政府纲领》。 |
| 1945 年 5 月 5 日至 8 日 | 布拉格起义。 |
| 1945 年 5 月 9 日 | 在苏联红军和美军的帮助下捷克斯洛伐克解放。 |
| 1945 年 | 捷克斯洛伐克正式恢复到《慕尼黑协定》前的疆域（只是外喀尔巴阡罗斯划归苏联）；捷克斯洛伐克成为联合国的共同创始国；贝奈斯总统签署一系列法令。 |
| 1945 ~ 1946 年 | 捷克斯洛伐克驱逐境内德意志族人。 |
| 1946 ~ 1948 年 | 哥特瓦尔德担任政府总理。 |
| 1948 年 | "二月事件"后捷共全面执政；实行共产主义制度；成为苏联的卫星国。 |
| 1948 ~ 1953 年 | 哥特瓦尔德担任总统，扎波托茨基担任总理。 |
| 1953 年 | 货币改革。 |
| 1955 年 | 捷克斯洛伐克成为华沙条约成员国。 |

| | |
|---|---|
| 1960 年 | 捷克斯洛伐克共和国改国名为捷克斯洛伐克社会主义共和国。 |
| 20 世纪 60 年代 | 文化和社会生活部分自由化。 |
| 1968 年 1 月 | 杜布切克担任捷共第一书记，开始对社会主义进行改革，即"布拉格之春"。 |
| 1968 年 8 月 21 日 | 以苏联为首的华沙条约五国部队军事干预"布拉格之春"改革运动；苏军开始占领捷克斯洛伐克。 |
| 1968 年 10 月 27 日 | 通过关于捷克斯洛伐克联邦的宪法性法律。 |
| 1969 年 1 月 | 查理大学学生扬·巴拉赫自焚抗议苏军占领捷克斯洛伐克。 |
| 1969 年 4 月 | 胡萨克代替杜布切克担任捷共中央第一书记，开始"正常化"制度时期。 |
| 1977 年 | "七七宪章"公民运动成立。 |
| 1989 年 11 月 17 日 | 布拉格的大学生组织示威游行，拉开"天鹅绒革命"的序幕。 |
| 1989 年 12 月 29 日 | "公民论坛"领导人瓦茨拉夫·哈韦尔当选总统。 |
| 1990 年 | "公民论坛"和"公众反对暴力"在议会选举中获胜；改国名为捷克和斯洛伐克联邦共和国；苏军开始从捷克斯洛伐克撤离。 |
| 1991 年 | 经互会解散和华约解体；通过《基本权利和自由宪章》；捷克斯洛伐克与欧共体签署《欧洲协定》（也称《联系国协定》）。 |
| 1992 年 6 月 | 公民民主党和"争取民主斯洛伐克运动"在议会选举中分别成为捷克和斯 |

| | 洛伐克最强大政党。 |
|---|---|
| 1992 年 11 月 25 日 | 联邦议会通过《捷克和斯洛伐克联邦共和国解体法》。 |
| 1993 年 1 月 1 日 | 捷克共和国独立。 |
| 1993 年 1 月 16 日 | 哈韦尔当选首任总统。 |
| 1993 年 | 捷克成为欧安会、联合国和欧洲理事会成员；捷克和斯洛伐克货币分离；捷克成为欧盟的联系国。 |
| 1993～1997 年 | 克劳斯领导的公民民主党成为捷克两届联合政府的主体。 |
| 1994 年 | 捷克加入北约的"和平伙伴关系计划"。 |
| 1995 年 | 捷克成为经合组织成员。 |
| 1996 年 | 捷克总理克劳斯向欧盟正式递交入盟申请。 |
| 1997 年 5 月 | 捷克爆发货币危机，开始实行浮动汇率机制。 |
| 1997 年 12 月 | 欧洲理事会决定邀请捷克参加入盟谈判。 |
| 1998～2002 年 | 捷克社会民主党单独执政，该党与最大反对党公民民主党达成谅解，分享国家权力。 |
| 1999 年 3 月 12 日 | 捷克加入北约。 |
| 2000 年 1 月 1 日 | 14 个新的自治州级行政区开始运作。 |
| 2001 年 4 月 | 弗拉基米尔·什皮德拉接替米洛什·泽曼担任捷克社会民主党主席。 |
| 2001 年 5 月 31 日 | 关于改变一些州名称的宪法法律生效，布尔诺州改名为南摩拉瓦亚州，布杰约维采州改名为南捷克州，伊赫拉瓦州改名为维索奇纳州，俄斯特拉发州改名为摩拉维亚－西里西亚州。 |
| 2002 年 6 月 | 在议会众议院选举中，捷克社会民主党 |

|  |  |
|---|---|
|  | 以得票率 30.2% 获胜。 |
| 2002 年 8 月 | 捷克爆发特大洪水灾害，有 17 人丧生。 |
| 2002 年 11 月 | 北约峰会在布拉格举行。 |
| 2003 年 2 月 | 克劳斯接替哈韦尔担任捷克总统。 |
| 2003 年 6 月 | 捷克就加入欧盟问题举行全民公投，参选率为 55.2%，支持加入欧盟的民众比例为 77.3%。 |
| 2004 年 5 月 1 日 | 捷克加入欧盟。 |
| 2004 年 6 月 | 在捷克举行欧洲议会选举，结果在欧洲议会获得 24 个议席，参选率为 28.32%。 |
| 2004 年 11 月 | 捷克举行 1/3 参议员换届选举，参选率为 18.4%，为创纪录的低参选率。 |
| 2005 年 5 月 | 议会众议院通过对伊日·帕洛贝克政府的信任表决。 |
| 2006 年 6 月 | 捷克举行议会众议院选举，公民民主党获胜。 |
| 2006 年 10 月 | 自 1989 年以来捷克政府第一次在议会众议院未通过信任表决。 |
| 2007 年 12 月 | 捷克加入申根条约区。 |
| 2008 年 2 月 | 克劳斯再次当选捷克总统。 |
| 2009 年 1~6 月 | 捷克担任欧盟轮值主席国。 |
| 2009 年 5 月 | 议会众议院对米雷克·托波拉内克政府表示不信任。克劳斯总统任命以扬·舍尔为首的看守政府。 |
| 2009 年 9 月 | 教皇本笃十六世首次访问捷克，在布尔诺和斯塔拉博列斯拉夫举行弥撒。 |
| 2010 年 4 月 | 美国总统奥巴马和俄罗斯总统梅德韦杰夫在布拉格签署新的核裁军的条约。 |

| | |
|---|---|
| 2010 年 5 月 | 捷克冰球队赢得冰球世界锦标赛冠军。 |
| 2011 年 3 月 | 捷克进行了全国规模的人口和住宅大普查。 |
| 2012 年 1 月 | 来自公民民主党的欧洲议会议员奥尔德日赫·弗拉萨克当选欧洲议会副议长。 |
| 2012 年 2 月 | 捷克议会参议院通过了宪法修正案，引入全民直选总统。 |
| 2013 年 1 月 | 泽曼接替克劳斯担任总统。 |
| 2013 年 6 月 | 捷克警方掀起反腐行动，结果导致总理辞职和政府垮台。 |
| 2014 年 1 月 | 泽曼总统任命以博胡斯拉夫·索博特卡为首的政府，该政府由捷克社会民主党、"不满意公民行动 2011"和基督教民主联盟 – 捷克斯洛伐克人民党联合组成。 |
| 2014 年 5 月 | 捷克举行欧洲议会选举，在 751 名候选人中选出 21 名欧洲议会议员。 |
| 2014 年 9 月 | 捷克陆军总参谋长彼得·帕维尔当选北约军事委员会主席。 |
| 2015 年 | 比尔森和比利时蒙斯市成为"欧洲文化之都"。 |
| 2015 年 5 月 | 在布拉格和俄斯特拉发举行第 79 届世界冰球锦标赛。 |
| 2016 年 | 布拉格成为 2016 年欧洲体育之都。 |
| 2017 年 12 月 | 欧盟委员会因捷克拒绝重新分配难民向欧洲法院提起诉讼。 |
| 2018 年 1 月 | 第一届巴比什政府因未通过议会众议院信任表决而辞职。 |
| 2018 年 1 月 | 泽曼宣誓就职，开始总统第二个任期。 |

| | |
|---|---|
| 2018 年 7 月 | 第二届巴比什政府通过议会众议院信任表决，结束了捷克政坛长达 8 个月的不稳定时期。 |
| 2019 年 6 月 | 布拉格爆发自 1989 年以来最大规模的反政府示威活动，有 25 万人参加。 |
| 2020 年 10 月 | 捷克深受新冠肺炎疫情第二波的影响，每 10 万人受感染数飙升至欧洲第一和世界第三。 |
| 2020 年 12 月 | 捷克开始接种针对新冠肺炎疫情的疫苗，总理巴比什、卫生部部长扬·布拉特尼成为首批接种疫苗的人。 |

# 参考文献

## 一　中文文献

马克·贝克、尼克·威尔逊：《捷克》，中国地图出版社，2018。

陈广嗣、姜琍编著《列国志·捷克》，社会科学文献出版社，2010。

段霞主编《"一带一路"欧亚合作发展报告（2018）》，社会科学文献出版社，2018。

李静杰总编、朱晓中主编《十年巨变：中东欧卷》，中共党史出版社，2004。

李梅主编《基础捷克语》，外语教学出版社，2000。

李梅、杨春：《捷克文学》，外语教学与研究出版社，1999。

李树藩、王德林主编《最新各国概况》，长春出版社，2000。

刘祖熙主编《多元与冲突——俄罗斯中东欧文明之路》，人民出版社，2011。

陆南泉总编、朱晓中主编《曲折的历程：中东欧卷》，东方出版社。

潘其昌主编《欧洲国际关系》，经济科学出版社，2000。

汝信主编《斯拉夫文明》，中国社会科学出版社，2001。

邵滨鸿、曲胜辉、赵闯主编《东欧中亚经济贸易实务》，中国社会出版社，1993。

王文昌主编《世界军事年鉴》（1993～1994年），解放军出版社，1994。

王湘江主编《世界军事年鉴》（2002年），解放军出版社，2002。

王义祥：《中东欧经济转轨》，华东师范大学出版社，2003。

薛君度主编《转轨中的中东欧》，人民出版社，2002。

于洪军主编《万国博览·欧洲卷》，新华出版社，1998。

张文武、赵乃斌、孙祖荫主编《东欧概览》，中国社会科学出版社，1991。

张文武主编《简明东欧百科全书》，中国社会科学出版社，2002。

朱伟华、周美如：《斯洛伐克语读本》，外语教学与研究出版社，2001。

朱晓中：《中东欧与欧洲一体化》，中国社会科学出版社，2002。

朱晓中主编《中东欧转型 20 年》，社会科学文献出版社，2013。

宗教研究中心编《世界宗教总览》，东方出版社，1993。

〔捷〕亚罗米尔·德麦克、〔捷〕米罗斯拉夫·斯特日达：《捷克斯洛伐克地理》，吉林人民出版社，1978。

〔捷〕瓦·胡萨：《捷克斯洛伐克历史》，东方出版社，1988。

中国商务部国际贸易经济合作研究院、中国驻捷克大使馆经济商务处、中国商务部对外投资和经济合作司编《对外投资合作国别（地区）指南——捷克》（2020 年电子版）。

## 二 外文文献

Alice Kizeková et. al. , *Czech Foreign Policy in 2017*, Institute of International Relations, Prague 2018.

Aleš Skřivan ml. , *Československý vývoz do Číny 1918 – 1992*, Scriptorium, Praha 2009.

Alexandr Ort, Zamyšlení nad *Českou diplomacií*, Vydavatelství a nakladatelství Aleš Čeněk, s. r. o. , Plzeň 2010.

Eduard Škoda, Anatol Nepala, *Umění a Historie Čech*, Casa Editrice Bonechi 2007.

František Čapka：*Dějiny zemí Koruny České v datech*, Nakladatelství Libri, Praha 1999.

František Emmert, *Průvodce českými dějinami 20. století*, Nakladatelství František Emmert—Clio, Brno 2012.

František Zbořil, *Československá a česká zahraniční politika：minulost a souč asnost*, Nakladatelství Leges, s. r. o. 2010.

Ivo Možný: Česká společnost nejdůležitější fakta o kvalitě našho života, Portál s. r. o. , Praha 2002.

Jan Bureš, Jakub Charvát, Petr Just, Martin Štefek, *Č eská demokracie po roce 1989: instituciální základy č eského politického systému*, Grada Publishing, a. s. Praha 2012.

Jan Křen, *Dvě století střední Evropy*, Argo 2019.

Jan Kuklík a kol. , Dějiny československého práva 1945 – 1989, nakladatelství Auditorium, Praha 2011.

Jan Kvirenc, České dějiny 100 památných míst, Grada Publishing, a. s. Praha 2018.

Jan Rychlík, *Č eši a Slováci ve 20 století: spolupráce a konflikt 1914 – 1992*, Vyšehrad 2015.

Jan Švejnar a kolektiv autorů, *Česká republika a ekonomická transformace ve střední a východní Evropě*, Academia 1997.

Jaroslav Krejčíř, Stanislav Soják, Jaroslav Vít, *Dějiny Č eské—chronický přehled*, INFOA International s. r. o. , 2010.

Jaroslav Pánek, Old řich T ů ma a kolektiv, *Dějiny č eských zemí*, Nakladatelství Karolinum 2018.

Jaroslava Pospíšilová, Eva Krulichová a kol. , *Jak se žije Č echů m v souč asné Evropě?*, Academia 2018.

Jindřich Dejmek: *Č eskoslovensko jeho sousedé a velmoci ve XX století*, Centrum pro Ekonomiku a Politiku, Praha 2002.

Jindřich Dejmek a kolektiv, *Č eskoslovensko/Dějiny státu*, Nakladatelstv íLibri, Praha 2018.

Jiří Martínek, *Naší republice je 100 let*, Albatros Media, 2018.

Jiří Přenosil: *Č eský stát a střední Europa od Velké Moravy k NATO*, Europský literární klub, Praha 2002.

Jitka Cvejnová, *Co chcete vědět o č eské republice*, Univerzita Karlova v

Praze, Nakladatelství Karolinum, Praha 2001.

Karel Vodička, Ladislav Cabada, *Politický systém České republiky: historie a současnost*, Portál, s. r. o. , Praha 2011.

Karel Schelle, *Vznik Československé republiky 1918*, Key Publishing s. r. o. , Ostrava 2008.

Libor Vykoupil: *Slovník českých dějín*, Julius Zirkus, Brno 2000.

Lukáš Andree, Michal Fránek atd. , *Literatura pro 4. ročník středních škol – Učebnice*, Nakladatelství Didaktis 2010.

Martin Myant, *Vzestup a pád českého kapitalismu: ekonomický vývoj České republiky od roku 1989*, Academia, Praha 2013.

Milan Holeček, Václav Gardavský, Antonín Götz, BohumírJanský, Libor Krajíček, *Česká republika: Zeměpis pro 8. a 9. Ročník základní školy a nižší ročníky víceletých gymnázií*, Nakladatelství Fortuna, Praha 2005.

Miroslav Krčet al. , *Military Expenditures During and After the Cold War*, Institite of International Relations, Prague 2000.

Petr Čornej, Jiří pokorný, *Dějiny českých zemí do roku 2000 ve zkratce*, Práh 2000.

Petr Husák, *Budování kapitalismu v Čechách/Rozhovor s Tomášem Ježekem*, Volvox Globator 1997.

Petr Charvát, *Zrod českého státu 568 – 1055*, Nakladatelství Vyšehrad, Praha 2007.

Petr Švec, *České století: Přelomové události našeho státu 1918 – 2018*, Albatros 2018.

Rudol Fürst, *Česko – čínské vztahy po roce 1989*, Karolinum, Praha 2010.

Tomáš Borovský, Tomáš Dvořák, Jiří Hanuš, Libor Jan atd. , *Osmičky: Osudové výročí českých a československých dějin končící na jednu číslici*, Nakladatelství Lidové Noviny 2018.

Vladimír Liška, *Vznik Československa 1918: Fakta, mýty, legendy*, Nakladatelství XYZ 2018.

Vladimír Trojánek: *Vojenské výdaje v letech studené války a po jejím skončení*, Ústav medzinárodních vztahův Praze, 2000.

Zdeněk Veselý, *Dějiny české zahraniční politiky*, Vysoká škola ekonomická v Praze, 2013.

## 三　主要网站

维基百科网站，http：//www. wikipedia. org。

捷克政府网站，http：//www. vlada. cz。

捷克议会众议院网站，http：//www. psp. cz。

捷克议会参议院网站，http：//www. senat. cz。

捷克外交部网站，http：//www. mzv. cz。

捷克生活环境部网站，http：//www. mzp. cz。

捷克财政部网站，http：//www. mfcr. cz。

捷克国防部网站，http：//www. mocr. army. cz。

捷克卫生部网站，http：//www. mzcr. cz。

捷克劳动和社会事务部网站，http：//www. mpsv. cz。

捷克工业和贸易部网站，http：//www. mpo. cz。

捷克教育、青年和体育部网站，http：//www. msmt. cz。

捷克交通部网站，http：//www. mdcr. cz。

捷克地方发展部网站，http：//www. mmr. cz。

捷克农业部网站，http：//www. mze. cz。

捷克文化部网站，http：//www. mkcr. cz。

捷克统计局网站，http：/www. czso. cz。

捷克投资局网站，http：/www. czechinvest. org。

捷克科学院网站，http：/www. avcr. cz。

捷克贸易局网站，http：/www. czechtrade. cz。

捷克国际关系所网站，http：/www. iir. cz。

捷克国际问题协会网站，http：/www. amo. cz。

捷克经营和出口信息网站，http：/www. businessinfo. cz。

捷克人民报网站，http：/www. lidovky. cz。

捷克经济报网站，http：/www. ihned. cz。

捷克今日报网站，http：/www. idnes. cz。

捷克广播电台网站，http：/www. irozhlas. cz。

捷克互联网门户网站和搜索引擎，http：/www. seznam. cz。

中国外交部网站，https：//www. fmprc. gov. cn。

中国驻捷克大使馆网站，http：//www. chinaembassy. cz。

捷克驻中国大使馆网站，www. mfa. cz/beijing。

中国商务部网站，http：//www. mofcom. gov。

# 索　引

新版《列国志》总书目

## 非洲

阿尔及利亚

埃及

埃塞俄比亚

安哥拉

贝宁

博茨瓦纳

布基纳法索

布隆迪

赤道几内亚

多哥

厄立特里亚

佛得角

冈比亚

刚果共和国

刚果民主共和国

吉布提

几内亚

几内亚比绍

加纳

加蓬

津巴布韦

喀麦隆

科摩罗

科特迪瓦

肯尼亚

莱索托

利比里亚

利比亚

卢旺达

马达加斯加

马拉维

马里

毛里求斯

毛里塔尼亚

摩洛哥

莫桑比克

纳米比亚

南非

南苏丹

尼日尔

尼日利亚

塞拉利昂

塞内加尔

塞舌尔

圣多美和普林西比

斯威士兰

苏丹

索马里

坦桑尼亚

突尼斯

乌干达

赞比亚

乍得

中非

## 欧洲

阿尔巴尼亚

爱尔兰

爱沙尼亚

安道尔

奥地利

白俄罗斯

保加利亚

北马其顿

比利时

冰岛

波兰

波斯尼亚和黑塞哥维那

丹麦

德国

俄罗斯

法国

梵蒂冈

芬兰

荷兰

黑山

捷克

克罗地亚

拉脱维亚

立陶宛

列支敦士登

卢森堡

罗马尼亚

马耳他

摩尔多瓦

摩纳哥

挪威

葡萄牙

瑞典

瑞士

塞尔维亚

塞浦路斯

圣马力诺

斯洛伐克

斯洛文尼亚

乌克兰

西班牙

希腊

匈牙利

意大利

英国

## 美洲

阿根廷

安提瓜和巴布达

巴巴多斯

巴哈马

巴拉圭

巴拿马

巴西

秘鲁

玻利维亚

伯利兹

多米尼加

多米尼克

厄瓜多尔

哥伦比亚

哥斯达黎加

格林纳达

古巴

圭亚那

海地

洪都拉斯

加拿大

美国

墨西哥

尼加拉瓜

萨尔瓦多

圣基茨和尼维斯

圣卢西亚

圣文森特和格林纳丁斯

苏里南

特立尼达和多巴哥

危地马拉

委内瑞拉

乌拉圭

牙买加

智利

## 大洋洲

澳大利亚

巴布亚新几内亚

斐济

基里巴斯

库克群岛

马绍尔群岛

密克罗尼西亚

瑙鲁

纽埃

帕劳

萨摩亚

所罗门群岛

汤加

图瓦卢

瓦努阿图

新西兰

# 国别区域与全球治理数据平台

www.crggcn.com

"国别区域与全球治理数据平台"（Countries, Regions and Global Governance, CRGG）是社会科学文献出版社重点打造的学术型数字产品，对接国别区域这一重点新兴学科，围绕国别研究、区域研究、国际组织、全球智库等领域，全方位整合基础信息、一手资料、科研成果，文献量达30余万篇。该产品已建设成为国别区域与全球治理数据资源与研究成果整合发布平台，可提供包括资源获取、科研技术服务、成果发布与传播等在内的多层次、全方位的学术服务。

从国别区域和全球治理研究角度出发，"国别区域与全球治理数据平台"下设国别研究数据库、区域研究数据库、国际组织数据库、全球智库数据库、学术专题数据库和学术资讯数据库6大数据库。在资源类型方面，除专题图书、智库报告和学术论文外，平台还包括数据图表、档案文件和学术资讯。在文献检索方面，平台支持全文检索、高级检索，并可按照相关度和出版时间进行排序。

"国别区域与全球治理数据平台"应用广泛。针对高校及国别区域科研机构，平台可提供专业的知识服务，通过丰富的研究参考资料和学术服务推动国别区域研究的学科建设与发展，提升智库学术科研及政策建言能力；针对政府及外事机构，平台可提供资政参考，为相关国际事务决策提供理论依据与资讯支持，切实服务国家对外战略。

---

## 数据库体验卡服务指南

※100元数据库体验卡，可在"国别区域与全球治理数据平台"充值和使用

充值卡使用说明：
第1步 刮开附赠充值卡的涂层；
第2步 登录国别区域与全球治理数据平台（www.crggcn.com），注册账号；
第3步 登录并进入"会员中心"→"在线充值"→"充值卡充值"，充值成功后即可使用。

### 声明

最终解释权归社会科学文献出版社所有

客服QQ：671079496
客服邮箱：crgg@ssap.cn

欢迎登录社会科学文献出版社官网（www.ssap.com.cn）和国别区域与全球治理数据平台（www.crggcn.com）了解更多信息

社会科学文献出版社
SOCIAL SCIENCES ACADEMIC PRESS (CHINA)

卡号：178377835277
密码：

图书在版编目（CIP）数据

捷克 / 姜琍编著 . -- 2 版 . -- 北京：社会科学文
献出版社，2021.11
（列国志：新版）
ISBN 978 - 7 - 5201 - 9261 - 3

Ⅰ . ①捷…　Ⅱ . ①姜…　Ⅲ . ①捷克 -概况　Ⅳ .
①K952.4

中国版本图书馆 CIP 数据核字（2021）第 214297 号

·列国志（新版）·

## 捷克（The Czech Republic）

编　著 / 姜　琍

出 版 人 / 王利民
组稿编辑 / 张晓莉
责任编辑 / 崔　鹏　叶　娟
责任印制 / 王京美

出　　版 / 社会科学文献出版社 · 国别区域分社（010）59367078
地址：北京市北三环中路甲 29 号院华龙大厦　邮编：100029
网址：www.ssap.com.cn
发　　行 / 市场营销中心（010）59367081　59367083
印　　装 / 三河市尚艺印装有限公司

规　　格 / 开 本：787mm × 1092mm　1/16
印 张：25.5　插 页：1　字 数：377 千字
版　　次 / 2021 年 11 月第 2 版　2021 年 11 月第 1 次印刷
书　　号 / ISBN 978 - 7 - 5201 - 9261 - 3
定　　价 / 89.00 元